编委会

普通高等学校"十四五"规划旅游管理类精品教材
教育部旅游管理专业本科综合改革试点项目配套规划教材

总主编

马 勇　教育部高等学校旅游管理类专业教学指导委员会副主任
　　　　中国旅游协会教育分会副会长
　　　　中组部国家"万人计划"教学名师
　　　　湖北大学旅游发展研究院院长，教授、博士生导师

编 委（排名不分先后）

田 里　教育部高等学校旅游管理类专业教学指导委员会主任
　　　　云南大学工商管理与旅游管理学院原院长，教授、博士生导师
高 峻　教育部高等学校旅游管理类专业教学指导委员会副主任
　　　　上海师范大学环境与地理学院院长，教授、博士生导师
韩玉灵　全国旅游职业教育教学指导委员会秘书长
　　　　北京第二外国语学院旅游管理学院教授
罗兹柏　中国旅游未来研究会副会长，重庆旅游发展研究中心主任，教授
郑耀星　中国旅游协会理事，福建师范大学旅游学院教授、博士生导师
董观志　暨南大学旅游规划设计研究院副院长，教授、博士生导师
薛兵旺　武汉商学院旅游与酒店管理学院院长，教授
姜 红　上海商学院酒店管理学院院长，教授
舒伯阳　中南财经政法大学工商管理学院教授、博士生导师
朱运海　湖北文理学院资源环境与旅游学院副院长
罗伊玲　昆明学院旅游管理专业副教授
杨振之　四川大学中国休闲与旅游研究中心主任，四川大学旅游学院教授、博士生导师
黄安民　华侨大学城市建设与经济发展研究院常务副院长，教授
张胜男　首都师范大学资源环境与旅游学院教授
魏 卫　华南理工大学经济与贸易学院教授、博士生导师
毕斗斗　华南理工大学经济与贸易学院副教授
史万震　常熟理工学院商学院营销与旅游系副教授
黄光文　南昌大学旅游学院副教授
窦志萍　昆明学院旅游学院教授，《旅游研究》杂志主编
李 玺　澳门城市大学国际旅游与管理学院院长，教授、博士生导师
王春雷　上海对外经贸大学会展与旅游学院院长，教授
朱 伟　天津农学院人文学院副教授
邓爱民　中南财经政法大学旅游发展研究院院长，教授、博士生导师
程丛喜　武汉轻工大学旅游管理系主任，教授
周 霄　武汉轻工大学旅游研究中心主任，副教授
黄其新　江汉大学商学院副院长，副教授
何 彪　海南大学旅游学院副院长，副教授

"十二五"普通高等教育本科国家级规划教材
普通高等学校"十四五"规划旅游管理类精品教材
教育部旅游管理专业本科综合改革试点项目配套规划教材
河南省首届教材建设奖优秀教材(高等教育类)一等奖

总主编 ◎ 马 勇

中国民俗旅游（第二版）

Folk-custom Tourism in China (Second Edition)

主　编 ◎ 余永霞　陈道山
副主编 ◎ 尉富国　朱　伟　张永奇　陈　蔚　魏九峰

华中科技大学出版社
http://www.hustp.com
中国·武汉

内 容 提 要

本书是"十二五"普通高等教育本科国家级规划教材《中国民俗旅游》的再版。全书从民俗学和旅游学交叉的角度进行编排，突出基础知识与基本理论，着力探讨民俗文化的旅游价值，并对民俗文化旅游及其开发进行理论探索，同时辅以具体案例分析，以达到理论与实践的无缝对接。

全书共分为九章，围绕饮食、服饰、居住、交通、人生礼仪、节日、游艺等民俗及其旅游开发安排内容，为便利教学，每章设置学习导引、学习重点、德育目标、知识关联、知识活页、本章小结、思考与练习、同步自测、案例分析、本章德育总结等相应环节，以达到内容与形式的完美结合。

本书可作为高等院校旅游管理、民俗学、文化学、社会学等相关专业教材使用，也可作为民俗旅游研究者的参考用书，亦可作为旅游从业人员的业务读本。

图书在版编目(CIP)数据

中国民俗旅游/余永霞，陈道山主编. —2版. —武汉：华中科技大学出版社，2022.8(2024.7重印)
ISBN 978-7-5680-8655-4

Ⅰ.①中… Ⅱ.①余… ②陈… Ⅲ.①民俗学-旅游-中国-高等学校-教材 Ⅳ.①F590.75

中国版本图书馆CIP数据核字(2022)第144437号

中国民俗旅游(第二版)   余永霞　陈道山　主编
Zhongguo Minsu Lüyou(Di-er Ban)

策划编辑：王　乾　李　欢
责任编辑：王　乾　洪美员
封面设计：原色设计
责任校对：曾　婷
责任监印：周治超
出版发行：华中科技大学出版社(中国·武汉)　　电话：(027)81321913
　　　　　武汉市东湖新技术开发区华工科技园　　邮编：430223
录　　排：华中科技大学惠友文印中心
印　　刷：武汉科源印刷设计有限公司
开　　本：787mm×1092mm　1/16
印　　张：17.5
字　　数：404千字
版　　次：2024年7月第2版第3次印刷
定　　价：59.80元

本书若有印装质量问题，请向出版社营销中心调换
全国免费服务热线：400-6679-118　　竭诚为您服务
版权所有　侵权必究

总 序

伴随着我国社会和经济步入新发展阶段,我国的旅游业也进入转型升级与结构调整的重要时期。旅游业将在推动形成以国内经济大循环为主体、国内国际双循环相互促进的新发展格局中发挥出独特的作用。旅游业的大发展在客观上对我国高等旅游教育和人才培养提出了更高的要求,同时也希望高等旅游教育和人才培养能在促进我国旅游业高质量发展中发挥更大更好的作用。

《中国教育现代化2035》明确提出:推动高等教育内涵式发展,形成高水平人才培养体系。以"双一流"建设和"双万计划"的启动为标志,中国高等旅游教育发展进入新阶段。

这些新局面有力推动着我国高等旅游教育在"十四五"期间迈入发展新阶段,未来旅游业发展对各类中高级旅游人才的需求将十分旺盛。因此,出版一套把握时代新趋势、面向未来的高品质和高水准规划教材则成为我国高等旅游教育和人才培养的迫切需要。

基于此,在教育部高等学校旅游管理类专业教学指导委员会的大力支持和指导下,教育部直属的全国重点大学出版社——华中科技大学出版社——汇聚了一大批国内高水平旅游院校的国家教学名师、资深教授及中青年旅游学科带头人在成功组编出版了"普通高等院校旅游管理专业类'十三五'规划教材"的基础上,再次联合编撰出版"普通高等学校'十四五'规划旅游管理类精品教材"。本套教材从选题策划到成稿出版,从编写团队到出版团队,从主题选择到内容编排,均作出积极的创新和突破,具有以下特点:

一、基于新国标率先出版并不断沉淀和改版

教育部2018年颁布《普通高等学校本科专业类教学质量国家标准》后,华中科技大学出版社特邀教育部高等学校旅游管理类专业教学指导委员会副主任、国家"万人计划"教学名师马勇教授担任总主编,同时邀请了全国近百所开设旅游管理类本科专业的高校知名教授、博导、学科带头人和一线骨干专业教师,以及旅游行业专家、海外专业师资联合编撰了"普通高等院校旅游管理专业类'十三五'规划教材"。该套教材紧扣新国标要点,融合数字科技新技术,配套立体化教学资源,于新国标颁布后在全国率先出版,被全国数百所高等学校选用后获得良好反响。编委会在出版后积极收集院校的一线教学反馈,紧扣行业新变化,吸纳新知识点,不断地对教材内容及配套教育资源进行更新

升级。"普通高等学校'十四五'规划旅游管理类精品教材"正是在此基础上沉淀和提升编撰而成。《旅游接待业(第二版)》《旅游消费者行为(第二版)》《旅游目的地管理(第二版)》等核心课程优质规划教材陆续推出,以期为全国高等院校旅游专业创建国家级一流本科专业和国家级一流"金课"助力。

二、对标国家级一流本科课程进行高水平建设

本套教材积极研判"双万计划"对旅游管理类专业课程的建设要求,对标国家级一流本科课程的高水平建设,进行内容优化与编撰,以期促进广大旅游院校的教学高质量建设与特色化发展。其中《旅游规划与开发》《酒店管理概论》《酒店督导管理》等教材已成为教育部授予的首批国家级一流本科"金课"配套教材。《节事活动策划与管理》等教材获得国家级和省级教学类奖项。

三、全面配套教学资源,打造立体化互动教材

华中科技大学出版社为本套教材建设了内容全面的线上教材课程资源服务平台:在横向资源配套上,提供全系列教学计划书、教学课件、习题库、案例库、参考答案、教学视频等配套教学资源;在纵向资源开发上,构建了覆盖课程开发、习题管理、学生评论、班级管理等集开发、使用、管理、评价于一体的教学生态链,打造了线上线下、课堂课外的新形态立体化互动教材。

在旅游教育发展的新时代,主编出版一套高质量规划教材是一项重要的教学出版工程,更是一份重要的责任。本套教材在组织策划及编写出版过程中,得到了全国广大院校旅游管理类专家教授、企业精英,以及华中科技大学出版社的大力支持,在此一并致谢!衷心希望本套教材能够为全国高等院校的旅游学界、业界和对旅游知识充满渴望的社会大众带来真正的精神和知识营养,为我国旅游教育教材建设贡献力量。也希望并诚挚邀请更多高等院校旅游管理专业的学者加入我们的编者和读者队伍,为我们共同的事业——我国高等旅游教育高质量发展——而奋斗!

总主编

2021 年 7 月

Introduction 序一

民俗学在中国的发生距今已近一个世纪,近二十年来民俗学及其相关学科的发展可谓遍地开花、日新月异。显然,与民俗学相比,旅游学当属于新兴学科。据我所知,1981年国内最早开办旅游相关专业之一的南开大学就是分别从历史系和外语系各抽调一部分师生成立了旅游学系。当时,这是一种非常实用主义的设计,因为中国旅游资源的一大特点就是历史名胜古迹,而当时旅游管理的侧重点又是服务于各类"外宾"。这种应运而生的合理调配,遂肇始了中国旅游教育乃至中国旅游学(科)研究的工作。记得我们历史系的几位大师兄就是在这种情况下自愿或者于迷茫中被转入新成立的旅游学系,从此开始了不一样的学术人生。不久之后,当博物馆和文化遗产领域掀起关于博物馆藏品"保护与使用孰先孰后"(后又引入何为目的的讨论)的空前争论时,旅游专业的同学已经能够完全"置之度外"了,当"保护为先,保护也是目的"最终成为某种共识并终结这场讨论之时,同宿舍的那些刚刚转入旅游专业的"前同学们"在旅游学系里不知对此耻笑了多少回。这个例子似乎也很可以说明,就目的论来说,在二十世纪的八九十年代像历史学这样的"传统学科"在学科目标上是不与旅游学发生什么交叉的。据我所知,民俗学与旅游学的关系也大抵如是。

民俗与旅游的交叉,是相当晚近的事情。民俗与旅游交叉之后,不仅出现了民俗与旅游的并称,还出现了民俗旅游的连称,甚至有"民俗旅游学"概念的提出。这当然要归功于诸如出版"中国民俗·旅游丛书"等基础工作的推动,也要归功于各地开展民俗旅游活动的实践。

我们眼前的这部《中国民俗旅游》教材,也正是因应当前民俗旅游事业发展以及旅游学相关学科的教学需要而生的,既可以作为教材也可作为学术研究著作来读,其所描绘和叙述的内容,目前已为大多数学界同仁所知悉,为大多数旅游学和民俗学界的人士所认可。

一般来说,编写教材是一件出力不讨好的事。余永霞、陈道山两位老师不畏辛苦,组织国内五所高校共七名教学科研一线的中青年学者来参与其事,历经两个多寒暑,终竟其事。

囿于我个人的研究侧重和偏好,对于文化遗产和博物馆格外关注。当此之时,非物质文化遗产"事业"红红火火,而非物质文化遗产"国标"中的十项内容除了"文化空间"为以往所不熟知外,其余均是各类常规的"民俗事象"。围绕此类非物质文化遗产所进行的保护、开发(主要是旅游开发),近十年来格外引人关注,围绕此类非物质文化遗产而形成的庞大"资金流"几乎可用汹涌澎湃来形容,而其间是非成败的例子都很多。本书对此却较少涉及,只有一个小节的"补充阅读"显然不够,在本人看来这是一个小小的遗憾。本书的另一个小遗憾是,基本没有涉及港澳台地区,甚而国际范围内民俗旅游的发展动向。我们知道,最早开启民俗旅游的北欧地区是民俗博物馆的摇篮,这些民俗博物馆也是世界上最早的露天博物馆(open air museum),它最早的目的并不是旅游或者保护,而是作为一种民族文化斗争的工具。20世纪60年代兴起的生态博物馆其实就是由露天博物馆发展而来的。生态博物馆所宣称的核心目的之一是"反旅游"(至少国内的介绍如此)。如今,这类博物馆形态已经扩展到世界的大部分地区,成为旅游的重要目的地。本书作为旨在介绍民俗旅游的导论性著作,应该在章节上留出稍长的篇幅,将种种新的动态变化甚至种种"反论"简要呈现出来,以利于扩大学生的视野。即便将本书限制在"中国民俗旅游"的范畴之内,港澳台地区以及海外唐人街的种种民俗所带来的旅游潮,也应当在本书中以适当的篇幅存在。在我的心目中,"民俗"一词还应该具有图文并茂的特征,本书若能适当精选一些插图,当可增加阅读的趣味。

我知道,这些话显然是近于苛求诸位作者了,或篇幅所限,或囿于教材的体例,编者已经尽心尽力,但我的确希望这部《中国民俗旅游》承担更多更重的任务和职责。

我因与道山有同好之谊,经常有手书过往,也知道他为旅游学园地枝繁叶茂所经历的辛劳,特别是他为了论证中国旅游活动发祥地所做的精细考证工作,知道他的种种"不容易"。故,当他希望我在书前略写数语以为序言时,我竟无力推辞。因写不出华丽篇章为本书增色,答应许久,一直难于动笔,惴惴于不安之中。令我感到释然的是,我坚信,本书出版后定会获得读者的倾心。

是为序。

二〇一〇年九月于北京

序 二

Introduction

《中国民俗旅游》一书的编写者嘱我为之作序,遂有此文。

人类历史有过两河流域文明、古埃及文明、古印度文明和中华文明,其他文明都曾中断过,唯有中华文明绵延赓续,历久不衰,以迄至今,这说明中华文化在延续力上有自己的优势。自从远古文明之犁在思想的荒原上开垦出第一片耕地之后,这片土地便再也不肯荒芜,黄河和长江一直耐心、专注、温润、无声地滋养着这里的每一株庄稼和每一棵野草,使这里成为一片催生文化的沃土,成为华夏民族永恒的精神家园。在这里,我要说的是,中华文化与任何其他区域的文化一样,是由两部分构成的,一半是精英文化或文人文化,一半是民间文化或民俗文化。前者是社会上层的个人精神创造,后者是广大劳动人民在长期的历史进程中的集体创造与集体传承。譬如,神话、传说、故事、歌谣、谚语等口头文学,民间戏剧、曲艺、音乐、舞蹈、杂技等表演艺术,千姿百态的民间美术,节日礼仪、婚丧嫁娶、生产生活方式和技艺等。民俗文化不同于经史子集、皇家经典、宗教精华、文人创作等中国文化的极致和阳春白雪,它是生活的文化、百姓的文化、俗世的文化。过去,由于文化观念的偏颇,我们常常忽视乃至鄙视民俗文化,其实,正是这种文化,一方水土的独特产物,催生了一个地域的人们的心理、观念、习俗、信仰、道德和审美,所以,我们说它是民族的共性文化。今天,它携带着久长而又深厚的历史人文信息,成为当代文化的底色和根源,成为道德传统的基石,成为民族精神情感、个性特征以及凝聚力、亲和力的载体,成为综合国力中不可或缺的精神食粮和民族基础。

民间文化遗产不仅是我们民族精神情感、个性特征以及凝聚力、亲和力的载体,更是我们民族文化传承发展的DNA,而且也是当代经济社会发展的重要资源。千姿百态的中国民俗文化是一幅农耕文化的精彩画卷,是一曲美丽而浪漫的民间乐章,生动地表达了那个时代人们的精神和情致。这种古老的民俗文化因为与当代存在着时空上的距离,在今天产生出浓烈的美感,感动着我们,濡染着我们,吸引我们去重温那昔日的旧梦。所以,我们说民俗文化与旅游业天然地具有一种嫁接关系,是我们永恒的文化经典,是旅游业的重要资源。民俗文化可以为旅游业注入民族的文化符号、文化记忆和文化元素,充实其内涵,提高其品位。因此,在对民间文化遗产进行抢救保护的同时,促使其转型开发,应当成为一种自觉的、有意识的文化行为。在中国这样一个民俗文化大国,尤其应当如此。

当前世界文化出现了两个趋势:一是全球文化的西方化和同质化,二是当代文化的快餐化。前者造成的后果是,所有城市都向纽约的方向发展,所有城市都变得千篇一律,纷纷失去了自己的历史记忆、文化特性和文化身份。同时,当代文化的商业属性使文化变成快餐,不再讲究积累和沉淀,一切文化产品都转瞬即逝、迅速过时,成为历史的匆匆过客。一个浮躁的社会,不会产生文化经典;商业化的文化,只会生产速朽的作品。当然,伴随全球化的浪潮和西方文化的冲击,我们祖先数千年创造的弥足珍贵的民族民间文化正经历着弱化的过程,面临着空洞化的威胁。因此,对其进行抢救与保护,守护我们共有的精神家园,是时代的要求和历史的使命。

民间文化遗产保护有两个层面的工作,一是抢救保护,二是合理开发利用,两者相辅相成。只有对文化遗产进行了抢救和保护,才能给我们的开发利用提供基础和前提;只有对文化资源进行了开发利用,才能使我们的传统文化得到进一步的发展和延续。与此同时,这个精神层面、文化层面的东西可能就会物化而变成物质和财富。

近年来,我们的文化资源意识得到增强。我们不仅拥有铁、煤炭、石油、森林等这样的资源,原来老祖宗留给我们的文化遗产也是一种资源。这种资源完全可以作为一种文化资本融入当代经济社会发展,从而构建我们的文化产业、旅游产业,增加我们的国内生产总值。如果我们前面说的是一种精神层面、文化层面的价值,那么后者则是一种经济发展的价值。

文化产业这个概念的产生不是一个很久远的事情,在我们国内更是一个新的理念。尤其我们民俗旅游产业的构建,仍处于一个摇篮期,现在正是根据国外的文化产业经验摸着石头过河。在开发的初期我们不能预见到开发的结果,想必定会有一些曲折和失败,这是我们在发展民俗旅游产业的过程中可能要付出的代价。

有一个概念应当首先搞清楚,即文化资源并不等同于文化产业或文化产品。因为我们把这种自然的、粗犷的、原始的文化形态转化成一种符合时代特征的经典文化产品,需要有一个过程,需要一种凤凰涅槃。开发民间文化遗产,需要具有立足于全国乃至国际文化市场的视野和高度,需要专家学者和熟悉文化营销的精英的介入,需要有符合当代社会心理和审美要求的高端文化创意,需要包括文化产品的开发、生产、包装的系列化设计,需要宣传媒介对民间文化资源的有计划宣传推广,需要现代理念的行业管理,等等,而这些正是制约我们民俗旅游产业发展的瓶颈。

近年来,各地政府从塑造地域文化形象、打造文化产业、发展旅游经济出发,对挖掘民间文化资源、争取文化品牌表现出空前的热情。这在给我们以极大的鼓舞和信心的同时,也引起了文化界、学术界的一丝不安和几许担忧。文化界和学术界强调的是文化本体的传承,要求通过档案保护、教育保护、博物馆保护、传承人保护、法律保护等手段,努力保持文化遗产的本真性、纯粹性和完整性,而地方政府所关注的则是文化资源的开发利用,他们需要将传统文化作为一种文化资本注入当代经济社会发展,通过商业化、商品化,将文化转化为一种现实的生产力,这难免会解构和破坏了人类文化遗产,遂引发了众多专家学者关于必须加强非物质文化遗产生产性方式保护的呼吁。

我认为,以上两者认识的差异,其实是一个问题的两个侧面,并非一种非此即彼的绝对关系。一方面,作为民族记忆的背影,非物质文化遗产具有独特的人文内涵,这种原初人类智力成果,必须要得到坚定而切实的守护。想必随着时光的推移,这种"原生态"文化会愈来愈显现出它潜在的能量。另一方面,民俗文化不能脱离现实生活,我们不能否认非物质文化遗产在当代社会人民生活中的实际作用,不能否认非物质文化遗产保护面临市场竞争力的问题,如果简单地拒绝其市场化、商品化,非物质文化遗产将失去其生命力,失去其活态性和流动性,最终成为干枯的标本。而问题的关键则在于:对非物质文化遗产进行生产性方式保护,首先应当深入挖掘它的典型要素,维护和传承其传统的技艺风范和人文内涵;其次一定要处理好传承与创新的关系,不能把传统文化的发展引入歧途,最终导致文化的"自杀",而应当在时代的背景下,把传统文化振作起来,在保护的前提下开发,在合理开发中保护,实现传统文化的可持续发展,在确保"原生态"文化有人坚守的条件下,使民间文化资源的转型开发成为传统技艺风范和人文内涵的自然延伸。否则,如果这种原初人类智力成果被不正当的商业化或商品化扭曲变形,我们的转型开发就失去了历史文化的前提和依据,其价值就要大大地衰减了。

《中国民俗旅游》一书的作者们在从事教学的同时,能够对中国民俗进行挖掘与整理,令我讶异和感动。在这本书中,他们不仅对当代仍然存活的民俗进行了详尽的记述,并且从全球化、现代化文化理念不断变异的背景下,对传统民俗的流动与变异做出自己的解读,同时从历史文化的源头给予分析,对民俗文化在当今的困惑和彷徨做出了自己的应答,表现出他们对民族文化的挚爱,洋溢着自己的才情。可以体会到,他们不仅把著述当作一种文化积累与文化传播的方式,而且当作自己不可推诿的责任。

我认为对非物质文化遗产进行保护,其最基础性的工作首先是对其进行记录,进行档案化保护,尤其是在它们还没有彻底消亡之际。当然,它还需要更多有激情有才学的人对其进行文化源头、历史沿革、人类生存方式、生存想象、思想情感、审美特征等方面的探寻,并逐步构建起各种地域文化的理论体系,诸如生产民俗、商业民俗、生活民俗、社会民俗、文艺民俗等,都应进行记录和研究,因为我们过去仅有文人文化、精英文化的历史记载是不完整的。我们希望更多的有文化责任感的人来做这件事情,并对民俗旅游产业起到导向性的作用。

我祝贺这本书的出版,并作文以为序。

二〇一〇年八月于郑州

前言

习近平总书记2023年6月2日在北京出席文化传承发展座谈会时指出,中国文化源远流长,中华文明博大精深。只有全面深入了解中华文明的历史,才能更有效地推动中华优秀传统文化创造性转化、创新性发展,更有力地推进中国特色社会主义文化建设,建设中华民族现代文明。

(一)

伴随我国城乡经济社会的结构调整和优化升级、多年的实践探索和理论积累,学科交叉、学科融合成为常态,新文科、新工科等应运而生。在文化创意成为主流、旅游管理成为一级学科的大背景下,新文化、新民俗、新旅游、新业态等异彩纷呈,推动着文化旅游的深入实践和学科建设的迭代更新。

民俗学在中国一直有着厚重的社会基础,不论是民俗本体还是记录民俗、解释民俗的文本,以至于改造民俗、利用民俗的社会实践都十分地深厚、沉着,历来受到社会的高度重视和密切关注。民俗学在中国自落地生根以来,就汇聚大批学者全身心投入其中,虽历经了曲折的学科建设过程,仍以它深厚的知识体系、学科范式、价值呈现等受到青睐,并取得举世瞩目的不菲成就。世纪之交特别最近几年以来,民俗学迎来了学科建设的重大机遇与挑战:一是剧烈的社会转型使得民俗赖以存在的根基发生动摇,大量民俗文化迅速消亡,引起广大有识之士的忧虑和警觉,他们呼吁留住乡愁、保护民俗、重振乡土,留住传统文化的根基;二是借助于民间文化遗产抢救工程的实施,民俗文化遗产总体上得以被发现、挖掘与认定,民俗文化新的保护、传承与创新的体制机制逐步形成,特别是各级非遗项目和非遗传承人的认定,调动了社会各界保护利用民俗的积极性、主动性,各级各类特色鲜明的民俗文化和非遗项目已成为扮靓地方的名片;三是随着乡村振兴的深入开展,民俗文化成了基础性的文化资源,其价值得到高度重视,不少行将消亡的民俗文化得以重生;四是与民俗文化相关联的专业、职业、学科等希望得到民俗文化的陶冶和启发,纷纷把民俗学作为基础课或选修课纳入教学体系中。这是一种理性的、科学态度的回归。

与之相应,旅游业的发展已进入更加精细、更加集约和追求本源的新阶段,全息旅游、全域旅游、智慧旅游、沉浸式旅游、创意旅游、康养旅游、研学旅游和定制旅游等成为新兴业态,旅游资源开发利用的精细化、深层化、基层化、专题化势所必至,这是旅游业发展到一定阶段的客观要求,更是旅游发展的规律所在。民俗文化作为留存在历史和现实生活中的原生态文化,总是以它特有的基础性、生态性、关联性、创造性得以存在着,并随着历史的演进而传承、发展、流变和赓续。就民俗文化本身的自我存在性而言,它与旅游活动并没有必然的联系,但当民俗文化具有了显著的区域差异性、文化寻根性、场景体验性、群体审美性之时,当传统旅游产品对游客的吸引力呈现衰减之时,民俗文化就会像磁石一样成为旅游业开发利用的无法割舍的资源或产品。这是大势所趋,更是民俗文化、旅游产业发展的最佳选择。

(二)

河南大学、河南牧业经济学院等单位的中青年学科骨干较早地就认识到民俗学与旅游学融合的必要性与可行性,于2011年编写出版了《中国民俗旅游》教材,距今已有十余个年头。该教材自出版以来,受到广大师生的青睐,得到同行专家的高度评价,2014年10月被列入"十二五"普通高等教育本科国家级规划教材,2021年7月又获得首届河南省教材建设奖优秀教材(高等教育类)一等奖,至今已重印5批次,发行逾万册。对一个新兴的交叉学科的教材而言,当是一个不小的业绩。鉴于民俗本身具有的演进性、赓续性,民俗学、旅游学学科建设的日新月异,旅游实践及业态融合模式与学术学科的联系更加紧密,专业教学活动对教材质量提出更高要求,使得这部教材的更新再版势在必行。近年来,该教材编写组成员一边参加专业教学与学科研究(主编为此有针对性地主持完成了"中国民俗旅游课程体系改革与教材建设研究"省级教研项目),一边开展民俗旅游的学术研究,参加乡村旅游的开发实践,积累了丰富多样的专业素材和扎实精准的实践经验,为教材再版做了进一步的铺垫。更为重要的是,我国文化产业、旅游产业、民俗建设、乡村振兴的巨大发展成就为教材再版提供了沃土。

本次再版本着理论性、实践性、现实性、学科性、应用性等目标予以拓展与深化,体现出教材能够依托学术、紧跟实践、便利教学的要求。具体而言,本次再版着力在以下目标和特色上有所创新、有所突破。一是立德树人。全面落实习近平新时代中国特色社会主义思想和党的二十大精神,全面、准确、系统体现习近平新时代中国特色社会主义思想和党的二十大精神内涵;紧密结合学科专业人才培养的重点,扭住"牛鼻子"、抓住关键点,努力做到以党和国家的民俗、文化、旅游和乡村振兴、城乡融合、文旅融合等方针政策为指导,突出民俗旅游理论与实践相结合,融入必要的德育目标,弘扬民俗文化正能量,秉持民生为本理念,增强文化自信和历史使命感,帮助学生深刻领会习近平新时代中国特色社会主义思想和党的二十大精神实质,充分发挥该教材的铸魂育人功能。二是体系完整。宏观上整体布局,从局部到整体、从现象到本质,尽可能多地反映民俗学和民俗旅游交叉学科的内在联系;中观上注重民俗学发展的历史传承,做到民俗学与非物质文化遗产优势互补,充分发挥民俗学的当代性,为学科建设和人才培养寻求更多、更有效的途径;微观上精雕细刻,从概念、类型、特征到成因、应用、比较分析等,尽可能多地对知识要点和整体面貌给出较完整的表达。三是深广有度。民俗学科与旅游学科融合(文旅融合)的广度和深度都很强,作为本科层面的教学,仍然要以基础知识、基本理论的普及为主,特别是突出基本的民俗事象及其与旅游业态活动的内在关系,而对民俗学科流派、民俗领域的延伸内容、比较抽象的专业术语,以及民俗旅游领域的特殊现象等不作为教材编写的重点,教师在教学过程中可以对其广度和深度做出适当的选择和调整,找准民俗旅游学科的方位和定位。

本次再版在第一版作者团队的基础上,做了适当分工调整:第一章、第二章由河南大学余永霞、天津农学院朱伟编写修订,第三章由湖北科技职业学院陈蔚编写修订,第四章由河南牧业经济学院张永奇编写修订,第五章由河南师范大学尉富国编写修订,第六章、第七章由河南大学余永霞编写修订,第八章由河南牧业经济学院陈道山编写修订,第九章由河南牧业经济学院魏九峰、陈道山编写修订。最后由余永霞、陈道山负责统稿定稿。研究生李泽亚、董艳文为本书的编写修订做了许多工作,付出了艰辛的劳动,在此深表感谢。同时,衷心感谢河南财经政法大学刘慧老师、河南牧业经济学院阮跃东老师在第一版编写时付出的辛苦劳动。此外,本次再版保留了上海大学特聘教授、博士生导师、伟长学者、上海大学图书馆馆长潘守永先生,中国民间文艺家协会原副主席、河南省文联原副主席夏挽群先生为本教材所作的序,著名书法家许凯先生欣然题写了书名。再次对他们表示衷心的感谢!

(三)

理有未安,学无止境。本次再版虽然做了大量工作,但由于民俗学、旅游学的学科内容十分庞杂,彼此关联因素非常广泛,加之文化旅游业态演进的不断更新,难免存在一定的遗漏、偏颇、滞后。希望从事民俗旅游教学科研的同仁、从事民俗旅游开发建设的经营管理者携手共进,以习近平文化思想为指导,全面贯彻党的二十大关于文化建设的战略部署,进一步增强历史主动、文化自信,切实担负起新的文化使命,大力赓续中华文脉,并使民俗文化得到良好的创造性转化、创新性发展,传承好、弘扬好民俗文化中的优秀文化遗产,同时为建构民俗旅游的学科体系、学术范式提出新思路,为民俗旅游教材建设体制机制、教学模式改革创新做出新探索,为我国民俗旅游事业的深度拓展,以及文旅融合、城乡融合、乡村振兴的健康持续发展做出新贡献,为建设社会主义文化强国、中华民族现代文明的新征程、新实践展现新气象与新作为。

编　者

二〇二三年十二月

目 录

第一章 民俗旅游概述 /001

第一节 民俗概述 /002
一、民俗的概念 /002
二、民俗的特征 /004
三、民俗的分类 /006
四、民俗的功能 /008

第二节 民俗旅游 /010
一、民俗旅游的概念 /010
二、民俗旅游的特征 /011
三、民俗旅游的分类 /013
四、民俗旅游的价值 /014

第三节 民俗旅游资源 /016
一、旅游资源与民俗旅游资源的概念 /016
二、民俗旅游资源的分类 /018
三、民俗旅游资源的作用 /019

第二章 饮食民俗旅游 /022

第一节 饮食民俗概述 /023
一、饮食民俗及其影响因素 /023
二、中国传统的饮食结构和类型 /026
三、中国民间饮食的特点 /027

第二节 中国传统饮食习俗 /028
一、日常食俗 /028
二、节日食俗 /028
三、人生礼仪食俗 /031
四、宗教信仰食俗 /032
五、民族特殊食俗 /033

第三节　地方风味与菜系　　　　　　　　　/034
　　一、中国四大菜系　　　　　　　　　　/035
　　二、少数民族的风味饮食　　　　　　　/039
第四节　茶艺民俗　　　　　　　　　　　　/044
　　一、饮茶的历史与传统　　　　　　　　/044
　　二、茶叶种类与名茶　　　　　　　　　/045
　　三、饮茶游艺　　　　　　　　　　　　/047
　　四、民间茶礼　　　　　　　　　　　　/048
　　五、民间茶俗　　　　　　　　　　　　/049
第五节　酒水民俗　　　　　　　　　　　　/052
　　一、酒的起源与发展　　　　　　　　　/053
　　二、酒的种类　　　　　　　　　　　　/053
　　三、饮酒的习俗和情趣　　　　　　　　/056
第六节　饮食民俗的旅游开发　　　　　　　/057
　　一、饮食民俗文化在旅游业中的作用　　/057
　　二、饮食民俗旅游开发现状　　　　　　/058
　　三、饮食民俗旅游开发的对策　　　　　/060

第三章　服饰民俗旅游　　　　　　　　　/064

第一节　服饰民俗概述　　　　　　　　　　/065
　　一、服饰民俗的构成及体现　　　　　　/065
　　二、影响服饰民俗的主要因素　　　　　/066
　　三、服饰民俗的惯制及分类　　　　　　/067
第二节　中国服饰民俗的发展与变化　　　　/068
　　一、先秦时期　　　　　　　　　　　　/069
　　二、秦汉时期　　　　　　　　　　　　/069
　　三、魏晋南北朝时期　　　　　　　　　/070
　　四、隋唐时期　　　　　　　　　　　　/071
　　五、宋元时期　　　　　　　　　　　　/071
　　六、明清时期　　　　　　　　　　　　/072
　　七、民国时期　　　　　　　　　　　　/074
　　八、中华人民共和国成立以后　　　　　/074
第三节　中国丰富多彩的少数民族服饰
　　　　民俗　　　　　　　　　　　　　　/075
　　一、西北少数民族服饰民俗　　　　　　/075
　　二、西南地区的少数民族服饰民俗　　　/077

三、东北及北部地区的少数民族服饰民俗　　/080
　　四、中东南地区少数民族民俗　　/082
第四节　服饰民俗的旅游开发　　/084
　　一、服饰民俗的旅游文化价值　　/084
　　二、服饰民俗旅游资源的开发　　/085
　　三、加大服饰民俗旅游资源开发的建议　　/089

第四章　居住民俗旅游　　/092

第一节　居住民俗概述　　/093
　　一、民居的概念与构成　　/093
　　二、民居的基本特征　　/094
第二节　民居的建筑与居住　　/104
　　一、民居建筑的样式与构成　　/104
　　二、民居的建筑与使用　　/106
第三节　民居的类型　　/109
　　一、按建筑材料分类　　/109
　　二、按结构形态分类　　/111
　　三、按使用功能分类　　/112
　　四、按民族地域文化分类　　/113
第四节　居住民俗的旅游开发　　/120
　　一、我国民居旅游资源的特点　　/120
　　二、民居建筑的破坏与保护　　/121
　　三、开发民居旅游资源的策略　　/122

第五章　交通民俗旅游　　/126

第一节　交通民俗概述　　/127
　　一、交通民俗的起源　　/127
　　二、交通民俗的发展　　/127
　　三、交通民俗的影响因素　　/128
第二节　陆路交通民俗　　/130
　　一、陆路交通设施　　/130
　　二、陆路交通工具　　/132
　　三、陆路交通习惯　　/135
第三节　水路交通民俗　　/135
　　一、水道及其交通设施　　/136
　　二、水路交通工具　　/137

第四节　交通民俗的旅游开发　/138
　一、旅游交通与交通民俗的结合　/139
　二、交通民俗旅游资源的分类及特点　/139
　三、交通民俗旅游资源开发的途径　/140

第六章　人生礼仪民俗旅游　/143

第一节　诞生礼　/144
　一、汉族诞生礼　/144
　二、少数民族诞生礼　/147

第二节　成年礼　/148
　一、汉族成年礼　/148
　二、少数民族成年礼　/149

第三节　婚嫁礼　/150
　一、汉族婚嫁礼　/150
　二、少数民族婚嫁礼　/155

第四节　寿礼　/157
　一、汉族寿礼　/157
　二、少数民族寿礼　/159

第五节　人生礼仪民俗的旅游应用　/159
　一、人文景观设施　/160
　二、民俗表演展示　/161

第七章　节日民俗旅游　/164

第一节　节日民俗概述　/165
　一、节日的概念　/165
　二、节日民俗及其成因　/165
　三、节日民俗的特征　/167
　四、民俗节日的分类　/169

第二节　传统节日及习俗　/172
　一、春节　/173
　二、元宵节　/175
　三、清明节　/176
　四、端午节　/177
　五、七夕节　/179
　六、中秋节　/179
　七、重阳节　/180

第三节　少数民族节日及习俗　　　/181
一、西北地区少数民族的主要节日与习俗　　/181
二、西南地区少数民族的主要节日与习俗　　/184
三、东北地区少数民族的主要节日与习俗　　/186
四、东南地区少数民族的主要节日与习俗　　/188

第四节　节日民俗与旅游　　　/190
一、旅游活动是节日民俗的重要内容　　/190
二、节日民俗促进了旅游活动的发展　　/191
三、节日民俗旅游开发中存在的问题　　/191
四、节日民俗的旅游开发策略　　/192

第八章　游艺民俗旅游　　　/195

第一节　游艺民俗概述　　　/196
一、游艺的含义演变　　/196
二、游艺民俗的内涵　　/196
三、游艺民俗的特征　　/197
四、游艺民俗的功能　　/199

第二节　口头文学　　　/199
一、民间歌谣　　/200
二、民间故事　　/202
三、谚语、谜语与歇后语　　/203

第三节　民间艺术　　　/206
一、民间音乐　　/206
二、民间舞蹈　　/208
三、民间戏曲　　/209
四、民间工艺美术　　/209

第四节　民间游戏娱乐　　　/215
一、民间游戏　　/215
二、民间竞技　　/217
三、民间杂艺　　/218

第五节　游艺民俗旅游开发　　　/220
一、游艺民俗旅游开发的意义　　/220
二、游艺民俗旅游开发存在的问题　　/221
三、游艺民俗旅游开发的思考　　/222
四、游艺民俗旅游开发的具体举措　　/223

第九章 民俗旅游开发 /227

第一节 民俗旅游开发概述 /228
一、民俗旅游开发的历程 /228
二、民俗旅游开发的内容 /230
三、民俗旅游开发的特点 /232

第二节 民俗旅游开发的原则与程序 /232
一、民俗旅游资源开发的原则 /233
二、民俗旅游开发的程序 /236

第三节 民俗旅游开发的模式 /240
一、静态开发 /240
二、动态开发 /241
三、立体网络式开发 /242

第四节 民俗旅游开发存在的问题及解决对策 /244
一、民俗旅游开发中存在的问题 /244
二、解决对策 /245

本课程阅读推荐 /249

参考文献 /251

第一章
民俗旅游概述

学习导引

我国历史悠久,民族众多,民俗资源丰富多彩,拥有发展民俗旅游得天独厚的坚实基础和巨大潜力。20世纪90年代后,尤其自"95中国民俗风情游"成功举办以来,全国各地受到民俗旅游新颖奇特、成本低廉、回报丰厚等因素的强烈刺激,大力开发民俗旅游资源,纷纷举行大型民俗文化旅游活动和节庆活动。民俗旅游迅速发展,遍地开花、如火如荼,以其独特的魅力和风采受到广大旅游者的青睐。全面系统地研究民俗旅游,不仅有利于我国民俗文化的传承与发展,促进民俗文化资源的合理开发和利用,而且能够促进民俗旅游的快速发展,带来经济效益增长,进而推动经济水平的进步,为群众带来效益。本章首先向大家介绍民俗的概念、特征、分类与功能,然后以此为基础,阐述民俗旅游的概念、特征、分类与价值,最后就民俗旅游资源的概念、分类与作用展开讨论。

学习重点

通过本章学习,重点掌握以下知识要点:
1. 民俗的概念、特征、分类及功能
2. 民俗旅游的概念、特征、分类及价值
3. 民俗旅游资源的概念、分类及作用

德育目标

1. 通过对民俗与民俗旅游基本概念和相关知识的学习,激发学生对中华优秀传统文化的兴趣,让学生思考如何将中国传统文化与旅游业相结合,通过文化旅游推动我国优秀传统文化的传播、传承与发展。

2. 利用民俗与民俗旅游的特点、功能和价值,在学生日常生活中的民俗事象、乡土情感中挖掘"课程思政"元素,力图做到让学生在潜移默化和感同身受中认识和体悟民俗文化的魅力,坚定学生的文化自信,增强学生的家国情怀和正确的文化观念,主动肩负起中华优秀传统文化保护、传承和发展的重任。

第一节　民俗概述

民俗主要指中下层民众的生活文化，起源于人们满足生存的需要，起源于人类社会群体生活的需要，是人们在与自然环境、社会环境相互适应的过程中应运而生的。中国民俗文化源远流长，博大精深，古往今来，它无时无刻不在影响着中华子孙。然而，因认识的角度不同，人们对中国民俗事象的理解存在着一些差异。

一、民俗的概念

民俗是一个古老的概念，其源头一直可以追溯到先秦时代。但是在中国真正把民俗当成一门学问来研究却是 20 世纪以后的事情。

（一）传统意义上的民俗概念

民俗一词，在中国早已有之。《管子·正世》记载："古之欲正世调天下者，必先观国政，料事务，察民俗，本治乱之所生，知得失之所在，然后从事。"①自汉代以后，民俗一词就经常出现在典籍之中。《史记·循吏列传》记载："楚民俗好庳车。"②《淮南子·齐俗训》载有："矜伪以惑世，伉行以违众，圣人不以为民俗。"③《汉书·董仲舒传》记载："乐者，所以变民风，化民俗也。"④

在这些古文献中，民俗之"民"字是指普通百姓，与《孟子·尽心下》的"民为贵，社稷次之，君为轻"⑤中的"民"字含义基本相同，而"俗"字则为习惯、习尚。汉语"俗"字最早见之于卫鼎等西周青铜铭文中。"俗"字的意思，《说文解字》中解释为："俗，习也"。对"习"字的解释是"数飞也"。这就是说，所谓"习"，是鸟儿几次飞来飞去的活动，可以进一步引申为人们经常表现出来的模式化行为。由此可见，结合"民"字与"俗"字的内涵，传统意义上的民俗，即为百姓习惯、民间习俗。严格地讲，这与今天的"民俗"概念还存在着一定的差别。

（二）现代意义上的民俗概念

虽然"民俗"的概念早已确立，但真正把民俗当成一门学问来研究却始于 19 世纪中叶的英国。19 世纪上半叶，欧洲流行一种"大众古俗"（Popular Antiquities）的学问。1846 年，对于"大众古俗"的叫法不满意的英国考古学家威廉·汤姆斯（William Thomas）将撒克逊（Saxon）语的"folk"（民众、民间）与"lore"（知识、学问）合成一个新词

---

① 黎翔凤撰，梁运华整理.管子校注[M].北京：中华书局，2004：919.
② 司马迁.史记[M].北京：中华书局，1982：3100.
③ 刘文典撰，冯逸、乔华点校.淮南鸿烈集解[M].北京：中华书局，1989：347.
④ 班固.汉书[M].北京：中华书局，1962：2499.
⑤ 杨伯峻译注.孟子译注[M].北京：中华书局，2010：304.

"folklore",既指民间风俗现象,又指研究这门现象的学问。"folklore"这一术语的提出,引起了英国学术界的轰动,立即在英国学术界得到普遍承认和运用。1878年10月,世界上第一个"民俗学会"在英国成立,"folklore"在欧洲成为通用语。

民俗学作为一门现代学科被引入中国,肇始于1918年以北京大学为中心的歌谣征集活动。1918年2月1日的《北京大学日刊》上发表了《北京大学征集全国近世歌谣简章》,从此揭开了中国民俗学的序幕。1922年12月,北京大学歌谣研究会出版了中国第一个民俗研究学术刊物《歌谣周刊》,在其发刊词上第一次使用了"民俗"术语。1927年11月,中国第一个"民俗学会"在广东中山大学成立。1928年3月,该学会出版了学术刊物《民俗周刊》。至此,"民俗"作为一门现代意义上的学问,开始被中国学者重视与研究。

关于"民俗"这一概念的内涵,现代学者的观点分歧较大,以下是几种代表性的观点。

英国民俗学家博尔尼(C. S. Burne)认为,民俗包括作为民众精神禀赋的组成部分的一切事物,有别于民众的工艺技术。引起民俗学家注意的,不是耕犁的形状,而是耕田者推犁入土时所举行的仪式;不是渔网和鱼叉的构造,而是渔夫入海时所遵守的禁忌;不是桥梁或房屋的建筑术,而是施工时的祭祀以及建筑物使用者的社会生活。①

美国学者利奇(Leach)认为,民俗是民众的学问、大众的知识,它包括了像生日蛋糕、摇篮曲、房屋形状、咒语、雪鞋和笑话等类东西。②

钟敬文《民俗学概论》对民俗下了如下定义:民俗是人民大众创造、享用和传承的生活文化。它既包括农村民俗,也包括城镇和都市民俗;既包括古代民俗传统,也包括新产生的民俗现象;既包括以口语传承的民间文学,也包括以物质形式、行为和心理等方式传承的物质、精神及社会组织等民俗。民俗虽然是一种历史文化传统,但也是人民现实生活中的一个重要部分。③

乌丙安认为,民俗是世代传袭下来的、同时继续在现实生活中有影响的事象,是形成了许多类型的事象,是有比较相对稳定形式的事象,是表现在人们的行为上、口头上、心理上的事象,是反复出现的深层文化事象。④

高丙中认为,民俗是具有普遍模式的生活文化和文化生活。⑤

巴兆祥给出的民俗定义为:民俗是在人类历史的发展过程中,一定的群体为适应生产实践和社会生活而逐渐形成的一种程式化的行为模式和生活惯制,以民族的群体为载体,以群体的心理结构为依据,表现在广泛而富有情趣的社会生产与生活领域的各个方面,是一种集体性的文化积淀,是人类物质文化与精神文化的一个最基本的组成部分。它创造于民间,传承于社会,并世代延续承袭。⑥

从我们引证的这些民俗概念可见,民俗的内涵丰富多彩,广大中下层劳动人民所创

---

① 博尔尼.民俗学手册[M].程德祺,等译.上海:上海文艺出版社,1995:1.
② 张紫晨.民俗学讲演集[M].北京:书目文献出版社,1986:498.
③ 钟敬文.民俗学概论[M].上海:上海文艺出版社,1998:4.
④ 乌丙安.中国民俗学[M].2版.沈阳:辽宁大学出版社,1999:7.
⑤ 高丙中.民俗文化与民俗生活[M].北京:中国社会科学出版社,1994:11.
⑥ 巴兆祥.中国民俗旅游(新编)[M].福州:福建人民出版社,2006:4.

造和传承的饮食、服饰、居住、节日、民间歌舞、游戏竞技等各方面的民间文化都可以纳入民俗的范畴。民俗文化是观察各个民族的一个窗口,是一个国家民族精神的重要载体,是民族文化的重要组成部分。从这里,既可以窥见一个民族在不同时期的社会生产力水平、生活习惯、民众的心理状况,也可以了解不同民族的性格和特点。

借鉴以往的民俗概念,参照旅游业的民俗开发实践,我们认为,民俗是广大民众在人类历史发展过程中所创造、享用和传承的不同类型和模式的生活文化。

二、民俗的特征

民俗是人类与生俱来的永恒伴生物,是人类在不同的生态、文化环境和心理背景下创造出来,并在特定的地域、特定的民族和特定的时代不断积累、传承、播布和演变的。民俗到底有哪些特征,民俗学家们见仁见智,意见不一。在归纳民俗特征时,应以民俗事象的内容、形式、结构、类型、载体,以及它的发生、发展、变化的规律为依据,力争使每个特征都能涵盖大部分的民俗事象。

(一)群体性

民俗是一种约定俗成的社会创造物,是特定族群中的广大民众在长期的共同生活中创造、积累、传承下来的,并非建立于一朝一夕,也不是某一个人意志的结果。它是一种群体智慧的结晶,是社会中多数人遵循的惯习,具有强烈的社会群体特征。

尽管在民俗的演变过程中,一些民俗新内容最初表现在少数人身上,但只有当这些内容被大多数人模仿,并接受之后才能被称为民俗。例如,春联是中国春节习俗的重要事象之一,它创始于个人。唐代以前,人们多以桃李符画门神贴于大门,用来驱灾避邪,五代时开始在桃符上用题诗或联语来代替门神。《宋史·蜀世家》记载,后蜀主孟昶每当除夕,命学士作词,题写桃符,置于寝门左右。因学士辛寅逊题词欠佳,他就自题:"新年纳余庆,嘉节号长春。"这可能是我国最早的一副春联。到了明代,春联已经普及,每逢除夕,从宫廷到民间,家家户户都会贴上新春联。正是个人的创造被大多数人模仿、接受,除夕贴春联的习俗才能传承至今。因此,尽管有些民俗是由个人发动的,但它必须得到群体的承认和传承。如果只有个人的创造和倡议,而没有群体的响应,是不能形成社会民俗的。

(二)地域性

民俗因地而生、因地而异,在空间上显示出明显的地域特征。地域性是指不同地域拥有不同的民俗事象,或者同一类民俗事象的内容与形式在不同地域存在差异,是民俗的基本属性之一。人们常说的"十里不同风,百里不同俗"指的就是民俗的地域性特征。

民俗有自己存在的自然和地理环境背景。例如,在饮食口味方面,俗话说的"东辣西酸,南甜北咸"就是指口味的形成与各地区的地理环境有很大关系。我国东部地处沿海,东北一些地区的气候湿润多雨、阴湿寒冷,吃辣能使汗液有效地排出,其有祛寒除湿、养脾健胃的作用。山西黄土高原因含钙过多,使居民嗜酸,其有利于消除体内的钙沉积,可以克服各种结石病。南方气候温热,生长季长,蔬菜供应丰富,吃菜量平均高于北方,食物中加进的盐足以满足人体需要,因而口味清淡些;而北方蔬菜较少,尤其冬季靠食物腌制等手段来丰富餐桌,因而口味偏咸些。此外,甘蔗是制造蔗糖的主要原料之一,主要种植在南方,所以南方人善于用糖,而北方人对于糖的运用远逊于南方。无论什么民俗事象,都会受到一定地域的地理条件、气候条件、生产生活条件的制约,表现出某种程度的地域色彩。例如,秦岭—淮河以南地区盛产竹子,其家具、生产工具等多用竹材;东北地区森林较多,其家具、生产工具等多用木材。民俗的地域性特征决定了在民俗旅游中必须发挥特长,以某一地域特有的民俗事象来吸引旅游者。

(三)民族性

民俗的民族性是指任何民俗事象都是在一个民族特有的历史文化与社会生活的背景中形成的,并通过民族特有的心理与行为习惯体现出来,成为一个民族约定俗成的事象,而且这些事象具有不同于其他民族的特征。民族是具有共同语言、共同地域、共同经济生活、共同文化、共同心理特征的民众共同体,是民俗的载体。著名民俗学家张紫晨认为:"任何民俗都是民族的,超越民族的民俗是没有的。"我国有56个民族,分布在全国不同的地理环境中,在漫长的历史发展长河中,形成了丰富多彩的民俗文化。

同一类民俗事象在不同民族中有不同的表现形式。许多民族都创造并传承着同一类民俗事象,但是,这些民俗事象在内容、形式、功能等方面,却存在极大的差异。如人生礼仪等,虽然这些民俗的主要目的是确定人的身份,完成人生角色的转变,但举行这些礼仪的特定的仪式活动和方法因民族不同而不同。这些不同之处就是民俗的民族性属性的具体表现,也就是民俗的民族性特征。

(四)传承性

民俗的传承性是指民俗在约定俗成之后,其核心的内容与形式就在一定的群体和地域代代相传,在相当长的历史时期内保持稳定不变,有的甚至几千年都不会发生太大变化。正因为这一特性,一些古老的民俗被保留下来。传统节日民俗事象是在长期的历史发展过程中积累起来的,承载着中华民族诸多重要的文化基因。如中国传统节日中传承至今的春节挂年画与吃饺子,农历正月十五的元宵节灯会与吃元宵(汤圆),三月清明节的祭祖扫墓与踏青郊游,五月初五端午节的赛龙舟、吃粽子与饮雄黄酒,八月十五的中秋节赏月与吃月饼等,都是传袭了几百年甚至上千年的习俗。

民俗一旦形成便会世代相袭,一般不会因为社会的剧烈变化,如改朝换代而中断。例如,除夕和春节放爆竹这个古老的民俗,至少延续了两千年。汉代东方朔《神异经》记载,西方深山中一种怪兽名叫"山臊",人被它咬后便会犯寒热难治之症。但它怕竹子放在火中烧时发出的噼啪之声,会惊吓而逃。唐代李田在竹筒中又装上硝,导以爆炸,来驱散山岚瘴气。宋代由于火药的发明,改用"纸卷裹火药,燃之发声",声尤震惊,故称"爆仗"。从传统的焚烧竹子,到燃放各种纸裹火药的爆竹,变化极大。但是,过年时用爆竹噼噼啪啪的响声驱疫避害、辞旧迎新的观念和行为却在世代传承。

需要注意的是,我们在强调民俗的传承性的同时,绝不可以理解为原封不动地代代照搬、各地照办,毫不走样,它恰恰是随着历史的变迁,不同地区的传播,从内容到形式或多或少有些变化的。比如,结婚是人生礼仪中重要的仪礼,千百年来一直受到家庭和社会的重视,古代婚礼用五谷杂粮撒向新娘,做驱邪祝吉仪式。随着时代发展,人们用五彩纸屑撒向新娘致以庆贺,可以看到古代信仰、仪礼在传承过程中的变异轨迹。虽然该习俗的方式发生了变化,但对新人祝福的核心内容还是传承了下来。

(五)变异性

民俗的变异性是指民俗事象在传承过程中,其内容、形式、属性等发生了或多或少的变化。这种变化从民俗产生的时候起就已经存在,"俗随时变"是民俗文化发展的普遍规律。这种变化既有时间变化,又有空间变化;既有客观原因,又有主观原因;既有自然的原因,又有人文的因素。从某种意义上讲,正是这种变异性,决定了民俗的向前发展,形成了民俗变革的驱动力,并由此造成了各民族丰富多彩的民俗文化创造。所以,变异、发展是推动民俗文化前进的动力。比如,从1949年以前的清明祭祖上坟,到1949年以后祭扫烈士墓,在清明节日传承中表现出许多变异,这种变异性特征在民俗发展中大多是在自发状态下自然而然形成的。

但是,也应当看到,往往人为的有意识的改革,只要为人们广泛承认和接受,也可以形成民俗的变异。我国历史上运用政治手段采集民风、改革习俗的事例是很多的。如古代六朝时,太原地区寒食节冷食习俗长达百日以上,造成疾病伤亡,危害严重,皇帝下令革除,改禁火三日。需要注意的是,人为的变异是有条件的,是从民俗中有意引导出来的,是符合社会前进方向和民心所向的,绝不可以把变异性理解为任何人都可以以个人意志强行改变习俗。

(六)模式性

民俗的模式性,即民俗总是具有一定的表现和活动模式,也只有相同、相似或相近的模式才便于长期为多数人共同遵守,成为共同的行为规范。民俗事象在社会中一旦形成,就会伴随着人们的生产及生活方式长期相对地固定下来,成为人们日常生活的一部分。

民俗模式体现在时间的节律上,就是只要适合这一民俗事象的政治、经济、社会等条件不消失,它就会在群体中被人们遵照,无止境地重复出现;体现在民俗构建上,即为按照某种稳定的程式或步骤有秩序地展开,成为大家共同的行为准则。比如,在我国的传统婚俗中,"六礼"(纳采、问名、纳吉、纳征、请期、亲迎)程式是婚嫁礼仪的基本模式。无论哪个民族的婚嫁礼仪都是在这一程式的基础上变化的,只是在具体程序上略有删减,在具体物品上稍有替换。

民俗在文化传承过程中所表现出的基本特征既不是孤立的,也不是对立的,它们之间互有联系,甚至互为因果。认识民俗特征是为了在民俗旅游规划和民俗旅游组织中更好地体现民俗特色。

三、民俗的分类

民俗的内容丰富广博,中外民俗学界对于民俗的分类也众说纷纭,因为观察的角度和研究的需要不同,对民俗有各种不同的分类方法。(见表1-1、表1-2)

婺源、绩溪中秋节习俗

表 1-1　钟敬文的民俗分类法

主要类别	基本内容
物质民俗	生产;商贸;饮食;服饰;居住;交通;医药保健等
社会民俗	社会组织民俗(如血缘组织、地缘组织、业缘组织等);社会制度民俗(如习惯法、人生礼仪等);岁时节日民俗;民间娱乐习俗等
精神民俗	民间信仰;民间巫术;民间哲学伦理观念;民间艺术等
语言民俗	民俗语言(如民间俗语、谚语、谜语、歇后语、街头流行语、黑话、酒令等) 民间文学(神话、民间传说、民间故事、民间歌谣、民间说唱等)

(资料来源:根据钟敬文的《民俗学概论》整理,上海:上海文艺出版社,1998:5-6.)

表 1-2　陶立璠的民俗分类法

主要类别	基本内容
物质民俗	居住;服饰;饮食;生产(农、林、牧、副、渔);交通(运输、通信);交易
社会民俗	家族、亲族;村落;各种社会职业集团;人生仪礼(诞生、成年、婚姻、丧葬);岁时习俗
精神民俗	口承语言民俗(神话、传说、故事;歌谣、叙事诗;谚语、谜语) 行为传承民俗(民间艺术;民间游艺) 精神信仰民俗(巫术;宗教;信仰;禁忌;道德、礼仪)

(资料来源:根据陶立璠的《民俗学》整理,北京:学苑出版社,2003:57-58.)

通常情况下,按照民俗的具体内容,一般可以将民俗划分为物质民俗、社会民俗和意识民俗三类。

(一)物质民俗

物质民俗是各民族在物质生产、交换和消费中所形成的文化传承,是民俗的多层次结构中的基础层面。物质民俗主要包括行业民俗(农耕、畜牧、渔猎、手工业、商业)和消费民俗(服饰、饮食、居住、交通)。

(二)社会民俗

社会民俗指在人类社会中,人与人之间通过生产、生活的结合和交往形成的民俗。社会民俗主要包括人生礼仪民俗(育儿礼、成年礼、婚礼、寿礼、葬礼)、岁时节令民俗(传统岁时节日、现代节日)、社会结构民俗(家庭、亲族、乡里、社团、帮会)和游艺民俗(游戏、竞技、歌舞、工艺、技艺、谣谚、神话传说)。

(三)意识民俗

意识民俗是一种深层次的民俗事象的总和,体现的是人们以信仰为核心的心理活动和操作行为。意识民俗包括原始信仰民俗(自然崇拜、图腾崇拜、祖先崇拜、圣贤崇拜、行业神崇拜)、民间宗教信仰民俗和禁忌民俗等。

四、民俗的功能

民俗的功能是指民俗作为人们社会生活系统的重要组成部分,对于创造并传承它的群体与个体具有的实际影响和价值。民俗之所以能够穿越时空,世代传承,是因为它适应各个时代人们生产、生活的要求,为人们提供了社会生活的便利,在社会生活中发挥着不可替代的独特作用。民俗的功能主要体现在五个方面:教化、规范、维系、调节和审美。

(一)教化功能

民俗的教化功能是指民俗在个人的社会化过程中所起的教育作用。民俗在一个人的社会化过程中起着教化作用,个人走向社会一般是从入俗开始的。在一个人成为具体社会群体成员的过程中,他从长辈那里口耳相传、观察、模仿,逐渐习得的行为方式、思想意识、伦理道德、价值观悄悄地教育和塑造着他,并在不自觉中成为其个人生活方式和行为准则。正如本尼迪克特在她的《文化模式》中开宗明义地写道:"个体生活的历史中,首要的就是对他所属的那个社群传统上手把手传下来的那些模式和准则的适应。落地伊始,社群的习俗便开始塑造他的经验和行为。到咿呀学语时,他已是所属文化的造物,而到他长大成人并能参加该文化的活动时,社群的习惯便已是他的习惯,社群的信仰便已是他的信仰,社群的戒律亦已是他的戒律。"① 各民族的民俗文化,在显性的行为模式与隐性的思维习惯上都有所体现。

民俗能够传播文化知识,帮助民众学习有关生产、生活的基本知识和技能。通过具体的民俗活动,不仅可以使个人了解本国本族的文化,还可以掌握一些生活知识和生产知识,提高人们的智慧水平和解决实际问题的能力。例如,中国台湾高山九族之一的布农族人刚强尚武,男孩子很小就要学习射箭,到了十四五岁时,每年春季收获季节过后,他们要和族里的成年男子一起上山狩猎,通常历时七天七夜,风餐露宿,接受野外狩猎生活的锻炼。在狩猎活动中,男孩子向成年人学习狩猎知识和技能,为自己积累成年人必备的猎获野兽的知识经验。此外,民俗可以使人了解自己祖先所创造的历史文化,培养人的道德情操,树立尊老爱幼、热情好客、大公无私、乐于助人的美德,甚至产生强烈的民族自豪感和爱国心。民俗潜移默化地塑造了个人的性格和灵魂。

(二)规范功能

民俗的规范功能是指民俗通过自己的那些不成文的规约、程式化的礼仪、习惯化的行为方式、训诫式的语言等,对生活于其中的社会成员的心理和行为产生约束与控制作用的一种功能。② 在社会生活中,社会规范有法律、纪律、道德与民俗四个层次,其中民俗是产生最早、约束最广的深层次规范。

虽然民俗在社会生活中不是成文法律,不具有强制性,但是民俗一旦形成,便会以其约定俗成的力量约束、规范着一个族群中每个成员的行为方式,统一着他们的思想。

---

① 露丝·本尼迪克特.文化模式[M].王炜,等译.北京:社会科学文献出版社,2009:2.
② 邱扶东.民俗旅游学[M].上海:立信会计出版社,2006:34-35.

民俗就像一只看不见的手,无所不在地约束与控制着人们的所思所想、所作所为。从衣食住行到婚丧嫁娶,从社会交际到精神信仰,每个人都会自觉不自觉地将自己的行为置于民俗的约束之下。正如法国学者克洛德·列维-斯特劳斯(Claude Lévi-Strauss)所说:"我们的行动和思想都依照习惯;稍稍偏离风俗,就会遇到非常大的阻难,其原因更多在于惯性,而不是出于要维持某种明确效用的有意识考虑或者需要。"[1]

(三)维系功能

民俗的维系功能主要表现在沟通族群与个人之间的关系,使族群成员紧紧地团结在一起,和谐相处,使社会保持稳定与协调。民俗文化向来是民族精神和民族凝聚力的象征。民俗是从特定的历史、社会环境和文化条件出发,将群体所奉行的某一种信仰和具有共识的行为方式予以肯定,成为人们共同遵循的行为标准,维系社会生活有规则地进行。

除此之外,民俗还具有使个人与族群保持一种认同感、使个人有一种归属感的功能。数不胜数的民俗事象,潜移默化地影响社会成员的活动,把大家的心理和行为牢牢地凝聚在一起。这种神奇的凝聚力量,不仅可以把生活在同一民俗区域的人们聚集在一起,而且还可以把人们与已经逝去的先辈和祖宗联系在一起。同时,民俗的凝聚力量还能够超越地域的限制,同受一种民俗文化熏陶和教导的人们,即使遥隔万水千山,也会形成强烈的相互认同。例如,世界各地的华侨,虽然身处异地,但他们通过讲汉语、吃中餐、过中国传统节日等方式,对自己的民族保持认同。

(四)调节功能

民俗的调节功能是指通过民俗活动中的娱乐、宣泄、补偿等方式,使人类社会生活和心理本能得到调剂的功能。[2] 人们生活在世界上,不能只是无休止地劳作,还需要在适当的时间和地点参与适当的娱乐活动来调节生活。传承于民间的许多民俗事象,如游戏、故事、民间舞蹈、节日、庙会等,都带有极其浓厚的娱乐性,供人们劳作之余享受和利用,以调节身心、放松自己,使人们处在张弛有度的生活状态中。

人们在忙忙碌碌的生活中,身体上和精神上承受着各种各样的压力,需要适当的宣泄来缓解个人的紧张、不安、焦虑与痛苦。参与一些民俗活动可以起到宣泄心理能量的作用。如傣族的泼水节、侗族的花炮节、蒙古族的那达慕大会,以及民间游戏斗鸡、斗蟋蟀、下棋等,这些民俗活动为人们提供了一种宣泄的途径,一定程度上释放了人们内部的心理能量。

(五)审美功能

从艺术家常说的"美在生活,美在民间"可以看出,民俗对社会成员的个人心理起到悦耳悦目、悦神悦意的作用。民俗文化中的某些门类的内容,几乎都以审美为主。例如,神像、供品、年画、剪纸、婚嫁用品等,从某些意义上说,都是以审美功能为主的艺术

---

[1] 克洛德·列维-斯特劳斯.历史学和人类学——《结构人类学》一书序言[J].哲学译丛,1979(6):45.
[2] 钟敬文.民俗学概论[M].上海:上海文艺出版社,1998:30-31.

形式。民俗工艺与民间造物,包括民间建筑、服饰、民间工艺美术、工具都自然流露着纯真质朴之美。

民俗旅游资源开发的审美立足点,就是要抓住民俗天然生成的真实自然、古朴原始之美进行新的创造和发展,以满足旅游者的需要。民俗旅游的开展,为旅游者提供了体验民俗审美文化的良好机会,常使旅游者获得终生难忘的审美感受。

第二节 民俗旅游

民俗即民间风俗习惯,是广大中下层劳动人民所创造和传承的民间文化,包括饮食、服饰、居住、节日、民间歌舞、游戏竞技等各方面的民俗风情。民俗与旅游历来就有不可分割、血肉相连的密切关系,观风察俗,向来就是旅游的重要内容。在《马可·波罗游记》《徐霞客游记》等古代著名游记中,有许多对当时各地民俗事象的记述和分析。民俗文化对异地他乡的旅游者来说,其神秘、罕见、趣味等满足了游客"求新、求异、求乐、求知"的心理需求,对旅游者有巨大的吸引力,因而成为旅游行为和旅游开发的重要内容之一。

民俗旅游属于高层次的文化旅游,它能够为旅游者提供更多参与、体验、了解旅游地独特的地域文化和民族文化的机会,以其内容和形式上所与生俱来的鲜明的民族性、显著的地方性、独特的文化性和广泛的参与性,对中外游客产生了巨大的诱惑力和吸引力,是旅游者很想了解的异质文化之一。国内一次抽样调查表明:来华的美国游客中主要目标是欣赏名胜古迹的占26%,而对中国人的生活方式、风土人情最感兴趣的高达56.7%。我国的民俗旅游开始于20世纪80年代,到1995年中国民俗旅游发展达到一个高潮,国家旅游局(现文化和旅游部)把这一年定为"中国民俗风情游年",在全国范围内开展了大规模的民俗旅游活动。此后的若干年,旅游主题都以民俗为核心或与民俗密切相关。这些主题旅游,在国内外产生了广泛的影响,极大地促进了民俗旅游在中国的发展。

一、民俗旅游的概念

国内民俗旅游开始于20世纪80年代,由于民俗旅游兴起的时间较晚,关于民俗旅游的诸多理论尚无定论。到了20世纪90年代,民俗学界和旅游学界的学者才对民俗旅游的概念进行了一些零星的阐述。1990年,西敬亭、叶涛首先提出了民俗旅游的概念,"顾名思义,民俗旅游是民俗与旅游的结缘,是以民俗事象为主体内容的旅游活动。"①1993年,李慕寒给民俗旅游下的定义是:"所谓民俗旅游,可以理解为:以一国或一个地区的民俗事象活动为旅游资源,为满足旅游者开阔知识视野,促进人类相互了解的一种社会经济现象。"②2001年,邓永进等人这样定义民俗(风情)旅游:"所谓民俗(风

---

① 西敬亭,叶涛.民俗旅游,一个尚待开拓的领域[J].民间文艺季刊,1990(3):111.
② 李慕寒.试论民俗旅游的类型及其区域特征[J].民俗研究,1993(2):95-98.

情)旅游,是指人们以观赏、了解、领略、参与风土人情为主要目的的旅行和暂时逗留中所进行的物质与精神活动的总和。"①2001年,吴忠军定义民俗旅游为:"民俗旅游是指人们离开惯常住地,到异地去以地域民俗事象为主要观赏内容而进行的文化旅游活动的总和。"②2006年,巴兆祥定义民俗旅游为:"民俗旅游属高档次的文化旅游范畴,是指旅游者被异域或异族独具个性的民俗文化所吸引,以一定旅游设施为条件,离开自己的居所,前往旅游地(某特定的地域或特定的民族区域),进行民俗文化消费的一个动态过程的复合体,是人类文明进步所形成的一种文化生活方式。"③2007年,魏小安定义民俗旅游为:"以民间风俗习惯及自然与社会生态为主体的旅游活动。"④2011年,周作明将民俗旅游定义为:"民俗旅游是旅游者把异地的民俗事象作为观赏和消费主体的文化旅游活动。"⑤

以上几种定义虽各有侧重,但他们从不同角度,大都界定出了民俗旅游的基本特征。其中,有两方面受到了特别强调:一是指出了民俗旅游的文化属性,认为其深厚的文化内涵使其具有较高的旅游价值,属于一种高层次的旅游形式;二是强调了民俗旅游的主要观赏内容是民俗事象,旅游地向旅游者提供的核心产品为民俗产品。建立在对上述定义认识的基础上,结合旅游的概念,我们认为:民俗旅游是文化旅游的一种主要形式,是指人们离开惯常住地,到异地去以民俗事象为主要观赏内容和消费对象的各种旅游活动的总和。

二、民俗旅游的特征

一般来说,要深入了解和认识一件事,应该对它的特点进行剖析和确定。民俗旅游作为文化旅游的一种,其特点主要体现在以下几个方面。

(一)以民俗为核心

旅游者出游消费的产品必须是以民俗风情为核心,如果在该产品中民俗风情居于次要地位则不能称为民俗旅游。自然,旅游地向旅游者提供的核心产品也必须是民俗风情。民俗旅游可以是纯粹以动态或静态民俗文化为主要内容的旅游,也可以是以民俗文化为重点观赏和体验对象并融合自然风光、历史文化、户外探险、休闲度假、森林游憩考察等其他旅游形式的旅游,但这个景区景点、这项主题内容必须以民俗文化为核心出现在旅游者整个消费活动过程中。

(二)文化性

旅游的文化性决定了民俗旅游的文化特质,民俗旅游属于文化旅游的范围,旅游所具有的文化特性在民俗旅游中均有体现。民俗旅游除具有旅游的一般性和文化特性之外,还有独特的文化特质。民俗是一个国家或一个民族传统文化的承载体,了解一个国

---

① 邓永进,薛群慧,赵伯乐.民俗风情旅游[M].2版.昆明:云南大学出版社,2001:14.
② 吴忠军.民俗旅游学的几个问题[J].桂林旅游高等专科学校学报,1999(1):14-17.
③ 巴兆祥.中国民俗旅游(新编)[M].福州:福建人民出版社,2006:11.
④ 魏小安.民俗旅游的发展分析[N].中国旅游报,2006-09-08(006).
⑤ 周作明.中国民俗旅游学新论[M].北京:旅游教育出版社,2011:11.

家或一个民族的文化,民俗是很好的窗口。

民俗旅游的文化性是由民俗的文化性与旅游的文化性决定的,民俗旅游的发展离不开文化赋予的价值和内涵。民俗是一种悠久的历史文化传承,汉族和各少数民族的服饰饮食、婚丧嫁娶、待客礼仪、节庆游乐、民族工艺、建筑形式等是人们文化意识的反映和表现。民俗旅游是一种以民俗文化为消费对象的旅游活动,丰富多彩的民俗文化景观不仅能给旅游者带来民俗事象本体的文化信息,而且还能让旅游者沉浸在浓郁的文化氛围中,享受文化。加上民俗景观浓厚的地方色彩和鲜明的民族特点,民俗旅游的文化性更突出,对国内外游客的吸引力更强。民俗旅游的内容能够时时、处处给人以文化的享受,使旅游者在潜移默化中享受到一个国家、一个民族独特的文化。

民俗旅游以展现传统民俗、地域民俗为主要内容,但它所展现的文化并不是典籍上所记载的、博物馆中所陈列的静态的,甚至是已死的文化,而是一种鲜活的、动态的文化。旅游者通过旅游活动,将看到原汁原味的民俗,体验一次充满异地情调的文化探险。民俗旅游的这一特性,就要求民俗旅游的开发者、经营者、参与者有较高的文化素质。

(三)经济性

民俗旅游的经济性是由旅游的经济性所决定的。旅游业有"无烟工业"之称,已超过石油、汽车工业,发展成为世界第一大产业,旅游收入也成为当今世界许多国家国民经济的重要支柱。民俗旅游是民俗这一古老而独特的文化现象在旅游业中的运用发展,也是利用民俗为经济建设服务的具体表现。

对旅游区的居民来说,他们通过出售当地的民族文化产品和地方文化产品,能获得一定的经济效益和就业机会。民俗旅游不仅扩大了当地知名度,在带来直接经济效益的同时,还可以吸引投资者,为当地经济建设服务。山东省潍坊市自 1984 年举办首届潍坊国际风筝节以来,每届都万商云集,取得了令人满意的经济效益和社会效益。潍坊风筝节不仅造就了一个风筝产业,而且通过风筝节,使寿光蔬菜、昌乐西瓜,还有安丘蜜桃、风筝、年画、嵌银漆器、仿古铜,以及临朐奇石、昌乐蓝宝石等产品也镶嵌上了"旅游"铭牌,身价倍增,实现了"以游引资,以资促游,以游旺商,以商促游"的大循环,极大地拉动了其他产业的发展。风筝节成为潍坊招商引资的重要平台,极大地带动了旅游业和相关产业的快速发展。以民俗旅游带动商业贸易活动,已经成为当代旅游业发展的重要趋势。**云南省**的民俗旅游开展得非常红火,民俗旅游在脱贫致富及缓解就业压力等方面做出了重要贡献,不仅为该省带来了巨大的经济效益,还产生了广泛的社会效益和深远的生态环境效益。

(四)参与性

民俗旅游的参与性,一方面体现在民俗开发离不开民众的参与,开发民族村寨,就需要村民普遍的参与,获得他们的支持和配合;另一方面指的就是旅游者在民俗旅游活动中的经历与体验。旅游者不仅仅可以观看民俗表演,还可以参加民俗表演;不仅仅可以观看民间生产活动,也可以参与民间生产活动。在民俗旅游活动中,通过游人的亲身投入,成为特定民俗环境中的一员,从而达到旅游主体客体双向交流,满足旅游者休闲、

知识关联

云南 12 地入选 2021 中国旅游百强县市

猎奇、求知的心理，获得有别于惯常生活的充满情趣的体验，这是民俗旅游最具魅力的地方。许多游山玩水的旅游项目往往只能是走马观花，总是与景观隔了一层，民俗旅游常常有很强的参与性。这种参与性体现在旅游活动的食、住、行、游、购、娱六大要素的每个环节中。

（五）体验性

旅游活动是有形的产品和无形的产品融合发展的产物。有形的产品是旅游目的地的景区（点）、建筑、街道、美食等一系列真实可感的旅游观光体验，无形的产品则是在旅游过程中感受到的当地民族特色文化、城市氛围等一系列情感认知。如今的旅游行为不再仅仅是吃、住、行、游、购、娱这种简单的物质体验，而更加注重对目的地文化和形象的感知体验，在放松身心、缓解压力的同时，也能够感受一方水土的包容感，情感上的需求远比物质上的满足能吸引消费者，这种情感需求的体验恰恰也是体验经济效应下旅游需求的新特征。以旅游酒店为例，如今越来越多的"80后""90后""00后"旅游者在选择住宿酒店时会倾向于特色民宿等具有当地民俗文化特色的小众酒店。这些将当地民族文化、生活习俗以及风土人情融合的酒店，能够让旅游者在享受"沉浸式"民族特色居住体验的过程中认识和了解民族历史文化与生活风貌，感受当地的风土人情，满足自身对于情感体验的需求，带给旅游者独一无二的体验和深入感受，受到旅游者的青睐和好评。

总之，不论是民俗旅游具有的文化性、经济性，还是它具有的参与性、体验性，这些特性都不能穷尽民俗旅游的全部特征。在体验经济时代背景下，民俗旅游完全可以根据现代旅游者需求的变化，不断从传统民俗文化资源中发掘出不同的文化形式和文化内容，在不断完善民俗旅游服务设施和服务特色的前提下，更加注重情感体验产品开发和文化核心导向建设，使民俗旅游成为一个结构合理、功能完备、特色鲜明的文化旅游综合体。

三、民俗旅游的分类

关于民俗旅游的分类，由于人们理解和研究的角度不同，其分类方法多种多样：按客源分类，可分为入境民俗旅游、出境民俗旅游和境内民俗旅游；按空间分类，可以分为乡村民俗旅游、市井民俗旅游、水乡民俗旅游、山寨民俗旅游、渔村民俗旅游、牧区民俗旅游、高原民俗旅游和绿洲民俗旅游；按组织形式，可以分为团队民俗旅游、散客民俗旅游；按民族分类，可以分为汉族民俗旅游、少数民族民俗旅游。

陶思炎教授在《略论民俗旅游》[①]一文中，根据民俗旅游的客体把民俗旅游分成物态民俗游、动态民俗游、心态民俗游、语态民俗游四个方面。

（1）物态民俗旅游是指以民俗物品的观赏、体验、购买为主的，涉及衣、食、住、行、民间工艺品等，借助静态的民俗物品，实现旅游功能的旅游。

（2）动态民俗旅游是指旅游者融入特定的民俗文化氛围，观赏或参与各类民俗活动，以满足自己旅游需要的旅游。

---

① 陶思炎.略论民俗旅游[J].旅游学刊,1997(2):37-39.

(3)心态民俗旅游是指旅游从业者挖掘民间信仰民俗的文化内涵,并把它们开发成可供旅游者消费的民俗旅游产品和民俗旅游商品的旅游。

(4)语态民俗旅游是指开发各类言语民俗,如戏曲、曲艺、民歌、谚语、民间故事、民间传说、神话等,为旅游者提供民俗旅游的产品和商品的旅游。

巴兆祥主编的《中国民俗旅游(新编)》[①]按旅游者的行为动机,把民俗旅游划分为四个主要类型。

(1)消遣观光型民俗旅游。从目前我国民俗旅游的人次、规模看,消遣观光型民俗旅游所占比例最大。此类型的旅游者多为自费旅游,在民俗旅游地停留时间一般不长,他们多希望民俗旅游产品货真价实,物有所值,交通、住宿、门票以及纪念品的费用一般都不会太高,给旅游者提供的选择余地和机动程度都比较大。对这一类型的旅游者,旅游目的地在提高产品质量的同时,应加强促销宣传,变"随机性"为"趋向性"。

(2)参与型民俗旅游。参与型民俗旅游又称体验型民俗旅游,是近几年飞速发展的一种旅游行为,重在体验。旅游者渴望追求新鲜刺激,对热烈奔放、狂欢放松的民俗旅游项目感兴趣。旅游者在民俗旅游地逗留的时间一般较长,旅游地的选择具有一定的方向性,旅游点要求少而精,对民俗旅游产品要求原汁原味。例如,住北京四合院、加入内蒙古草原风情游、参加西双版纳泼水节等,能给游客以全新的生活体验,使他们感受到人类生存方式的多样性和差异性,从而实现开阔视野、获得新知的目的。

(3)考察型民俗旅游。这是由旅游者探索异国他乡民俗风情奥秘的心理而形成的民俗旅游模式。这种类型旅游的人数相对少些,但层次较高,主体多为文化素养较高的知识分子和广大青年学子。对这样的旅游者,旅游目的地除提供一般的服务外,还应满足他们对民俗文化的特殊要求,以提高民俗旅游地的档次。

(4)娱乐型民俗旅游。娱乐是一种重要的旅游动机。娱乐旅游在美国等西方发达国家相当发达,在我国,近些年也有较快发展。我国各地许多的民俗活动,如蒙古族的那达慕大会、壮族三月三歌会、苗族的花山节和芦笙舞,等等,都带有浓厚的娱乐性质。这类旅游者外出旅游就是为了在这些民俗娱乐活动中达到放松自己的目的。此类旅游者在旅游过程中舍得花钱,强调舒适、方便、兴致。

总之,民俗旅游是一种文化涵盖广泛的文化旅游,很难将某一种民俗旅游活动严格地限定在某一种类型上,学术界与产业界根据需要对民俗旅游的任何一种分类都是相对的。

四、民俗旅游的价值

民俗旅游的价值主要是由民俗文化在现代社会发展过程中的经济价值决定的,民俗文化作为一种旅游资源,在各地的经济发展中发挥着重要的作用。民俗旅游的开发不但可以带动饮食、住宿、购物、交通等第三产业的发展,产生良好的经济效益,而且还会给当地带来巨大的社会效益和文化效益,促进该地区经济、社会、文化的全面发展。

---

① 巴兆祥.中国民俗旅游(新编)[M].福州:福建人民出版社,2006:13-15.

(一)经济产业价值

民俗旅游是旅游地人民充分合理利用当地民俗文化资源发展经济、改善生活的重要手段。民俗文化的地域性、民族性、模式性、传承性和变异性使民俗文化景观成为重要的旅游资源。近距离地观赏和亲身体验异地异域的风土人情、民风民俗日趋成为文化旅游活动的主要内容和目的。旅游业是关联度高、市场扩张能力强,能够带动产业结构调整和升级的朝阳产业,发展民俗旅游有利于发挥当地资源优势,促进经济发展。近二三十年来,山东潍坊、河北沧州、山西太古等地充分开发当地的风筝、杂技、皮影等传统民俗文化资源发展旅游业,举办潍坊国际风筝节、吴桥国际杂技艺术节、社火皮影艺术活动,这些项目和活动都吸引了大量游客,对当地的经济发展起到了极大的提升和推动作用。

陕西省袁家村从发展民俗旅游开始,从弱到强,推动了第三产业的快速发展,第三产业发展又反推手工作坊发展,相继扩张成立"前店后厂"和加工企业,加工业的升级推动了第二产业的发展壮大,从而对优质农副产品的需求快速增大,倒逼出遍布各地的种植养殖基地和订单农业,推动了第一产业规模的不断扩大,形成一个相容共生、环环相扣的村集体经济可持续发展的闭环产业链和成熟商业模式。

知识关联

"袁家村模式"的成功

(二)社会文化价值

在生活节奏快、压力大的今天,民俗旅游业可以起到良好的精神慰藉、社会重构和人心凝聚的作用。对于游客来说,参与当地的群众性民俗活动,感受到的不仅是新鲜的事物,更多的是接触到亲切热情的人民,在特定的环境氛围中与他们进行情感交流,感受到的是一种浓郁的人情味,获得的是一种内心愉悦的心理感受和感悟。旅游者在民风淳朴、关系和谐的民俗文化氛围中经过精神的陶冶和心灵的洗礼,可以除却尘封自闭、苦涩冷漠的心,寻找到人与人之间的朴素、真诚的感情。民俗旅游也为不同地区、不同民族、不同种族人们提供了交流和了解的机会。通过对异地、异族不同文化的认识和了解,容易消除相互之间的隔阂、偏见,促进取长补短,共同发展。旅游者亲身投入浓浓的异乡情调中,成为特定民俗环境中的一员,从而达到旅游主客体双向交流,满足旅游者休闲、探奇、求知、审美等需求,并且在与当地人民进行平等、相互尊重的情感交流中,加强相互间的了解和友谊。

(三)审美娱乐价值

民俗旅游是一种高层次的文化旅游。民俗旅游资源开发,大多选择那些经过数千年不断淘洗而流传下来的"良风美俗",如精湛巧妙的民间建筑、色彩斑斓的民间服饰、欢乐祥和的节庆、天人合一的环境等。所有这一切为旅游者提供了体验民俗审美文化的良好机会,满足了旅游者的审美需求,常使旅游者获得终生难忘的审美感受。我国各地许多民俗活动,如傣族泼水节、侗族花炮节、壮族三月三歌会,等等,都带有浓厚的娱乐性质。在旅游活动中,开展这些各具特色的传统民俗活动,可以很好地满足旅游者在旅游活动中求娱、求乐的心理需求。

(四)文化传承价值

民俗旅游引起了人们对文化的关注,促进了目的地民俗事象的保护和民间艺术的恢复挖掘。民俗旅游跨文化交流唤醒了终生与民俗为伴的旅游地民众的文化自觉和文化自尊,使他们意识到本地传统民俗文化的价值,促使他们自觉地去保留、传承和弘扬自己的民俗文化。随着民俗旅游的开展和接待外来旅游者的需要,民族地区一些原先几乎被人们遗忘了的传统习俗和文化活动重新得到开发与恢复;传统的手工艺品因市场需求的扩大而重新得到发展;传统的音乐、舞蹈、戏剧等又受到重视和发掘;长期濒临灭绝的历史遗产不仅随着民俗旅游的开展而获得了重生,而且成为其他旅游接待国或地区没有的独特文化资源。随着民俗旅游的推动,人们开始追惜城市曾过的辉煌历史,要找回城市的民俗文化。例如,北京前门大街是承载北京皇城厚重文脉与商脉,鸿商巨贾、市井民俗的集聚荟萃之所。建筑文化、商贾文化、梨园文化、会馆文化在这里汇聚交融,相互影响、和谐共生,使之成为北京颇具文化底蕴与古都记忆的著名商业街。2008年8月,在经历一年多时间的保护、修缮后,前门大街重新开街,平均日客流量达15万人次。近年来,其紧跟时代新潮流,引入新科技,举办了"国潮老字号市集""非遗文化展"、胡同光影秀等一系列文化旅游活动,打造出一条文化特色鲜明的城市旅游休闲街区。2021年,前门大街先后入选北京市首批旅游休闲街区、第一批国家级夜间文化和旅游消费集聚区。

民俗旅游的发展既带给人们多方面的文化享受,又起到了宣扬文化、传播文化、发展文化的效果。随着民俗旅游开发,民族文化自觉意识逐渐增强,中国许多地方出现了传统节日复兴的态势。有些一度在现实中消失、只存留于文本记载或人们记忆中的传统节日,得到重生的机缘;有些在传统社会已经趋于衰变的节日因为旅游的激发,再次获得服务社会的现实功能;有些传统节日还回到日常生活的中心。

民俗旅游在发展过程中,促进了生态效益、经济效益、社会效益、文化效益的高度统一。民俗旅游促进了我国传统优秀文化的抢救、挖掘、保护与开发、利用,对弘扬民族文化、发扬民族精神、培养爱国情操等具有重要的现实意义。

知识活页

磁器口千年古镇重焕生机

第三节 民俗旅游资源

民俗旅游在我国已得到很大发展,各地尤其是民族地区把民俗旅游作为发展地区经济和参加旅游业竞争的重要途径与有效手段来抓。发展民俗旅游的前提是进行民俗旅游资源开发,而民俗旅游资源开发必须建立在对民俗旅游资源本身充分认识的基础上。

一、旅游资源与民俗旅游资源的概念

(一)旅游资源的概念

在国外,旅游资源多被称为旅游吸引物,是指旅游地吸引旅游者的山岳风光、湖泊

海景、人文胜迹、宾馆设施、交通设备、周到服务等所有因素的总称。

在国内,众多学者的表述则不尽相同,但都指出了旅游资源概念的一些基本特点。

一是旅游资源是客观存在的,它的范围非常广泛。它可以是已被开发的,也可以是潜在的;既可以是物质的,也可以是精神方面的。

二是旅游资源必须具有有用性,既能满足旅游者的需要,又可以使旅游企业获得经济效益和社会效益。

三是旅游资源应蕴含吸引功能,其最大优点是激发旅游者的旅游动机,吸引旅游者从居住地前往旅游目的地,使旅游动机转变为旅游行为。

四是旅游资源经开发、组合后形成的旅游产品、旅游项目,应直接应用于旅游活动,出售给旅游者。

综上所述,我们认为旅游资源是对已经或可供开发利用的,具有科学、艺术和社会学价值的、有益于人们身心健康的、能吸引游人,并给人们物质上、精神上享受的、能促进旅游业发展的一切物质体系和劳务体系的统称。

众所周知,旅游资源是旅游和旅游业赖以生存的基础,包括自然旅游资源和人文旅游资源两大类。人文旅游资源则有历史文化旅游资源与民俗文化旅游资源之分。

(二)民俗旅游资源的概念

陈烈、黄海认为,民俗旅游资源是指能吸引旅游者、具有一定的旅游功能和旅游价值的民族民间物质的、制度的和精神的习俗。如生产与生活习俗、游艺竞技习俗、岁时节日习俗、礼仪制度习俗、社会组织习俗、祭祀信仰习俗等。[①] 李传永、李恬认为,所谓民俗旅游资源,是指那些突出表现每个民族特点及居住地特征的因素总和,包括显而易见的建筑、饮食、生活方式、传统节日、婚丧嫁娶、礼仪、节庆活动,以及需要细心观察、体会的心理特征、审美情趣、思维方式、价值观念和道德观念等。[②] 巴兆祥认为,民俗旅游资源是形成旅游者从客源地到旅游目的地参加民俗旅游的促进因素,是能为旅游企业所利用,具有一定的旅游功能和旅游价值,并可产生经济效益、社会效益的各类民俗事象的总和。[③] 梁福兴、吴忠军认为,所有能够激发旅游者的旅游欲望,为旅游业所开发和利用,能产生经济效益、社会效益和文化效益的各类民俗文化事象,都是民俗旅游资源。[④]

综上所述,我们认为民俗旅游资源是指具有较强的吸引力,能为旅游企业开发、利用,并可产生经济效益、社会效益的各类民俗事象的总和,它属于人文旅游资源的范畴。

我国的民俗旅游资源十分丰富,从衣、食、住、行等物质生活,到生产、商业、贸易等经济活动乃至婚丧嫁娶、岁时节令等社会生活以及游艺竞技等文体活动,无处不在。但并不是所有的民俗资源都可成为民俗旅游资源,它必须具备能给旅游者带来"新鲜感""奇特感""快乐感"和"美的享受"四个条件,这是民俗旅游资源具有吸引力的基础。

---

① 陈烈,黄海.论民俗旅游资源的基本特征及其开发原则[J].热带地理,1995(3):272-277.
② 李传永,李恬.试论民俗旅游资源[J].四川师范大学学报,2001(4):62-66.
③ 巴兆祥.中国民俗旅游(新编)[M].福州:福建人民出版社,2006:264.
④ 梁福兴,吴忠军.民俗旅游学概论[M].北京:中国林业出版社,2009:53.

二、民俗旅游资源的分类

民俗旅游资源的分类,取决于民俗的存在形态、表现形式,以及民俗旅游者的需要、旅游开发企业的目的。缘于不同的视角,研究者们有多种分类标准和分类方案。

(一)邱扶东按照发生学的观点①分类

1. 原发型民俗旅游资源

原发型民俗旅游资源是指由从其产生之日起,就保持固定的形式、内容和特征,一直传承至今的民俗事象构成的旅游资源。这种类型的民俗旅游资源,主要包括两种民俗事象。第一种是民俗文化的化石,它们已经从人们的现代生活中消失,但是,依然作为文化遗产被保留下来。第二种是依然在人们的社会生活中发挥作用,但是起源于久远的时代,至今未发生太多变异的民俗事象。

2. 适应型民俗旅游资源

适应型民俗旅游资源是指由那些在传承过程中,为了适应人们社会生活需要发生了形式、内容和特征等方面变异的原发型民俗事象构成的旅游资源。

3. 元民俗型民俗旅游资源

元民俗型民俗旅游资源是指由民俗学对具体民俗事象的功能、价值和意义的解释与评论构成的旅游资源。

(二)按民俗旅游资源的本体属性分类

1. 物质民俗旅游资源

这一类型的民俗旅游资源又可分为两类。

(1)行业民俗旅游资源。

(2)消费民俗旅游资源。

2. 社会民俗旅游资源

这一类民俗旅游资源又可分为四类。

(1)人生礼仪民俗旅游资源。

(2)岁时节日民俗旅游资源。

(3)社会结构民俗旅游资源。

(4)游艺民俗旅游资源。

3. 精神民俗旅游资源

这一类民俗旅游资源可分为三类。

(1)原始信仰民俗旅游资源。

(2)民间宗教民俗旅游资源。

(3)禁忌民俗旅游资源。

4. 语言民俗旅游资源

这一类民俗旅游资源又可分为两类。

---

① 邱扶东.民俗旅游学[M].上海:立信会计出版社,2006:116-117.

(1)民俗语言旅游资源。
(2)民间文学旅游资源。

(三)巴兆祥按民俗旅游者的行为动机[①]分类

巴兆祥按民俗旅游者的行为动机,把民俗旅游划定为消遣观光型、参与型、考察型、娱乐型和购物型五种类型。这里自然也可以按照同样的方式将民俗旅游资源划分为相对应的消遣观光型、参与型、考察型、娱乐型、商品型民俗旅游资源五种类型。

(四)梁福兴、吴忠军出于阐述民俗旅游资源所包蕴的民俗文化内涵的需要[②]分类

(1)生计技艺民俗旅游资源。
(2)聚落建筑民俗旅游资源。
(3)服装体饰民俗旅游资源。
(4)茶酒饮食民俗旅游资源。
(5)交通运输民俗旅游资源。
(6)人生礼仪民俗旅游资源。
(7)岁时节庆民俗旅游资源。
(8)信仰禁忌民俗旅游资源。
(9)组织制度民俗旅游资源。
(10)游艺娱乐民俗旅游资源。

不管我们对民俗旅游资源怎样进行分类,目的只有一个,即方便理解民俗旅游资源所包蕴的民俗文化内涵,分析民俗旅游资源的个性特点,发掘民俗旅游资源的内在价值,合理规划开发经营和管理民俗旅游资源。

三、民俗旅游资源的作用

(一)民俗旅游资源是发展旅游业不可或缺的重要资源

旅游资源是发展旅游业的根本和主要载体,起着吸引游客的作用。我国汉族和各少数民族的服饰饮食、婚葬嫁娶、待客礼仪、节庆游乐、民族工艺、建筑形式等,都各有特色,形成了我国丰富多彩的民俗旅游资源。这些民俗旅游资源,以其丰富的内容、浓厚的地方色彩、鲜明的民族特点,吸引着大量的国内外游客,构成我国民俗旅游开发的丰富资源,具有极高的旅游价值。例如,袁家村以关中饮食、关中建筑、关中民俗为依托,打造出体现该村味道的特色小吃、体现关中样式的民居建筑和体现关中人豪放、淳朴的民俗文化,对游客有极强的吸引力。

(二)民俗旅游资源充实和丰富了旅游资源内容

挖掘民俗旅游资源,发挥民俗旅游资源的旅游价值,能够充实、丰富一个地区的旅

---

① 巴兆祥.中国民俗旅游(新编)[M].福州:福建人民出版社,2006:273.
② 梁福兴,吴忠军.民俗旅游学概论[M].北京:中国林业出版社,2009:54.

游资源,改善其旅游资源状况,增强该地区的旅游资源吸引力。一般来说,一个国家、一个地区的民俗,其民俗品格越鲜明,原始风格越浓,历史氛围越重,地方差异越大,就越具有地方资源优势,就越能吸引异国异域的旅游者。如乡村旅游为游客提供在真实场景中观赏、参与乡村传统乡俗、活动的体验。在村口的戏台看戏、路过打花牌的牌桌,甚至亲自体验乡村婚礼、参加蟋蟀邀请赛,这些体验让久居城市的游客感到新奇而有趣。

(三)民俗旅游资源可以提高旅游地的整体形象

一个旅游地的整体形象,往往不局限于某方面的旅游景观,而是由该地的多种因素综合作用形成的。将民俗旅游资源和自然生态旅游资源共同开发,民俗文化旅游活动与自然景观旅游活动结合起来,在提高游客满意度的同时,可以有效延长旅游者的逗留时间,不仅可带来极大的经济效益,还可以提高旅游地的知名度,提升旅游地整体形象。如云南既是我国旅游资源较丰富的省份,也是我国动植物种类最多的省份,享有"动物王国"和"植物王国"的美誉。截至2021年,云南是我国少数民族最多的省份,人口在百万以上的少数民族有6个。多元民族文化的汇聚和融合,给云南又增添了一个"民族文化王国"的亮点。因此,云南以独特的高原风光,热带、亚热带的边疆风物和多彩多姿的民族风情,闻名于海内外。

由于民俗旅游资源的生活性、惯常性和零散性,尽管我国各区域各民族的民俗文化旅游资源储藏量丰富,旅游观赏价值很高,但它的旅游魅力却难以充分发挥出来,严重影响了旅游者的观赏效果,不利于民俗旅游产品的促销和发展。因此,对民俗旅游资源进行深加工,促进民俗旅游业的开展,在目前仍然显得十分必要。

> **本章小结**
>
> 中国民俗源远流长,是人们在与自然环境、社会环境相互适应的过程中应运而生的,然而,因认识的角度不同,人们对中国民俗事象的理解存在着一些明显的差异。从民俗的定义可以得出,广大中下层劳动人民所创造和传承的饮食、服饰、居住、节日、民间歌舞、游戏竞技等各方面的民间文化都可以纳入民俗的范畴。因民俗适应各个时代人们生产、生活的要求,在社会生活中发挥着教化、规范、维系、调节、审美等功能,所以民俗能够穿越时空,世代传承。
>
> 民俗文化对异地他乡的旅游者来说,其神秘、罕见、趣味等都构成了一种强大的诱惑,对旅游者有巨大的吸引力,因而民俗旅游成为全球重要的旅游形式。由于人们理解和研究的角度不同,民俗旅游的分类多种多样,一般按旅游者的行为动机进行分类比较常见。发展民俗旅游的前提是进行民俗旅游资源开发,而民俗旅游资源开发必须建立在对民俗旅游资源本身充分认识的基础上。

思考与练习

1. 什么是民俗？
2. 民俗的特征有哪些？
3. 民俗的功能有哪些？
4. 什么是民俗旅游？
5. 民俗旅游的特征有哪些？
6. 民俗旅游的价值有哪些？
7. 什么是民俗旅游资源？
8. 民俗旅游资源的作用有哪些？

本章德育总结

习近平总书记指出："中华文化渗透到中国人的骨髓里，是文化的DNA。""对历史文化特别是先人传承下来的价值理念和道德规范，要坚持古为今用、推陈出新，有鉴别地加以对待，有扬弃地予以继承，努力用中华民族创造的一切精神财富来以文化人、以文育人。"这些论述都深刻地表明，中华文明延续着国家和民族的精神血脉，既需要薪火相传、代代守护，也需要与时俱进、推陈出新。

民俗文化是传统文化的重要组成部分，是具有乡土气息、朴素的文化，是人们在长期的生产和生活中创造、传承和享用的风俗、仪式、习惯、信仰、谚语、故事、艺术等的集合体，它具有很强的地域性和长期性特点。因此，民俗文化对广大人民群众的影响更为深远和深刻。将民俗文化作为一种教育资源融入课程思政过程中，通过有目的、有计划、系统性的课程教学，实现民俗文化在师生间的代际传播，以贴近实际、贴近生活、贴近学生的内容、形态、方式融入教学，既需要通过有选择性的知识传递实现社会规范个体化，促进学生个体的社会化，又需要教师在课程中将学生日常生活中所掌握的民俗文化赋予时代性和精神性内涵，促使学生对自身潜在的文化认同得以明晰，激发出学生强大的向心力和凝聚力；既有助于在课程中传承民俗文化，又能够培育大学生社会主义核心价值观，还能增强学生的家国情怀和正确的文化观念，肩负起中华优秀传统文化保护、传承和发展的重任。

同步自测

案例分析

民族文化旅游发展的"西江模式"

第二章
饮食民俗旅游

学习导引

饮食,是人类生存和提高身体素质的首要物质基础,也是社会发展的前提。中国历史悠久,民族众多,国土辽阔,物产丰富。由于地理环境、气候物产、政治经济、烹饪技术、民族习惯与宗教信仰的不同,使得我国各地区各民族都有自己独特的饮食习俗。我国的饮食民俗具有十分丰富的文化内涵,已成为重要的旅游资源,受到国内外旅游者的青睐。本章首先向大家介绍饮食民俗的影响因素、饮食结构以及民间饮食的特点,然后介绍中国传统饮食习俗、地方风味与菜系,以及茶艺民俗、酒水民俗,最后就饮食民俗的旅游开发进行阐述。

学习重点

通过本章学习,重点掌握以下知识要点:
1. 饮食民俗的影响因素及中国民间饮食的特点
2. 中国四大菜系的特点及一些少数民族的风味饮食
3. 中国茶叶的种类及民间茶俗
4. 中国酒的种类及饮酒习俗
5. 饮食民俗旅游开发的对策

德育目标

1. 通过中国饮食民俗的学习,品味中国饮食文化的独特魅力,不断提高学生的思想水平、政治觉悟、道德品质、文化素养,把学生培养成为德才兼备、全面发展的社会主义建设者和接班人。

2. 通过学习中国饮食民俗可以使学生了解中国传统饮食文化的特点,注重科学饮食,提升自身修养,继承和弘扬中国传统文化,增强文化自信。

第一节　饮食民俗概述

在中国社会发展史上，人们摆脱原始的"茹毛饮血""食肉寝皮"阶段，进入"钻木取火，以化腥臊"的文明时期以后，最早的饮食文化就产生了。在《论语·乡党》中，孔子提出了"食不厌精，脍不厌细"的论断，体现了他对饮食的较高要求，也成了后世人们追求饮食品味的榜样。中华民族饮食文化的悠久历史、艺术魅力和文化意蕴，证明了我国人民所创造的高度文明。孙中山在《建国方略》提出"烹调之术，本于文明而生。非深孕乎文明之种族，则辨味不精。辨味不精，则烹调之术不妙。中国烹调之妙，亦足表文明进化之深也。"饮食民俗见证着中华民族农耕文明时期璀璨的历史和多样的文化，是中华民族宝贵的精神财富。人类的饮食文化在长期的历史发展过程中，随着经济生活和文化生活的不断改善，饮食民俗也不断得到丰富和发展。

一、饮食民俗及其影响因素

饮食民俗的形成和发展主要是由当地的环境、历史、经济、政治、文化等多方面的因素所决定的。这些因素与饮食民俗有着相伴共生的关系，从各个不同方面表现出中国饮食民俗的特征。

(一)饮食民俗的概念

由于中国幅员辽阔，民族众多，地区差异大，饮食民俗便相应地有许多不同。从大的方面说，有南方与北方的差异，从小的方面来说，有不同民族之间饮食行为的区别。饮食民俗是指有关食物和饮料，在加工、制作和食用过程中形成的俗尚，是民俗中最活跃、最持久、最有特色的事象之一。①

(二)饮食民俗的影响因素

1.地理环境

饮食民俗的形成和发展与人们生活的地理环境有着密不可分的关系。中国地大物博，气候多样，从热带雨林到高山冻土，从内陆到海洋，不同生态环境下生长着多种动植物，品种之繁多，是任何国家无法比拟的。生活在天南海北的各民族、各地区的人们，根据不同的需要就地取材，制作出了具有各种民族风味和地方风味的食品。地域和气候不同，农副产品的种类、品性不同，食性和食趣自然也不同。岭南地区的荔枝、香蕉、龙眼、柚子、椰子等水果，在汉代已闻名天下，汉武帝曾在长安建"扶荔宫"，大量移植荔枝、龙眼、柑橘等诸多岭南特有的果木，由于气候和水土不宜，移植未能成功，这说明地理环境对食物种类具有较大影响。"东辣西酸，南甜北咸"大致概括了我国不同地域的饮食

---

① 巴兆祥.中国民俗旅游(新编)[M].福州:福建人民出版社,2006:52.

特点。这既反映了气候、土壤对人们饮食习惯和口味的影响,同时也说明了食品调理是人们适应自然环境的重要手段。

2. 经济条件

饮食是以农业为基础的,汉民族主要活动地域为黄河、长江流域,这里水系发达、平坦肥沃且气候适宜,是农业兴盛的得天独厚的条件,使得谷类食物成为人类的主食。从主食结构上看,由于经济条件的不同,我国北方以种植小麦为主,南方以种植水稻为主,故形成了"北面南米"的格局。秦岭—淮河以北适宜种植小麦和谷子等耐旱作物,人们日常生活中的主要食品,以面制品为主。馒头、包子、花卷、饺子、烙饼、锅贴等,都离不开面粉。南方盛产稻米,风味食品大都用米制成。米粉、糕团、粽子、汤圆、油堆、糍粑、沙糕,都是米制品,粥和饭的品种繁多。食俗的形成和变异受到社会生产发展状况的制约,即不同的物质生产基础便会产生相应的膳食结构和肴馔习俗。

3. 传统文化

传统文化对饮食文化的形成和发展具有深刻影响,表现在不同地域的饮食民俗及风味食品中都蕴藏着一个民族的信仰、心理、性格、审美情趣、历史文化等内涵。① 《礼记·曲礼》记载:"共食不饱,共饭不泽手。"又如《周礼·春官·大宗伯》说:"以飨燕(宴)之礼,亲四方之宾客","以饮食之礼,亲宗族兄弟"。《左传·成公十二年》说:"飨以训恭俭,燕以示慈惠。"这些礼仪体现了共餐的卫生要求和谦恭礼让的人际关系,以及中国人对饮食的重视。在饮食形式上,如宴席的座次、上菜的顺序、劝酒敬酒的礼节、行各种酒令的内容和方法等,也都有社会往来习俗中男女、尊卑、长幼关系和祈福避讳上的要求。这时的饮食就不仅仅是满足人们的生理需求,更主要的是反映了礼仪的社会需要。元宵节吃元宵(汤圆),端午节吃粽子,中秋节吃月饼,重阳节吃重阳糕,腊八吃腊八粥,祭灶吃灶糖,春节吃年糕,没有哪个节庆不以吃喝为特色,这些饮食文化成为文化传承的主要代表。从婚丧喜庆到喜怒哀乐,莫不以吃喝为内容之一,吃喝成为中国人团结群体、整合关系的润滑剂和增凝剂。

中餐菜肴注重色、香、味、形、器、名等整体效果,讲究调和之美。在饮食方式上采用筷子和共餐制,这些反映了我国古代哲学中"和"这个范畴对民族饮食思想的影响。天有五行,人有五脏,食有五味,人是通过"养生"获得天地之气,吃什么,不吃什么,都要遵照阴阳搭配的原则。

4. 文化交流

民族间的文化交流,大大丰富和影响着我国的饮食民俗。《尚书·旅獒》中就指出:"四夷咸宾,无有远迩,毕献方物,惟服食器用。"文化交流首先从食物引进开始,三千多年前周武王时,西南少数民族就以茶作为贡品,输送到中原。② 自从汉代张骞出使西域,打通西域与中原交通,西域的葡萄、石榴、核桃、黄瓜、蚕豆、香菜、胡萝卜、葱、蒜等瓜果蔬菜,先后传入中原地区,大大丰富了中原地区人们的饮食生活,成为百姓日常喜爱的食品。与此同时,汉族也不断向西域及周边少数民族输出中原的饮食文明,其中既有产于中原的蔬菜、水果、茶叶等,也有中原的食品制作方法,它们被纳入西域地区民族的

---

① 陈涓.地理环境对我国饮食文化的影响[J].福建教育学院学报,2003(4):62-64.
② 刘志琴.饮食与伦理——从吃饭解析中国传统文化模式[J].传统文化与现代化,1999(1):15-24.

饮食结构。

维吾尔族的"烤羊肉串"、傣族的"竹筒饭"、满族的"萨其玛"等食品,如今已成为各民族都认同和欢迎的食品;信奉伊斯兰教的各民族之清真菜、清真小吃等,更是遍及我国大江南北;北方少数民族食用的茶叶、豆腐、麻花等也是长期文化交流的结果。近现代中西方文化交流日渐频繁,不仅为我国带来了蛋糕、奶油、牛排、面包等西式菜点,而且也带来了西方一些先进的烹饪设施、饮食方式,这些无疑也为中国古老的饮食文化注入了新的活力。正是由于我国各民族之间以及中外饮食文化的交流,使得我国饮食具有取材广博、烹调多样、品种繁多、风味独特的特色。

5. 科技进步

在原始社会,由于生产力低下和科学技术落后,人们完全依赖自然,过着"茹毛饮血"的饮食生活,烹饪是人类学会用火以后开始的。随着科学技术的进步,食物品种增多及各种炊具的出现,烹饪方法由少渐多,技艺由简单到复杂,从而也促进了饮食文化的发展。

现代科学技术和交通的迅速发展,在促进各地饮食文化交流的同时,也促使各地饮食文化的自然背景发生很大变化。20世纪80年代,地处华北平原的北京市冬季蔬菜品种少,因此价格低廉、易储存的大白菜成为当年北京居民饭桌上的"当家菜"。每年一到初冬,千家万户齐出动,买菜、晾菜、储菜,形成一幅繁忙而有致的风俗画。如今,随着冬季大棚蔬菜栽培技术的出现,曾经的"当家菜"已成为"平常菜",白菜和其他各种蔬菜瓜果一起摆上市场柜台,丰富着老百姓的餐桌。

6. 宗教信仰

宗教信仰对饮食文化具有较大影响,主要表现在教义的规定和有关宗教习俗方面。佛教不食荤腥、伊斯兰教不食大肉的各种规定,都使得这些民族和教民在食物的选择和烹调中有所不为。我国大部分的佛教信众是茹素的,由于这种茹素的饮食风俗大大推动了我国蔬菜、瓜果类的栽培,以及豆制品、面筋制品技术的发展,而且开创了我国饮食文化中净素菜烹饪的一大流派。古刹大多在名山,而名山大都有好茶好水,这对我国种茶、制茶、品茶的习俗也有所促进。此外,我国汉族地区广泛流传吃"**腊八粥**"的饮食习俗,这也与佛教创始人释迦牟尼的传说有关。

此外,不少食俗是从原始的信仰崇拜演变而来的。像蒙古族尚白,以马奶为贵;高山族造船后举行"抛船"盛典,宴请工匠和村民;水族供奉司雨的"霞神"完毕后,才能分享祭品;在云南马店里,摆在桌上的饭甑和菜碗,不能挪动,不可端起菜碗倒汤,否则中途有翻驮的麻烦。

7. 政治影响

饮食民俗还时常受到政治形势的影响,尤其是受当权者的好恶和施政方针的影响。唐朝皇帝姓李,由于避讳李与鲤同音,下令禁止捕食鲤鱼,加上唐朝崇奉道教,视鲤鱼为神仙的坐骑,故而唐人多不食鲤鱼,唐代也极少见鲤鱼菜谱。宋徽宗属狗,诏令禁止屠狗吃狗肉。明朝皇帝姓朱,明武宗朱厚照竟诏令全国"豕牲不许喂养及易卖宰杀,如若故违,本犯及当房家小,发极边永远充军"。历代帝王的这些禁宰举措,客观上影响了中国百姓对食料的选择。

许多时令节庆的饮食风俗,起因往往带有浓郁的政治色彩。寒食节禁炊火,吃干

知识关联

"腊八粥"来源于佛教

粮,传说是因为春秋时介子推割股肉熬汤,救了落难的重耳,后来归隐山林,重耳即位晋文公后,为请他出山,用火焚攻,不意,他在大火中抱树而死,晋文公为纪念这一忠臣义士,下令每年的这一天举国熄火,吃冷食。春节吃年糕,传说是伍子胥对越王勾践的野心早有洞察,可叹的是吴王夫差不听劝告,反而遭受谗言,被迫自刎,但他事先在吴国的城墙下埋了用糯米粉做的城砖,后来都城被围,炊断粮绝,有人记起伍子胥在生前的嘱咐,在城墙下掘起糯米砖,解了燃眉之急。人们为感戴他的先见之明,每年做年糕以示缅怀。古人对这些节庆食品寓以种种与政治行为相联系的动人传说,可以视为伦理意识已深入饮食领域,人们自然要以吃食表示自己的信仰和节操。

以上这些地理环境、经济条件、传统文化、文化交流、科技进步、宗教信仰、政治影响等方面,共同构筑了中国饮食民俗形成的因素,中国饮食民俗之所以异常发达,极富独创性,正是因为其影响因素的多样性与复杂性。

二、中国传统的饮食结构和类型

饮食结构是指日常生活中餐食的搭配,中国传统的饮食结构一般由主食、菜肴、饮料组成。

(一)主食

在古代,人们的主食主要是饭、粥,也有饼。饼在北方有很多种,比如,魏晋以来民间经常吃的"蒸饼",就是现在馒头之类的面食;而"汤饼"就是今日的面条;今天所说的饼当时叫"胡饼",大概到东晋以后才流行起来。①

现在我国民间主食主要有米饭、面食等。但由于各地的自然条件的差异,粮食作物品种不同,主食的原料和制作方式也就不同:南方和北方种植稻米的地区与民族,以米饭为主食;秦岭—淮河以北及部分南方山地种植小麦的地区以面食为主食;高寒和高山地区种植玉米、青稞、高粱、谷子等以杂粮为主食。此外,像土豆、薯类作物是我国部分丘陵地区的主食。

(二)菜肴

菜是蔬菜的总称,肴是做熟了的鱼肉,菜肴即指饮食结构中的素菜和荤菜。它是我国饮食结构的重要组成部分。《论语·乡党》记载,"肉虽多,不使胜食气",汉民族饮食以素菜为主,荤菜为辅。在传统观念中,素菜是平常食品,荤菜只有在节假日或生活水平较高时,才能进入平常的饮食结构。随着时代的进步和人民生活水平的提高,这一传统观念正在发生变化。

我国常食用的菜肴原料有鱼肉、蛋乳、油脂、蔬菜、瓜果、调味六种类型,把这六种食料进行合理的搭配和烹制,进而产生了中国丰富多彩的烹调艺术,形成了不同的菜系。其中比较有代表性的菜系有川菜、粤菜、京菜、鲁菜、苏菜、闽菜、浙菜、沪菜、湘菜、徽菜、鄂菜等,都各具特色。

---

① 巴兆祥.中国民俗旅游(新编)[M].福州:福建人民出版社,2006:53.

(三)饮料

饮料常常作为饮食结构的补充,生活中也不可缺少,包括酒、茶、奶等,其中又以茶和酒为主。

中国各民族中普遍盛行饮酒的习俗。由于采用原料、配制方法和饮酒习俗不同,酒在各民族饮食结构中的地位也就不同。北方地区的人们喜饮烈性白酒,南方地区的人们喜欢低度米酒和果酒。不同的民族也有自己特制的酒类饮料和饮酒习俗。比如马奶酒在哈萨克族、蒙古族等少数民族的生活中必不可少。贵州的布依族,无论男女,嗜酒居多,同时酒也是待客的重要饮料。

中国是茶的故乡,各地盛行饮茶,但习俗不尽相同。广东人的"功夫茶"十分讲究;聚居在苍山之麓、洱海之滨的白族,用"三道茶"招待宾客;居住在西双版纳景洪县基诺山的基诺族喜欢喝凉拌茶;藏族人喜欢喝酥油茶;蒙古族的奶茶是生活必需品。

总之,饮食结构的形成,受到客观生活水平的制约。随着我国经济的发展,人民生活水平的提高,传统的饮食结构也在发生变化。

三、中国民间饮食的特点

中国民间由于长期饮食习惯的沿袭,形成了以下三个特点。

(一)食品加工上以热食、熟食为主

用火熟食,孕育了原始的烹饪,标志着人类从野蛮走向文明,标志着人类饮食历史的开端。《吕氏春秋·本味》记载:"水居者腥,肉玃者臊,草食者膻。"热食、熟食可以"灭腥去臊除膻"。中国人的饮食历来以食谱广泛、烹调精致而闻名于世。由于有丰富的食物原料和多种加工原料的方法,再把这些原料直接用火烧、烤、煨、熏,或者放入炊具中煮、蒸、炖,并进行调味,制出的食品种类丰富、味美可口。

(二)饮食方式讲究聚餐制

聚餐制的起源很早,从许多地下文化遗存的发掘中可见,古代灶间和聚食的地方是统一的。以农业为主的社会必须处于相对稳定的状态才能发展,聚族而居是其主要的生活方式。在农耕时代,儒家思想极力提倡群体观念,注重整体思维,崇尚群体利益和作用,强调"和为贵",并将这种观念带入到人们的饮食生活中。这种聚食的古俗一直长期流传,是中国人重视血缘关系和家族、家庭观念在饮食方式上的反映。时至今日,新年合家团圆饭依然是中国每个家庭"过大年"的重要节目。

(三)食具一具多用、品种比较单一

在食具方面,我国饮食文化的一大特色是使用筷子。在筷子发明之前,中国人吃饭最初是用手抓食的。《礼记·曲礼》规定:"共食不饱,共饭不泽手。"大家一道进食,不能只顾自己吃饱;共餐时在一个器皿中抓饭,不要搓手,使人感到不清洁。中国是筷子的发源地,我国使用筷子约始于商代,古代称筷子为"箸"。商代已有铜箸、象牙箸,在安阳一座墓葬中出土三双铜箸。云南、安徽出土了春秋铜箸。在民间,筷子被视为吉祥之

物,出现在各民族的婚庆礼仪中。成双成对的筷子意喻"和和气气""和睦相处""快快乐乐"。其缺一不可、齐头并进、相互协助的精神,更是对中国传统爱情天长地久、矢志不渝的体现。**筷子看起来只是非常简单的两根小细棒**,但它有挑、拨、夹、拌、扒等功能,一双在手,运用自如,既简单经济,又方便灵巧。

知识关联

李政道对筷子的评价

第二节 中国传统饮食习俗

中国地大物博,民族众多,饮食习俗因地各异,可谓种类繁多,一般包括日常食俗、节日食俗、人生礼仪食俗、宗教信仰食俗及民族特殊食俗等。

一、日常食俗

日常食俗是维持正常的生理需要而形成的习惯,主要包括餐数、时间和配餐方式。

在我国的日常饮食习俗中,大部分地区均流行早、中、晚三餐制,这种规律性的饮食习惯古代称为"三食"。我国有些地方还按生产季节的不同,采用定期的两餐制,与三餐制相间使用,如苏北地区过去农闲时就实行一日两餐制。

农业民族的食俗,由于食物来源比较丰富,三餐中,午餐、晚餐是正餐。南方地区与北方地区早餐基本相同,多喝粥,外加包子、馒头、油条、咸菜等。南方的午餐与晚餐多吃大米饭、蔬菜;北方的午餐与晚餐多食面食、米饭,副食为炖菜;西北地区的游牧民族,长期以来从事畜牧业生产,饮食习俗一般是三茶一饭或两茶一饭。主食是米和面,副食是奶和肉,牛奶和羊肉为生活必需品。但近年来,无论在南方还是北方,都流行一句谚语:"早吃饱,午吃好,晚吃少。"这无疑反映了民众饮食的进步:不仅要吃饱,而且要吃好,更讲究合理安排,以利于养生保健。

一些农村在夏秋暖和时节,有站街吃饭的习惯。各家各户盛一大碗饭走出院门,或站或蹲门口,或到村中碾盘上、大树下,聊天吃饭两不误,趣闻笑谈,家长里短得以交流。

二、节日食俗

节日食俗是指广大民众在节日即一些特定的日子里创造、享用和传承的饮食习俗。它常因节日体系及更深层次的自然与社会环境的差异而有所不同。

(一)春节食俗

农历正月初一是中国传统的春节,也是中华民族最隆重的节日。节日期间,人们有吃饺子、吃年糕、喝春酒等习俗。

除夕,俗称"大年三十"。这一天,民间家家户户要吃年饭,又称年夜饭、宿岁饭、团圆饭。年饭与平时吃饭不同。一是全家团聚,无论男女老幼,都要参加家庭宴会。除夕前,外出的人要尽量赶回家过年,即使没有回来的人,也要给他留一个席位,摆上碗筷,象征他也回家团聚了。二是年夜饭食品丰富、种类繁多,荤素菜肴齐备,席中一定要有酒有鱼,取喜庆吉祥、年年有余(鱼)之意,不分男女老幼,都要饮酒。三是用餐时,老人要边吃边以吉利话祝福,如吃鱼时说"鱼吃余利",吃豆腐时说"豆腐都富"等。吃饭时关门闭户,热闹尽兴而止。

中国很多地区在大年初一吃饺子,有一句民谣叫"大寒小寒,吃饺子过年。"食饺子已有2600多年历史,《礼记》记载:"稻米二、肉一,合以为饵,煎之。"西汉时期,都城长安就盛行食饺子,不过那时俗称角子。南北朝改称"偃月形馄饨"。到了唐代,饺子更为流行,称之为"扁食"。宋代时"角角"。到了明清时期,才改称"饺子",并一直延续至今。饺子多用面皮包馅水煮而成,形如元宝,有"招财进宝"之意。在包饺子时,要往其中置钱、糖、枣等。并且各有寓意。如吃枣寓意早得贵子,有钱的饺子象征发财致富,有糖的饺子象征生活甜如蜜。

年糕,是我国人民欢度春节的传统食品。尤其是南方,每逢过年,都有做年糕、吃年糕的习俗。年糕有黄、白两色,象征金银,年糕又称"年年糕",与"年年高"谐音,寓意着人们的工作和生活一年比一年提高。清代《天津志略》称:元旦食黍糕,曰"年年糕"。

(二)元宵节食俗

正月十五吃元宵(汤圆),是我国大部分地区共有的食俗。传说起源于春秋末期,唐代称之为面茧,宋代称之为圆子、团子。宋人《本心斋疏食谱》介绍了汤圆的做法与特点:"团团秫粉,点点蔗糖;浴以沉水,清甘且香。"明清以来,元宵日益普遍,成为民间重要节日食品与点心,南方多叫水团、汤团、汤圆,北方多叫元宵。元宵除用江米面外,还有黏高粱面、黄米面等。其味有香、辣、甜、咸、酸五种,以甜味最为广泛。馅有花生、芝麻、枣泥、豆沙、什锦等。吃元宵最初只是为了改善生活,后来则取全家团圆、生活甜蜜的寓意和象征了。

(三)二月二食俗

在北方,二月二又叫龙抬头日,亦称春龙节。在南方叫踏青节,古称挑菜节。大约从唐朝开始,中国人就有过"二月二"的习俗。农历二月初二,民间流传着"龙抬头,大仓满,小仓流"的顺口溜。普通人家在这一天要吃面条、春饼、爆玉米花、猪头肉等,不同地域有不同的吃食。为了纳吉,二月初二这一天的食物也与"龙"相关,如吃水饺叫"吃龙耳",吃面条叫"吃龙须",吃米饭叫"吃龙子",吃猪头称作"食龙头",面条、馄饨一块煮叫"龙拿珠",吃葱饼叫"撕龙皮"。一切均取与龙有关的象征与寓意。

吃春饼叫"吃龙鳞"是很形象的,一个比手掌大的春饼就像一片龙鳞。春饼有韧性,内卷很多菜。如酱肉、肘子、熏鸡、酱鸭等,用刀切成细丝,配几种家常炒菜一起卷进春饼里,蘸着拌有细葱丝和香油的面酱吃,真是鲜香爽口。吃春饼时,全家围坐一起,把烙好的春饼放在蒸锅里,随吃随拿,热热乎乎,欢欢乐乐。若在二月初二这一天吃春饼,北京人还讲究把出嫁的姑娘接回娘家。

(四)清明节食俗

清明节是融合了古代寒食节民俗而发展起来的传统节日,时间在农历三月、公历4月5日前后。清明节不像其他中国传统节日一样有统一的饮食品种,各地的清明饮食各有偏好，内涵也更加丰富。今日一些地方的人们在清明节吃冷食，如苏沪一带人们吃用糯米粉、豆沙馅做成的青团子；晋南万荣一带的人吃凉面、凉粉、凉糕，即为寒食之遗意。

清明节前蒸"子推馍"的习俗，在陕北榆林和延安两地一直流传至今。"子推馍"，又称老馍馍，类似古代武将的头盔，重250~500克。里面包鸡蛋或红枣，上面有顶子。顶子四周贴面花。面花是面塑的小馍，形状有燕、虫、蛇、兔或"文房四宝"。"子推馍"和面花除了自己食用，还用来馈赠亲友。母亲要给当年出嫁的女儿送，称为送寒食。农村孩子给自己老师送，让离开家门独自在偏僻的山乡小村教书育人的园丁分享节日的美食。

关于清明食俗，不能不提到畲家的"乌稔饭"。闽东是畲族聚居地，每年三月初三，畲族人家家户户煮"乌稔饭"，又因闽东一带，畲汉杂居，人民历代友好相处，婚嫁频繁，遂使食"乌稔饭"成了闽东各地各民族共同拥有的清明食俗。

（五）端午节食俗

农历五月初五是中国的端午节，此节的起源以纪念屈原之说在民间流传最广、最有影响。节日里，民间有食粽子、咸蛋、饮雄黄酒、菖蒲酒等习俗活动。

粽子又称角黍，做法是把粽叶（即芦苇叶或竹叶）泡湿，糯米用水泡好，以肉、豆沙、枣仁等为馅，包成三角形、四角锥形、枕头形、小宝塔形、圆棒形等蒸、煮而成。梁朝宗懔《荆楚岁时记》所记粽子只是一种夏令或夏至食品而已。当时的情况为："夏至日，食粽。伏日，并作汤饼，名为'辟恶饼'"。将夏至吃粽改为屈原五月五日投汨罗江的纪念日吃粽后，其俗渐渐深入人心，并流传至今。今日粽子种类很多，就口味而言，粽子馅荤素兼具，有甜有咸。北方的粽子以甜味为主，南方的粽子甜少咸多。江西南昌地区，端午节除吃粽子外，还要煮茶蛋和盐水蛋吃。蛋分鸡蛋、鸭蛋、鹅蛋等。蛋壳涂上红色，用五颜六色的网袋装着，挂在小孩子的脖子上，意谓祝福孩子逢凶化吉，平安无事。

民间谚语说："饮了雄黄酒，百病都远走。"在节日的早晨，人们把雄黄倒入酒中饮用，并把雄黄酒涂在小孩儿的耳、鼻、额头、手、足等处，希望如此能够使孩子们不受蛇虫的伤害。

（六）中秋节食俗

农历八月十五是中秋节，这一天人们都要吃月饼以示"团圆"。月饼，又叫胡饼、宫饼、月团、丰收饼、团圆饼等，是古代中秋祭拜月神的供品。南宋吴自牧的《梦粱录》一书，已有"月饼"一词，当时和菊花饼、梅花饼、芙蓉饼等都是杭州市民的点心食品。明代亲友之间还以月饼相赠，据《帝京景物略》记载，在北京，回娘家的妇人是日必返夫家，称为团圆节，故吃月饼也有团圆之意。明代杭州"八月十五日谓之中秋，民间以月饼相遗，取团圆之义"。清代袁枚在《随园食单》中就记载有月饼的做法。

到了近代，有了专门制作月饼的作坊，月饼的制作越来越精细，馅料考究，外形美观。在月饼的外面还印有各种与月相关的精美图案，如"嫦娥奔月""犀牛斗月""三潭印月"等。月饼品种很多，其中广式、京式、苏式、宁式、潮式月饼较为著名。用月饼寄托思念故乡，思念亲人之情，祈盼丰收、幸福，成为天下人们的心愿，月饼还被用来当作礼品送亲赠友，联络感情。

(七)重阳节食俗

九月九日为重阳节,要吃重阳糕,饮菊花酒。重阳节以吃糕驰名。《东京梦华录·卷八》:"九月重阳,都下赏菊……宴聚。前一二日,各以粉面蒸糕遗(wèi)送,上插剪彩小旗,掺钉果实,如石榴子、栗子黄、银杏、松子肉之类。又以粉作狮子蛮王之状,置于糕上,谓之'狮蛮'。"[1]

重阳糕又称花糕、菊糕、五色糕,制无定法,较为随意。有的在重阳糕上插一小红纸旗,并点蜡烛灯。这大概是用"点灯""吃糕"代替"登高"的意思。这样制成的重阳糕,香甜可口,人人爱吃。所以"重阳花糕"成了倍受欢迎的节日食品。

重阳要饮"菊花酒"。九九与"久久"谐音,与"酒"也同音,因此派生出九九要喝菊花酒的这一说法。菊花酒用菊花杂黍米酿成,"菊花舒时,并采茎叶,杂黍米酿之,至来年九月九日始熟就饮焉,故谓之菊花酒"。九日所酿的菊花酒在古代被视为延年益寿的长命酒,《太清记》称:"九月九日探菊花与茯苓、松脂,久服之令人不老。"重阳酿酒、赏酒之俗在民间持续传承,山东滕州、临沂、日照等地,在近现代仍多于重阳造菊花酒,当地谣谚有:"九月九,九重阳,菊花做酒满缸香。"

此外,在我国农村很多地方还有一些季节性饮食习俗。如春天吃绿豆芽春饼,夏至吃面条,冬天喝油茶、羊杂碎粉汤。最为常见的是在新秋时节吃清煮嫩玉米的尝秋风俗。秋季的美味还有煮毛豆、豌豆角,放进嘴里清甜爽口、娇嫩鲜美。在北方寒冷的冬天里,香气四溢的烤红薯和又酸又甜的糖葫芦成为人们常见的街头食品。

三、人生礼仪食俗

自远古时期开始,中国各民族就喜欢把美食与节庆、礼仪活动结合在一起,在婚嫁、生育、寿诞、丧葬等礼仪活动中,人们一般都要大摆宴席,食俗文化在生丧婚寿的祭典和宴请活动中最有特色、最富情趣。

(一)结婚食俗

在日常生活中,常见的宴请之一就是因为婚姻而引起的种类繁多的饮食活动,如提亲饭、相亲饭、订婚饭、婚宴、回门饭等。其中以婚宴饭较为隆重、讲究。比如,中国西部的陕西有些地区,婚宴的每道菜都有含意。第一道菜是红肉,用"红"表示"红喜满堂";第二道菜为"全家福",是"合家团聚、有福同享"的意思;第三道菜为大八宝饭,用糯米、大枣、百合、百果、莲子等八种原料做成,其含意为白头偕老、百年好合等。

(二)寿庆食俗

寿宴则是给老人祝寿的酒席,其主食为面条居多,又叫长寿面。在中国东部杭州、江苏北部一些地区,一般是中午吃面条,晚上摆酒席。杭州人在吃面条时,每人从自己的碗里夹一些面条给寿星,称作"添寿",每人必须吃两碗面条,但忌盛满,认为盛满不吉利。

知识关联

宴席

---

[1] 孟元老.东京梦华录(卷八)[M].北京:中国商业出版社,1982:56-57.

(三)丧葬食俗

人死后,亲朋好友都要来吊祭死者,丧家葬礼期间也举办酒席。闽南地区,在死者入殓之前,装一碗高高隆起的白饭,放死者头边,称"枕头饭",这碗饭不能吃。另备12碗菜敬奉,其中必有一只鸡。供奉过后,由死者的子孙们分吃。还要烧一碗面条,当面条拿到供桌上时,在场的子孙们都抢着夹面条吃。据说是死者走了,但不能什么都让他吃光,子孙们要抢"余粮"。送丧归来,丧家设酒席待客,这种酒席叫"落山桌"或"安位桌",丧家这时处在悲哀中,酒席一般粗糙马虎,不能好好招待。云南怒江地区的怒族,村中若有人病亡,各户带酒前来吊丧,巫师灌酒于死者口内,众人各饮一杯酒,此称为"离别酒"。

(四)社交食俗

中国自古为礼仪之邦,招待客人热情礼貌,待客食品往往优于日常食品,让客人满意而归。由于各地风俗不同,待客的饭菜也各有讲究。中国北方的黑龙江地区待客则是上菜必须为双数,也就是每种菜必须是双数。在中国南方的有些农村,客人来了,献上茶后,立即下厨房做点心,或是在水中煮上几个鸡蛋,再放上糖;或是先煮上几片年糕,放上糖,给客人先品尝,然后再做正餐。苗族热情好客,客人来访,必以鸡鸭盛情款待,若是远道来的贵宾,有的地方还要在寨前摆酒迎候。吃鸡时,鸡头要敬给客人中的长者,鸡腿要让给年纪最小的客人。

中国民间每到亲朋好友遇到重大事情,如生孩子、乔迁等,总是要送些礼物去。迁入新居,对一家人来说是件大事,主人要选吉日良辰,办进屋酒。亲友邻居都到新居主人家祝贺,要向主人赠送对联、茶点等礼品,主人设宴待客,中原和东北地区的进屋酒称为"燎锅底"。在北京探亲访友送礼物讲究"京八件",也就是所谓的八样糕点。

四、宗教信仰食俗

在中国文化中,宗教饮食主要指的是道教、佛教和伊斯兰教的饮食。

(一)道教食俗

道教是中国土生土长的宗教,源于远古巫术和秦汉的神仙方术,道教饮食深受道家学说的影响。道教主张人们应保持身体内的清新洁净,认为人禀天地之气而生,气存人存,而谷物、荤腥等都会破坏"气"的清新洁净。在饮食上提倡忌食鱼肉荤腥与葱、韭、蒜等辛辣刺激的食物,以素食为主,并尽量少食粮食,应多食水果。此外,茶在道教饮食中占有重要地位。茶性自然、纯朴、平和,这与道家崇尚节俭、清静无为的思想在很大程度上都相当契合,饮茶可以健身、修心、养性。

(二)佛教食俗

佛教在印度本土并不食素,传入中国后与中国的民情风俗、饮食传统相结合,形成了其独特的风格。由于佛教提倡慈善,反对杀生,佛教的饮食以素食为主,善于就地取材食用各种蔬菜、瓜果、菌菇及豆制品。此外,茶在佛教饮食中占有重要地位。由于佛教寺院多在名山大川,这些地方一般适于种茶、饮茶。茶本性清淡淳雅,具有镇静清新、醒脑宁神的功效,饮茶也就成了历代僧侣在青灯下面壁参禅、修身养性的重要方式。

(三)伊斯兰教食俗

在中国信仰伊斯兰教的民族中长期形成了别有风味的清真菜肴。清真菜所用肉类原料以牛、羊、鸡、鸭为主,其烹调方法以熘、炒、爆、涮见长,喜欢用植物油、盐、醋、糖调味。在长期的历史发展中,很多食品如手抓羊肉、清炖羊肉、牛肉拉面、牛羊肉泡馍等十分流行,清真餐馆遍及全国各地,所经营的清真菜点也是中国饮食风味重要流派之一。

此外,我国自古以来就有崇古、敬祖、敬神的传统,人们企盼通过食物来沟通现世与彼岸的联系,所以在举行各种祭祖仪式时,都要遵循一定的饮食惯制,摆放一些食物供奉祖先。

五、民族特殊食俗

我国是一个多民族的国家,各民族之间,存在着地理环境、自然条件、生产条件和宗教信仰的差别,形成了各自不同的饮食习惯。不仅食物结构不同,而且许多食品的烹制方法也不相同,使得我国的食俗文化更加显得丰富多彩。

(一)傣族

傣族独特的食品是"虫虫菜"。生活在亚热带西双版纳的傣族,在日常生活中发现自然界许多昆虫的卵、幼虫、蛹等具有很高的营养价值,采而食之,于是形成独特的虫菜。傣族食用昆虫种类多,范围广,而且食用方法多种多样。除蜂蛹和成蚕外,还食用江边沙土里的沙蛹、花蜘蛛、酸蚂蚁、蚂蚁蛋和竹蛹。竹蛹又称象鼻虫,是生长在野生竹中的一种甲状虫的蛹体。取出的竹蛹先用盐水浸泡入味,有些傣族群众常在挑选好的竹蛹外面裹上鸡蛋,用油炸成黄色后下酒,外焦里嫩,是最好的下酒菜。在民间,也有直接用酸蚂蚁拌成凉菜食用的,既消暑,又开胃。

(二)布朗族

布朗族喜食成蝉。他们把捕捉到的一定数量的成蝉焯水,并去其翅膀,放入小笼屉内蒸熟,捣碎,做成与沿海渔民食用的虾酱一样的蝉酱。经常食用蝉酱,据说有清热解毒、祛痛化肿的医疗作用。

(三)哈尼族

哈尼族有专门吃虫的节日,民间称"捉蚂蚱节"。不同于平时的食用昆虫食品,捉蚂蚱节的吃虫有很大的成分是在消除虫害。因此,当人们捉到蚂蚱的时候,首先把蚂蚱撕成头、腿、耳和翅膀各一份,然后再用木棍或竹片夹起来,插在田边、地头,用以威吓那些还没有被捉到的蚂蚱,使它们不敢再危害庄稼,最后才把这些撕碎的蚂蚱收拢起来,回家做菜。

吃昆虫的食俗活动,大大地开拓了人类食品来源的新领域。最近许多专家研究发现,昆虫食品不仅含有很丰富的蛋白,而且蛋白纤维很少、容易被人体吸收。

(四)苗族

酸汤,苗语叫"禾儿秀",是苗族人最爱吃的"常年菜"。过去,苗族人很难买到盐,只好借助酸汤代盐,刺激肠胃,把杂粮吞下。今天用酸汤代盐的日子已成为历史,但苗族人民吃酸汤却成为习惯。酸汤制作简单,食用方便。把青菜、白菜、韭菜、豆芽菜、辣椒、黄瓜、萝卜等洗净氽熟,取出冷却。然后再放进酸坛内,加进少许特制的酸水,密封好放在阴凉处,大约一两天酸汤就做成了。吃的时候准备一碟辣椒粉,放点盐、豆豉或味精等调料,酸、辣、咸三味俱全,既可口又能促进食欲是一道美味佳肴。

(五)白族

生皮是白族特有的传统菜肴。其做法是将整只猪置于稻草火上烘烤,待烤至半生半熟时,切成肉丝或肉片,佐以姜、葱、蒜、炖梅、辣椒、酸醋、酱油等调料,又香又鲜,为款待贵客的民族佳肴。制作"生皮"通常选用火燎猪后腿的好肉,肥瘦均有,连皮切之。其刀工也很讲究,以切得薄如纸、细如丝者为佳。

(六)侗族

具有侗族风味的饮食有腌肉、腌鱼。侗族人腌制鱼的方法颇为独特,将鲜鱼剖腹取尽内脏,用食盐水浸漂,然后用蒸熟的糯米饭、辣椒面、米酒、生姜、大蒜、花椒、土硝加沉淀的火炉灰水和盐拌成混合饭,腌制时将混合饭塞入鱼肚内,再用混合饭擦拭鱼皮后装入腌桶,上面覆盖水芋叶或棕片、笋壳叶等,加压石头,一个月后即可开桶取食。腌制出的鱼肉甜、酸、辣三味俱全,色、鲜、嫩、香具备,不仅冷热都可以食,而且吃起来非常可口,既是侗家人的家常食品,也是招待宾客的主菜。侗族人还用上述方法腌制动物肉。

此外,民间还有形式各样的特殊食俗。赠糯米饭,是流行于云南苗族的传情方式。当姑娘相中某一男青年时,为表达自己的爱慕之意,便主动送给意中人一包糯米饭,数量越多,表示爱情越深挚。如男方亦有情,便欣然收下,禀报父母,托媒人提亲。

第三节 地方风味与菜系

我国幅员辽阔,又是一个多民族的国家,由于气候、地理、历史、物产及饮食风俗的不同,使得在长期的生活中,各地都形成了各自爱好的口味。这种风味差异的客观存在,就是我国地方菜系和民族菜系形成的由来与基础。先秦时期,中国菜已出现初步的南北分野,以黄河流域为中心的北方使用的原料多为陆产,南方长江流域的食料有许多水产、禽类。秦汉以后,区域性地方风味食品的区别更加明显,南北各主要地方风味流派先后出现雏形。进入唐宋时期,各地的饮食烹饪快速而均衡地发展,据孟元老的《东京梦华录》等书记载,在两宋的京城已经有了北食、南食和川食等地方风味流派的名称和区别。到明清,尤其是近代以来,随着农业和交通的发展,饮食原料的极大丰富,城市经济逐步繁荣,各地涌现出一批富有特色的名店、名厨和名菜,主要地方风味形成稳定的格局。清末徐珂的《清稗类钞·饮食类》大致描述了当时四方的口味爱好:"北人嗜葱蒜,滇、黔、湘、蜀人嗜辛辣品,粤人嗜淡食,苏人嗜糖。"

在清朝形成的稳定的地方风味流派中,最具代表性的有京味菜、上海菜、山东风味菜、四川风味菜、广东风味菜、江苏风味菜。他们对清朝以后的中国饮食烹饪有着深远的影响。当今闻名世界、习惯上称为"四大菜系"的川菜、鲁菜、粤菜、苏菜,就是在清朝形成的稳定的地方风味流派基础上进一步发展起来的。后来,浙、闽、湘、徽等地方菜在选料、切配、烹饪等技艺方面,经长期演变而自成体系,也逐渐出名,于是形成了我国的"八大菜系"。

科学进步,交通发达,市场繁荣,东西南北交流频繁,相互融合和渗透,中国现在已经形成了以地方风味流派为主体,兼有民族、宗教、仿古等多元化风味的烹饪流派体系。去异地他乡亲口品尝原汁原味的风味饮食始终是人们的旅游动机之一。

一、中国四大菜系

一个菜系的形成和它的悠久历史与独到的烹饪特色密不可分,同时又受地理自然环境、资源特产和饮食惯制的影响。我国四大菜系(四川菜、山东菜、广东菜、江苏菜)烹调技艺各具风韵,菜肴特色各有千秋。

(一)四川菜

四川菜简称川菜,为西部地区的代表菜,历史悠久,风味独特,驰名中外。

1.四川菜的形成与发展

从现有资料和考古研究成果看,川菜的孕育、萌芽应该在商周时期。从秦汉至魏晋,是川菜初步形成时期。据《华阳国志》记载,巴国"土植五谷,牲具六畜",并出产鱼盐和茶蜜;蜀国则"山林泽鱼,园囿瓜果,四代节熟,糜不有焉"。正是这样的物质条件,再加之四川原住居民与外来移民在饮食及习俗方面的相互影响,直接促进了川菜的发展。

到了唐代,四川尤其是成都平原的经济相当发达,人员流动较为频繁,川菜与其他地方菜进一步融合、创新,进入了蓬勃发展时期。唐诗文中屡见"蜀味""蜀蔬"的名称。到了北宋,川菜单独成为一个全国有影响力的菜系。北宋时,成都游宴活动开展得多彩多姿。《岁华纪丽谱》记载宋朝的成都"每岁寒食辟园张乐,酒垆、花市、茶房、食肆,过于蚕市"。两宋时四川饮食的重大成就,就在于其烹饪开始被传播到四川以外,让四川以外的人能在专门的食店里吃到具有地方特色的风味饮食。据南宋《梦粱录》记载,都城临安(今杭州)已有专卖川饭的酒楼饭馆。

明清时期,是川菜的成熟定型时期。这时,四川菜在前代已有的基础上博采各地饮食烹饪之长,进一步发展,逐渐成熟定型,最终在清朝末年形成一个特色突出且较为完善的地方风味体系。清同治年间,成都北门外万福桥边有家小饭店,面带麻粒的陈姓女店主用嫩豆腐、牛肉末、辣椒、花椒、豆瓣酱等烹制的菜麻辣、鲜香,十分受欢迎,这就是著名的"麻婆豆腐"。1949年以后,尤其是20世纪80年代后,四川菜进入了繁荣创新时期,川菜在烹饪技术与理论方面也日趋规范化、系统化。

2. 四川菜的主要特点

川菜由成都、重庆、自贡等地方风味菜组成，成都菜为其代表。川菜的主要特点有以下几点。

(1) 用料广泛。四川号称"天府之国"，物产丰富。不仅六畜兴旺、瓜蔬繁多，而且江鲜河鲜种类繁多，品质优异。以调味品来说，就有中坝酱油、保宁食醋、涪陵榨菜、永川豆豉、自贡井盐、内江白糖、南充冬菜、郫县豆瓣、成都辣子等几十种。这些调味品经过不同配比，能化生出麻辣、酸辣、椒麻、糖醋、芥末、五香、红油、姜汁、鱼香、怪味等几十种不同的类型。

(2) 注重调味。川菜擅长使用"三椒"（花椒、胡椒、辣椒）和"三香"（葱、姜、蒜），味型清鲜醇浓并重。川菜有"七滋八味"之说，"七滋"指甜、酸、麻、辣、苦、香、咸；"八味"即鱼香、酸辣、椒麻、怪味、麻辣、红油、姜汁、家常。在口味上川菜特别讲究"一菜一格、百菜百味"，注重原料合理搭配，做到菜肴滋味调和丰富多彩，颜色协调美观鲜明，使菜肴色、香、味、形俱佳。味别之多，调制之妙，堪称中外菜肴之首，故有"食在中国，味在四川"之说。

(3) 精心烹调。川菜的烹调方法很多，火候运用极为讲究。烹调方法共有 38 种之多，常见的如炒、熘、炸、爆、蒸、烧、煨、煮、焖、煸、炖、汆、煎、炝、烩、腌、熏、拌等。川菜烹制，在"炒"的方面有其独到之处。它的很多菜式都采用"小炒"的方法，炒菜不过油，不换锅，芡汁现炒现兑，急火短炒，一锅成菜。采用此方法炒菜时间短，火候急，汁水少，口味鲜嫩，合乎营养卫生要求。每个菜肴采用何种方法进行烹制，依原料的性质和对不同菜式的工艺要求具体掌握，灵活运用。在川菜烹饪要求方面，除了把握好投料先后、用量多少、火候轻重、时间长短、动作快慢之外，还要注意观察和控制菜肴的色泽深浅、芡汁轻重、质量高低、数量多寡；同时还必须掌握好成菜的口味浓淡，以及菜肴生熟、老嫩、干湿、软硬和酥脆程度，这样才能确保烹饪质量上乘。

3. 四川菜的代表品种

川菜代表菜有宫保鸡丁、干烧鱼、回锅肉、麻婆豆腐、夫妻肺片、樟茶鸭子、干煸牛肉丝、怪味鸡块、灯影牛肉、鱼香肉丝、水煮肉片等，它们都有独特之处。此外，面点小吃赖汤圆、龙抄手、担担面等也较著名。

(二) 山东菜

山东菜简称鲁菜，产生于齐鲁大地，素有"北食代表"的美誉。

1. 山东菜的形成与发展

齐鲁大地依山傍海、物产丰富，这为当地烹饪文化的发展、山东菜系的形成提供了良好的条件。早在春秋战国时代，山东地区的孔子、孟子就提出了自己的饮食主张，齐桓公的宠臣易牙是一个运用调和之事操作烹饪的庖厨，好调味，很善于做菜。

从秦汉至南北朝时期，山东菜逐渐形成了自己的独特风格和一定的体系。南北朝时，山东人贾思勰在其著作《齐民要术》中，载有不少山东菜肴的制作经验，反映当时鲁菜发展的高超技艺。从隋唐到两宋，是山东菜的蓬勃发展时期。烹饪技艺和风味菜品逐渐从豪门府第和地主庄园走向市肆，增强了流通性和开放性。宋代饮食业繁荣，宋人所称的"北食"即鲁菜的别称。明清两代，经过几次大融合的山东菜已形成自己完整的风味体系,从齐鲁到京畿,从关内到关外,影响所及已达黄河流域、东北地区,因此又被称为"北方菜"。进入20世纪80年代后,山东不仅挖掘、推出传统鲁菜精品,还吸收川菜、粤菜等各地风味,不断创制出新潮鲁菜。

2. 山东菜的主要特点

山东菜分为济南风味菜、胶东风味菜、孔府菜,其中以济南风味菜为典型。山东菜的主要特点有以下几点。

(1)取材广泛,选料精细。山东蔬菜和水果种类繁多,品质优良。蔬菜如胶州大白菜、章丘大葱、苍山大蒜、莱芜生姜都蜚声海内外。山东也是名贵优质的海产品产地,如海参、大对虾、比目鱼、鲍鱼、扇贝、红螺、紫菜等驰名中外。这些丰富的原料为鲁菜的选料提供了丰富的条件。鲁菜原料多选海鲜、动物内脏、畜禽和蔬菜,尤其以对动物内脏的加工技艺见长。

(2)善于葱香调味,精于制汤。在菜肴烹制过程中,不论是爆、炒、烧、熘,还是烹调汤汁,都以葱丝(或葱末)爆锅,就是蒸、扒、炸、烤等菜,也借助葱香提味,如烤鸭、烤乳猪、锅烧肘子、炸脂盖等,均以葱段为佐料。鲁菜还精于制汤。汤有清汤、奶汤之别。十分讲究清汤和奶汤的调制,清汤色清而鲜,奶汤色白而醇。汤是美味之源,用汤调制鲜味的传统在山东由来已久。用清汤和奶汤烹制出的菜肴清脆、鲜嫩、味醇。

(3)烹法讲究,善制海鲜和面食。鲁菜常用的烹调技法有煎、烧、爆、炒、烤、蒸、腌、扒、炝、糟等30多种烹饪方法,尤以爆、扒技法独特而专长。爆法讲究急火快炒,其法是将油锅烧旺,主料、辅料下锅,火焰飞腾,一爆即起。扒技法为鲁菜独创,原料腌渍黏粉,油煎黄两面,微火尽收汁。扒法成品整齐成型,味浓质烂,汁紧稠浓。烹制海鲜有独到之处。在山东,无论是参、燕、贝,还是鳞、虾、蟹,经当地厨师妙手烹制,都可成为精彩鲜美的佳肴。面食品种极多,小麦、玉米、甘薯、黄豆、高粱、小米、栗子均可制成风味各异的面食品种,既可作为三餐的主食,亦可精制成筵席名点。

3. 山东菜的代表品种

鲁菜是由济南菜、胶东菜和孔府菜三个地方风味组成的一个菜系,代表菜品很多。

济南菜的代表菜品有:清汤燕窝、奶汤蒲菜、葱烧海参、糖醋黄河鲤鱼、九转大肠、油爆双脆、锅烧肘子等。胶东菜的代表菜品有:红烧海螺、扒原壳鲍鱼、烤大虾、炸蛎黄等。孔府菜代表菜品有:诗礼银杏、一卵孵双凤、八仙过海闹罗汉、孔府一品锅、神仙鸭子、带子上朝、怀抱鲤、玉带虾仁等。

(三)广东菜

广东菜简称粤菜,是岭南地区的主导菜系,影响闽、台、琼、桂诸地。

1. 广东菜的形成与发展

广东菜起源于距今七八千年前的岭南地区。在距今三四千年时,广东的先民已聚居于珠江三角洲,大部分形成了南越族,以采集螺、蚌、牡蛎等水产品为主。秦汉时期,朝廷采取南迁汉族人的方式,中原汉族人带来的科学知识、饮食文化和烹饪技艺迅速与岭南独特物产、饮食习俗糅合在一起,形成了以南越人饮食风尚为基础,融合中原饮食习惯、烹饪技艺精华的饮食特色。

唐宋时期,广东菜逐渐成长壮大,烹饪方法已初成体系。据唐朝刘恂《岭表录异》所记,当时的岭南已经流行煮、炙、炸、炒、烩、烧、煎、拌等多种烹饪方法。南宋时期,大批中原士族南下,中原的烹调技术更是随之大量流向南方,岭南人的地方风格与正食的北味烹调技术相结合,转变为南方特有的菜肴。南宋时,章鱼等海味已是许多地方菜肴的上品佳肴。在配料和口味方面,采用生食的方法。至此,粤菜作为一个菜系已见雏形。

明清时期,是广东风味菜的快速发展时期。据明末清初屈大均的《广东新语》记载:"天下所有奇货,粤东几近有之,粤东所有之食货,天下未必尽也。"到了晚清,广州成为对内对外贸易十分发达的地方,商贾云集,各地名食蜂拥而至,西洋餐饮相继传入。广东菜在内外饮食文化的滋润下快速发展,最终形成了特色突出的地方风味体系。1949年以后,广东风味菜进入了繁荣时期。粤菜以其独特的清淡风味,独领风骚,而广州作为华南中心,千百年来汇聚大江南北美食,其兼容并蓄的特点使"食在广州"的声誉驰名中外。

2. 广东菜的主要特点

广东菜由广州菜、潮州菜和东江菜组成。广东菜的主要特点有以下几点。

(1) 选料广博奇异。广东地处我国南端沿海,境内高山平原鳞次栉比,江河湖泊纵横交错,气候温和,雨量充沛,动植物类的食品源极为丰富,这为广东菜的烹饪提供了丰厚的物质基础。粤菜选料广博奇异,品种花样繁多,令人眼花缭乱。

(2) 调味注重清而醇。广东菜常以生猛海鲜为原料,在调味上讲究清中求鲜、淡中求美;既重鲜嫩、滑爽,又兼顾浓醇。而且随季节时令的变化而变化,夏秋偏重清淡,冬春偏重浓郁,追求色、香、味、形。用料十分广泛,不仅主料丰富,而且配料和调料亦十分丰富,用量精而细,配料多而巧。调味遍及酸、甜、苦、辣、咸,食味讲究清、鲜、嫩、爽、滑、香,此即所谓"五滋六味"。

(3) 烹法博采中外之长。由于长期的人口南迁,水陆交通方便,商业发达,广东菜善于取各家之长,为我所用,善于在模仿中创新。苏菜系中的名菜松鼠鳜鱼,饮誉大江南北,但不能上粤菜宴席。粤菜名厨运用娴熟的刀工将鱼改成小菊花形,名为菊花鱼。如此一改,食用起来方便、卫生。此外,煎、炸的新法是吸取西菜同类方法改进之后形成的。但粤菜的移植,并不生搬硬套,乃是结合广东原料广博、质地鲜嫩,人们口味喜欢清鲜常新的特点,加以发展,触类旁通。

3. 广东菜的代表品种

广东菜的著名菜肴有:白灼虾、烤乳猪、太爷鸡、梅菜扣肉、东江盐焗鸡、黄埔炒蛋、蚝油牛肉、炖禾虫等。

(四) 江苏菜

江苏菜也称淮扬菜、苏菜,其影响遍及长江中下游广大地区。

1. 江苏菜的形成与发展

江苏菜起源于新石器时代。据《楚辞·天问》所载,上古时的彭铿善于制作"稚羹",这是见诸典籍中最早的江苏菜肴。春秋战国时期,江苏菜有了较大发展,出现了全鱼炙、吴羹等名菜。两汉南北朝时期,江苏的面食、素食和腌菜类食物有了显著的发展。

隋唐至宋元时期,江苏菜得到更大发展。隋朝时,京杭大运河把海河、黄河、淮河、长江、钱塘江五大水系贯通,扬州、镇江、苏州的经济得到发展,促进了江苏菜的发展,使其成为"东南佳味"。宋元时期,江苏菜已很精美,饮食市场趋于繁荣。苏东坡曾做扬州太守,留下了对淮扬菜的很多溢美之词。在他的《扬州以土物寄少游此诗为秦观作》诗中提及的鲜鲫、紫蟹、春莼、姜芽、鸭蛋之类都是淮扬菜中的经典。明朝时中外物资交流增多,江苏的食物原料更加丰富,烹调方法日趋完善,菜肴品种数以千计。到清朝时,江苏菜的特色已十分突出,并且自成体系。李斗《扬州画舫录》记载的有名有姓的餐馆就达50多家,瘦西湖上,画舫飞驶,有船娘行厨,以宴饮助游兴。进入20世纪80年代后,江苏菜开始了繁荣与创新,饮食市场空前繁荣。

2. 江苏菜的主要特点

江苏菜由淮扬、苏锡、徐海三大地方风味菜肴组成,以淮扬菜为主体。江苏菜的主要特点有以下几点。

(1) **用料广泛**。江苏地理位置优越,物产丰富,烹饪原料应有尽有,为食品制作提供了取之不竭的源泉。淮安和扬州地处水乡地带,"春有刀鲚夏有鲥,秋有蟹鸭冬有蔬",一年四季,水产禽蔬的供应充足。原料多以水产为主,注重鲜活。淮扬菜几乎每道菜对原料都有严格的选料要求,同时也让原料的特点在制作菜肴时得到充分的发挥。

淮安入选"世界美食之都"

(2) **调味清鲜适口**。由于江苏菜以鲜活产品为原料,故而在调味时追求清淡,从而能突出原料的本味。江苏菜滋味醇和,清淡适口,咸中微甜。常用的调味品有淮北海盐、镇江香醋、苏州红曲、南京抽头秋油、玫瑰酱等当地名品,也有厨师精心制作的花椒盐、鸡清汤等调味品,同时注重用糖。就不同的菜肴而言,江苏菜口味就有椒盐、麻辣、蒜泥、糖醋、酱香、五香、糟香、酒香、腐乳香、荷香、蜜甜等十多款。江苏菜的口味兼有四方之美,适应八方口味。

(3) **烹法多样**。烹饪的时候,江苏菜注重的是菜肴的质感,做到"酥烂脱骨而不失其形,清淡而不失其味,滑嫩爽脆而不至于生"。江苏菜讲究火工,擅长炖、焖、煨、焐、蒸、烧、炒,通过火候的调节体现菜肴的鲜、香、酥、脆、嫩、糯、烂等口味特色。江苏风味菜的刀工精细,在四大菜系中当数第一,一块2厘米厚的方干,能切成30片的薄片,切丝如发。因此,有"味在四川,刀在淮扬"之说。

3. 江苏菜的代表菜品

江苏风味菜的名菜众多,最具代表性的有三套鸭、溜子鸡、卤鸡、清炖甲鱼、**霸王别姬**、大煮干丝、糖醋鳜鱼、文思豆腐、清炖狮子头、水晶肴蹄、清蒸鲥鱼、金陵盐水鸭、清炖蟹粉狮子头、松子肉、凤尾虾、松鼠鳜鱼、三虾豆腐、莼菜塘鱼片、胭脂鹅、八宝船鸭、雪花蟹汁、油爆大虾等。

霸王别姬

二、少数民族的风味饮食

我国幅员辽阔,民族众多,汉族以外的55个少数民族各有自己的风味饮食。它们与汉族的地方风味交相辉映,共同构成绚丽多姿的中华饮食文化。以下仅按四个大的区域概括介绍其中部分少数民族的风味饮食。

(一) 东北与内蒙古地区

1. 满族

满族主食以面食为主,主要是蒸煮食,即将高粱、谷子、荞麦、小麦、玉米、大豆等磨成面粉,制成各种精美的饽饽。比较独特的食品有"驴打滚"和"萨其玛"。除面食外,满族的主食还有饭和粥。喜在饭中加小豆或豇豆,如高粱米豆干饭。有的地区以玉米为主食,喜以玉米面发酵做成"酸汤子"。

满族菜是东北地区著名风味饮食。菜肴以猪羊肉为主,烹饪制作以烧、烤为主,辅以蒸、炖、煮、炸。口味以咸鲜、辛香、浓郁为主,有白肉血肠、烧小猪、白煮肉、炒肉拉皮、白肉酸菜火锅等风味菜肴。

东北大部分地区的满族夏季有吃水饭的习惯,即在做好高粱米饭或玉米碴子饭后用清水过一遍,再放入清水中泡,吃时捞出,盛入碗内,清凉可口。北方冬天天气寒冷,没有新鲜蔬菜,满族民间常以秋冬之际腌渍的大白菜(酸菜)为主要蔬菜,常用的烹饪方法是熬、炖、炒和凉拌,也可以做火锅或包饺子,用酸菜熬白肉、粉条是满族入冬以后常吃的菜肴。

2. 朝鲜族

朝鲜族的饮食主要以米饭为主食,以汤、酱、咸菜和其他泡菜为副食,具有自己独特的饮食风俗。米饭多为大米饭,也有大米和小米混做的二米饭,还有五谷饭。肉食喜用牛肉为原料,常用的烹调方法有炖、蒸、煮、烤、熬、拌等。口味以辛辣、脆嫩、鲜香为主。八珍菜、生拌鱼、烤牛肉是其风味食品。

泡菜是朝鲜族喜爱的佐餐食品。泡菜是一种发酵食物,多以桔梗、蕨菜、白菜、萝卜、黄瓜、芹菜等为原料,洗净后切成片、块、丝,用盐卤上,然后再拌以芝麻、蒜泥、姜丝、辣椒面等多种调味品,吃起来清脆爽口,咸淡适中。

节日或招待客人时的特制食品主要有冷面和打糕。冷面的主料是白面、荞麦面和淀粉。做时,先把和好的面用机械压入锅中,煮熟后捞出,用冷水将其冷却;然后加牛肉汤或鸡肉汤,配以泡菜、辣椒、芝麻、牛肉片、鸡肉丸子、苹果片、鸡蛋等配料,即可食用。吃起来甜中带酸,香里渗辣,清凉爽口。朝鲜族过去在正月初四中午吃冷面,说是这一天吃了长长的冷面,就会长寿。现在一年四季都喜欢吃。打糕是把糯米蒸熟后捶打而成的。食用时切成块,蘸上豆面、白糖或蜂蜜等,吃起来筋道、味香。朝鲜族历来把打糕当作上等美味,每逢年节或婚姻佳日及接待贵宾时,都要做打糕。

3. 蒙古族

蒙古族菜肴多以牛、羊肉为主。常用烧、烤、炖、煮、涮等烹调方法。口味咸浓,注重鲜嫩肥美,煮肉时往往断生即食。享有盛名的有手扒肉、烤全羊、涮羊肉、羊背子等。烤全羊和羊背子为上等食品,做法和吃法都比较讲究,在宴请、大庆时食用。

蒙古族一日三餐,几乎餐餐都离不开奶。食用得最多的是牛奶,其次是羊奶、马奶、鹿奶和骆驼奶等。除一部分作鲜奶饮用外,大部分加工成奶制品,常见的有奶皮子、奶豆腐、酸奶酪、奶油、酪酥等。炒米,也叫蒙古米,在蒙古族的饮食中也占有重要地位,系用糜子米经蒸、炒、碾等工序加工而成,加羊油、红枣、糖等拌匀,捏成小块,当作饭吃。

茶和酒是蒙古族的主要饮品。茶是他们每天不可缺少的饮料,奶茶最具特色,也是招待客人的必备饮料。做法是将砖茶放入锅内熬成紫红色,然后将鲜奶放入茶水中熬开即成。奶茶营养丰富,具有提神、开胃、助消化、解渴等作用。饮品除奶茶外,还有酸奶和奶酒。奶酒,又叫蒙古酒,是夏秋季发酵后的牛奶、马奶或羊奶经自家蒸馏酿制而成,酒精度不高,醇香可口。奶酒具有驱寒、活血、舒筋、补肾、消食、健胃等效用,是招待贵客的上等饮料。

(二)西北地区

1. 回族

回族主要以牛肉、羊肉、鸡肉、鸭肉、时鲜瓜果蔬菜及其他副食品为主,既有做工精细考究、色香味俱佳的名贵品种,也有独具特色的家常菜和小吃。

回族分布较广,食俗也不完全一致。宁夏回族偏爱面食,喜食面条、面片,还喜食调和饭。甘肃、青海的回族则以小麦、玉米、青稞、马铃薯为日常主食。在肉食方面,回族喜食牛肉和羊肉。常用的烹饪方法是煎、炒、烩、炸、爆、烤等,涮羊肉、烤牛肉、羊筋菜、牛羊肉泡馍为其主要品种。油香、馓子是各地回族喜爱的特殊食品,由面制作油炸而成,是节日馈赠亲友不可少的。麻花、酥合子、卷果、油酥脆花、炸春卷、油炸江米面麻团等是回族有名的食品。

回族在日常生活中不饮酒,但重茶,不仅有奶茶、油茶、绿茶,还有著名的盖碗茶。盖碗茶是西北回族一种独特的饮茶方式,颇受回族人民喜爱。盖碗茶由托盘、茶碗和茶盖三部分组成,故称"三炮台"。每到炎热的夏季,盖碗茶便成为回族最佳的消渴饮料;到了严寒的冬天,农闲的回族人早晨起来,围坐在火炉旁,或烤上几片馍馍,或吃点馓子,总忘不了刮几盅盖碗茶。回族人还把盖碗茶作为待客的佳品,每逢古尔邦节、开斋节或举行婚礼等喜庆活动,家里来了客人时,热情的主人都会给递上一盅盖碗茶。

2. 维吾尔族

维吾尔族以面食为日常生活的主要食物,喜食肉类、乳类,蔬菜吃得较少,夏季多拌食瓜果。维吾尔族的主食种类很多,主要有馕、油塔子、抓饭、拉面、汤面、烤全羊、烤羊肉串。维吾尔族传统的副食肉类主要有羊肉、牛肉、鸡、鸡蛋、鱼等,特别是吃羊肉比较多。奶制品主要有牛奶、山羊奶、酸奶、奶皮子等;蔬菜主要有洋葱、大蒜、南瓜、萝卜、西红柿、茄子、辣子、土豆等。

馕是维吾尔族饮食文化中别具特色的一种食品,维吾尔族食用馕的历史很悠久。馕是用馕炕烤制而成,呈圆形,多以发酵的面为主要原料,辅以芝麻、洋葱、鸡蛋、清油、牛奶、盐、糖等佐料。烤羊肉串,是维吾尔族富有特色的传统风味小吃,既是街头的风味快餐,也是维吾尔族待客的美味佳肴。烤羊肉串是将肉切成薄片,一一穿在铁钎子上,然后均匀地排放在烤肉炉上,撒上精盐、孜然和辣椒面,上下翻烤数分钟即可食用。味道微辣中带着鲜香,不腻不膻,肉嫩可口。这种肉食不仅深受新疆各族群众喜爱,也深受其他一些地区群众的欢迎。烤羊肉串以它独特的风味成为风靡全国的一种小吃。

维吾尔族传统的饮料主要有茶、奶子、酸奶、各种干果调制的果汁、果子露等。维吾尔族在日常生活中尤其喜欢喝茶,一日三餐都离不开茶,茶水也是维吾尔族用来待客的主要饮料。维吾尔人多喜欢喝茯茶,年龄大的人喜欢在茶里放冰糖。

3. 哈萨克族

哈萨克族主要以牛、羊、马肉和奶制品为食物,其次是用面粉制成的馕、面条及抓饭等。哈萨克族喜欢的食物有"金特""那仁"等。"金特"是将奶油与幼畜的肉混合,装进马肠里,蒸熟后食用。"那仁"是把羊肉切碎,加上洋葱、面片和香料,搅拌煮熟食用。另外,也有用羊奶、牛奶煮的米饭和用米饭、羊肉、羊油、清油、洋葱和胡萝卜等做成的抓饭。

哈萨克族的奶类食品主要是由羊奶、牛奶、马奶、骆驼奶制成,有奶油、奶皮子、奶疙瘩、奶豆腐、酸奶子等多种奶制品。这些奶制品具有香甜油酥、松软、清淡、略酸等特点,奶味芳香爽口。茶是哈萨克族牧民的必需品,茶中含有芳香油,能溶解脂肪,起消食、提神、清脑作用。由于牧区食肉多,需要奶茶助消化和增加维生素。冬季气候寒冷,夏季干热,大量饮茶,冬可驱寒,夏可解暑。奶茶里既有茶又有奶,有的还有酥油、羊油,既解渴又充饥,是一种可口而又富有营养的饮料。

(三)西南地区

1. 藏族

藏族的日常食物主要有糌粑、牛羊肉、酥油茶、青稞酒。糌粑是大部分藏族的主食,即用青稞炒熟磨成细粉。它是十分有利于储藏、携带和食用的方便食品,食用时拌上浓茶或奶茶、酥油、奶渣、糖等即可。此外,主食中著名的还有足玛米饭、蒸土豆、麦面粑粑等。在副食方面,藏族过去很少食用蔬菜,以牛、羊肉为主,猪肉次之,奶制品也必不可少。藏族食用牛、羊肉讲究新鲜,将大块肉放在盐水中煮熟后,用刀子割食。此外,还有一些特殊的肉食加工方法,如把牛血、羊血加碎牛、羊肉灌入牛、羊的小肠中制成血肠。入冬后宰杀的牛、羊肉一时食用不了,多切成条块,挂在通风之处,使其风干。在奶制品中,最常见的是从牛奶、羊奶中提炼的酥油,其次还有酸奶、奶酪、奶疙瘩和奶渣等。酥油不仅用来制作饭菜,也是制作饮料必不可少的原料。

酥油茶是藏族人民最喜爱的饮品。制作酥油茶的茶叶主要是砖茶或沱茶,源于四川、云南等地。制作酥油茶时,先将砖茶或沱茶熬到色泽红黄,再将烧制好的茶倒入特制的酥油桶,加酥油、盐巴进行打制。有些讲究的人还会放一些核桃仁、葡萄干、鸡蛋、牛奶,这样的酥油茶更加甜润可口,芬芳扑鼻,是招待客人的上品。

青稞酒是藏族地区十分流行的美酒,它是用青稞酿成的。制作方法较为简单:先将青稞洗净煮熟,待温度稍降时加入酒曲,用木桶或陶罐封好,让它发酵。两三天后,兑上凉水,再过一两天便可饮用。青稞酒色泽橙黄,味道酸甜,酒精成分较低。喝青稞酒讲究"三口一杯",即先喝一口,斟满;再喝一口,再斟满;喝上第三口,斟满干一杯。

2. 彝族

彝族以玉米、荞麦、土豆为主食。其中,最著名的品种是疙瘩饭、荞粑。疙瘩饭是将玉米、荞麦、大麦、小麦等磨粉后和成小面团,入水中煮制而成。荞粑是以荞麦磨粉,进行蒸、烤而成的,可以久存不坏,有消食止汗、消炎等功效。在彝汉杂居区,彝族群众受汉族生活方式的影响,食用玉米粉蒸饭。肉食以猪肉、牛肉、羊肉为主。彝族群众喜食"坨坨肉",将鲜肉切割成拳头大小,煮熟,拌上盐、蒜、花椒、辣椒和当地特产的香料制成。此外,还喜吃烧烤仔猪,烧烤仔猪肉香嫩鲜美,别有风味。山地还盛产蘑菇、木耳、核桃,加上菜园生产的蔬菜,使得蔬菜的来源十分广泛,除鲜吃外,大部分都要做成酸菜。

彝族日常饮品是酒和茶,彝族群众大多善饮酒,以酒为贵,著名品种是泡水酒和烤茶。泡水酒是彝族人民的传统饮料。制作方法是将玉米、荞麦、高粱等炒熟、磨粉、发酵后装入木桶,取干净的水倾入桶内,再从桶脚用竹管导出泡水酒。它度数低,酒味醇正,清凉甘甜。年节或婚娶等喜庆期间,泡水酒更是不可缺少的饮料。烤茶则是把绿茶放入小砂罐内焙烤至酥脆,略呈黄色,出香味,再加沸水制成。

3. 纳西族

纳西族主食以小麦、玉米和大米为主,加工制作成窝头、馒头、粑粑、米饭等花样,山区杂以洋芋、荞麦和青梨。丽江粑粑是纳西人传统的著名食品。它的主要原料为当地的精麦面,另外加上火腿、菜油、糖等配料,将其调匀,揉制成层,做成大如盘子、厚约寸余的圆饼,再以平底锅文火烤熟,即可制成。丽江粑粑外酥内脆松软,油而不腻,香味扑鼻,搁置半月其味不变,有咸、甜两种。纳西族喜食腌猪肉,尤以丽江和永宁的琵琶肉最为有名。永宁等地的琵琶肉,系将整头猪去内脏、骨头后风腌而成琵琶状,久放不变质,肉味清香,为待客的佳品。丽江凉粉、白芸豆酥肉和糯米血肠、吹猪肝,是丽江的特色食品。

纳西族人民爱饮酒,常饮的有白酒、黄酒、窨酒,尤以窨酒出名。窨酒用大麦、小麦、高粱等粮食和特殊的丽江酒曲、玉龙山下的泉水酿造,酿好后入窨。窨酒呈琥珀色,透明,味甘醇清香,含葡萄糖、多种氨基酸和维生素,有良好的滋补作用。

(四)中南与东南地区

1. 壮族

在种植稻米的地区,壮族喜食大米饭、大米粥,喜欢用糯米制成各种粽子、糍粑、糕饼等食品,爱食酸品。在山区,壮族以玉米、小米、薯类为主食。壮族人善于烹调,其菜肴选料广泛,家禽、家畜、蔬菜、昆虫均可入馔。糯米是其爱吃的食品。常用的烹调手法有炒、烤、炸、炖、腌、卤等,口味偏酸。有壮家酥鸡、火把肉、壮家烧鸭、盐风肝、皮肝糁、子姜兔肉、白果炖老鸭等名肴。

壮族常常自酿米酒、红薯酒和木薯酒,度数都不太高。其中,再加工的米酒颇有特色。如在米酒中配以鸡杂称为鸡杂酒;在米酒中配以猪肝称为猪肝酒,别具风味。饮鸡杂酒和猪肝酒时要一饮而尽,留在嘴里的鸡杂、猪肝则慢慢咀嚼,既可解酒,又可当菜。

2. 黎族

黎族人民的主食以大米为主,也吃玉米和甘薯。较有名的是竹筒饭,即把适量的米和水倒入竹筒中放在火堆里烧烤而成。也可以把畜肉与香糯米、盐混合后加入竹筒中烧烤成熟,则为香糯饭,这种饭最适合出门野餐。黎族的肉食主要有猪、牛、羊、狗、鸡、鸭、鹅等肉类,吃肉的方法多用火烤或生腌。

黎族人民还爱吃竹笋和蘑菇,以及营养丰富的蜂仔、蜜汁、红蚂蚁卵等。腌酸菜、腌梭鱼、腌梭肉是黎族特有的风味食品,制法是把生鱼或生肉切成小块,和炒米粉或将大米煮成熟饭,趁热混拌在一起,加上适量的盐,用陶罐密封七到十天后便可取食,封存时间越长越好吃,这是黎族人民招待客人的主要菜肴。

黎族嗜好饮酒,著名的是用山栏糯米酿制的米酒,味道美妙。它以山栏糯米为原料,先将糯米用水浸泡半日,再捞入锅内蒸成干饭,晾干,放进吊箩,将作为酒曲的"酒饼"水按比例倒入吊箩,与干饭拌匀,然后用芭蕉叶把吊箩裹严密封,三日即可发酵,散发出酒气香味。七日后打开吊箩将其倒入罐内封存,封存的时间越长,酒的味道越浓、越香。黎族将这种封存时间很长的酒叫"蜜酒"。蜜酒可以滋补身体,也是招待贵宾的一种传统饮料。男女都爱喝酒,喝酒时各人口衔一细竹管,围坐吮吸,很有意思。

3.高山族

高山族多以稻米、粟米和甘薯为主食。高山族人在做糯粟饭时,喜欢加入肉类和花生,用无毒的树叶卷起蒸食。有些地区用粟粉和水,加盐和豆类,捏成团子;或者以水煮芋头,加花生粉和肉,捣烂后用树叶包好蒸食。副食大多是自养的猪、鸡,以及捕捞的鱼、蟹、鳖、虾等水产品。蔬菜有各种瓜、豆、笋等,平时喜食椰子、李子、香蕉等水果来补充蔬菜不足。调味品习惯用葱、姜、辣椒、盐和蜂蜜。高山族嗜好饮酒,根据酿酒的原料不同,高山族的酒可分为米酒、粟酒、薯酒、黍酒、山药酒等几种。

第四节　茶艺民俗

茶是中华民族举国之饮,不仅丰富了人们的日常生活,也深刻地影响着文化、经济、外交。"琴棋书画诗酒花""柴米油盐酱醋茶",茶是中国人在大雅大俗之间都不可或缺的一环。在中国数千年的饮茶历史中,随着历史、文化的不断发展和积淀,以及各民族自身的特点与习俗,饮茶已演变为一种有差异性的社会文化内涵的民俗习惯,并形成了特有的茶文化。

一、饮茶的历史与传统

我国是世界上最早种茶、制茶和饮茶的国家。陆羽《茶经》云:"茶之为饮,发乎神农氏,闻于鲁周公。"最初人们从野生茶树上采取嫩叶生嚼,后来随着制茶、饮茶技术、技巧的发展,到今天千家万户的"比屋之饮",经历了一个漫长的历史过程。

巴蜀地区是我国茶业的摇篮,先秦已有"茗饮"。《华阳国志·巴志》中谈到周武王克商时,巴蜀一带已用茶作为贡品。西汉时期,王褒在《僮约》中写有"烹茶尽具"和"武阳买茶"等字句,反映了蜀中烹茶在当时已成为重要的日常生活。不仅如此,茶的饮用和生产也在这一时期由巴蜀转向湘、鄂、赣等毗邻地区,饮茶之风流传到长江中下游。三国时期,开始注意到茶的烹煮方法,饮用时,将茶饼捣碎放入壶中煎煮,加上葱姜和橘子调味。出现"以茶当酒"的习俗。到了两晋、南北朝,茶叶从原来珍贵的奢侈品逐渐成为普通饮料。宴会、待客、祭祀都会用茶。

随着隋唐南北大统一,茶叶栽培和加工技术获得很大发展,涌现了许多名茶,尤其到了唐代,饮茶蔚然成风,"顾渚紫笋"是唐茶极品。此时,经陆羽提倡,饮茶日趋讲究,饮茶时,将茶饼捣碎,用风炉、木炭或硬柴和釜煮茶,茶汤趁热饮用,为改善茶叶苦涩味,开始加入薄荷、盐、红枣调味。当时,关西、山东一带的村落里,可以一天不吃饭,但"不得一日无茶"。边疆少数民族由于以肉食为主,也把茶叶作为生活中不可缺少的饮料。唐朝已有43个州产茶,茶叶生产空前发展,中国的茶叶和饮茶方式也是在此时大量向国外传播,特别是对日本和朝鲜影响很大。唐人出游,必带茶叶。正是由于唐代饮茶的普及和茶叶生产的发展,此时还出现了我国第一部茶学的经典著作——《茶经》。

宋代出现了许多以茶为业的农户和大规模的官营茶园,饮茶已成为当时全国老少皆宜、贫贱同尝的习俗。在宋辽互市中,茶成了贸易的大宗货物。为适应大众饮茶的需要,茶叶生产开始由团饼向散茶逐渐转变,并逐渐重视茶叶原有的色香,调味品逐渐减少。茶成为民间社交不可或缺的媒介,城镇茶肆林立。茶和柴、米、油、盐、酱、醋一样,成为"开门七件事"中不可缺少的一种生活必需品。宋代饮茶习俗中,最有特色的是斗茶。斗茶,不仅是饮茶方式,也是一种精神文化享受,把饮茶的美学价值提升到一个新的高度。

明清时代,民间饮茶空前普及,由于制茶工艺的革新,团茶、饼茶已较多改为散茶,烹茶方法由原来的煎煮为主逐渐向冲泡为主发展。明代茶叶产地日益增多,名茶品种日益繁多。据明代黄一正的《事物绀珠》记载,从江浙到云南,从江南到山东,出产有雷鸣茶、仙人掌茶、虎丘茶、天池茶、六安茶、日铸茶等近百种名茶。自明太祖朱元璋下令禁制饼团茶后,民间饮用散茶,蔚然成风。而饮法也以冲泡为主,并逐渐形成了泡茶的技艺及饮茶的游艺,流传至今。在制茶上,普遍改蒸青为炒青,同时,也使炒青等一类制茶工艺达到了炉火纯青的程度。除绿茶外,明清两朝在黑茶、花茶、青茶和红茶等方面也有了很大发展。同时,各地区由于不同风俗,开始选用不同茶类。如两广喜好红茶、福建多饮乌龙,江浙则好绿茶,北方人喜花茶或绿茶,边疆少数民族多用黑茶、茶砖。

二、茶叶种类与名茶

茶叶历史悠久,别名很多,主要有茶、槚、茗、荈等十余种。直到唐代《茶经》问世后,"茶"才成为最主要的叫法。中国是茶叶大国,茶的品种繁多,其分类方法也多种多样。根据我国出口茶的类别,将茶叶分为绿茶、红茶、乌龙茶、白茶、花茶、紧压茶和速溶茶等几大类;以其生长环境,则分为平地茶、高山茶、丘陵茶等;据制造方法不同与品质上的差异,今将茶叶分为绿茶、红茶、乌龙茶、白茶、黄茶、黑茶六大类,称为基本茶类,再加上加工茶,共为七类。[①]

(一)绿茶

绿茶又称不发酵茶,以适宜的茶树新梢为原料,经过杀青、揉捻、干燥等典型工艺过程制成,是我国产量最大的茶类,其花色品种之多居世界首位。全国 18 个产茶省(区)都生产绿茶,每年出口数万吨,占世界绿茶市场贸易额的 70% 左右。同时,绿茶又是生产花茶的主要原料。由于加工时干燥的方法不同,绿茶又可分为炒青绿茶、烘青绿茶、蒸青绿茶和晒青绿茶。

绿茶的干茶色泽及冲泡后的茶水、茶叶都以绿色为主。由于没有进行发酵程序,绿茶保留了鲜叶内较多的天然物质。其茶多酚、咖啡因可保留 85% 以上,叶绿素保留 50% 左右,维生素损失也较少,从而形成了绿茶"清汤绿叶,滋味收敛性强"的特点。由于营养物质损失少,绿茶对防衰老、防癌、抗癌、杀菌、消炎等特别有效,为其他茶类所不及。

绿茶名贵品种有:浙江杭州**西湖龙井茶**、江苏吴县(现苏州吴中区和相城区)碧螺春

知识关联

西湖龙井茶

---

① 陈宗懋.中国茶经[M].上海:上海文化出版社,1992.

茶、安徽黄山毛峰茶、江西庐山云雾茶、安徽六安瓜片茶、四川蒙顶茶、安徽太平猴魁茶、湖南洞庭湖君山银针茶、浙江长兴顾渚紫笋茶、河南信阳毛尖等。

（二）红茶

红茶属于发酵茶类，是以茶树的芽叶为原料，经过萎凋、揉捻、发酵、干燥等典型工艺过程精制而成。由于发酵过，鲜叶中的化学成分变化较大，产生了茶黄素、茶红素等新的成分，香气物质从鲜叶中的50多种增至300多种，形成了红茶、红汤、红叶和香甜味醇、保存持久的特征。

红茶主要有小种红茶、工夫红茶、红碎茶三大类。红茶代表茶品有安徽祁门红茶、云南滇红、正山小种红茶等。

（三）青茶

青茶又称乌龙茶，属半发酵茶，即制作时适当发酵，使叶片稍有红变，是一类介于红绿茶之间的半发酵茶。它既有绿茶的鲜爽，又有红茶的浓醇。因其叶片中间有绿色，叶缘呈红色，故有"绿叶红镶边"之称。品尝后齿颊留香，回味甘鲜。乌龙茶的药理作用突出表现在分解脂肪、减肥健美等方面，又被称为"美容茶""健美茶"，受到许多人的喜爱和追捧。

乌龙茶为中国特有的茶品，主要产于福建、广东、台湾地区。乌龙茶代表茶品有安溪铁观音、武夷岩茶、闽北水仙茶、凤凰单丛茶、台湾乌龙茶等。

（四）白茶

白茶是我国的特产。它加工时不炒不揉，只将细嫩、叶背满茸毛的茶叶晒干或用文火烘干，而使白色茸毛完整地保留下来。白茶最主要的特点是毫色银白，且芽头肥壮，汤色黄亮，滋味鲜醇，叶底嫩匀。冲泡后品尝，滋味鲜醇可口，还有药理作用。

白茶性清凉，具有退热降火之功效。白茶代表茶品有白毫银针、白牡丹、贡眉、寿眉等。

（五）黄茶

黄茶属于轻发酵茶，其制作方法与绿茶有相似之处，但多一道闷堆工序，即用鲜茶叶进行杀青、揉捻、闷黄、干燥等工序加工而成，称之为"闷黄""闷堆"等。黄茶芽叶细嫩，香味鲜醇，具有黄叶、黄汤的特色。

黄茶按其鲜叶的嫩度和芽叶大小，分为黄芽茶、黄小茶和黄大茶三类。黄茶代表茶品有君山银针、北港毛尖、霍山黄芽、蒙顶黄芽等。

（六）黑茶

黑茶原料粗老，加工时堆积发酵时间较长，叶色呈暗褐色，乌黑状，故称黑茶。特点为色泽黑褐，汤色橙黄至暗褐色，有松烟香。它是藏族、蒙古族、维吾尔族等少数民族日常生活的必需品。黑茶产区广阔，品种款色很多，更有自己独特的形状，如青砖茶、扁茶、方茶和圆茶等。

黑茶分为湖南黑茶、湖北老青茶、四川边茶、广西六堡茶、云南普洱茶。黑茶代表茶品有普洱茶等。

(七)花茶

花茶又称熏花茶、香花茶、香片,是我国特有的一种再加工茶类。花茶由精制茶坯与具有香气的鲜花拌和,通过一定的加工方法,促使茶叶吸附鲜花的芬芳香气而成。一般以烘青绿茶为茶坯,因其吸香性强,能使茶香、花香融为一体。花茶具有清热解毒、美容保健等功效,适合各类人群饮用。花茶的主要产地有福建、浙江、安徽和江苏等省。

按所用鲜花品种不同,花茶分为茉莉花茶、桂花茶、玫瑰花茶、玉兰花茶等不同种类。花茶代表茶品有苏州茉莉花茶。

三、饮茶游艺

随着饮茶的普及,人们对泡茶用水、茶与水的用量比例、泡茶开水的温度、茶具的选择、饮茶的时间等都有讲究,这大大丰富了饮茶民俗文化。

茶具是使饮茶富于艺术性的重要条件。人类最初煮饮茶叶,都用当时的饮食器具,没有专用的茶具。当饮茶成为专门嗜好时,人们开始设计与饮茶有关的储、煮茶和饮茶的专门器具。唐代因朝野上下嗜好饮茶,使饮茶成为一种"雅道",茶具也因此成为一种雅器。唐代人们喝的是饼茶,茶须烤炙研碎后,再经煎煮而成,这种茶的茶汤呈"白红色",即"淡红色"。一旦茶汤倾入瓷茶具后,汤色就会因瓷色的不同而起变化。唐代陆羽通过对各地所产瓷器茶具的比较后,认为从茶叶欣赏的角度讲,青色越瓷茶具为上品。从宋代开始,饮茶习惯逐渐由煎煮改为"点注",团茶研碎经"点注"后,茶汤色泽已近"白色"了。这样,唐时推崇的青色茶碗也就无法衬托出"白色"色泽。而此时作为饮茶的碗已改为盏,这样对盏色的要求也就起了变化——"盏色贵黑青",认为黑釉茶盏才能反映出茶汤的色泽。明清至现代以冲泡茶为主,因此普遍使用茶壶、茶杯、茶盘等茶具。清代以后,茶具品种增多,形状多变,色彩多样,再配以诗、书、画、雕等艺术,从而把茶具制作推向新的高度。

中国的茶艺,是茶与水的艺术配对和组合。名茶名水,才能相得益彰。水质的好坏直接影响茶汤之色、香、味,尤其对茶汤滋味影响更大。"茶圣"陆羽将泡茶之水分为三等:"山水(泉水)为上,江水中,井水下。"泉水清洌甘美,又含有对人身体有益的矿物质,泡茶格外相宜。除了茶好、水好,泡茶还强调水要烧得恰到好处。水不开,茶叶中的水溶性物质不能浸出,香气就会不足;水烧过头,溶于水中的气体不断逸出,泡出的茶汤就缺乏鲜爽味。

唐宋以后,流行分茶和斗茶的饮茶游戏。

分茶是从点茶引申而来,是一种比试点茶技艺的游戏。点茶就是先把茶盏预热,然后在茶盏中把茶与少量水调作膏状,用汤注之。所谓分茶,指在点茶时用茶筅搅动茶盏中已融成膏状的茶末,边注汤边搅动,令水茶彼此交融,并使泛在汤面上的汤花形成各种图案。分茶虽为小艺,却能体现出分茶者的心灵手巧。①

---

① 王学泰.华夏饮食文化[M].北京:中华书局,1993:175-177.

斗茶又称"茗战",即品茗比赛。斗茶始于唐而盛于宋。斗茶茶品以"新"为贵,用水以"活"为上。胜负的标准,一斗汤色,二斗水痕。影响斗茶胜败的因素除茶叶质量、水质、水温、点茶工艺外,还有盛茶汤的茶盏。

明清以来,文人雅士品茗之风仍然盛行,冲茶术的讲究、茶器的考究及品茗场合的雅俗,都显示文人茶风的趣味。不过,因旧的团茶法逐渐式微,新的散茶法转为主流,饮茶技艺也由精致华丽回归自然清雅。

四、民间茶礼

民间茶礼有多种,主要有客来敬茶、以茶会友、喜庆茶礼等。它以茶事活动为中心贯穿于人们的生活中,随着历史、文化的不断发展和积淀,进而变为礼俗的一部分,体现了人们美善的心灵和高尚的道德品格。

(一)客来敬茶

我国是礼仪之邦,客来敬茶是我国人民传统的、常见的礼节。自古以来,不论富贵之家或贫困之户,不论上层社会或平民百姓,莫不以茶为应酬品。以茶敬客之礼肇始于汉。约成书于东汉的《桐君采药录》记载:交州、广州一带煮盐人,煮瓜芦木叶当茶饮,能使人通宵不寐,并客来先设①。这是客来敬茶的最早记载。东晋名士王濛好饮茶,每有客至必以茶待客。到了宋代,客来敬茶成为常礼。杜耒有句诗:寒夜客来茶当酒,竹炉汤沸火初红。

客来宾至,清茶一杯,可以表敬意、洗风尘、叙友情、示情爱、重简朴、弃虚华,体现中华民族重情好客的美德和传统礼节,成为人们日常生活的习俗。我国南方及北方的农村,当新年佳节客人来访时,主人总要先泡一壶茶,然后端上糖果、甜食之类,配饮香茗,以示祝愿新年甜蜜。我国少数民族待客十分诚挚,礼仪十分讲究。到侗族人家做客,全家老少都会起身让座,并以打油茶待客。客人到主人家喝油茶不能客气,不然是对主人的不恭。喝够了只要将主人发的一双筷子架到碗上,主人便不会再斟茶给客人。到布朗族村寨去做客,主人会用清茶、烤红薯等来款待客人。

(二)以茶会友

中国自古以来就有以茶会友、以茶联谊等形式。《梦粱录》记载:"杭城人皆笃高谊……或有新搬移来居止之人,则邻人争借动事,遗献汤茶……朔望茶水往来……亦睦邻之道,不可不知。"②这种以茶表示和睦、敬意的"送茶"之风,一直流传到现代。浙江杭州一带,每至立夏之日,家家户户煮新茶,配以各色细果,送亲戚朋友,便是宋代遗风。以茶交友的习俗至今在我国许多地方还依然可见,形成了独特的茶文化。"品茶香,知茶趣",香飘四溢的茶浓缩着现代人宁静致远的生活情调,引领着现代人清新雅致的生活潮流。中国人多在工作之余,约两三个知己相聚在鸟语花香、奇石根雕、古朴清新、令人心旷神怡的茶馆里,几口香茶下肚,顿觉精神振奋,疲劳尽消。边饮茶,边交谈,不但

① 马继兴.《桐君采药录》辑校[J].中医文献杂志,2005(4):4-6.
② 吴自牧.梦粱录(卷十八)[M].北京:中国商业出版社,1982:149.

在身心上得到某种满足和慰藉,而且还能增进友谊,增长知识。

(三)喜庆茶礼

茶的礼俗还表现于冠礼、婚礼、寿礼等重大喜庆典礼中。中国各族人民长期以来,把茶形象地看作是至性不移、长命百岁、早生贵子的吉祥珍品。茶在民间婚俗中历来是"纯洁、坚定、多子多福"的象征。故世代流传民间男女订婚,要以茶为礼,茶礼成为男女之间确立婚姻关系的重要形式。宋代把茶叶列入婚嫁聘礼,称"茶定"或"下茶"。《梦粱录》记述:男女两亲见面后,若中意,男家以珠翠、首饰、金器、销金裙褶,及段匹茶饼等,往女家报定。① 明清缔结婚姻时有下茶、定茶、合茶等"三茶六礼"。如今,浙江一带,新人入洞房前,夫妇要共饮"合枕茶"。婚礼过后的第二天,新郎新娘需捧着盛满香茶的茶盘,向长辈们"献茶"行拜见礼。在我国云南地区举行婚礼时,有"闹茶"的习俗。"闹茶"于新婚三天内,每天晚上,由新郎新娘在客堂的中间向亲朋好友们敬茶。茶内必须加放红糖,取其"甜蜜"之意。

客来敬茶、以茶会友、喜庆茶礼等组成中国人日常生活的一部分,将日常生活之茶,转化为文化生活之饮,陶铸人的品格,涵养人的成长,并规范社会秩序。

五、民间茶俗

茶俗是在长期社会生活中,逐渐形成的以茶为主题或以茶为媒体的风俗、习惯和礼仪,是一定社会政治、经济、文化形态下的产物,随着社会形态的演变而消长变化。

(一)汉族茶俗

"千里不同风,百里不同俗。"各地有许多具有鲜明地域特色的饮茶习俗。

1. 北京大碗茶

由于北方人豪爽、粗犷,在饮茶方面也带有这种性格的烙印。喝大碗茶的风尚,在过去的北方地区是随处可见的,特别是在大道两旁、车船码头、半路凉亭,直至车间工地、田间劳作,都屡见不鲜。摆上一张简陋的木桌和几把小凳,茶摊主人用大碗卖茶,价钱便宜,便于过往的行人就地饮用。因为从前在北京的前门大街多有这样的茶摊,就被人们称作北京大碗茶。其以大壶冲泡,大碗畅饮,热气腾腾,提神解渴,以廉价、快捷的方式服务大众,具有平民化和大众化的特点。

随着时代进步,北京已经出现了许多具有特色的茶馆。走进老北京茶馆,古朴的环境、木制的廊窗、中式硬木家具,屋顶上悬挂的一盏盏宫灯,墙壁上悬挂的书画楹联,浓郁的京味扑面而来。过去是粗砺的大碗,碎末儿熬成的茶汤,现在是精致的青花瓷碗配上好的茉莉花茶,不论过去还是现在,一碗大碗茶里透析出的平和气度,是在繁华都市阅尽了世事变幻后的从容。现如今到北京的茶馆喝上一碗大碗茶,早已不仅仅是一项老北京的民俗传统,它更像是一张北京的文化名片,肩负着传播京味文化的使命。

2. 羊城早市茶

广州人嗜好饮茶,尤其喜欢去茶馆饮早茶。早在清同治、光绪年间,就有"二厘馆"

---

① 吴自牧.梦粱录(卷二十)[M].北京:中国商业出版社,1982:172.

卖早茶。广州人无论在早晨上班前,还是下班后,总爱去茶楼泡上一壶茶,要上两份点心,围桌而坐,畅谈国事、家事、身边事,其乐融融。广州人聚朋会友,洽谈生意,业余消遣,都乐于上茶楼。

广州的茶市分为早茶、午茶和晚茶,其中早茶最为讲究,饮早茶的风气也最盛。由于饮早茶是喝茶佐点,因此当地称饮早茶谓吃早茶。早茶通常清晨4时开市,从清晨至上午11时,往往座无虚席。茶客坐定,服务员前来请茶客点茶和糕点,廉价的谓"一盅二件",一盅指茶,二件指点心。配茶的点心除广东人爱吃的干蒸马蹄糕、糯米鸡等外,近几年还增加了西式糕点。当地较为奢华高贵的茶馆被称为茶楼。一般三层楼高,不仅有单间,还有雅座、中厅,舒适清雅,极具特色。茶楼的点心讲究精、美、新、巧,种类繁多。羊城早市茶已经成了广州的一大特色,除了当地人,不少外地游客甚至连国外友人到了这里,都会去领略其特点。

3. 成都盖碗茶

在汉民族居住的大部分地区都有喝盖碗茶的习俗,而以我国的西南地区的一些大、中城市,尤其是成都最为流行。凌晨早起清肺润喉一碗茶,酒后饭余除腻消食一碗茶,劳心劳力解乏提神一碗茶,亲朋好友聚会聊天一碗茶,邻里纠纷尽释前嫌一碗茶,已经是古往今来成都城乡人民的传统习俗。成都最地道、最传统的喝茶方式,必须选用盖碗喝茶。盖碗相传由唐代西川节度使崔宁之女在成都发明。盖碗是一种上有盖、中有碗、下有托的茶具,又称三才碗,盖为天、托为地、碗为人,暗含天地人和的意思。它既有茶壶的功能,又有茶碗的用处。如口渴急于喝茶,只消用茶盖刮刮茶水,让茶叶上下翻滚,便能立刻饮上一口香喷喷、热腾腾的浓郁香茶。如果要慢慢品尝,可隔着盖儿细细啜饮,免得茶叶入口,而浓如蜜、香沁鼻的茶水则缓慢入口,更令人爽心惬意,韵味无穷。

在成都,天府之国独特的地域文化淬变出了极具巴蜀特色的"茶馆文化",这就是成都茶馆。古有"四川茶馆甲天下,成都茶馆甲四川"的说法。到现在为止,成都市里有着大大小小各种茶馆3000余家,其中有现代豪华型的,也有老式传统型的,茶馆早已成为成都人日常生活中不可或缺的一部分。成都许多茶馆至今仍保留和传承着过去的饮茶习俗,一杯盖碗茶,一条方桌,一把竹椅,一阵清风,一缕清香,置身其中,悠然自得。成都的盖碗茶,是别有一番讲究的,茶水师拿来"三才碗"围成一圈,然后再用长嘴铜茶壶挨个给三才碗沏茶,这就像蜻蜓点水一样,但是这样的蜻蜓点水却没有一滴水溅出到桌上,体现了成都独特的茶文化和魅力。邀上三五好友,喝着茶,摆着龙门阵,除了闲聊外还可以感受长嘴壶、掏耳朵、看相占卦等各种娱乐消遣项目。来成都的外地游客,往往也会到茶馆喝一杯盖碗茶,体验成都人闲情逸致的生活方式,享受这个城市带给他们的舒适和惬意。

4. 潮汕工夫茶

工夫茶是潮汕地区人们的饮茶习俗,潮汕人无论嘉会盛宴,闲处寂居,皆会擎杯提壶,长斟短酌,乐度人生。工夫茶起源于宋代,在广东的潮州府(今潮汕地区),以及福建的漳州、泉州一带最为盛行,乃唐、宋以来品茶艺术的承袭和深入发展。之所以叫工夫茶,是因为这种泡茶的方式极为讲究,操作起来需要一定的工夫。

潮汕喝的是乌龙茶,属半发酵茶,兼有发酵茶的营养,又有不发酵茶的清香。东南沿海一带多生产和饮用这种茶,而在潮汕地区发展为极致,从饮茶的数量、质量,到泡饮方式、饮茶功用,都形成一种特殊的模式,因而被外地人视为潮汕的最大特色,故称怪。一怪饮具特殊。除了茶壶惯用宜兴紫砂壶外,其他多是潮州枫溪所产的工夫茶具:小炭炉、茶瓯、茶碗、茶盅。茶具精细、小巧,质量上乘。二怪色味浓。装茶时往往要满到壶口,只冲出三小盅,色浓味也浓,外来人初尝觉得苦不堪言,然而苦尽甘来,才能消火益气。三怪泡茶程序复杂。冲茶的程序大致是:烫杯热罐,高冲低洒,刮沫淋盖,关公巡城,韩信点兵。每一步都是有讲究的。四怪无时不饮,无地不饮。此外,潮汕工夫茶最讲究的是品茶的礼节,泡好茶之后,主客会先请长者、贵宾先尝,闻茶之香,细尝茶味。工夫茶成为潮汕地区重要的社交礼仪,其作用远超于"解渴"。

5.擂茶

擂茶是中国茶文化的活化石,以其传统的制作工艺和配料而得名。擂茶是以生姜、生茶和生米、花生等为原始配料,用擂棍在擂钵中反复周旋,将配料研磨至细腻的糊状后冲入沸水而成的解渴、饱腹的茗饮。北宋以后,"擂茶"称谓开始出现,《都城纪胜》载有"冬天兼卖擂茶"[1],吴自牧的《梦粱录》载有"冬月添卖七宝擂茶"[2]。如今,福建将乐、湖南安化和江西赣南等地区都有擂茶习俗。家家户户每天都要擂一钵茶,自饮或招待客人。

各地茶俗虽同称擂茶,也同中有异。福建将乐以茶叶、芝麻、花生、橘皮、甘草为原料,盛夏加淡竹叶、金银花,秋凉寒冬加陈皮。湖南安化擂茶除茶叶外,还有炒熟的大米、花生、绿豆、黄豆、玉米、黄瓜子、生姜、胡椒、食盐等,擂成粉后熬成粥样,安化婚庆嫁娶设有擂茶会。瑞金擂茶是将适量的大米加进芝麻、花生、绿豆、黄豆、茶叶、橘皮等擂制后,熬煮而成。

(二)少数民族茶俗

少数民族茶俗是一宗宝贵的文化资源和鲜活的茶艺生活。每个少数民族都有自己民族独特的饮茶习俗和方式,如藏族的酥油茶、蒙古族的奶茶、白族"一苦二甜三回味"的三道茶、傣族的竹筒茶、佤族的烧茶等。

1.藏族酥油茶

酥油茶,是藏族民众每日必不可少的饮料。居住在青藏高原的藏族,由于独特的自然地理环境,日常生活中以酥油和糌粑为主要食品。那里气候较冷,不宜于蔬菜的生长,在长期的实践过程中,藏族民众渐渐懂得,蔬菜所含有的营养成分,可以通过茶叶来补充,这样就创造了独特的打制酥油茶的方法。

制作酥油茶时先将砖茶用水熬制成茶汁,再在茶汁里加入酥油和食盐,倒入竹制或木制的茶筒;然后用一种顶端装有圆形木饼的木棍,上下抽拉,使茶、油和食盐达到水乳交融的程度;最后倒进锅里加热,便成了香味浓郁的酥油茶。较高档的酥油茶还得加上事先就炒熟的碎花生米、核桃仁或糖和鸡蛋。酥油茶既可单独饮用,也可在吃糌粑时饮用。藏族喝酥油茶有一定的规矩,一般是边喝边添,不能一口喝干。家中来了客人,客人的茶碗总是斟满的。

---

[1] 耐得翁.都城纪胜[M].北京:中国商业出版社,1982:7.
[2] 吴自牧.梦粱录(卷十六)[M].北京:中国商业出版社,1982:130.

2. 蒙古族奶茶

蒙古族人民喜欢喝奶茶,尤其喜欢喝与牛奶、盐巴一道煮沸而成的咸奶茶。

煮咸奶茶时,应先把砖茶打碎,并将洗净的铁锅置于火上,烧水至刚沸腾时,加入打碎的砖茶,当水再沸腾后掺入奶,稍加搅动,再加入适量食盐,等整锅茶水开始沸腾时,咸奶茶便煮好了。在煮奶茶时,只有器、茶、奶、盐、温五者相互协调,才能煮出咸甜相宜、美味可口的咸奶茶。

以游牧为主的蒙古族人,只有到晚上放牧归来,才能吃一餐晚饭,因而他们平日的饮食习惯为"三茶一饭"。早上、中午只吃茶、乳和乳制品,称为"早茶"和"午茶"。同时也吃些炒米、奶饼、手扒肉一类的点心。晚餐以牛羊肉为主食,为帮助消化,至临睡前需再喝一次奶茶。中老年男子喝茶的次数就更多。

3. 白族三道茶

白族不仅喜喝茶,而且讲究"茶道",有待客饮"一苦二甜三回味"三道茶的习俗。

白族的"三道茶"指的是"苦茶""甜茶""回味茶"。第一道茶谓之苦茶,比喻人生应当吃苦耐劳方能有所作为。先将茶叶放入砂罐用火焙烤,待茶叶烤黄发出香味后,冲入少量沸水,用火煨片刻,当茶水呈琥珀色时,倒入茶壶。二道茶,象征生活应当先苦后甜才有意义,在砂罐中注入沸水,加上白糖、核桃仁等,煮后饮用。第三道茶要在茶水中放入烘香的乳扇和红糖、蜂蜜、桂花、米花、花椒等物,客人饮茶时一边晃动茶盅,使茶汤和佐料均匀混合;一边口中"呼呼"作响,趁热饮下,称为"回味茶"。这杯茶,喝起来甜、酸、苦、辣,各味俱全,回味无穷。它告诫人们,凡事要多"回味",切记"先苦后甜"的哲理。

4. 傣族竹筒茶

竹筒茶是傣族人们别具风味的一种茶饮料。将青毛茶放入新鲜的竹筒中,将其口封紧,放在火塘三脚架上烘烤,待竹筒色泽由绿转黄,烤至发出茶叶清香时,停止烘烤,用刀劈开竹筒取出茶叶,置于碗中,用刚沸腾的开水冲泡即可饮用。竹筒茶喝起来,既有茶的醇厚高香,又有竹的浓郁清香,傣族同胞,不分男女老少,人人都爱喝竹筒香茶。

5. 佤族烧茶

烧茶在佤族中广泛流行,是一种与烤茶相似而又独具一格的饮茶方法。首先,烧一壶开水,放在火塘边备用。然后,把茶叶均匀地铺在一块薄铁板上,放在火上烤。等到茶叶焦黄时,将茶叶倒入开水壶中煮。煮好的茶倒入茶盅里,便可饮用。这种茶苦中带甜,散发出一股焦香。如果烧茶是用来敬客的,通常得由佤族少女奉茶敬客,待客人接茶后,方可开始喝茶。

我国地域辽阔,民族众多,从而形成了丰富多彩的汉族茶俗以及少数民族茶俗,在部分地区和一些民族中流传和保存得较为完好。茶俗是人们日常生活中沉淀和凝练的行为习惯,并从中折射出"乐生""以和为贵""闲情逸致"的民族文化核心精神。

第五节 酒水民俗

中国是酒的王国,酒的历史悠久,享誉世界。酒融进了人们的日常生活,渗入了人生的方方面面。

一、酒的起源与发展

(一)酒的起源

中国是世界上较早酿酒的国家。说到酒的发明,我国古籍文字记载多有仪狄作酒、杜康造酒的传说。仪狄作酒的传说,分别见于《世本》《吕氏春秋》《战国策·魏策》等典籍记载。《战国策·魏策》记载:"昔者,帝女令仪狄作酒而美,进之禹。禹饮而甘之,遂疏仪狄,绝旨酒。后世必有以酒亡其国者。"杜康造酒见于《说文解字》说:"古者少康,初作箕、帚、秫酒。少康,杜康也。"三国时政治家曹操在《短歌行》中说:"何以解忧,唯有杜康。"仪狄和杜康,都是古史传说中的人物,如果确有其人的话,他们生活的年代,似当与禹同时或稍后。考古学的大量资料和有关文献分析证明,中国发明酿酒的时间要比这个时间早得多。在出土的新石器时代大汶口文化时期的陶器中,已有专用的酒器。其中,除一些壶、杯、瓠外,还有大口尊、瓮、底部有孔的漏器等大型陶器,它们可作为糖化、发酵、储存、沥酒之用,标志着四五千年前大汶口文化时期(原始社会)已可人工酿酒。

(二)酒的发展

我国是世界上最早以制曲培养微生物酿酒的国家,早在3000多年前的殷商时期就已创造了中国独有的边糖化边发酵的黄酒酿造工艺。周代酿酒业受到重视,官府设置了专门酿酒的机构,控制酒的酿造与销售。春秋战国时期,酿酒成了重要行业,酒可以自由买卖。

秦朝严禁三人以上聚饮,但允许百姓在国家庆典之时尽情欢乐饮酒。汉代的统一与稳定,以及科学与迷信的并行,又使汉代饮酒逐渐与各种节日联系起来,形成了独具特色的饮酒日,如腊日饮酒、节日饮酒、婚礼饮酒等。

北魏贾思勰所著《齐民要术》是中国历史上第一次对酿酒技术的系统总结,它记述了12种制酒曲的方法,这些酒曲的基本制造方法,至今仍在酿造高粱酒中使用。魏晋之时,内战不断,统治阶级中的失意者和文人墨客狂饮无度,促进了酒业大兴,饮酒早已普及到民间的普通人家。伴随着酒的普及,酒肆日益增多,到唐代,酒令风行,酒文化融入了中国人的日常生活中。黄酒、果酒、药酒等各种类别的酒都有了很大发展,喜欢饮酒的人越来越多,其中李白、杜甫、白居易等著名诗人还留下了无数赞美美酒的诗篇,丰富了中国的酒文化。

宋代因粮食产量的增加和城市化的发展,酒风日盛,与喝酒有关的小店和酒楼随处可见。如北宋开封的酒楼,大型的称"正店",造酒兼卖酒;小的称"脚店",从正点沽酒贩卖,约有正店七十二家,脚店近万家。酒楼中最负盛名的是樊楼,高达三层,可容饮酒客人千人以上。元代后,蒸馏烧酒大发展,并逐渐取代黄酒成为我国酒的主流。明清以后,中国酒的制作及种类更加多样,酒已成为人们生活中不可缺少的饮品。

二、酒的种类

中国民间食用酒品种繁多,地方特色浓郁。大致有黄酒、白酒、果酒、乳酒、药酒、啤酒六大类型。

(一)黄酒

黄酒因色泽黄亮而得名,又称老酒,是中国特有的品种。《诗经·豳风·七月》中写道:"十月获稻,为此春酒。"其中的春酒即黄酒。黄酒以糯米、玉米、黍米或大米为主要原料,蒸熟后加入专门的酒曲和酒药,经糖化、发酵后压榨而成。酒精度一般为16度~18度,含丰富的氨基酸,发热量高,营养成分多。黄酒除饮用外,还可作为中药的"药引子"。在烹饪菜肴时,它又是一种调料,对于鱼、肉等荤腥菜肴有去腥提味的作用。

著名黄酒有绍兴花雕酒和加饭酒、丹阳百花酒、无锡惠泉酒、山东即墨酒、龙岩沉缸酒、九江封缸酒等。

花雕酒、状元红、女儿红,它们其实都是同一种酒,是从古时"女儿酒"演变而来,但因饮用的情境不同而有不同名称。早在宋代,绍兴家家会酿酒。每当一户人家生了女孩,满月那天就选酒数坛,请人刻字彩绘以兆吉祥(通常会雕上各种花卉图案、人物鸟兽、山水亭榭),然后泥封窖藏。待女儿长大出阁时,取出窖藏陈酒,请画匠在坛身上用油彩画出"百戏",如"八仙过海""龙凤呈祥""嫦娥奔月"等,并配以吉祥如意、花好月圆的"彩头",同时以酒款待贺客,谓之女儿红;若女儿未至成年而夭折,则该酒就叫"花凋酒",即花雕酒。女孩夭折是悲伤的事情,谁也不希望喝花雕酒,所以有句话就说"来坛女儿红,永不饮花雕"。

(二)白酒

中国白酒被列为世界六大蒸馏名酒之一,又名烧酒、白干、高粱酒。李时珍在《本草纲目》里说:"烧酒非古法也,自元时始创。"由此可以得出,我国白酒的生产已有很长的历史。中国白酒以谷物及薯类等富含淀粉的作物为原料,经过发酵蒸馏而成。酒精度一般都在40度以上,目前已有40度以下的低度酒。

中国白酒香型齐全,风格多样,主要有以下香型。

1. 酱香型

酱香型又称茅香型,其特点为酱香突出、酒体醇厚、色泽微黄、回味悠久。代表名酒为贵州茅台、四川郎酒。

2. 浓香型

浓香型也叫窖香型、泸香型,其特点为窖香浓郁、清洌甘爽、绵柔醇厚、尾净余长。代表名酒为四川泸州老窖、宜宾五粮液、安徽古井贡酒。

3. 清香型

清香型也叫汾香型,其特点是清香纯正、醇甜柔和、自然协调、余味净爽。代表名酒为山西汾酒。

4. 米香型

米香型又称蜜香型,其特点为米香纯正、清雅、入口绵甜爽冽、回味怡畅。代表名酒为桂林三花酒。

5. 混合香型

混合香型也叫其他香型,其特点是绵柔、醇甜、味正、余长。代表名酒为董酒、西凤酒。

(三) 果酒

果酒是以各种果品和野生果实,如葡萄、梨、荔枝等为原料,采用发酵酿制法制成的各种低度饮料酒。果酒因选用的果实原料不同而风味各异,但都具有其原料的芳香,并具有令人喜爱的天然色泽和醇美滋味。果酒中含有较多的营养成分,如糖类、矿物质和维生素等。

由于人们更喜欢用葡萄来酿造酒,葡萄酒的产量较大。葡萄酒源远流长,最早产于西域,东汉时期内地有酿造。唐宋时期葡萄酿酒在我国已比较通行,但其发展没有形成传统的风格。直至清末烟台张裕葡萄酿酒公司的建立,标志着我国葡萄酒规模化生产的开始。代表名酒有烟台红葡萄酒、民权白葡萄酒、王朝半干白葡萄酒。

(四) 乳酒

乳酒又称奶酒,是以马、牛、羊、驼的乳汁为原料用独特的工艺酿制而成的,是我国北方游牧民族的智慧产物,也是这些民族自饮、飨客的主要酒种。乳酒既消暑解渴,又果腹充饥,微酸适口,强骨补肾。

奶酒中,以马奶酒最为珍贵,主要流行于蒙古族、哈萨克族、鄂伦春族等民族,其中蒙古族的马奶酒性温,被称为玉浆,是"蒙古八珍"之一。每年七八月份牛肥马壮,是酿制马奶酒的季节,勤劳的蒙古族妇女将马奶收贮于皮囊中,加以搅拌,数日后便乳脂分离,发酵成酒。随着科学技术的发展,生活水平的提高,蒙古人酿制马奶酒的工艺日益精湛完善,不仅有简单的发酵法,还出现了酿制烈性奶酒的蒸馏法。六蒸六酿后的奶酒方为上品。

(五) 药酒

药酒属配制酒,是以成品酒(大多用白酒)为酒基,配各种中药材和糖料,经过酿造或浸泡制成的具有不同作用的酒品。药酒是中国的传统产品,品种繁多,明代李时珍的《本草纲目》中就载有 69 种药酒,有的至今还在沿用。药酒是酒与中药结合的产物,民族特色、文化特色浓厚。药酒有治疗性药酒与滋补性药酒两大类,具有治病、强身、延年、美容之功。代表名酒有山西汾阳竹叶青酒、上海华佗十全大补酒、广州五加皮酒。

(六) 啤酒

啤酒是以大麦、啤酒花、水为主要原料,经过发芽、糖化、发酵制成的饱含二氧化碳的低酒精度酒。啤酒具有独特的苦味和香味,含有各种人体所需的氨基酸及多种维生素、矿物质等成分,营养丰富,能帮助消化,促进食欲,素有"液体面包"的美誉。

在我国古代,也有类似于啤酒的酒精饮料,古人称之为"醴"。大约在汉代后,醴被酒曲酿造的黄酒所取代。清代末期,国外的啤酒生产技术引入我国。中华人民共和国成立后,尤其是 20 世纪 80 年代以来,啤酒工业得到了突飞猛进的发展,啤酒已成为现代城乡居民的主要饮料之一。代表名酒有**青岛啤酒**、燕京啤酒、哈尔滨啤酒、雪花啤酒等。

知识关联

青岛啤酒博物馆

三、饮酒的习俗和情趣

自古以来,酒就是我国人民喜爱的饮料之一,分布各地的众多民族,逢年过节、亲朋聚会、喜庆丰收、婚姻寿诞都少不了酒,从而形成了各种饮酒习俗和情趣。

(一)饮酒习俗

1. 逢年过节,饮酒祝贺

中国人一年中的几个重大节日,都有相应的饮酒活动。端午节饮"菖蒲酒",表达了人们辟邪、除恶、解毒的愿望。重阳节饮"菊花酒",可以延年益寿。除夕夜的"年酒",人们以酒释怀,表达对新一年的美好祝愿。朝鲜族春节期间用"岁酒"自饮和待客,民间认为饮用此酒可避邪、长寿。每年秋收之前,居住在云南元江一带的哈尼族,按照传统习俗,都要举行一次丰盛的"喝新谷酒"的仪式。"喝新谷酒"选定在一个吉祥的日子,家家户户置办丰盛的饭菜,全家老少都喝上几口"新谷酒",以欢庆五谷丰登,人畜平安。

2. 婚姻寿诞,酒宴欢庆

中国人对生命的繁衍、家庭的亲和十分重视。妇女"来喜",一朝分娩,邀请亲朋好友共贺,喝"报生酒";满月时喝"满月酒";周岁时喝"周岁酒"。相亲结婚的"六礼"也与酒密不可分。订婚要喝"订婚酒";结婚要喝"喜酒";婚礼上新婚夫妇要喝"交杯酒";新婚夫妇回门要喝"回门酒"。达斡尔族结婚时,男方要用"接风酒"和"出门酒"宴请来宾。朝鲜族民间有60岁花甲宴、70岁古稀宴等特别讲究的活动。在花甲宴这天,儿女们为老人摆酒席祝寿,晚辈要依次斟酒向老人跪拜祝福,感谢老人的辛苦操劳及养育之恩。

3. 迎客待友,饮酒叙旧

民间往来、酬谢、欢庆离不开酒。有亲朋外出远行,要喝"饯行酒",回来要喝"接风酒"。民间盖房上梁要喝"上梁酒";迁入新居要喝"进屋酒",既是庆贺新屋落成,又是祭祀祖先,以求保佑。店铺开张,作坊开工之时,老板要置办"开业酒"。

此外,少数民族饮酒或待客时有独特的方式。"转转酒"是彝族人特有的饮酒习俗。彝族饮酒时不分场合地点,也无宾客之分,大家皆席地而坐,围成一个一个的圆圈,一杯酒从一个人手中依次传到另一人手中,各饮一口,边喝边谈。藏族人好客,用青稞酒招待客人时,先在酒杯中倒满酒,端到客人面前,客人要用双手接过酒杯,然后左手拿杯,右手无名指伸进杯子,轻蘸一下,朝天一弹,意思是敬天神,接下来,再来第二下、第三下,分别敬地、敬佛。在喝酒时,藏族人民的约定风俗是:先喝一口,主人马上倒酒斟满杯子,再喝第二口,再斟满,接着喝第三口,然后再斟满。往后,就得把满杯酒一口喝干了。这样做,主人才觉得客人看得起他,客人喝得越多,主人就越高兴。在贵州少数民族地区,绝大多数苗族、侗族仍保留着以"拦路酒"礼客的古老传统。在遇有客人进寨时,于进寨路上设置"拦路酒",以"阻拦"客人进寨的特殊方式隆重迎接客人。

(二)饮酒情趣

在我国饮酒的习俗中,为了增加饮酒的情趣,人们还创造出了多种形式的饮酒游艺。

饮酒行令,是我国特有的宴饮助兴的艺术,是我国酒文化的创造。它起着活跃气氛、调节感情、促进交流、斗智斗巧的作用。在宴席上，酒令虽属游戏，但玩起来还是很认真的，"酒令如军令"。

酒令由来已久，兴于两汉，盛于唐宋，沿传至今，形式多样。

1. 雅令

见于史籍的雅令有四书令、花枝令、诗令、谜语令、典故令等。雅令的行令方法：先推一人为令官，或出诗句，或出对子，其他人按首令之意续令，所续必在内容与形式上相符，不然则被罚饮酒。行雅令时，必须引经据典、分韵联吟、当席构思、即席应对，这就要求行酒令者既有文采和才华，又要敏捷和机智，所以它是酒令中最能展示饮者才思的项目。

2. 通令

通令的行令方法主要有掷骰、抽签、划拳、猜数等。通令很容易造成酒宴中热闹的气氛，因此较流行。但通令掳拳奋臂，叫号喧争，有失风度，显得粗俗、单调、嘈杂。俗称划拳的拇战是酒令的通俗表现形式。在大多数场合，以划拳定输赢，由胜者定"酒底"，"酒面"（酒令词）则由输者说。拇战一般是由两人对手，即用手指中的若干个手指的手姿代表某个数，两人出手后，相加后必等于某数，出手的同时，每人报一个数字，如果甲所说的数正好与加数之和相同，则算赢家，输者就得喝酒。如果两人说的数相同，则不计胜负，重新再来一次。

饮酒行令，不光要以酒助兴，还要有下酒物，而且往往伴之以赋诗填词、猜谜行拳之举，它需要行酒令者敏捷机智，有文采。因此，饮酒行令既是人们好客传统的表现，又是人们饮酒艺术与聪明才智的结晶。

第六节　饮食民俗的旅游开发

我国具有非常丰富的饮食民俗文化资源，地域特色鲜明，文化内涵丰富，影响深广，具备较强的旅游开发价值。随着旅游业的发展，饮食民俗在旅游业中的地位和作用越来越明显。然而，我国许多地方在发展特色美食产业上还存在很多问题和不足之处，整体发展规模和水平有待提高，饮食民俗文化不能和地方历史文化特色旅游有效融合，成为制约当地旅游业发展的一块短板。饮食民俗与旅游业相结合对提升民族文化经济价值，促进旅游业可持续发展具有十分重要的作用。

一、饮食民俗文化在旅游业中的作用

（一）饮食民俗文化是独特的旅游资源

从旅游的角度看，具有鲜明区域性、民族性和历史文化性的饮食民俗文化是一种独特的旅游资源，能够吸引人们产生旅游动机并进行旅游活动，有着广阔的旅游市场开发潜力。古往今来，饮食就被人们赋予审美、艺术、礼仪、禁忌等文化内涵。旅游者对饮食的需求不仅在于吃什么,更重要的是怎样吃,使用什么饮具、餐具,以及食用的氛围和方式。而风情各异的饮食民俗文化最能满足旅游者尝试不同民族、不同地区食品的需求,在享用风格迥异的食物和餐具饮食方式时,旅游者既能满足口腹之欲,又能获得愉悦的精神享受。因此,饮食民俗文化不仅能成为旅游产品的一个重要组成部分,而且其本身就是一类旅游产品,具有民族特色的名吃、名菜、名点是潜在的旅游资源,有待开发。

(二)饮食民俗文化可以增加旅游饮食产品的附加值

由于旅游产品的文化内涵和文化特色,会使旅游产品在某一特定的消费区域和消费层次走俏与增值,它实质上构成了旅游产品吸引力的内在依据。

从旅游动机方面看,旅游者往往希望认识和了解自己生活环境、知识范围以外的事物。这种探奇求知的旅游动机要求旅游对象和旅游活动具有新鲜与新奇的特性。如果不考虑旅游者深层次的文化心理和审美需求,不去运用具有文化品位的营销观念和手段,那么就会在充满竞争和机遇的旅游市场中萎缩、后退。北京"傣家村大酒店"用其独特的民族歌舞伴餐的经营方式和独特的西双版纳风味菜肴,增加了饮食产品的附加值。在中国流行着许多优美的民间故事以及由此衍生出来的名菜、名点、名宴,甚至名店比比皆是。随着"红学"的深入研究,"红楼宴"应运而生;云南的"吉鑫宴舞"能让消费者在一餐中品尝云南七个民族的饮食风味;"三国宴""西游宴"等已经成为历史文化继承的典范,大大增加了菜肴的附加值。此外,我国各地许多食材成功申报国家地理标志保护品牌,这些地理标志产品安全、美味,其与旅游产品融合,并注入科技元素,能提高饮食产品的附加值。

(三)饮食民俗文化资源是中国旅游实现转型和升级的重要途径之一

近年来,随着旅游业的发展,单一的观光游览已不能满足游客们了解当地文化的需求,人们渴望在欣赏自然人文景观的同时,加深对各类文化深入理解,进行交流或者沟通,文化旅游成为目前开发的一个热点。饮食文化是民族文化中较易为旅游者所感知、体验的一种文化,和其他一些文化的私密性和隐性特点相比,它具有其他文化元素所无法比拟的张力和显性。凭借独一无二的饮食民俗文化资源来发展度假旅游,顺应了旅游发展的层次规律。通过饮食文化来感受当地的风情,不仅可以延长旅游者的逗留时间,还可以增加旅游者对目的地的文化认同感。同时,饮食民俗文化具有艺术性、经济性、体验性特点,游客喜闻乐见,旅游业也会促进旅游目的地挖掘保护即将消失的饮食民俗文化,使当地饮食民俗文化能够重见天日,焕发勃勃生机和展现夺目光彩。

二、饮食民俗旅游开发现状

伴随着旅游业的不断发展,我国的饮食民俗文化也得到了一定的发展。比如云南的过桥米线和三道茶等。白族的三道茶,是招待高贵客人与办喜事时的茶道。现在云南把白族的三道茶和旅游业结合起来,在洱海上的大型游船上通过歌舞表演的形式展示三道茶的人生哲理和文化底蕴,提高了大众参与性和知名度,让客人在品尝白族三道茶的同时,还领略了白族的文化,取得了很好的经济效益和社会效益。饮食文化与旅游相结合,以旅游作为载体,可以互相促进,互相推动,互相发展。

但是还有很多传统的饮食习俗并没有得到很好的发展。如汉族的饮食文化尚未完全实施开发、整理、革新的系统工程；对少数民族饮食文化的开掘更是处于拓荒阶段，有些少数民族的饮食基本上都是口传心授，发源于高山峡谷消失于高山峡谷，没能展现在旅游者的面前。其主要有以下几个方面的原因。

(一)缺乏资源概念

人们普遍认为，饮食的功能是饱肚，很少有人专门为一种饮食而不远千里地花上大把的钞票。要把它作为一种文化资源来开发，只能是对一些专门的人开放。正是这种观念的存在，才使饮食文化资源没有享受到它该拥有的重视，一些地方对饮食文化资源的开发还停留在初级阶段，使一些地方饮食文化资源开发工作没有全面落实。一个地区的美食，表达着人们的思想、情感和愿望。探索饮食文化与旅游的内在关系，推进当地饮食文化的发展，具有重要的现实意义。因此，开发当地特色饮食文化旅游项目，充分利用当地饮食文化旅游资源，其在促进当地饮食业发展的同时，也促进了当地旅游业的发展。

(二)饮食民俗开发缺乏广度和深度

目前，中国的饮食民俗在开发中还偏重汉族的传统饮食，对少数民族饮食民俗重视不够。许多少数民族的风味美食还"藏在深闺人未识"，对于那些更具有吸引力更独特的少数民族的饮食文化还没有进行系统的整理、挖掘。而对于汉族的传统饮食开发文旅融合不够深入，旅游参与性不强。应选择一种当地最具代表性的饮食文化旅游资源，结合旅游者的身体和精神等因素，优化菜肴与传统文化内涵的融入，通过参与式饮食文化旅游活动的开发，使游客更好地了解当地饮食典故和传说，参与饮食生产过程，通过品尝美味佳肴，扩大游客的知识面。同时，开发更多的饮食文化旅游资源，开展多样的饮食文化旅游活动，将传统的饮食文化和旅游有效地融合，形成具有特色的饮食文化旅游体系。

(三)民族文化韵味不足，没有赋予饮食独特的文化

中国虽然有很多独特的饮食，但饮食文化活动表现形式刻板，没有赋予饮食以独特的文化。要想让饮食民俗文化成为独特的旅游资源，在出售美食的同时还必须使之富有民族文化风韵。目前，中国还有很多饮食佳肴没有和当地的民族文化、民俗风情结合在一起，而是一味地为出售食品而出售食品，致使旅游者也仅仅是得到了生理上的满足，却得不到更高一层的精神享受，也由此会对目的地的感知大打折扣，不利于当地旅游业的发展。

(四)宣传促销不够

旅游产品的购买对象一般都是初到他乡的异地旅游者，他们对当地的情况、地方特色、饮食特色等了解不全不深。但是现阶段的旅游宣传仍把重点放在旅游线路、旅游景区等的宣传上，没有把饮食民俗也作为一种旅游资源来大力宣传。上网是旅游者快速了解旅游目的地饮食的一种方式，但是官网的美食专栏更新速度慢，信息量小，且重点

放在推广当地的传统食物,而忽视了新食品的推广,远远无法满足广大游客对目的地菜肴文化知识的认知。

三、饮食民俗旅游开发的对策

(一)树立饮食民俗文化资源观念,把饮食民俗文化作为重要的旅游资源来开发

民以食为天,数千年来,饮食散发着艺术的美感,从满足人类基本的生存需要逐渐升华为人类的一项文明享受,其内涵博大精深,是民族文化遗产的一部分。在旅游业中,饮食不仅要为旅游者提供基本的生理需要,还应该满足旅游者更高层次上的需求。要对饮食民俗文化资源进行旅游开发,把饮食民俗文化作为重要的旅游资源来开发。饮食文化资源的开发与其他旅游资源开发相比,投入比较少,而回报率却较高,且可以不断创新利用。所以,决不应该把饮食文化摆在其他资源附属的或可有可无的地位,要提高认识,树立饮食民俗文化资源观,给旅游文化资源的开发给予足够的重视。

(二)加强政府的指导作用,重视饮食民俗文化的深入研究

政府在饮食民俗文化资源的开发中起着非常重要的作用,它可以通过法律规范、宏观控制、政策导向、资金投入等措施引导饮食民俗文化的发展。同时,还要组织有关部门、专家学者对饮食民俗文化进行深入调查研究,要广泛搜集有关的民间传说、神话故事等资料,并加工、整合这些资料,使之与旅游活动恰当地结合起来,让游客边听、边看、边尝、边思,使游客乐在其中,这样既弘扬了饮食民俗文化,又提高了旅游地区的综合吸引力,增加了经济收入。

(三)不仅要突出地方特色,还要符合当今世界饮食的潮流,并在此基础上进行创新

饮食民俗文化资源的开发要突出当地的特色,赋予其当地独特的文化。唯其地方特色鲜明、乡土气息浓郁,才有唯我独有、唯我独优的生命力。但是在讲究特色的同时也不能忽略当今世界的潮流。"返璞归真"和"营养健康"是当今世界饮食文化的时尚,所以饮食民俗的开发应突出民族饮食朴实无华的农家风味、田园风味的特点。使用当地原汁原味的材料,用民间的加工和烹制方法,提供浓郁的民族风情的就餐环境,渗入民族文化的意境,形成特殊材料的文化艺术饮食产品。既要体现当地民族的风土人情,又要愉悦四方来客的身心,使饮食民俗文化提高到一个较高的层次。同时,应加强科技投入,组建由医学、食品、历史文化领域的专家学者组成的团队,以当地特色饮食养生菜点为研究对象,认真挖掘中医食疗养生菜肴的营养保健作用,推动中医食疗养生菜点产业化,打造旅游目的地特色美食。此外,饮食民俗是在长期的历史发展过程中形成的,并随着历史的延伸而发展,既有历史的继承性,又是时代的产物,需要根据现代人的需求而创新。饮食民俗文化的开发必须注意到这一点,做到推陈出新,才能引人入胜,长久不衰。

(四)吸引旅游者参与饮食生产全过程,增强体验性

中国烹饪技法多样,制作技艺卓绝,工艺流程十分复杂,从原材料的种植、采摘、切配、刀工、调味、制熟一直到装盘、品尝,每一个环节都可以让游客参与进来。收获季节,可以设计旅游线路,让游客到种植园采摘新鲜瓜果蔬菜,在厨师指导下,游客亲自做成美味佳肴,让亲朋好友一起追求健康生活,体验亲自参与自己动手的快乐。还可以把盆栽蔬菜摆放在游客点菜区,让游客看到菜肴原料的新鲜,让游客亲自动手采摘。烹饪刀工处理是中国烹饪技艺中重要内容,《庖丁解牛》的寓言故事家喻户晓,庖丁精湛的切割技术为世人所称赞,有的刀工处理像蓑衣黄瓜刀法、食品雕刻等具有很强表演性的欣赏价值,完全可以引导游客亲自动手参与制作,让游客尽情享受创造力带来的乐趣。此外,为了增加观赏价值,展现当地烹饪特色美食制作技艺,还可以选择明档方式,让游客看清刀工、火候及成菜过程,通过味觉亲自感受菜肴的香味,带给人们视觉和味觉上的享受,增强体验性和趣味性。

(五)加强饮食民俗文化的宣传促销

随着旅游者需求的渐渐提高,旅游的宣传就不能还停留在对旅游景区、旅游线路宣传上。应该把饮食民俗文化的宣传也列在日程上,把它放在与旅游景区、旅游线路一样的位置进行宣传。美食文化节是促进美食文化旅游常见、有效的方式。各地可以通过各种形式的饮食文化节,以各类特色美味食品为主题,同时积极开展宣传,积累当地的饮食文化精华,举办当地饮食文化节的展示。同时,地方政府应高度重视对美食文化的推广和宣传,举办美食节,提高当地旅游的经济效益,弘扬当地的美食文化。此外,近几年,直播行业发展迅速,旅游目的地应利用好直播这一风口进行营销,通过主播向全国、全世界展示当地特色饮食,利用带货机制线上销售当地的精美食品,从而用新鲜的美食吸引外地游客前来实地享受美食。

综上所述,中国饮食民俗文化源远流长、博大精深,有着极为广阔的开拓空间和发展余地。它不仅可以推动旅游业的发展,还是维持旅游可持续发展的重要途径之一。我们要大力开发饮食民俗文化资源,以满足旅游者的需求为出发点,使饮食民俗文化在旅游开发中得到健康、稳定、协调的发展,以促进饮食民俗文化和旅游的共同发展。

本章小结

民以食为天,饮食在人们的生活中占有十分重要的位置。中国传统的饮食结构包括主食、菜肴和饮料三部分。中国地大物博,民族众多,饮食习俗因地各异,种类繁多,一般包括日常食俗、节日食俗、人生礼仪食俗、宗教信仰食俗以及特俗食俗等。气候、地理、历史、物产及饮食风俗的不同,使得在长期的生活中,我国各地都形成了各自爱好的口味,四川菜、山东菜、广东菜、江苏菜,此四大菜系是地方菜系的代表。汉族以外的55个少数民族各有自己的风味饮食,它们与汉族的地方风味交相辉映,共同构成绚丽多姿的中华饮食文化。

中国是茶树的原产地,亦是最早发现茶叶功效、栽培茶树和制成茶叶的国家。根据制造方法不同与品质上的差异,将茶叶分为绿茶、红茶、乌龙茶、白茶、黄茶、黑茶六大类,称为基本茶类,再加上加工茶,共为七类,各类茶又有各自著名的代表名茶。随着历史、文化的不断发展和积淀,饮茶已演变为一种有差异性的社会文化内涵的民族习惯,并形成了特有的茶文化。中国是酒的王国,酒的历史悠久,享誉世界。在漫长的历史发展历程中,中国逐步产生了众多的酒类及代表名酒。分布各地的众多民族,逢年过节、亲朋聚会、喜庆丰收、婚姻寿诞都少不了酒,从而形成了各种饮酒习俗和情趣。随着旅游业的发展,饮食民俗在旅游业中的地位和作用越来越明显。饮食民俗文化与旅游业相结合对提升民族文化经济价值,促进旅游业可持续发展发挥了重要的作用。

思考与练习

1. 什么是饮食民俗?
2. 饮食民俗的影响因素有哪些?
3. 你认为菜系形成有哪些条件?
4. 我国主要菜系的特点是什么?
5. 请谈谈对中国茶文化的看法。
6. 我国白酒有哪些香型?
7. 饮酒的习俗有哪些?
8. 饮食民俗开发的对策有哪些?

本章德育总结

习近平总书记指出:"中华传统文化源远流长、博大精深,中华民族形成和发展过程中产生的各种思想文化,记载了中华民族在长期奋斗中开展的精神活动、进行的理性思维、创造的文化成果,反映了中华民族的精神追求,其中最核心的内容已经成为中华民族最基本的文化基因。""要推动中华优秀传统文化创造性转化、创新性发展,以时代精神激活中华优秀传统文化的生命力。"

中国饮食文化内容丰富、博大精深,具有不同的文化品位,是中华传统文化的重要组成部分,蕴含着丰富的哲学思想,是高校学生思想政治教育的重要文化资源。高校要坚持把立德树人作为中心环节,把思想政治工作贯穿教育教学全过程,实现全程育人、全方位育人。把中国饮食民俗所蕴含的哲学思想与德育目标相结合,以中国饮食民俗为背景,通过思想道德教育和文化素质教育的有机结合,注重对学生的思想沁润,增强思政育人的现代感、趣味性与亲和力,不断提高学生的思想水平、政治觉悟、道德品质、文化素养,使学生在潜移默化中得到教育,实现润物无声的效果,既有利于传承与弘扬中国传统饮食文化,树立文化自信,又能引导青年学生全面客观地认识当代中国和外部世界,还有利于将高校思想政治教育工作贯穿于教育教学全过程,实现全程育人、全方位育人,达到提高学生政治思想素质和课程教学质量的目的,将学生培养成为德才兼备、全面发展的社会主义建设者和接班人。

第三章
服饰民俗旅游

学习导引

服饰的出现既是人类物质文明的产物,又与精神文明的发展息息相关。从上古时期的兽皮、树叶,到后来的桑麻、棉、丝,直至如今的化纤材料等服饰制作材料以及制作工艺等经历了漫长而曲折的发展过程。中国传统服饰的发展是中华大地上各民族在漫长的历史中互相渗透和融合而形成的,并随着中华民族与世界其他民族接触机会的增多,中国传统服饰也大量吸收了世界其他民族的优秀因素,进而逐渐演化成了独具特色的以汉民族为主体、多民族风格和谐并存的服饰体系。中国老百姓有句老话叫:人靠衣服马靠鞍,一看长相二看穿。可见服饰在人们的日常生活中发挥的作用之大,不同的服饰可以让人拥有不同的气质,给人以不同的感受。本章首先向大家介绍服饰民俗的构成与体现、影响因素、惯制及分类,然后以此为基础,阐述中国服饰民俗的发展与变化,以及少数民族服饰民俗,最后就服饰民俗的旅游开发展开讨论。

学习重点

通过本章学习,重点掌握以下知识要点:

1. 服饰民俗的构成及体现;服饰民俗的主要影响因素;服饰民俗的惯制及分类

2. 中国服饰民俗的发展与变化

3. 我国西北、西南、东北及北部、中东南等各个地区少数民族的服饰特点

4. 我国服饰民俗的旅游文化价值;服饰民俗旅游资源的开发及注意事项

1. 通过学习中国各历史时期汉族及少数民族服饰的特征,感受中国传统服饰民俗的魅力,引导和培养学生传统与现代结合的审美眼光,寻找体现中国气质和中国精神的文化元素,坚定文化自信。

2. 通过对古代服饰民俗的学习,从古代服饰的审美关照和人文浸润出发,去寻找现代美学灵感,把传统文化教育融入现代美学教育中来,从而强化现代美育教育,弘扬中华美育,传播优秀传统文化,培养民族精神。

第一节 服饰民俗概述

服饰民俗不仅是一个地区生活风尚的表征,也是一个民族过去与现在文化心理的外化表征;它在人们的生产民俗、人生礼俗、岁时习俗、信仰民俗等民俗表现中扮演着重要角色。中华民族的服饰文化是一个历史悠久、积淀丰厚、绚烂多彩的宝库。

一、服饰民俗的构成及体现

服饰是指人们穿戴在身上的服装与饰物的组合,包括服装本身及与服装并存的有关饰物,是有关人体外部装饰的总称。服饰民俗是物质民俗的重要方面,是民俗事象中较活跃、具有时代特征的民俗事象。

(一)服饰民俗的构成

中国传统服饰的构成一般可分为首服、衣裳、足衣和饰品四大类别。

1. 首服

首服,也称"头衣",泛指一切裹首之物。今天人们所戴的帽子以及妇女所用的头巾,都属于首服。在中国古代,人们的首服除了巾帽以外,还有一物,通常是一般贵族所戴的普通帽子,名为"冠"。首服种类繁多,有覆盖、保护头部的作用。历来用于头饰的有巾、帻、幞头、帽、冠、笠、抹额、钗簪、斗篷等。

冠和巾、帽虽然同属首服,但用途不同。古人扎巾是为了便利,戴帽是为了御寒,都出自实用的目的,唯有戴冠,社会功能与价值更为丰富。

2. 衣裳

古时上曰衣,下曰裳。当衣与裳并举时,衣指上衣。上衣有襦、袄、半臂等。短上衣叫襦;长襦称褂,僮仆的长襦叫裋,短襦又叫腰襦。襦是常人平时穿的,深衣(中衣,长衣)则是贵族上朝和祭祀时穿的,庶人以深衣为礼服。裳有裤裳、蔽膝(遮挡大腿的服饰,仅有前片没有后片,类似于今日的围裙)、裙、裤等。

知识关联

衣裳

3. 足衣

足衣指鞋、袜之类。古代的鞋有屦、履、屩(juē)、屐、鞮(dī)等,其间有异有同。早期的袜子,是用布帛、熟皮做的,平头、无跟,袜筒后有带,以便扎于踝上。

4. 饰品

服饰的饰品包括帽饰、首饰、衣饰、鞋饰。首饰包括项链、簪钗、手镯、戒指、挂件、耳饰等。衣饰一般多为领口、袖口、襟沿、下摆加边,还包括精致的绣花腰带、皮腰带、彩绸腰带等。鞋饰一般要求美观、实用,妇女鞋面上常绣有各种花卉和图案,男鞋也较讲究。

(二)服饰民俗的体现

服饰,日常社会生活中的极为寻常之物,却历来被学术界乃至社会各方面视为人类所创造众多物质文明和精神文明建设重要成就之一。任何民族的服饰，都不仅仅是具备遮蔽、保暖及装饰功能，通过视觉与触觉感官便能感受到的物质形态，而其作为民族文化心理外化的重要载体，则更是一个承载着丰富多彩的民族历史文化信息，对民族心理和精神状态具有凝聚力作用的文化系统。

服饰的构成要素有五个方面，即质、形、饰、色、画。人类社会早期，服饰的变化主要来自构成要素的变化。人类跨入文明时代之后，服饰的变化主要来自观念的变化，服饰成为观念变化的载体，具有丰富的文化内涵。在传统的中国社会中，服饰民俗体现着人们的社会观念，这些社会观念体现在以下五个方面。

1. 中国人崇宗敬祖，强调礼仪伦常的思想

儒家重礼仪伦常，重视孝行。我国宗教信仰最突出的特点是祖先崇拜，这种社会意识在服饰民俗中有突出的表现。在人生礼仪中，重要的有诞生礼、成年礼、婚礼、丧礼等礼仪，这些礼仪场合的装束，体现了中国不同的礼仪伦常和崇宗敬祖观念。

2. 求吉心理

求福趋吉，是一种最普遍的心理趋向。这种趋向反映在许多方面，衣服图案和装饰是其中重要方面。如给小孩戴虎头帽、穿虎头鞋，是祈望借虎的威力保佑孩子健康成长。汉族妇女有簪花、插花的习惯，认为簪花可以避邪，插茉莉花能驱鬼。

3. 表现民族的自我意识

民族自我意识表现在许多方面，服饰是其中一个重要方面。因为服饰是各民族在形成和发展过程中凝结起来的属于各民族独有的心理状态的视觉符号，穿着同一种服饰的人，时时都在传递着一个信息：我们是同一民族的人，并因此而强调同一民族的内聚性和认同心理。

4. 成为某种政治观念的载体

服饰的改制在社会的巨大变革时代常常起到移风易俗的作用，同时服饰也十分敏感地反映着政治观念的变化。例如，辛亥革命推翻清政府之后，中山装、剪辫子成了革命的符号。

5. 服饰的时代服色

历史上各时代服色不同，如夏崇尚黑、商尚白、周尚赤、秦复夏尚黑、汉复周尚赤、唐尚黄等。服饰包含着各种不同的审美观念。服饰所包含的这些不同的观念往往交叉组合，多向延伸。今天广大汉族地区的传统服饰已经基本消失，很多少数民族的平日着装已经没有民族特色，只有喜庆节日、隆重场合或在边远山村，才有传统服饰展示风采的机会。

二、影响服饰民俗的主要因素

（一）自然环境

服饰的产生和服饰民俗的形成与人类居住的自然环境有重要的联系。热带地区，气候炎热，服饰样式相对简单，同时工艺也不复杂；在寒带，漫长的冬季和滴水成冰的严寒，人们也无需经常更换衣服；而生活在温带，特别是年平均气温在20摄氏度的地区的居民，服饰文化较为发达。

(二)人文环境

服饰民俗的产生与不同民族、种族的文化传统有着密切的联系,也就是说,服饰从产生后,在保护身体的实用基础上,衍生出不同的文化内涵。

中国传统文化的一个重要的人生处世观念是中庸之道,凡事不冒尖、不人后,对人包涵、大度,处事沉稳。这种中庸思想体现在服装审美上就是讲究"中和",在色彩上,不像非洲服装那样大红大紫,强调对比与色调跳跃,而是讲究色彩和谐;在款式上,推崇含蓄,不像美国牛仔式那样包裹和比基尼式那样暴露,因而服饰格调显得含蓄、沉稳、端庄且大方。

(三)生产、生活方式

生产、生活方式的不同,也是影响服饰文化的重要因素。例如,傣族地区气候炎热,那里的妇女喜欢穿筒裙。这种服饰不仅透气性好,而且便于下河洗澡、蹚水过河、下田劳动;北方的游牧民族由于骑马时必须叉开双腿,同时双腿又不能受寒,所以只能选择可以保护双腿的裤子。被称为"胡服"的有裆的裤子,就是北方游牧民族发明,在战国时传入中原的。同样是北方民族,生产方式不同,服饰也不同。农耕民族冬日穿棉衣,游牧民族穿羊袍,狩猎民族穿兽皮,而生活在乌苏里江流域以打鱼为生的赫哲族人,历史上则有穿鱼皮衣裤的现象。

三、服饰民俗的惯制及分类

(一)服饰民俗的惯制

1.礼仪的惯制

民间的服饰表现在人生礼仪的各个环节上,如诞生、加冠、婚庆、寿诞、丧葬等各种场合下都有各具样式的特种服饰。例如,从前姑娘出嫁时得穿凤凰装、戴凤冠,使人一眼望去,宛如一只美丽凤凰,这是源自人们对凤鸟的至深情感;盛装花衣是苗族和瑶族女子必备的婚礼服,不少支系男子至今也遵循这一古制,在宗教活动中穿上特定的花衣。

2.实用的惯制

民俗服饰要实用耐穿。在服装的做工、规格式样、原料以及方便使用上都遵循这一点。

3.观赏的惯制

不同民族、不同时代或文化环境中的人在组合服饰色彩的形式要素和内容要素时,有着不同的组合法则和结构关系。服饰材质的不同、色调与花纹衣饰的搭配等大都遵从观赏方面所形成的一系列习惯。

(二)服饰民俗的分类

1.因季节、气候不同形成的服饰民俗

不同气温地带的服饰特点也不同,同时,春、夏、秋、冬所分成的单、夹、棉、皮四季衣

服,也有不同的类型来适应不同季节的气候。

2. 因民族、地域差异形成的服饰民俗

民族生活和文化传统形成了各民族在服饰上的审美标准。服饰样式、花色都按照本民族惯例形成。服饰的最鲜明的标志是各民族传统以及各民族差别形成的在装束上的特色。

3. 因性别、年龄差异形成的服饰民俗

男女不同性别在服饰上的差异自古以来就有。男女在生理和心理上有较大差别,社会分工不同服饰也不同,男子注重实用,女子注重美观。不同的年龄段服饰有不同的变化,这体现了成长与身份的变化。

4. 因场合不同形成的服饰民俗

服饰有便服、常服、劳作服、礼服之分,也有诞、冠、婚、寿、丧及各种节日的专用礼服。场合不同,其穿着打扮也有差异。

5. 因职业、地位不同形成的服饰民俗

衣服的面料、款式、花样等都跟人们自己的职业有一定的关系。官员根据不同的级别有不同的官服,猎人有猎装,农夫也有方便干活的装束。人的服装本来不具备标志地位的作用,但是随着家族制度、社会制度的变化和社会等级的分化,身份的尊卑、地位的高低等促成了服饰习俗的变化,形成了不同地位、等级的人穿戴也有相应不同的特点。

第二节　中国服饰民俗的发展与变化

服饰起源原因诸说有:实用需要说、性别遮羞说、审美装饰说。其中最早比较流行的是"遮羞布"的理论,它以现存原始部落的人们无论男女都用树叶、草或条带物遮蔽自身性器官为证,这在民俗学中是没有根据的。因为古老民俗对性的崇拜,是对人类自身再生产的原始信仰,只有加强保护的动机,没有引起羞耻的可能。因此,服饰起源于人类保暖御寒,使皮肤身体免遭外部环境侵害损伤的实用需要。

服饰由最初的遮身蔽体之物发展到今天,经历了巨大的变化。这种变化,大体经历了四个阶段。

第一阶段:以遮身蔽体,防寒御暑为主要目的。这个时期服饰的特点是服饰的性别差异、年龄差异还未形成,地区之间的差异也很小,差异性主要因自然条件的不同而形成。

第二阶段:服饰除用于遮身蔽体之外,还以适应生产需要为主要目的,并因生产条件的不同而产生明显差异。

第三阶段:服饰成为社会角色和等级身份的标志。随着家族制度、社会制度的变化和社会等级的变化,身份的尊卑、地位的高低等,都在服饰上有所显示。

第四阶段:服饰除具有上述功能外,还能反映出某些社会观念、政治观念方面的变化。在社会观念、政治观念复杂化之后,服饰的功能也随之产生了某些变化,遮身蔽体的实用性依然保持,但服装和服饰的样式、图案、花纹则涵纳了更多的社会内容,如礼仪伦常、求吉心理及民族自我意识等。

随着历史的发展，人们生活的领域越来越丰富，但服饰的演变却走着相反的道路，即越来越简单，越来越大方。现代服饰的等级身份界限和行业界线也在逐渐削弱或消失，许多民族只在节日庆典才穿民族服装。

服饰是人类社会生产力和生产关系发展的产物。中国服饰民俗在历史上的基本特点是阔袖长袍、温文尔雅，深受封建礼教的熏陶与约束，但每个历史阶段又都有各自相应的特点。

一、先秦时期

早在数万年以前，我们的祖先就已经用兽皮缝制衣服，创造了与采猎经济相适应的服饰文化。在旧石器时代，人们主要以树叶、蔓草遮体。到了新石器时代，先民们发明了纺轮、骨针纺造粗衣麻布。

商朝时期，服饰颜色以青、赤、黄、白、黑这五种颜色为尊。衣服的材料主要是皮、革、丝、麻，而且随着纺织技术的进步，精细丝麻织物的制作已在人们日常的服饰制作中占据重要位置。服制为上衣下裳。上衣长至膝、紧窄、袖小；下裳分两片，一片遮前，一片蔽后，衣裳间束带。首服，男子的头上一般会带有短筒状帽箍，女子多插笄(jī)，冬用帽、巾。

周代服饰既继承了商代服饰的特点，又影响了秦汉时期服饰的风格。西周时期，统治阶级推崇红色，此后每个朝代都制定了严格的舆服制度，严格规定了每个政治等级的服饰色彩，不可僭越。贵族服饰承袭了商朝的上衣下裳，只是腰间的束带渐宽，衣身也出现了宽博的式样。周代衣袖有大小之分，又长又宽的服饰样式开始出现，当时服饰的衣领大多作矩式曲折直下，个性非常突出。中国人称呼服饰的专有名词"衣裳"，是从这一时期开始成为中国传统服装的统一称呼。女服与男服基本相同，但多了一条长过膝的襜（围裙）。

春秋战国时期各诸侯国的服饰风格不同。齐桓公"高冠博带，金剑木盾"；晋文公"大布之衣，牂羊之裘，韦以带剑"；楚庄王"鲜冠组缨，绛衣博袍"。但就整体而言，这一时期最重要的变化是深衣与胡服的出现。深衣是将原来不相连属的衣与裳连在一起，长至脚踝处，为当时诸侯、大夫、士人平日闲居所穿的常服。当时妇女服装也多以深衣或曲裾绕缠深衣为时尚。出于军事目的，赵武灵王率先引进胡服，推行胡服骑射。胡服是指我国北方游牧民族的服装，他们常年在马上生活，为适于骑马，多穿紧身窄袖的短衣、裤和皮靴。其衣制与中原奴隶或其他劳动者的短衣类似，不过裤是连裆的。

二、秦汉时期

秦代的服饰制度，遵循"依照当前的社会现实，摒弃历史因素"的思想，废除了服饰中的繁文缛节，仅仅保留在庆典、仪式上以及最不张扬的小祭祀作为本朝的礼仪服饰，其他服饰基本延承春秋战国时期服饰的特征，追求简朴实用。

秦汉时期，服饰颜色以黑为尊。服饰具有明显的阶层和职业特征，当时往往可以从一个人的穿着打扮上断定他的职业。随着汉朝文人地位的提高，文人的形象都是以头戴高冠、长袍博袖、腰间束带、举止文雅。农民服饰在秦汉时期的主要特点是衣料粗糙、形制简单、色彩单一。"短葛衣"（粗布短衣）是这一时期农民最主要的穿着，而白色则是农民服饰最常用的颜色。

秦代服饰样式基本上沿用了战国各诸侯国的旧式。从陕西临潼出土的兵马俑、铜车马、女坐俑等物中可以看出，军服和劳动者衣服样式与战国时无较大差别。官服除深衣外，开始流行袍服。汉代形成了舆服制度，皇帝与群臣的礼服、朝服、常服等有二十余种，且服饰上反映出的等级差别十分明显。汉朝的服饰样式主要有袍、襜褕（直身单衣）、襦（短衣）、裙。上下连体的长衣统称袍，袍是长衣的一种，即交领、两襟叠压、相交而下。袍成为贵族着装的主流，短衣与合裆裤多为劳动者所穿。由于织绣业较为发达，所以富贵人家大都可以穿着绫罗绸缎，一般人家可穿短衣长裤，而贫穷人家则只能穿着短褐。汉朝的妇女服装以**深衣、袿衣与襦裙**为主。汉朝的人较多地穿着衣裙，裙子的样式也较多，有两件式，也有长袍，其中最有名的是"留仙裙"。汉代服饰的另一变化是冠式。男子首服多用方巾（时称巾帻）包扎。巾在西汉末发展成帽箍式的帻。女子的发式多为椎髻，就是将头发向后梳掠，在脑后挽一个髻。足衣形制很多，如皮履、帛履、齿屐等。先秦的履在汉已称鞋，多为皮革制造。皮履有点像皮筒子，做成宕口，鞋口施带，穿入系带。

总的说来，秦汉服饰除首服外，男女服装差异不大，但服装图饰之典雅，色彩之丰富已大大超越前代。

三、魏晋南北朝时期

魏晋承汉制，男子上穿袍衫、短襦，下穿裤。一般是短襦穿在里面，下穿裤，外面仍裹以长袍，这些都属秋冬男服，这时的裤已经有裆。春夏则以衫为主。女子上衣着襦、衫，下穿裤、裙。衣衫领、袖、襟等均施边缘，胸前多采用对襟直裾。裤子已发展为满裆裤，可以单独穿在外面。晋代服饰的特色是首服，也就是帽子、头巾等，当时的社会流行幅巾，有官职的男子还戴小冠子，在冠上再加纱帽就是**漆纱笼冠**。

南北朝时期，以汉族为主的许多北方人向南方迁徙，为南方带来了纺织、裁剪等一系列与服饰有关的先进技术，在一定程度上促进了南方经济和服饰文化的发展，使南北方在文化、礼仪、风俗等方面的差异越来越小，并逐渐统一起来。文献记载："中国衣冠，自北齐以来，乃全用胡服。窄袖、绯绿短衣、长靿（dú）靴，皆胡服也。"这一时期的服饰特征主要有三个。一是传统的深衣制长衣和袍服已经不再适合时人的欣赏习惯，而北方民族短衣打扮的袴褶却逐渐成为社会的流行服饰。袴褶的上衣短，分大袖和小袖；下衣喇叭裤，有的在膝弯处用长带系扎，名为缚袴。这种服装首先出现在军队中，没有身份贵贱、等级高低的分别，男女都可以穿。服饰的颜色也没有明确的规定，外面还可以搭配上其他的服装。二是女子的穿着上身简单，下身华丽。部分女子的头上已经开始使用假发，西晋流行十字式大髻；东晋时期推崇两鬓抱面遮眉额的形状，缓鬓倾髻被认为是当时最好的装饰；东晋末至齐、梁间改为束发上耸成双环。汉代时就已经出现的襦裙套装在当时也比较流行，晋代时又具有上衣短小、下裙宽大的特色。三是笏头履、高齿屐（一种漆画木屐），是当时的人们比较喜欢穿的足装。

深衣、袿衣与襦裙

漆纱笼冠

四、隋唐时期

隋唐是中国封建社会发展史上的一个巅峰,这时的服饰文化发展兼容并蓄、广采博收、绚丽多彩。无论是官服民服,还是男装女装,都表现出开放的思想、开拓的精神、浪漫的气质、鲜明的时代性和强烈的民族性。

隋唐时期男子着装是袍、衫、短袄、长裤,上戴幞头,下着皮履。不论是着袍还是衫,一律穿裤子。这个时期男子冠服的特点是处于社会上层的人穿长袍,官员头上带有幞头,平民百姓则大多穿短衫。随着国家的统一,隋唐都曾参照前朝旧制,改革舆服制度,规定天子、百官的官服用颜色来区分等级,用花纹表示官阶。在服饰颜色上,隋代朝服崇尚大红色,兵服是黄色,平常穿的衣服则颜色繁杂;唐代的人认为赭黄色是最高贵的颜色,红紫、蓝绿、黑褐等颜色地位低一点,白色没有地位。隋唐时的男子官服也有特定的样式,一般是头戴乌纱幞头,身穿圆领窄袖袍衫,上衣都比较长,下摆垂到膝盖下面、脚踝的上面,靠近膝盖的地方还有被称为横襕的一道界线;腰里系着红色的皮带,脚上穿着乌皮六合靴。上至皇帝下至官吏,服饰样式几乎相同,只是服饰的面料、颜色及皮带上的装饰和面料纹饰有所区别。此时,没有任何官职的地主阶级、隐居起来的隐士喜穿高领宽缘的直裰,承袭儒者宽袍大袖的深衣古制。普通百姓只能穿开衩到腰际的齐膝短衫和裤子,朝廷不允许他们使用鲜明的色彩。大户人家的佣人和小商贩大多头戴尖锥帽,脚穿麻线鞋。

隋唐是中国服装史上较为精彩的篇章,也是中国古代女子着装最为大胆的一个时期。妇女服饰宽大华丽,奇异纷繁,风雅大度,有短襦、长裙、衫子、半臂等。最流行的女子服饰是襦裙——短上衣加长裙,裙腰用绸带系得很高,几乎到腋窝下面。唐代初期穿用小袖短襦和曳地长裙,但盛唐以后,贵族妇女衣着又转向阔大拖沓,衣袖竟大过四尺,长裙拖地约四寸及四寸以上,并且领式繁多,有圆领、方领、交领、直领、鸡心领等,在年轻女子中流行袒领。隋唐女子爱好打扮。**半臂和披锦**也是当时女子流行的服饰。唐代女子的发饰多种多样,而且都有自己专用的名字。早期女子的头发都是高高耸起,后期流行用假发做成的发髻,显得头发蓬松。女鞋一般是花鞋,有平头、高头之分,多用锦绣织物、彩帛、皮革做成。线鞋则用彩线或麻线编结而成。鞋的名目有彩帛缦成履、吴越高头草履、重台履、金薄重台履,官服中则有高墙履等。

知识关联

半臂和披锦

五、宋元时期

宋代服饰较唐保守,不如隋唐那样缤纷,但更趋于多样化;各民族服饰虽有融合,但是仍按各自的特点发展。据中国古代文献典籍记载,宋代服饰风尚经历了俭朴—奢侈—俭朴—奢侈的发展过程。女服已由唐代的宽大雍容气度转变为典雅清秀的内涵。

宋代服饰改唐代袍的圆领为圆领内加衬,改小袖为大袖,衣身也较宽大。幞头成了脱戴方便的展脚乌纱帽。宋代女装改唐代短衫长裙,在长裙外多加旋袄,头饰改用花冠。

汉族男子以襕衫、短袄、布袍、道服、裤子、乌纱帽、幅巾为主要服饰。襕衫,即无袖头的长衫,圆领、交领,下摆有一横襕衫,以示尊崇"上衣下裳"的祖制,多白色,腰束带。

道服(袍)为平民与士人常穿之服,以绫罗或细布为之,大襟交领,两袖宽大,衣长过膝,袖口缀黑边,因与道士服相近,故称为道服。幅巾,即头巾,庶民多用一块布裹住头发,不同的行业,其头巾样式各不相同。

汉族女子除唐时有的襦、袄、衫、半臂、裙、裤以外,背子、背心、抹胸、裹肚都是当时新流行的服装。背子,直领对襟,衣长有齐膝、膝上不等,窄袖,两腋不开衩,色彩丰富,上至官妃,下至奴婢、优伶乐人甚至燕居男子均喜穿着。背心,对襟直领,无袖,不分男女,都可穿用。妇女上身多穿襦、袄。裙式也有明显的变化,虽为长裙,但裙头已从唐代的胸、腋下降至腰间,并系腰带。宋时女子服饰时兴"百褶裙""千褶裙"。宋代一般贵族和官家女子的衣着虽然没有唐朝的华丽尊贵,但是其颜色搭配却已经突破唐代以青、碧、红、蓝为主色的传统,这也是宋代服饰的一大进步。

出现在中国五代时期的妇女缠足到了宋代被传承下来,出现了专门为裹足妇女制作的弓鞋。弓鞋的鞋头很尖,鞋底内陷,形似弯弓,俗称"三寸金莲",到了元朝,江南妇女"扎脚"蔚然成风。

宋元时期的服饰受契丹族、女真族等少数民族的影响较多。契丹服装一般为长袍左衽,圆领或交领,长袖,下身穿裤子,裤脚放靴筒内。女子在袍内着裙,亦穿长筒皮靴,袍上有疙瘩或纽袢,袍带子于胸前系结,下垂至膝。女真族的服饰与契丹服装基本一致:袍衫、直领、左衽,质料以皮、裘为主。蒙古族的服饰以长袍为主,式样较为阔大,都是窄袖袍、圆领、宽下摆,腰部有宽围腰。蒙古族男子头戴笠子帽,贵族妇女必戴姑姑冠。

六、明清时期

(一)明代服饰

明朝开国皇帝朱元璋当朝后,下令禁胡服,恢复唐代的衣冠服饰制度。这一时期,除了以麻、丝、毛等为原材料的布料被普遍应用外,棉制品也迅速得以普及,并开始成为人们服饰的主要面料。

明代士族、庶族男子仍以传统的袍衫类为主,但做了改进,称为曳撒、褶子、罩甲等。曳撒为男子便衣,大襟、长袖,衣身前后形制不一,后背制成整片,前身分为两截,腰上与后背同,腰下折有细裥,裥在两侧,中留有空隙;褶子,圆领、交领并存,两袖宽大,下长盖膝,腰部以下折有细裥,状如女裙;罩甲,圆领、大襟、短袖,衣身紧窄,长过膝。

女子常服有衫、襦、袄、背子、裙子等,另外还有"水田衣""主腰"等新创品种。比甲是明代最流行的女子服饰,以紫花粗布为料,形制是无袖的背子,对襟镶边绣花,长至小腿。比甲之下就是长裙曳地。明代仕女已少穿裤子,下裳以裙为主,而且裙色清淡,纹样微露,温文尔雅。

明代服饰的搭配、长短比例、色彩对比都达到很高的美学水平:衣短则裙长,衣长则裙阔;衣长至膝下,离地仅五寸,袖阔四尺,裙子无过多装饰;衣短显露裙身,则需裙带、裙色、裙花等装饰裙身。这种对立统一的和谐美学原则至今仍有实用价值。另外,明末妇女首创的"水田衣",是以各种零碎布片拼缀而成,纹路交错形如水田,这种不规则龟裂纹的衣服也具有较高的艺术品位。

女子以梳髻或包头为时尚。男子流行"四方平定巾"(方巾)、网巾、六角巾、绒巾、瓜皮帽等。其中,网巾如渔网状,罩形缘布边,顶部开圆口以便发髻穿过,并有系带。

总的来讲,明代服饰民俗崇尚汉唐风韵,由初期的简朴趋于华丽,纹饰丰富多彩,面料不断推陈出新。明代服饰形制华美,是中国古代服饰艺术的典范。现在中国戏曲服装的款式和纹彩,大部分都是仿照明代服饰制成。明代服饰与以前朝代相比出现了许多新的变化,其中最突出的特点是前襟的纽扣代替了几千年来一直使用的带结,实用且美观,这也是明代服饰为中国传统服饰做出的一大贡献。纽扣的使用是一种服饰的变革,体现着时代的进步。

(二)清代服饰

清代早期的服饰主要继承了明代的风格特色,中期更多的是在吸收欧美艺术精华的基础上进行创新,晚期则追求细巧繁缛的装饰手法,并形成独特的服饰风尚。清军入关后,开始推行满族的民俗习惯。清代服制的改革从公服开始逐步向常服扩展,从而一步步地将汉民族的服饰文化转变为满族的服饰文化。清朝建立以后,对汉族男性的服饰进行了规定,对于男子必须穿什么衣服、怎么打扮等细节也都有明确的要求,而对汉族女子的服饰改革则是逐步实现的。清代纽扣成为制作服饰时必备的零件。自清代旗装用纽扣以后,衣领的形状开始发生明显的变化,出现了以前从未有过的立领,襟边不外露,内衫也与以前不同。

士子头戴瓜皮帽,身着长袍、马褂、长裤、束腰带,挂钱袋、扇套、小刀、香荷包,脚着白布袜、黑布鞋。劳力者头戴毡帽或斗笠,着短衣、长裤,扎裤脚,罩马甲,或加套裤,下着蒲草鞋。

清代男服以袍、褂、袄、衫、裤为主。男子的专门服饰分为礼服、常服、雨服和行服,其中行服以马褂为主要代表。马褂是清代穿着在袍子外面的外褂,是从满族传统服饰当中的骑马短衣发展而来。圆领或立领,大襟或对襟,下摆开衩,穿着舒适、简便。还有一种长褂,一般用在袍服外。当时男子特别流行的一种打扮就是穿着一种被称为"京样高领长衫"的服饰,腰和袖管都非常窄小,长衫的外面套着的短褂或者坎肩(背心)。在当时的京城——北京,很多地主、商人的装扮都非常有特色:头上戴着瓜皮小帽,手里拿着"京八寸"小烟管,腰带上挂满了刺绣精美的荷包、扇袋、香囊等饰品。

清朝女子的服饰,汉族和满族都保持各自的民族服饰。汉族妇女的服饰在清代的发展经历了一个非常大的变化过程。清朝初期,汉族女性还保留着明代的穿着打扮,小袖子的衣服和长裙非常流行;后来服饰开始逐渐向宽大和短小发展,袖口部分增宽了一尺多,再加云肩等装饰,花样翻新非常快。图案题材多是直接从现实生活中存在的植物或动物形态中直接提取的,有的经过概念化、抽象化的转化,成为服饰中使用的艺术形象,除动植物外,文字图案、文学作品、生活场景、宗教场景等众多题材的图案也被引入,从婚庆、丧葬、岁时、祭祀都能看到这些吉祥图案的存在,表达了男女情爱、生殖繁衍、福寿双全、富贵荣华等民俗情感文化。到了清朝晚期,城市里的妇女穿裙子,有的服饰上还镶嵌着花边。汉族女子留牡丹头、荷花头。未婚女子梳长辫或双丫髻、二螺髻。汉族女子缠足,穿尖头弓鞋。民间经常用鸳鸯、莲花、蝴蝶、龙、凤的形象来代指爱情婚姻的美满,在一些婚礼服饰品中还经常能够看到"鸳鸯戏水""蝶恋花""龙凤呈祥"等精美纹样。而在老人的服饰上则会使用蝙蝠、寿字纹样,寓意五福捧寿、长命百岁,老人长寿才能享受颐养天年和儿孙绕膝的喜悦。民间长久以来受宗教文化的影响,产生了图腾崇拜和神鬼信仰,在服饰品上经常出现由暗八仙、祭祀图案组成的纹样,表现趋吉避害的民俗心理。这些吉祥图案在上层阶级与民间社会都广泛流行,百姓用吉祥图案来表达民俗情感,寄托对生活的美好期望。家境富足者衣饰纹样较华美,普通平民服饰在装饰图案上相对简单、朴素,只在重要场合或节日着盛装。

满族旗女的典型服饰是旗袍,系围巾,梳二把头。满族的旗装,外轮廓呈长方形,马鞍形的衣领可以遮挡脸颊,衣服上下不取腰身,衫不露外,偏襟右衽用盘纽作为装饰,假袖二至三幅,马蹄袖盖手,镶滚工艺装饰,衣外加衣,增加坎肩或马褂。琵琶襟、大襟和对襟等都是清代旗袍或短装常见的样式。清朝初期,满族女子与男子的装扮差别不大,只有女性的穿耳洞、梳发髻等有别于男性。未婚女子辫子是垂着的,嫁人后才梳发髻。发式有如意头、大拉翘等。满族女子不用缠足,脚上穿木底鞋、花盆鞋,底厚一两寸甚至四五寸。

七、民国时期

民国时期,西方的洋布、洋纱、呢子等舶来品大量涌入国内,民众所用衣料种类增多,中国传统衣冠服饰迎来了重大改革:废弃了旧时的烦琐衣冠服饰制度,废除了封建时代官民服饰的严格等级与服装禁例,废除了强加给妇女的缠足恶习,废除了历史上不便生产的宽衣大袖,从而改变为轻便适体、方便劳作、讲究美学的现代服饰。政府根据实际情况制定了新的服饰规定:女装的总趋势分两种类型,一种是用各种素色或者印花面料制作的曲线长旗袍,另一种是上衣下裙分开的衣裙式;男子服饰上的变革首先是"剪辫子革命",其次是在长衫队列里,加进了中外合璧的"中山装"。

中华民国成立以后,穿中山装、西裤、着皮鞋、戴礼帽成为城市男性以及洋务者、留洋者、进步人士的着装主流;在农村,马甲、瓜皮帽、布鞋、对襟小褂仍是比较普遍的服装。长袍马褂在当时仍占据着重要地位,主要是平民百姓在日常生活中使用。立领、三个口袋、七个扣子的学生装主要是高等学府学生的制服。长袍外加坎肩、马甲使用也很普遍。

女子服饰仍流行旗袍,青年学生中流行短衣短裙。女子服装常见高领、窄身短袄和黑色长裙相配,不施纹饰,不戴簪钗,也不戴手镯、耳环、戒指。其多流行于 20 世纪 20 年代,简便而清新,时称"文明新装",玲珑娴雅。旗袍也是常服。20 世纪 20 年代后受西方影响,首先在上海出现改良旗袍:衣领紧扣,斜拉右襟,腰身收紧,曲线玲珑。到了 20 世纪 30 年代初,旗袍已经成为女性日常生活的主要服饰。

八、中华人民共和国成立以后

20 世纪 50 年代后期,我国与苏联外交关系较好,受苏联服饰的影响,女装中曾一度盛行大翻领、双排扣的"列宁装","布拉机"即连衣裙也受到城市妇女的青睐,成为流行不衰的夏季服装式样。20 世纪 60 年代至 70 年代,服饰单一,男女一般都穿军服或蓝灰黑服装。

改革开放以来,我国同世界其他国家的接触增多,外来文化对我国服饰文化产生了极大的影响,西装、夹克衫取代了之前的中山装,高跟鞋也走遍全中国。人们在服饰上很快与国际接轨。

总之,从第一根骨针到今天的服饰文明,中国服饰经历了近两万年的发展历程。中国服饰文化丰富多彩、璀璨华美,现在式样各异、色彩纷呈的服饰正是古今中外服饰文化长期融汇的产物。

知识活页

中国古代对民间服饰的强势干预

第三节 中国丰富多彩的少数民族服饰民俗

少数民族基于不同的生产活动、生活方式,形成了鲜明的地域特征、风格各异的民族风情以及不同的民族文化,而服饰文化正是其中非常重要的一部分。服饰,是人类共有的文化现象,它伴随着人类的进化、社会的进步而发生、发展。我国少数民族的服饰都是由其古代民族服饰逐步发展、演变而来的。至今,大多数少数民族依然承袭和保持着其民族服饰的传统特色。

一、西北少数民族服饰民俗

中国西北地区主要有维吾尔族、回族、哈萨克族、柯尔克孜族、塔吉克族、土族等少数民族。

(一)维吾尔族服饰

维吾尔族服饰特点是:式样宽松、洒脱,色彩对比强烈。男子穿绣花衬衣,外面套斜领、无纽扣的"袷袢","袷袢"身长没膝,外系腰带。维吾尔族男装以"袷袢式"服饰为主要款式,"袷袢"常用彩色条状绸作面料。妇女喜欢穿色彩艳丽的宽袖连衣裙,外面往往还罩黑色金丝绒对襟绣花小坎肩。

维吾尔族男女老少有戴帽冠的习俗。花帽,是维吾尔族服饰的组成部分,也是维吾尔族服饰精美的标志之一。花帽选料精良,工艺精湛,图案与纹样绚丽多彩、千变万化。经过各地维吾尔族人民的不断创新,花帽做工愈益精细,品种更为繁多。但主要有"奇依曼"和"巴旦姆"两种,统称"尕巴"(四楞小花帽)。维吾尔族妇女戴小花帽,平时常披各种色泽艳丽的花色头巾。冬季包厚实的大头巾。

维吾尔族人的鞋多为牛皮面制作。在农牧区生活的劳动者大都自己制鞋,也有制作鞋、靴的民间工匠。穿皮制鞋靴是维吾尔族的传统习惯。

(二)回族服饰

回族服饰有鲜明的民族特色,男子多戴小白帽,女子戴各种花色的头巾。男子喜戴白色圆帽。圆帽分平顶、六棱形两种。妇女常戴盖头:老年妇女戴白色的盖头;中年妇女戴黑色的;未婚女子戴绿色的。不少已婚妇女平时也戴白色或黑色带檐圆帽。回族妇女有戴手镯、耳环的习俗。鞋子与汉族无异。

(三)哈萨克族、塔吉克族等民族服饰

1. 哈萨克族服饰

哈萨克族牧民无论男女都穿长筒皮靴,冬天穿用毡子缝制的长袜,套在靴内可以保暖。哈萨克族男子的衣服多用羊皮制成,冬天多穿皮衣、皮裤。夏天内穿白衬衫,衣领较高,衬衫外边穿坎肩,外面再穿短上衣或袷袢。

哈萨克族的妇女多穿连衣裙,并在裙子外面套上无袖或短袖的绣花坎肩,天冷时外罩对襟棉大衣。哈萨克族妇女们传统的鞋子是皮套鞋和软底靴,在靴子外面再穿上蓝色皮革制成,并镶有银饰的套鞋,这种套鞋的鞋跟分为高、中、低三种。哈萨克族儿童的衣服上多缀满银质纽扣,有的缀以银元,借以装饰,极为美观。未出嫁的姑娘身穿着色内衣,衣领上绣有各种花纹,外穿坎肩和短袖长衣,其下摆是双层花边的连衣褶子裙,胸佩金银制的银元、纽扣、珠串。中年妇女于暖季穿胸前和下摆用彩绒绣边,两边有两个衣袋的半截袖长襟袷袢和坎肩;冷季穿用狐腿皮、羊羔皮裁做的"衣什克",穿用水獭皮压边、前襟和下摆有各种图案,罩绸缎布面的皮大衣"库鲁"等。

2. 塔吉克族服饰

塔吉克族的男人一般穿套头白衬衫,领口、胸前、衽边等处绣花边。腰间系绣花腰带,裤脚两侧开衩。外加黑色"袷袢",服装颜色多为黑色、白色和蓝色。脚穿用牛羊皮缝制而成的靴子,靴尖突起,筒长到膝,冬夏都可以穿,多为红色。男帽一般是黑色棉绒布高顶圆形帽,此帽称之为"吐马克帽"(塔吉克语),翻过的帽檐是用黑色羊羔皮围起来的,周围用色彩鲜艳的丝绒刺绣成各种花纹图案。这种帽子既精致美观,又能挡风、避雨和御寒,冬夏均能戴,平时将帽檐卷起,风雪天放下。

塔吉克族妇女的服装较为讲究,尤其是年轻妇女。她们平时一般都穿衬衣、紧腿小口长裤,外套连衣裙,夏季在裙外加一件背心,冬天外面罩一件棉袷袢。老年妇女一般穿蓝、绿花色的连衣裙,年轻妇女和姑娘则穿红、黄花色的连衣裙。未婚女青年外出时常系三角形绣花腰带,臀后带后围裙;已婚妇女常佩戴胸饰、项链、耳环和发饰。已婚塔吉克族妇女不论年轻还是年老,都戴用白布或花布做成的圆顶绣花小帽。花帽均绣花,前边有帽檐,还有一个向上翘起的、可以上下翻动的翅。女子外出时帽子上面还要另披一块大方头巾,一般是白色,新嫁姑娘则披红色,小女孩多披黄色,忌用黑色。新婚妇女梳四条长辫,辫子上各佩戴一排大的白色纽扣或银元等作装饰,这是已婚的标志。中年妇女留鬓发,长度与耳下垂相齐,梳一条发辫。老年妇女也留一条发辫,但不佩戴任何胸饰物。未婚的姑娘则不留鬓发,四条发辫上也不佩戴纽扣等饰物,常用小铜链将辫梢连结在一起,显得十分雅致。

(四)土族服饰

土族青壮年男子一般戴"红缨帽"和"鹰嘴啄食"毡帽(帽子的后檐向上翻,前檐向前展开),上身穿小领斜襟长衫,袖口镶有黑边,胸前镶有一块四寸见方的彩色图案。还穿绣花高领白色短褂,外套黑色或紫红色坎肩,腰系花头腰带,下穿蓝色或黑色大裆裤,系两头绣花的白色长裤带和花围肚,小腿扎"黑虎下山"的绑腿带,扎腿时把黑色的一边放在上边,故称"黑虎下山"。老年男子多戴礼帽,冬天戴皮帽,穿小领斜襟长袍,外套黑色坎肩,系黑色腰带,脚穿白袜黑鞋。冬天下雪时,男子一般穿大领白板皮袄,领口、大襟、下摆、袖口都镶着四寸宽的边子。劳动时穿褐褂,式样为小圆领,大襟,配以蓝布黑布沿边。富裕人家的男子多穿绸袍及带有大襟的绸缎背心、马褂。

妇女一般穿绣花小领斜襟长衫,两袖由红、黄、橙、蓝、白、绿、黑七色彩布圈做成,鲜艳夺目,美观大方,俗称"七彩袖",土族语称作"秀苏",意为"花袖衫",为土族妇女服饰的象征。土族妇女喜戴耳坠,喜庆节日或探亲访友时,还要在耳坠下吊一对"面古苏格",即银耳坠,如铜钱大小、桃形,戴时用数串珍珠把两只"面古苏格"连起来,挂在额上。土族妇女讲究头饰,土族妇女一般都把头发梳成两根长辫子。末梢相连垂在背后,还要拴上黑色或红色的丝绒或丝穗,然后再戴上彩色的圆形织锦绒毡帽。

二、西南地区的少数民族服饰民俗

我国西南地区主要有藏族、彝族、苗族、傣族、白族、壮族、哈尼族、纳西族、侗族等少数民族。

(一)藏族服饰

藏装外套多为长衣,人们称"藏袍"。不同的地域,有着不同的服饰,特点是长袖、宽腰、大襟。服装的制作,因季节的不同需要,有单、夹、棉、裘之分。夏季穿单、夹衣裤和藏靴;冬季常着羊羔皮袍、老羊皮袍、皮裤,脚穿皮制的藏靴。藏族服装主要用绸缎、羊皮、狐皮、氆氇、化纤、毛呢类材料和各种兽皮缝制。戴帽也有特殊的喜好,不论男女平时都戴毛毡缝制的礼帽和狐皮、羊羔皮上配绸缎面料缝制而成的筒形翻卷式冬帽,也普遍戴用各色丝线在氆氇、毡子上精心织图的翻卷式遮阳帽。藏靴是藏族服饰的重要特征之一,常见的有"松巴拉木"花靴,靴底是棉线皮革做的。佩饰和头饰在藏装中占有重要位置。佩饰以腰部的佩褂最有特色,饰品多与古代生息生产有关,讲究的还镶以金银珠宝。头饰的质地有铜、银、金质雕镂器物和玉、珊瑚、珍珠等珍宝。

(二)彝族服饰

彝族支系繁多,各地服饰差异大,有近百种,琳琅满目,各具特色。妇女一般上身穿镶边或绣花的大襟右衽上衣,戴黑色包头、耳环,领口别有银排花。除小凉山的彝族穿裙子外,云南其他地区的彝族妇女都穿长裤,许多支系的女子长裤脚上还绣有精致的花边,已婚妇女的衣襟袖口、领口也都绣有精美多彩的花边,尤其是围腰上的刺绣更是光彩夺目。彝族男子多穿黑色窄袖且镶有花边的右开襟上衣,下着多褶宽脚长裤。头顶留有约三寸长的头发一绺,彝语称为"子尔"。外面裹以长达丈余的青色或蓝色、黑色包头,右前方扎成拇指粗的长锥形的"子尔"——汉语称"英雄髻"。男子以无须为美,利用闲暇把胡须一一拔光,耳朵上戴有缀红丝线串起的黄色或红色耳珠,珠下缀有红色丝线。

(三)苗族服饰

苗族服饰的衣料以自织自染的棉为主,丝绸、麻布较少。苗族服饰不仅有性别、年龄的区别，而且有盛装、中装与平装之分，更有地区性的差别，特别是妇女服饰，极为绚丽多姿，达一百多种。

在近代，苗族的基本服装是穿短衣裤或大襟长衫。青年是对襟或大襟上衣及大裆裤，节庆时穿无领无袖、前开襟的绣大花彩色"百鸟衣"或白色长衫。有的长衫是长袖，对襟无扣，下垂许多长方形宽带，绣满花纹图案。有的还穿彩色满是花纹图案的披肩。老人穿青色的长衫。苗族男子头上多用长布包头。小腿上扎绑腿。

苗族妇女较典型的装束是短上衣、百褶裙，足穿绣花鞋。佩戴银饰是苗族妇女的天性，她们挽发髻于头顶，戴上高约二十厘米、制作精美的银花冠，花冠前方插有六根高低不齐的银翘翅，上面大都打制着二龙戏珠、蝴蝶探花、丹凤朝阳、百鸟朝凤、游鱼戏水苗族银饰图案。苗家姑娘盛装的服饰常常有数公斤重，有的是几代人积累继承下来的，素有"花衣银装赛天仙"的美称。苗家银饰的工艺，华丽考究、巧夺天工，充分显示了苗族人民的智慧和才能。

（四）傣族服饰

傣族服饰以淡雅美观为主。男子多穿无领对襟或大襟小袖短衫，下着长裤。冷天披毛毯，多用白布或青布包头。文身的习俗很普遍，男孩到十一二岁时，即请人在胸、背、腹、腰及四肢刺上各种动物、花卉、几何纹图案或傣文等花纹作为装饰。

傣族女子服饰秀美多姿，上衣为长袖或短袖的薄衣，花纹细腻秀丽，无领圆口，衣长及腰，对襟、侧襟均有，以白、浅红、青色为主，淡雅文静。下身穿筒裙，平时不系腰带，用手拎一角捻成结，向另一方相掩，掖入腰间，前面便成一个自上而下的大褶。头上有尖顶斗笠，游玩时打小绸伞，头上盘髻、插花，腰上挂包。整个装束显得体形修长、轻盈、优雅。

（五）白族服饰

白族男女都崇尚白色，以白色为尊贵。大理地区的男子多穿白色对襟衣，外套黑领褂或数件皮质、绸缎领褂，俗称"三滴水"，腰系皮带或绣花兜肚，下着蓝色或黑色长裤。在云南洱源西山，每个成年后的白族男子都身挎一个小巧玲珑的绣花荷包，荷包上绣着"双雀登枝""鸳鸯戏水"等字样。绣荷包是爱情的象征，它是白族姑娘聪明智慧的结晶。

白族女子服饰则各地不一，大理地区多穿白上衣、红坎肩或浅色蓝上衣，外套黑丝绒领褂，腰系绣花短围腰，下着蓝色宽裤，足穿绣花"百节鞋"。未婚妇女梳独辫子盘于头顶，并以鲜艳的红头绳绕在白色的头巾上，红白相衬，相得益彰。腰系绣花短围腰，更显得色彩鲜明，美观大方。已婚妇女改为挽髻。洱海东岸妇女则梳"凤点头"的发式，用丝网罩住，或绾以簪子，均用绣花巾或黑布包头。白族妇女有佩戴耳环、手镯的习俗。居住在大理洱源的白族妇女喜欢的一种头饰叫"登机"，它是姑娘心灵手巧的标志。

（六）壮族服饰

壮族服饰以蓝黑色衣裙、衣裤式短装为主。壮族男装多为破胸对襟的唐装，以当地土布制作，不穿长裤，上衣短领对襟，缝一排（六至八对）布结纽扣，胸前缝小兜一对，腹部有两个大兜，下摆往里折成宽边，并于下沿左右两侧开对称裂口。穿宽大裤，短及膝下。有的缠绑腿,扎头巾。冬天穿鞋戴帽(或包黑头巾),夏天免冠跣足。节日或走亲戚穿云头布底鞋或双钩头鸭嘴鞋。劳动时穿草鞋。

壮族妇女的服饰端庄得体,朴素大方。她们一般的服饰是一身蓝黑,裤脚稍宽,头上包着彩色印花或提花毛巾,腰间系着精致的围裙。上衣着藏青或深蓝色短领右衽偏襟上衣(有的在颈口、袖口、襟底均绣有彩色花边),分为对襟和偏襟两种,有无领和有领之别。有一暗兜藏于腹前襟内,随襟边缝制数对布结纽扣。壮族妇女普遍喜好戴耳环、手镯和项圈。服装花色和佩戴的小饰物,各地略有不同。上衣的长短有两个流派,大多数地区是短及腰的,少数地区上衣长及膝。

(七)哈尼族服饰

哈尼族女子穿无领上衣、戴银胸饰,着长裤或裙,系围腰,戴镶有小银泡的小帽;节日穿绣花尖鞋。男子用黑布或白布缠头(节日插羽毛),系绣花腰带。尚黑色,多用自织自染的棉、麻布。居住在西双版纳的爱尼族人(哈尼族的一个支系)的服装、服饰是该族七个支系中较为突出的一个。爱尼族人一般喜欢用自己染织的藏青色土布做衣服,男子穿右襟上衣,沿大襟有两行大银片做装饰,以黑布裹头。妇女多穿右襟无领上衣,下穿短裙,裹护腿;胸前挂成串的料珠。她们的头饰极为丰富,不同年龄头饰颇有不同,共同的是爱尼族妇女每人都头戴一顶镶有小银泡并饰有料珠的方帽。年轻姑娘在帽子四周环绕着成串料珠,耳旁垂有两撮流苏。

哈尼族妇女在服装和服饰上的差异是区别她们是否结婚的重要标志。熟悉哈尼族的人,只要看一眼站在面前的哈尼族妇女,就几乎可以准确地说出她的年龄和她所在的婚恋阶段:如果她的头后部佩戴一种叫"欧丘丘"的装饰,表明她已满十七岁,可以恋爱;如果她留了鬓角,表明她芳龄十八,可以出嫁;如果她在"欧丘丘"上包了黑布,则说明她已有了归属。

(八)纳西族服饰

纳西族受汉族的影响较深,男子服饰与汉族的基本相同,穿长袍马褂或对襟短衫,下着长裤。妇女服装,除个别地方仍保持穿裙的习俗外,已改穿长裤,但整个服饰仍具有鲜明的民族特色。丽江妇女穿长过膝、宽腰、大袖的大褂,前幅及膝,后幅及胫,外加坎肩,下穿长裤,系百褶围腰,穿船形绣花鞋。衣服多为蓝、白、黑三色,在领、袖、襟等处绣有花边,朴素大方。已婚妇女在头顶梳发髻,戴圆形的纱帽;未婚女子则将发辫盘在脑后,戴布头巾或黑绒小帽。

纳西族妇女服饰中最具特点的是身后的七星羊皮披肩,披肩上并排钉着七个直径为两寸左右的绣花圆布圈,每圈中有一对垂穗。

(九)侗族服饰

侗族男子穿对襟短衣,有的右衽无领,包大头巾。侗族女子上着大襟、无领、无扣衣,下穿裙或裤;习惯束腰带,包头帕;用黑、青(蓝)、深紫、白四色。黑青色多用于春、秋、冬三季,白色多用于夏季,紫色多用于节日。女裙不分季节,多用黑色。讲究色彩配合,通常以一种颜色为主,类比色为辅,再用对比性颜色装饰。主次分明,色调明快而恬静、柔和而娴雅。洛香(从江县洛香镇)妇女春节穿青色无领衣,围黑色裙,内衬镶花边衣裙,腰前扎一幅天蓝色围兜,身后垂青、白色飘带,配以红丝带。侗族人民大都穿自纺、自织、自染的侗布,喜青、紫、白、蓝色。男子装束,近城镇者与汉族无异,唯边远山区略有差别,穿右衽无领短衣,着管裤,围大头帕。有的头顶留发。妇女装束各地互有差别,有着管裤、衣镶托肩、钉银珠大扣、结辫盘头者;有衣长齐膝、襟边袖口裤脚有绲边或花边、挽盘发者;有着大襟衣、大裤管、束腰带、包头帕、挽头髻者;有着对襟衣、衬胸布、围褶裙、系围腰、着脚套或裹绑腿、髻插银椎者;有宽袖大襟、衣绣龙凤花卉、长裙过膝、梳盘发者;也有着汉装者。一般都喜欢戴银饰。

三、东北及北部地区的少数民族服饰民俗

我国东北及北部地区主要有满族、蒙古族、朝鲜族、鄂温克族、鄂伦春族、赫哲族等少数民族。

(一)满族服饰

满族过去一年四季都穿袍服。长袍是上下衣合为一体,按季节不同分为单、夹、皮、棉四种。特点是左衽、无领、四面开禊、束带、窄袖。由于袖子口附有马蹄状的护袖,故又称马蹄袖。在长袍之外,男子还要套穿马褂。马褂是满族男子骑马时常穿的一种褂子。现在许多满族人所穿的对襟小棉袄,就是从马褂演变过来的。马褂有长袖(对襟、窄袖、身略长)、短袖(袖长及肘,身长及脐,有大襟、对襟、琵琶襟三种)之分。另外,"巴图鲁"是男子特有的坎肩,也称"一字襟"或"勇士坎肩",分前后身两片,两肩及前胸都装有排扣,两侧腋下至下摆也有排扣,因此可隔袍穿脱。过去满族男子留发束辫,常戴一种名为"瓜皮帽"的小帽。

旗袍是满族男女老少一年四季都喜欢的服饰。它裁剪简单,圆领,前后襟宽大,而袖子较窄,四片裁制,衣衩较长,便于上马下马;窄窄的袖子,便于射箭。妇女旗袍的装饰性比男性旗袍更强。领子、前襟和袖口都有绣花装饰。满族妇女的旗袍最初是长马甲形,后来演变成宽腰直筒式,长至脚面。领、襟、袖的边缘镶上宽边作为装饰。坎肩是满族服饰的重要组成部分,它制作精致,不仅镶有各色花边,而且绣有花卉图案。头饰是满族服饰的突出特点。满族妇女在成年前,只梳一根单辫垂于脑后,辫梢上缠红头绳,前额剪成"刘海",并常以金银、珠宝制成别致珠坠角,系于辫梢上,随辫摆动,以示美观。满族已婚妇女须绾发盘髻,中间横插一根银制的扁方,称"高粱头"。其中最典型的是梳"两把头",将头发束在头顶,编成"燕尾式",长头发在后脖颈上,并戴上扇形发冠,这种发型称"旗头"。满族妇女不缠脚,"寸子"是满族妇女的绣花"旗鞋",鞋底为二三寸,长度约占全鞋的二分之一。它两头宽,中间细,俗称"马蹄底"。上宽下窄呈梯形,又称"花盆底",也称为"寸子"。旗鞋多在庆典祭祀时穿用,俗称踩"寸子",现在仅在舞台上可见。妇女盛装时多穿用,走起路来,袅袅婷婷,轻盈娴雅。

满族的服饰色彩多以淡雅的白色、蓝紫色为主,红、粉、淡黄、黑色也是其服饰的常用色。在传统上,满族有尚白的习俗,以白色为洁、为贵,白色象征着吉祥如意。此外,早期满族男女老幼皆戴肚兜。满族入关后,由于长期与汉族杂居,满族的服饰在款式上、色彩上和图案上都有不同程度的演变。

(二)蒙古族服饰

蒙古族历来以游牧、狩猎经济为主,从而形成了不论男女都喜欢穿长袍和靴子的习惯。蒙古族的服饰主要包括首饰、袍子、腰带、靴子四个部分。

蒙古族人春秋穿夹袍,夏季穿单袍,冬季穿皮袍、棉袍。一般蒙古袍的特点是袖长而宽大,高领、右衽,多数地区下摆不开衩。袍子的边沿、袖口、领口多以绸缎花边,"盘肠""云卷"图案或虎、豹、水獭、貂鼠等皮毛装饰。男子服饰宽领大袖,腰带上左边佩戴火镰、烟荷包,右边佩戴银链、银镶鞘、银镶把的蒙古刀,刀身掖在腰后;女装多为红绿色彩艳丽的长袍,姑娘以丝绸束腰,头扎彩巾。男装多为蓝、棕色,女装则喜欢用红、粉、绿、天蓝色。腰带是蒙古族服饰重要的组成部分,用长三四米的绸缎或棉布制成。

蒙古族无论男女老少都爱穿靴子。穿着靴子,除和长袍协调外,还便于骑马护膝,冬可御寒,夏可防蛇防蚊,是蒙古族人民的杰出创造。靴子分皮靴和布靴两种。其式样大体分靴尖上卷、半卷和平底不卷三种,分别适宜在沙漠、干旱草原和湿润草原上行走。蒙古靴做工精细,靴帮、靴勒(yào)上多绣制或剪贴有精美的花纹图案。蒙古人喜欢首饰,13 世纪时,佩挂首饰、戴帽就已成为人们的普遍习惯。

(三)朝鲜族服饰

朝鲜族历来喜穿白衣素服,故有"白衣民族"之称。在盛大节日、隆重庆典等场合,朝鲜族男女都习惯穿白色衣衫,故又有"白衣之国"的美称。

朝鲜族的传统服饰有男女上衣、裤子、裙子、外套、袍、坎肩、笠帽及船形鞋等。除了日常的服装外,还有周岁服装、结婚礼服、丧服等礼仪服装。男子穿白色斜襟短上衣,无纽扣,前襟两侧各钉有一飘带,穿衣时盘结在右襟中上方。下身穿宽腿、肥腰、大裆的长裤。节日时多戴礼帽。

朝鲜族女装的最大特点为短袄长裙,多采用丝绸或柔软面料制成,喜欢选用黄、白、粉红色衣料。女袄的袄襟很短,无扣,用绸带系住,襟和下摆略呈弧形,线条柔和。年轻女子喜在袖口及衣襟处镶饰彩色绸缎边。老年妇女冬天外面加穿皮毛为里、绸缎为面的坎肩。裙子分筒裙和缠裙两种,又有长裙和短裙之别。中老年妇女多穿缠裙,系宽腰带,内套白色衬裙,再将外面的裙子缠裹下身,最后把裙子左下角提起掖在腰带内,这是雍容华贵的象征。年轻妇女可以穿缠裙或褶裙,未成年的少女只能穿褶裙。褶裙为直筒式,腰间有很多细褶,宽大而飘逸。朝鲜族妇女头饰较简单,女孩多留娃娃头短发,未婚少女梳一条长辫,婚后挽发于脑后,除在辫根和辫梢系彩色头绳及在发髻上插金属簪外,无其他饰物,朴素大方。

传统服饰的鞋子有木屐、草履、草鞋、麻鞋,近代朝鲜族男子着宽大的长方形胶鞋、妇女穿鞋头尖面跷起的船形胶鞋。

(四)鄂温克族服饰

鄂温克族衣服的特点是肥大、宽松、斜大襟、束长腰带。清末以前,鄂温克族人只以兽皮制衣;清末以后,才开始用布料制衣。鄂温克族至今仍然保留着以兽皮制作衣袍的习俗。由七八张羊皮做成、皮板朝外、异常结实的大毛长衣是鄂温克族人最常见、最普遍的劳动服。男子大衣下摆有开衩与不开衩之分,女子的大服不开衩。袖口有"马蹄袖""夸袖"。不论男女,他们的衣服和领子都镶边,妇女喜镶绿边,也有用黑布镶边的。在靴子、套裤膝盖、烟袋、衣襟、开衩上都饰以各种花纹。鄂温克族人爱围头巾,男的多用白色,女的多为蓝、白、青、绿等色。妇女首饰有耳环、耳坠子、戒指、镯子,已婚妇女还要戴上套筒、银牌、银圈等。也有少数男子戴红铜镯子和耳环,认为男扮女装能平安无恙。

(五)鄂伦春族服饰

鄂伦春族均着宽肥大袍。因过去主要从事游猎,服饰多以鹿皮、狍皮制作,创造了极富民族特色的狍皮服饰文化。他们的服饰,上至帽子,下至靴袜乃至各种寝具、生活用品,多以狍皮为原料。鄂伦春族的服装以袍式为主,主要有皮袍、皮袄、皮裤、皮套裤、皮靴、皮袜、皮手套、皮坎肩、狍头皮帽等,其中尤以狍头皮帽最具特色。狍头皮帽"灭塔哈"是用狍头皮按原状制作的,这是大人小孩都喜欢戴的帽子,它不仅能够抵御严寒,狩猎时还可以起到伪装作用,是鄂伦春族有代表性的服饰。男子出猎时,穿狍皮衣、皮裤,戴狍头皮帽,穿乌拉鞋,这些皮制服装做得实用、美观,具有浓郁的民族特色。

(六)赫哲族服饰

鱼皮衣服是过去赫哲族独有的民族服装。鱼皮衣服是把鲢鱼、鲤鱼、胖头鱼、鲑鱼、鲵鱼等鱼皮完整地剥下来,晾干去鳞,用木棒槌捶打得像棉布一样柔软,用鲢鱼皮线缝制而成。受满族服饰的影响,鱼皮衣多为长衣服,主要是妇女们穿用。其样式像旗袍,腰身稍窄,身长过膝。袖管宽而短,没有衣领,只有领窝。衣裤肥大,边沿均有花布镶边,或刺绣图案,或缀铜铃,显得光亮美观。鱼皮套裤,有男女两种。男式的上端为斜口,女式的上端为齐口,并镶有或绣有花边。赫哲族人夏天戴桦皮帽。桦皮帽形如一般的斗笠,顶尖檐大,既可避雨,又可遮光。帽檐上刻有各种云卷纹、波浪纹,以及狍、鹿、鱼的形象,轻巧美观。鱼皮袍等鱼皮服饰具有轻便、保暖、耐磨、防水、抗湿、易染色等特性。特别是在严寒的冬季不硬化、不会蒙上冰。不过,随着物质生活的不断提高,赫哲族服装的材料及式样也发生了根本性的变化。鱼皮不再是赫哲族的遮体服饰,而是作为一种民间工艺被收藏于艺术的宝库博物馆之中。

四、中东南地区少数民族民俗

我国中东南地区主要有高山族、黎族、土家族、瑶族等少数民族。

(一)高山族服饰

高山族的男女服饰是色彩绚丽、华丽精美的。最有代表性的服饰是贝珠衣,又称贝衣。这种服饰是用贝壳雕琢或将小圆形有孔的珠粒用麻绳穿起来,按横排列缝在衣服上,一件衣服需要五六万颗贝珠。

高山族传统服装式样有贯头衣、交领衣、胸衣、背心、长袖上衣、裙子等。各族群男女皆重装饰,饰物种类很多,有冠饰、额饰、耳饰、颈饰、胸饰、腰饰、臂饰、手饰、脚饰等。

高山族男子的服装一般都配有羽冠、角冠、花冠。男子上山戴藤帽。男子、妇女皆喜以花为冠,高山族男子以花为冠可以说是一个特点。有些部族的男子还要佩戴耳环、头饰、脚饰和臂镯、手镯,显得绚丽多彩。高山族妇女服饰基本上是开襟式,在衣襟和衣袖上绣着精巧美丽的几何图案。妇女下穿过膝的短裤,头戴头珠,腕戴镯,腰扎艳丽的腰带,脖颈上配有鲜花编成的花环。

(二)黎族服饰

黎族女子穿青色开襟上衣、黑色圆领贯头衣,及膝织绣花筒裙,配以诸多饰物,领口用白、绿两色珠串连成三条套边,袖口和下摆以花纹装饰,前后身用小珠串成彩色图案。下穿紧身超短筒裙。有些身着黑、蓝色平领上衣,袖口上绣白色花纹,后背有一道横条花纹,下着色彩艳丽的花筒裙,裙子的合口褶设在前面。盛装时头插银钗、颈戴银链、银项圈,胸挂珠铃,手戴银圈,头系黑布头巾。盛装时佩戴大耳环。多用自纺自织自染的棉、麻布。黎族男子一般穿对襟无领的上衣和长裤,缠头巾插雉翎。

(三)土家族服饰

土家族男子穿琵琶襟上衣,安铜扣,衣边上贴梅条和绣"银钩",后来逐渐穿满襟衣(多指中年以上者)和对胸衣,青年人多穿对胸衣,正中安五至七对布扣。裤子是青、蓝布加白布裤腰,鞋子是高粱面白底鞋,缠青丝头帕。妇女着无领满襟衣。衣向左开襟。从上领到下摆至衣裙脚绣有一寸五宽的花边,衣袖各有一大二小三条花边,大花边一寸五宽,小花边有手指宽。袖大一尺二寸许,花边宽窄与衣袖相同,裤大约一尺五寸。另外,胸前外套围裙,俗称"妈裙",围裙上为半圆形,下为三角形,从上半圆形及下脚也有一圈花边,宽约一寸。下着镶边筒裤或八幅罗裙,喜欢佩戴各种金、银、玉质饰物。女鞋较讲究,除了鞋口绲边挑"狗牙齿"外,鞋面多用青、蓝、粉红绸子。鞋尖正面用五色丝线绣各种花草、蝴蝶、蜜蜂。

(四)瑶族服饰

瑶族过去因其居住和服饰等方面的特点不同,曾有"过山瑶""红头瑶""大板瑶""平头瑶""蓝靛瑶""沙瑶""白头瑶"等自称和他称。在风俗习惯方面一直保持本民族传统特点,尤其在男女衣着上更为明显。瑶族妇女善于刺绣,在衣襟、袖口、裤脚镶边处都绣有精美的图案花纹。发结细辫绕于头顶,围以五色细珠,衣襟的颈部至胸前绣有花彩纹饰。男子则喜欢蓄发盘髻,并以红布或青布包头,穿无领对襟长袖衣,衣外斜挎白布"坎肩",下着大裤脚长裤。瑶族男女长到十五六岁要换掉花帽改包头帕,标志着身体已经发育成熟了。

我国少数民族服饰式样繁多、风格迥异,以其独特的魅力展示着各自民族的风姿,具有很高的艺术价值和研究价值,是人类服饰文化的活化石,也使中华民族服饰文化更加绚丽多彩。

知识活页

人生礼仪与鞋

第四节　服饰民俗的旅游开发

在大众旅游快速发展的今天,传统的名胜古迹已不能满足游客的需求,民俗旅游成为人们感受当地生活方式的一项重要旅游资源。而服饰民俗是民俗旅游中一种靓丽的旅游产品,以其鲜明的实用性、审美性、文化性、历史性抓住了人们的注意力,成为一项重要的旅游资源。

一、服饰民俗的旅游文化价值

服饰民俗是民族文化的重要载体,从游客需求角度看,服饰民俗的旅游文化内涵主要体现在旅游活动六大环节(食、住、行、游、购、娱)的后三大环节中,具体体现为以下四个方面。

(一)构景要素,满足游客视、听享受

服饰民俗具有极强的民俗地域特征,是民俗旅游景观极其重要的构景要素。它们总是以由色彩、面料、纹饰和款型等诸元素组合而成的整体效果予游客以不同层次的协和之美,具有较高的审美价值。

首先,与各自民族体貌特征的协和。如傣族妇女的服饰,色彩艳丽,面料柔滑,短衣修裙,加之玲珑的耳饰,衬托着她们纤细丰盈的体态、姣好纯净的面容,恰到好处。而大多数少数民族妇女都以丰满而又苗条的身材为美,因此服饰也便自然担当起强化这种审美观念的角色。贵州织金县的白族妇女将蜡染百褶花裙缠于胯部,而非腰间,行走时十几层厚的花裙随胯部的运动有节奏地摆来摆去,美丽动人,给人一种重叠、变化、跳跃之美。

其次,与各自民族的生产、生活方式的协和。这也就是说,地理环境及与其相适应的生产、生活方式决定着服饰的实用性,决定着服饰的风格。如由于藏北高寒,昼夜温差大,因此藏袍结构肥大,夜间和衣而卧可以当被,袍袖宽畅,臂膀伸缩自如,白天阳光充足,气温上升,便可很方便地脱出一个臂膀,既能调节体温,又能很轻松地从事各种劳作。进而演化出脱下一袖的着装方式,构成藏族服饰豪放、洒脱的经典风格。

再次,与周围景色的协和。电影《婼玛的十七岁》中,哈尼族少女婼玛身着以黑色为主色调的服饰,不仅与其紧致、黝黑而光洁的肌肤、雪白的牙齿融合成了一种难以言说的美,而且与哈尼族人巧夺天工、美轮美奂的梯田十分匹配,成为天作之合。黑(服饰)与银白(有镜面效果的水田梯田)的色彩组合,动(人)与静(景色)的互衬,一切都那么天衣无缝。

上述三个层面的协和,犹如一点(身着得体服饰的人)层层推开的涟漪,使游客会在不经意间观赏到景观之美,陶醉于其中。这时,如果耳朵再敏感些,各种不同质地饰品所发出的乐音就会在耳畔袅袅升起,简直美不胜收。

(二)旅游购品,满足游客旅游购物需求

把少数民族服饰作为旅游购品的动机和行为源于种种不同的需求,收藏留作纪念或馈赠传递友情是两种常见的需求。对于时尚人士或艺术工作者来说,买下来,带回去,穿在身上,与各种时装来一个冲击,以彰显个性和独特的审美眼光,又不容易"撞衫",的确是一种又实用又富于创意的做法。由审美走向实用是我国少数民族服饰资源值得注意的一种旅游价值。这种出于实用考虑而购买少数民族服饰的行为,有其现实的服饰审美文化基础。审美价值是服饰追求的基本功能之一。从远古人类服饰的产生到现代服饰的发展变化,始终离不开人类欣赏美、追求美、创造美的心理驱动。当代服饰审美文化的突出特征是个性化、多元化,我国少数民族服饰一向以鲜明的色彩、精美的工艺、各异的样式和独特的风韵著称于世,恰好与现代人的审美口味相吻合。如今,许多少数民族服饰已经跨越地域,融入现代社会。如傣族妇女窄小上衣和修长筒裙相配的服饰风格,在发达都市风靡一时。而基诺族姑娘的鸡心型胸兜,至今仍为时尚女性所青睐。

(三)参与体验,满足游客求奇求趣心理

虽然少数民族服饰同其他社会文化现象一样,具有时代性、变异性,但它的继承性和稳定性终会使其拥有独特、鲜明的地域色彩,对于游客来说,无论是面料、色彩、款型、还是纹饰符号、加工工艺等,尤其是后者,莫不新奇有趣。因此,若能亲身一试,参与制作过程,经过纺、织、染、做一番忙碌后,带着自己的产品离开目的地,一定会让他们乐此不疲。这种经历不但能增添其旅游乐趣,而且会沉潜在他们的审美记忆中,构成长久的审美回味和审美心境。这将有助于深化旅游活动,提高旅游的社会文化效应。

(四)文化吸纳,满足游客多元旅游需求

游客旅游活动的目的是多重的,在共同的观赏价值之下,少数民族服饰还蕴涵着多元深层价值。如艺术采风,音乐、美术工作者可以从花样繁多的少数民族服饰中汲取素材,获得灵感;从事工艺美术创作的人可从少数民族服饰的色彩、面料质感、纹饰和款型等要素中受到启发,制作各种工艺品;而时装设计师则可直接抽取少数民族服饰的元素符号,在现代设计理念统摄下,加以融合,设计出适合不同人群的四季霓裳。从民俗文化看,我国少数民族服饰记述了不同民族的历史,承载着不同民族的文化,传授着不同民族的劳动技能,必然成为民族史、风俗史、宗教史、服饰史、美学史和社会史等方面研究者必须掌握的第一手资料。此外,希望从少数民族服饰审美中获得悦心悦意、悦情悦志等高层次审美感受的作家等文化人也会从审美的角度对我国少数民族服饰资源提出需求。显然,少数民族服饰资源还拥有多项文化传播功能。

二、服饰民俗旅游资源的开发

(一)服饰民俗旅游资源开发的主要影响因素

1.民族特色与民族知名度

民族特色是一个民族区别于其他民族的特点,而服饰旅游资源的民族特色是否鲜

明对它的开发的影响是比较大的。前面介绍的满族、蒙古族、维吾尔族、彝族、苗族、傣族、白族服饰都是民族特色极浓的服饰旅游资源，开发的潜力大。因此，发展服饰旅游必须抓住民族特色这个关键点，民族特色越鲜明，文化差异越大，对游客的吸引力就越强，进行旅游开发的价值就越大。但也有一部分少数民族由于长期同汉族杂居，受汉族影响较大，表现在服饰上更为明显。如云南建水县居住着哈尼族、彝族、苗族、傣族等少数民族，但在经济较发达的坝区及靠近交通干线的地方，少数民族汉化比较普遍，民族特色不十分鲜明，服饰旅游资源的开发受到很大影响。

民族知名度是一个民族被外界所了解、认识的程度，它也是影响服饰旅游资源开发的一个重要影响因素。影响民族知名度的高低有多种因素，但主要依靠对外宣传，好的旅游资源需要大力宣传，才能被人们认知和购买。如电影《刘三姐》和《五朵金花》分别使广西壮族和云南大理白族的名声大振，壮族和白族姑娘、小伙子的色彩艳丽、风格独特的民族服饰令人耳目一新，经久难忘，大大提升了民族知名度，成为当地进行服饰旅游资源开发的一大优势。因此，在服饰旅游资源开发中，要注意选择民族知名度较高的少数民族作为重点，这样既能很快打开市场，又能大大节省宣传费用。

2. 地区经济发展水平

当地经济发展水平从两个方面影响民族服饰旅游资源的开发。第一是该地区的对外联系程度。一个地区经济发展水平及对外联系的程度高，那么各种物流、信息流就大。外来的客商在谈完生意后会到当地的旅游景点或景区旅游，而服饰旅游资源又是一种实用性和体验性较强的旅游产品，外来客商的各种旅游活动，包括购买当地旅游服饰产品的行为无形中会促进服饰旅游资源的开发，扩大民族服饰的知名度。第二是投资规模。服饰民俗旅游资源的开发是以现存的大量的民族服饰文化资源为基础的，其开发和再生产的投入并不高。但由于大部分少数民族地区是贫困地区，资金紧张，只有政府给予一定的资金扶持，并且广泛引进外资，整个民族服饰旅游资源的开发才能顺利进行。

3. 交通条件

服饰民俗旅游资源开发除了具备资金条件和较强的民族特色、较高的民族知名度外，还必须有良好的对外交通条件；否则，再好的服饰民俗旅游资源也不会为人所知，更不能称其为旅游资源。因此，交通条件成为影响服饰民俗旅游资源开发的又一基础性硬件设施，如西藏，如果想进行服饰民俗旅游资源开发，就必须继续改善其交通条件，使游客能以最便捷和高效的交通工具到达，才能欣赏到极具高原特色的藏族服饰。同时，许多交通设施，如公路等还可以设置标志性广告，以吸引游客和宣传自己。

4. 客源市场

服饰民俗旅游资源开发选在民族风情浓郁、民族特色较强的地方，而这些地方大多数经济发展水平较低，人均收入低，人们的旅游需求和消费能力弱。这导致，服饰民俗旅游只能面向外地游客（如外国游客），去争取这一部分客源市场。而这个客源市场中，还必须有一个正确的定位，即针对女性游客来设计服饰民俗旅游商品和项目，因为女性游客对服饰的关注远远超过男性游客。因此，在进行市场定位和产品开发中，只有抓住这一关键点，才能将服饰民俗旅游市场做大、做活。基于以上分析，客源市场也成为影响服饰民俗旅游资源开发的又一影响因素。

5.旅游地民族形象

旅游地民族形象主要包括两方面的内容：一个是本底感知形象；另一个是实地感知形象。本底感知形象是指在长期的历史发展过程中所形成的对于某一地区民族的总体认识。它是一个地区在长期的历史发展过程中，通过民族的迁移，相互间的交流、融合所形成的与当地自然环境相统一的独特的民族形象。比如，一谈到西藏，旅游者就会想起藏族风情；讲到新疆，游客就会想到维吾尔族；说到广西，想到的就是壮族风情；提到云南、贵州，给人的就是一个多民族省份的印象。旅游地民族形象的本底感知形象影响着人们的旅行决策。实地感知形象主要是指旅游者在游览旅游地的过程中通过对旅游地环境形体（硬件）的观赏和对当地民俗民风、民情、居民素质的体验所产生的对该民族的总体印象。这种印象对游客的旅行质量、旅游宣传的效果，以及民族旅游的持续发展有重大影响。

旅游地民族形象是一个历史的综合的概念，它反映的是整个地区作为旅游产品的民族特色和综合质量等级。一般来讲，每一个地区对旅游者都有一个趋于一致的民族感知形象，在进行民族旅游开发时，要优先选择一个地区民族形象较强的民族作为旅游开发的对象。由于我国各民族的分布基本是属于大分散、小聚居的情况，因此，具体到某一地区，通常分布着不止一个民族，而是几个民族，甚至十几个民族。所以在进行旅游开发时，首先要选择当地民族形象较强、民族特色较浓的民族进行开发，然后才考虑选择其他民族。如果一个地方几个民族给外界的民族形象相差不多，则要考虑其他因素，因地制宜地选择其中一个民族进行旅游开发，如条件允许，也可几个民族同时进行。

(二)开发服饰民俗资源应采取的模式

1.馆展陈列式

在景点、景区设立专门的博物馆，或者在其他综合性博物馆中设置专厅，展示我国各民族及历朝历代的民族服饰，供游人参观，既可以宣传服饰文化，又可成为一个新景点。同时，还可以在某一特定地点进行民族服饰巡展活动，扩大民族服饰的知名度。

2.民族服饰装扮

在旅游景点、景区及其他餐饮、住宿场所，让旅游接待人员、从业人员身穿民族服饰，以烘托景区民族风情。如深圳锦绣中华·民俗村等采用这种方式展示各民族服饰的景区，都取得了较好的效益。

3.服装表演

在旅游景点或景区内，定期举行民族服饰的专场表演与展示。这样既宣传了民族服饰，又能使民族服饰走上专业化道路。若条件成熟，还可以由景区走向城市，举办民族服饰文化周活动和民族服饰巡演，向外地游客介绍自己民族的服饰文化。一定能取得较好的经济效益和社会效益。

4.民族服饰体验

民族服饰不仅具有极强的审美功能，同时还具有较强的实用性。游客喜欢某种民族服饰，如果能穿上体验一下，会是另外一种新感觉。比如，游客踏上内蒙古大草原，住进蒙古包，穿上蒙古袍，系上长长的腰带，骑骏马奔驰在内蒙古大草原，这样的旅游一定让游客流连忘返。

5. 服饰商品

服饰商品的开发潜力巨大，它不仅具有实用性，同时还有纪念性、艺术性、审美性的特点，还能全部开发为旅游商品，供旅游者选购。服饰商品主要有以下两种。

（1）服装。各个民族的服装都可以加工成衣，特别是原汁原味的手工制作服装，更有经济价值。如朝鲜族的长袖短袄、长裙，黎族的窄袖短衣，维吾尔族的长裙，彝族披风都可以满足部分旅游者的审美需求。特别是蒙古族旗袍，傣族筒裙，惠安女的紧身衣、大筒裤，都是传统与现代结合之作，既有古典之美，又有现代之风韵，很受女性的青睐，开发潜力巨大。有的服饰开发已走向企业化之路，以满足市场的需求。

（2）饰品。这一类商品种类多、式样多，便于携带，不仅具有艺术性和纪念性，而且具有实用性的特点。如藏族的佛珠、银牌，蒙古族的腰刀、鼻烟壶，维吾尔族的四楞小花帽，苗族的银饰、刺绣、编织，傣族的小绸伞，白族的绣花小围腰，哈尼族的头帕，黎族的银项圈，惠安女的头巾和斗笠等。几乎每个旅游者去旅游景点时都会购买几件。此外，还有各民族的刺绣、蜡染、织锦、编织等也成为旅游者必买的旅游纪念品。只要深入开发这些旅游商品，它的前景就非常广阔。

6. 节庆活动

各民族都有丰富多彩的节日活动。每当节庆活动之时，人们都会穿上漂亮的民族服饰展示自己，因此要充分利用节庆活动来展示各民族的服饰。可以在旅游地举办各种民族节庆活动，如火把节、泼水节、荔枝节、柑橘节、民歌节、艺术节、文化节等，来展示各民族的盛装，以节会友，吸引游客。目前这种方式已经开始盛行。如南宁国际民歌艺术节就是吸引游客的一种很好的活动，既开发了服饰民俗旅游资源，又促进了当地经贸活动的开展。

7. 设计专门的旅游线路

以参观民族地区居民日常起居生活、服饰作为专门的旅游线路。如各少数民族大都以村寨的方式居住，可以在云南境内设计一条观赏民族服饰和原始村寨文化的旅游线路。如云南思茅游：宁洱哈尼族—景东彝族—景谷傣族—墨江哈尼族—孟连拉祜族—西盟佤族—江城彝族。这样一条旅游线路能让旅游者尽情领略思茅少数民族风采和当地淳朴的民风民俗。

8. 举办专门的民族服饰艺术节

可以在民族服饰旅游资源丰富的地区创办自己的民族服饰艺术节，开展民族服饰的理论探讨，研究如何将民族服饰旅游资源推向旅游市场，获得经济效益，同时可以成立专门的研究所，定期举办研讨会，出版专门的期刊、杂志等。可以此为契机，吸引众多的设计师来参与民族服饰的开发，帮助民族服饰走向世界。

在开发服饰民俗旅游资源的时候，还必须注意以下几点。

（1）要与环境相协调，即与当地自然景观和人文景观相适应。比如，不能穿藏袍住竹楼，显得与环境极不协调。

（2）要注意保护民族文化，即不要打着民族服饰的招牌从事一些不健康的，甚至扭曲民族文化的活动，这样做会破坏民族文化，损害民族形象，不利于服饰民俗旅游资源的开发。

（3）保护生态环境。生态环境是一个景区或景点可持续发展的基础，在开发服饰民俗旅游资源时,要保护好生态环境,维护整个民族旅游景点的原貌性。

三、加大服饰民俗旅游资源开发的建议

(一)挖掘民族服饰资源的文化内涵

丰富的文化内涵是中华民族服饰的最大特色。不同的民族服饰,甚至不同地域的同一种民族服饰都有着不同的文化内涵。挖掘民族服饰旅游资源的文化内涵有利于凸显民族服饰旅游资源的特色,增强服饰民俗旅游资源的吸引力。

(二)突出民族服饰的特点

服饰民俗旅游资源的开发应充分利用民族服饰本身的特点,将各民族服饰与其风俗、习惯、信仰和某些传说结合起来,增强服饰民俗旅游资源的知识性、趣味性和吸引力。

(三)做好民族服饰文化的保护和传承

汉族民间服饰的活态保护是让传统服饰回归到民众现实生态场景中进行保护的一种方式,要注意人、环境与服饰的相互依存、相互作用,构成活态的"生活场",防止单纯的文化碎片式保护。作为一种文化体系,汉族民间服饰既有历史性又具有现实性。"历史性"在于它是先人在社会生活中的精神信仰、价值观念、社会礼俗等因素互动产生的文化形态,"现实性"是指在现今社会依然得到继承,具有当代价值和生命力。汉族民间服饰的活态保护与传承是服饰的物质形态与它背后的民俗文化的共同保护与传承。

我国民族服饰文化保护和传承主要从以下两方面着手。

1. 加强青年一代民族文化教育

教育是一种思维的传授,它引导着人们最初的价值观念与社会实践。文化教育的普及应面向大众,使社会多数成员甚至是下一代认识到传统文化传承的重要性,学校作为教育重地理应发挥文化引导作用,自觉服务于人才培育,切实担当起培育高素质人才、推进科技创新、传播传统文化的重任。要实现民族服饰文化的保护和传承,可依靠高等院校和科研机构的专家学者,加强服饰文化遗产的基础理论研究和学科建设。在各级各类教育活动中渗透我国民族服饰文化方面的内容,增加民族服饰与青年接触的机会,在无形中培养青年学生对民族服饰的认知和爱好。

2. 强化政策保护

政府是国家经济文化发展的调控器。近几年,我国不断地推动传统文化的对外输出,这展现了国人对本民族文化的巨大信心。政府作为公共文化的建设者、行政资源的使用者应积极发挥统筹作用,制定并出台相关的政策法规来扶持我国民族服饰文化健康良性地传承,做好本真性保护;也可将其纳入文化产业规划,建立专项性的服饰文化博物馆等。政府应在相关政策导向、法律法规制定、公益宣传以及政策和法律的执行与实施中都应有所作为,在民族文化的传承和保护上发挥重大作用。

(四)加大媒体的宣传力度

互联网建设日新月异,网络文明的飞速发展打破信息交流的地域界限,正塑造着人

类社会未来的生存空间,对于传统服饰文化的保护氛围的营造,可以充分依托互联网媒体手段进行宣传交流。文化需要传播,媒体的力量不可忽视。可以依靠以下三种传播媒体进行宣传。第一,政府传播媒体。在和平稳定的当代中国,政府在民众心中的信任度非常高。因此,政府传播媒体具有其他传播媒体没有的优势。第二,电视新闻传播媒体。第三,游客传播媒体。游客的特定地域身份以及亲力亲为有利于扩展服饰民俗旅游资源的地域影响和增强游客的旅游热情。如湘西土家族苗族自治州的凤凰以其浓厚的人文气息和古朴宁静的小镇特色吸引了众多游客。当地人们对苗服介绍和租赁苗服给游人拍照,使得不少游人对当地的苗族风情和民族服饰产生了浓厚兴趣和留下了深刻印象,从而向更多的游客宣传。

本章小结

本章阐述了服饰民俗的构成、发展,介绍了中国各个历史时期的服饰特征,以及中国不同地区各少数民族的服饰特点。了解我国少数民族的服饰文化的一般性特点,总结服饰民俗的旅游文化价值,通过对服饰民俗的旅游开发的主要影响因素的分析,提出开发服饰民俗资源应采取的模式,并对加大服饰民俗旅游资源开发提出建议。

同步自测

思考与练习

1. 服饰民俗体现了哪些社会观念?
2. 影响服饰民俗的主要因素有哪些?
3. 服饰民俗的主要分类有哪些?
4. 从古至今,服饰是如何变化发展的?
5. 服饰民俗有哪些旅游文化价值?
6. 影响服饰民俗旅游开发的主要因素是什么?
7. 开发服饰民俗旅游资源可采取哪些模式?

案例分析

皖北地区民俗服饰开发

本章德育总结

五千年文明发展中孕育的中华优秀传统文化,积淀着中华民族最深层的精神追求,代表着中华民族独特的精神标识。引导学生深入思考"文化自信",让学生知道中华优秀传统文化是中华民族的"根"和"魂",是我们必须世代传承的文化根脉、文化基因。

中国传统服饰民俗是中华传统文化的重要组成部分,其中蕴含了我国古代历史和政治的变更历程,蕴含了不同时期的文化底蕴。从古至今,中国传统服饰不仅是服饰的款式、材质、图案、风格等的变化,还伴随着汉族与各民族融合和交流,当然也包括服饰文化的大融合,铸就了中国古代服饰史上款式多变、奇装异服盛行。通过对传统服饰历史与类型的讲解,传达出中华优秀传统文化的内涵与精神,弘扬中华优秀传统文化,增强学生对中华优秀传统文化的认同感。如中国传统服饰图案中的梅花、荷花代表的傲骨、清廉等寓意,仍有着教化功能。这些服饰元素和风格可以融入当代服饰和精神追求中来,教育学生从传统中去寻找现代的美学和设计灵感,从传统文化和服饰中去发掘其中精华,使传统教育加入现代美学教育中来,提升审美情趣,发挥美育作用,培养民族精神,体现中国气质和中国精神。

第四章
居住民俗旅游

学习导引

邮票有"国家的名片"之称。改革开放以来,邮政部门先后分几个批次设计发行了具有代表性的地域民居建筑邮票,显示出我国民居文化的特殊地位和独特魅力,使民居建筑文化得到较好的传播,在一定程度上推动了民居旅游的开展。

民居是建筑中最早出现的类型,在人们的日常生活中占有重要地位。我国幅员辽阔,各地区的自然地理条件不同,56个民族风格与传统各异,生产和生活各具特色,建筑材料千差万别,使得我国的民居建筑多姿多彩。风格各异的民居,是我国劳动人民在适应与改造大自然的漫长岁月中勤劳与智慧的结晶,更是中华民族的建筑艺术瑰宝。江南水乡式的江苏民居,四合院式的北京民居,石库门式的上海民居,竹楼式的云南民居,窑洞式的陕北民居,东西折厢式的湖南民居,圆盘式的福建民居,层峦叠嶂山城式的四川民居,等等,一幅幅栩栩如生的画面把各地民居刻画得惟妙惟肖,淋漓尽致,令人如身临其境,浮想联翩。

学习重点

通过本章学习,重点掌握以下知识要点:
1. 民居特征及不同角度的分类
2. 影响民居分化的诸多因素及其影响机制
3. 我国民居资源的空间分布与自然文化背景
4. 旅游开发利用民居的方法、思路

德育目标

1. 通过对中国居住民俗的学习,传播中华优秀传统文化、进行爱国主义教育、陶冶情操、拓展提升"天人合一、以民为本"的伦理哲学思维,使学生在潜移默化中实现"遵守爱国、敬业、诚信、友善原则,懂得团结与协作,具备良好的从业素质和职业道德,弘扬工匠精神"的教育目标。

2. 通过对中国各民族传统民居流变的学习,全景展示多元统一的中国古代居住图景,从而激发学生热爱祖国、热爱人民、热爱家乡的自豪感、深厚情,激发学生自觉地把个人价值、职业价值、社会价值结合起来,加深文化与旅游的深度融合。

第一节　居住民俗概述

一、民居的概念与构成

对民居概念的诠释不应是单一的、孤立的,而应当是综合的、联系的、动态的,它是物质的、空间的,更是社会的、文化的,乃至经济的、历史的、精神信仰的。要从民居的主体(群体)、样式(形制)、空间布局与内外邻里关系、建筑功能的发挥、建筑技术与艺术(审美)、民居承载的文化内涵等方面进行整体把握。特别是要把民居看作是承载民间社会生产生活和繁衍生息的民间民俗事象,能够体现一定地区文化特质的物质和非物质综合体。

所谓民居,是指各地居民根据当地的自然环境、风土人情、生产方式、生活习惯自行建造的用于居住的建筑设施和生活空间。民居的建筑主体以家庭或家族为主,在当地反映出家庭或家族的经济实力和民居主人的情趣爱好。民居往往具有一定的聚落性,成为生活社区的基本单元,受邻里关系的影响和制约非常显著,根据当地的地理环境和小气候选址建设,逐步建立起与当地自然和文化相适应的聚落模式。

民居的建筑材料往往是就地取材,或经过一定加工改造的材料,既节约成本,又符合当地习俗,少数实力较强的家族建筑可从外地购买材料,以提高建筑物的质量和品位。民居建筑的设计理念主要来自民间工匠,以方便生产和生活,有利于人与自然和谐相处,并同时考虑相应的建筑成本、实用价值、美学价值、安全保障、社交活动等因素。

作为便利生产和生活需要的民居建筑,在功能构成上是丰富多样的,照顾到生产、生活、交往、邻里关系、拓展空间,甚至生死两面。古代人们视(事)死如生,完整的民居一般拥有厅堂、院落、储藏、加工、排污、私密空间、祠堂等设计,有的还要考虑安全保障设施,同时兼顾一定的庭院经济活动,如动植物的饲养、种植等设施。有了这些,才能满足民居生产生活的基本需要,共同实现人们开展生产劳动、家庭生活、社会交往、个人私密、卫生安全等多重功能。

民居不是孤立存在的。在人与人之间、人与自然之间、民居与民居之间、聚落与聚落之间存在着密切的关系。民居及其聚落而成的社区是一个人与自然不断发生作用的人工生态系统(见表4-1),具有人工生态系统的典型特征,在组成上由物质和能量供应者、生产者、消费者、分解代谢者等构成,共同完成社区系统自然和人为活动的交换、流通和转化功能,是自然和历史进化的产物。受中国传统"天人合一"思想文化的影响,传统民居往往带有一定的园林色彩,而在园林建设中又往往会重点考虑居住建筑的设计与建造。

表 4-1　一个完整传统民居的基本构成系统

内部活动与保障构成		物质生产与流通构成		活动空间与环境关系
生活设施	安全保障设施	生产设施	物流设施	院落和周边环境设施
厅堂卧室	围墙屏蔽	饲养种植	给水排水	院落与邻里建筑和谐
厨房卫生	辟邪祭祀	手工作坊	物资储藏	内部与周边自然环境

二、民居的基本特征

(一) 民居的聚落性

所谓聚落,就是具有某种社会关系的人群、按照一定的居住理念、秩序、分工择地而居的现象和结果。聚落是一个动态过程,也是这个过程的结果。《汉书·沟洫志》曰:"或久无害,稍筑室宅,遂成聚落。"说明聚落是经过一定的勘察,认为"无害"后,择地而居的居民点。原指村落,现泛指各类居民点,规模、形制可大可小。人类是群居动物,根据条件、能力和需要聚落方式不断发生变化。《易经》说"方以类聚,物以群分"就是这个意思。通过聚落,可以形成一定的社会生态系统,最大限度地节约资源,处理好各种关系和矛盾。如人们要与大自然相协调、相斗争,抵御自然灾害,利用自然获取物质、能量和生存空间;人们要处理好聚落内部各成员之间的关系,要防止外来人群的侵袭和掠夺,就要发挥各自的作用和群体的力量。聚落这一生存方式就能较好地解决这些难题。一般来说,矛盾斗争越是激化,聚落的紧密程度、维系力度就越大。比如通过长途迁徙的客家人,由于中原战乱而南迁他乡,就要处理好与当地的自然环境和当地居民的关系,于是建立起具有紧密联系的聚落特征。聚落大小、沟通方式受各种因素的影响,与所在地的资源环境存在密切关系,聚落之间还存在一定的分工协作,如市镇、治所、城寨等规模差别很大。

任何聚落都不是自发形成的,需要进行千百年的若干代人的不断调整和适应,都是一部民间故事史,记录着它们的苦乐乡愁,也存在着居住质量的高低和差别。随着聚落规模的扩大,基础设施和公共空间比重加大,但这改变不了民居的聚落性,反而会加大聚落的紧密性和承载能力。只是聚落的原因和构成特征可能发生某些变化。如传统的乡村聚落往往聚族而居,而城市和工矿居民点则往往以生产单位为"纽带",民居的区位选址、结构形态、建筑方式等相应地发生变化。可见,人们研究民居,认识聚落,站位要高,视野要广,要充分考虑民居聚落的景观特征、动态过程和形成原因。

聚落是社区形成的基础,也是民俗文化形成的基础。具有某种渊源的人群居住在一起形成一定的生产方式,建立一定的社会关系,创造着属于他们自己的物质财富和文化产品,包括各种民俗事象,无一不是建立在一定的民居基础之上。所以,民居的规划建设和乡村旅游开发一定要考虑居民的生态环境和生活方式,否则可能引起文化的断层和行为方式的冲突。这是民居建设和解读民居文化应当优先考虑的因素。

(二) 民居的历史性

民居是一定历史时代的社会存在物,伴随着人类社会生产力的发展而不断进化。

由于社会历史发展的不平衡性,民居建筑在不同时代存在着很大的继承性、关联性和变异性。民居作为一种生产和生活资料,可以创造自身的生产力,进行着以民俗为主、兼具与外来文化交流性质的文化积淀,成为人类文化遗产的一个重要部分。反过来,生产力的进步又不断推动民居建筑水平的提高。因此,民居还是人类生产力进步的写照。我国是一个历史悠久的统一的多民族国家,反映在民居建筑上,各个历史时期、不同朝代逐步建立起相应的民居格调,而在不同历史朝代之间就形成既有相互继承,又有不断进化的传承和发展关系,构成了一部较为完整的民居文化历史。大致沿着天然洞穴或树栖—地穴民居—半地穴民居—地面民居—古代民居—近现代民居这样一条发展线索演化。民居的演化不是单一方面的改进,而是一种从区位、形制、结构、材料、功能、环境等多元化改进调整的过程。不论从逻辑角度还是现实考古发现来看,中国古代等级较低的"攒尖顶""卷棚顶"反而可能是中国古代建筑的最初形制。古建筑学家梁思成说:"建筑之规模、形体、工程,艺术之嬗递演变,乃其民族特殊文化兴衰潮汐之映影。"可见,民居建筑历史是一定社会历史的综合反映。中国民居发展史伴随中国古代建筑史、社会生活史,经历了原始洞穴和上古民居、封建社会民居、近现代民居等几个阶段,创造了具有中国特色的民居文化。

1. 原始洞穴和上古民居

从人类诞生以来,建筑物就一直伴随着人类。在远古时代人类主要是借助天然洞穴栖息生存,繁衍后代,洞穴考古就成了追溯远古民居的重要途径。传说有巢氏受鸟巢的启发,发明了人工建筑巢穴的本领,开始了人工建筑居住设施的时代。据考古发掘,在旧石器时代晚期(约2万年以前)我国南北各方都出现有面积不等的建筑遗址的痕迹,但就发掘情况看仍多依附洞穴而居,洞穴考古成为了解人类早期生活方式的重要渠道。大约1万年前,人类进入新石器时代,已经可以建筑较为稳定的原始村落,有明确的社会活动分工,只是有较大的流动性。在黄河流域、长江流域,甚至东北的辽河流域、黑龙江流域,华南西南的珠江流域、内陆干旱半干旱地区等,都发现有规模、数量、密度不等的原始村落遗址。黄河流域中下游地区依次经历了裴李岗文化、仰韶文化、龙山文化三个阶段,居住建筑水平不断提高,从裴李岗文化时期的整地穴式、半穴居式单体建筑(攒尖顶,见图4-1),向仰韶时期的半地穴建筑(如西安半坡村遗址)、烧制墙体套房过渡(如郑州大河村遗址,见图4-2),再到龙山时期的"作室筑屋"地面土木建筑样式,并出现了土坯墙体(如河南淮阳平粮台遗址、洛阳吉利区东杨村遗址)、古城建筑设施(如郑州西山古城遗址、山东寿光市边线王村龙山文化城堡遗址)。室内家具也由夏商时期的单调品种,到西周以来床、席、案、几等家具都已基本出现,上古民居不同阶段呈现出明显的进化特征。所以,《周易·系辞》曰:"上古穴居而野处,后世圣人易之以宫室。"(编者注:据《尔雅·释宫》载,先秦时期"宫、室"同义,等同于"居住建筑"。)《淮南子·修务训》记载:"舜作室,筑墙茨屋,辟地树谷,令民皆知去岩穴,各有家室。"近代史家吕思勉《先秦史》说:"栋宇者,巢居之变,筑墙则穴居之变也。"就是对原始上古民居演变的写照。原始民居建筑也存在一定的空间构成和社会分工,以陕西临潼姜寨遗址(仰韶文化时期)为例(见图4-3),大小居住点就有一定的空间布置差异和公共活动空间,以及相应的防御设施、公共墓地等。

2. 封建社会民居

随着生产力的进步,尤其是封建等级制度的强化,到了封建社会阶段,各种使用功

图 4-1　半穴式民居复原图

图 4-2　郑州大河村仰韶文化时期"木骨整塑式"套房建筑基址

图 4-3　陕西临潼姜寨遗址部落建筑群复原示意图

能、规模体量、风格样式的建筑纷纷呈现出来,如宫廷皇家建筑、官府衙门建筑、军事防卫建筑、科教文化建筑、宗教祭祀建筑、墓葬陵寝建筑、园林游乐建筑、港口桥梁建筑、民间居住建筑,等等。如进入春秋战国时期,各诸侯国都城建筑,特别是城池建筑、宫室高台建筑、陵墓建筑,规模形制庞大,都已相当成熟,后世所用的建筑材料土、木、砖、石、金属等基本齐全,中国传统的建筑工具和技术在那时也基本具备和掌握,后世建筑领域公认的祖师鲁班(又名公输般,鲁国人)就是那个时代的人。

　　受聚落方式和封建土地制度的影响,我国古代民居多以家庭、家族为单元,形成单门独户的院落结构模式。但财力不同,院落的选址、规模、品质也各不相同,不同朝代的政治、经济、文化、军事、民族关系等的差异,在建筑领域也会形成不同朝代的建筑风格,反映在民居上也会有明显的差别。我国早期器物工艺典籍《考工记》记载了进入西周封建制以来,包括建筑在内的不同领域工艺物品建设等级秩序,也很自然地把人和物一起分出不同的等级,出现了明显的分异。同时,由于古代中国一直处在短缺经济的状态,周而复始,导致中国古代民居建筑演进的螺旋式上升,而非直线式上升的。比如,砖瓦材料最晚在西周时期早期出现,春秋战国时期逐渐增多,在晋城侯马、齐都临淄、赵都邯郸、鲁城曲阜、秦旧都雍城、江陵楚都、燕城易县等遗址的考古中,都发掘出板瓦、筒瓦、瓦当、印纹瓦,部分出土了砖块和印纹空心砖。秦汉之际,"秦砖汉瓦"近乎成了这个时期建筑材料和建筑文化艺术的代名词,但砖瓦材料真正普及还是到了明朝以后,直到工业化之前砖瓦材料都没有成为大多数民居的主要材料,古代民居的主要建筑材料仍然以土木为主,砖瓦石材一般作为保障建筑物的"基础"材料来使用,并不占民居建筑的主体部分。研究古代传统民居既要寻找不同朝代之间的民居关系,又要突出各个时代的历史文化背景及其对民居建筑的影响,不同朝代的典型民居是研究中国古代建筑文化和朝代历史文化的重要线索。

秦汉之际的民居形制和特征可从文献记载、秦砖汉瓦、壁画拓片、考古遗址得以了解。秦砖纹饰主要有米格纹、太阳纹、平行线纹、小方格纹等,瓦当纹饰有植物纹、动物纹、云纹等,在出土的秦代贵族"卜千秋"宅院,文字瓦当上书"羽阳千秋""千秋利君"等小篆字体。汉长安城更是出土大量的带字瓦当,如"长乐未央""千秋万岁""上林"等。当时的建筑已具有庑(wǔ)殿、歇山、悬山和攒尖4种屋顶形式,中国古代木构架建筑中常用的抬梁、穿斗、井干三种基本构架形式此时已经成型。秦汉民居多为一堂二室。在封建土地制度的相对稳定期,官僚地主势力迅速膨胀,各地都出现一些大地主阶层的宅院。以下列举几个汉画像砖、出土明器陶屋和汉代民居考古发掘的例子,可了解秦汉民居和"大家宅院"的建筑特点。

1954年,四川成都扬子山出土了一块完整的汉代宅院画像砖(见图4-4)。庭院设施完整齐备,大门位于东南部前方。院落被围墙分割为四部分,均有大门连通。西区西北为主要厅堂,为一抬梁式悬山建筑,室内二人东西对坐,院内有斗鸡和双鹤对舞场景,有古诗"鹤鸣东西厢"的意蕴。东区后院建有木结构阁楼一座,有人畜活动,前院为厨房和杂屋,院内建有水井一口。**近年考古工作者在河南省内黄县黄河故道发掘出一处完整的汉代古村落民居建筑遗址**,村落民居被黄河泥沙覆盖,从而被完整地保存下来,被誉为中国的"庞贝古城"。该村落具有完整的民居社区构成元素,以实物形式完整保存下来,为一处重要民居文化遗产。从出土文物和实物看,至汉代中国民居的基本形态就已经奠定了,而且当时的较大院落习惯于建筑木楼,以登高望远、保障宅院安全。

知识关联

河南内黄县黄河故道发现完整的汉代村落民居遗址

图 4-4 成都扬子山出土的汉代画像砖图案

魏晋南北朝时期，社会动乱频繁，以老庄道学、易学、佛学等为代表的玄学盛行，民居建筑往往以山庄、陋室为代表，与同时期的玄言诗、山水诗文学风格相对应，追求雅趣脱俗、回归自然。贵族势力则追求奢侈，都市坊市建筑以建康（今南京）和洛阳为代表。宗室权贵、名门望族竞相建造府第庄园，极尽奢华。洛阳富商巨贾"千金比屋，层楼启扇，阁道相通，迭相临望"，以西晋富商石崇的金谷庄园为代表。一些乡间大族多聚族而居，人口可达数千上万，烟火连接，比屋而居。住宅有一进、二进、三进或多进的大宅院，围有院墙。建康（今南京）的坊市建筑避开了都城一贯采用的"面朝后市"的严谨格局，而是沿秦淮河自然展开，方便生活贸易，典型街区在朱雀桥、乌衣巷一带。南朝晋代，贵族经济实力和政治势力很是强大，居住设施和空间事实上已与私家山水园林无异。正如唐代诗人刘禹锡《金陵五题》所描写的王导、谢安、江总等人的旧宅极尽奢华，其中第五首《江令宅》描写江总的旧宅："池台竹树三亩馀，至今人道江家宅。"不仅都市民居与商贸发达繁荣，而且江南王公贵族的山庄别墅同样名存青史。如谢灵运在始宁县会稽故居建有规模巨大的庄园"南居""北居"——始宁墅，在这一带创作了大量山水诗篇，开创了中国山水诗派。魏晋时期，名人书画收藏流行起来，人们又喜好清谈社交活动，使得民居建筑的厅堂更加宽敞明亮，追求高雅的楹联字画文化氛围，这一风格流传至今。

　　唐宋时期是中国封建社会发展的鼎盛时期，建筑类型和规模形制也是丰富多样。而民居建筑总是处于建筑领域的劣势地位，与达官显贵建筑不可比拟。唐宋时期的民居多以木为栋椽，以茅草铺盖房顶，以泥土砌成台阶，即所谓"草茨竹椽""茅茨土阶"。但民居建筑较之皇家建筑、宗教建筑更加灵活多样。由于经历千年以上的漫长历史，唐宋时期能够保留至今的原始建筑，尤其是民居建筑已很难找到。除通过一些专门的营造法式著作来了解这一时期的建筑理念外，一些绘画作品、陶院明器、壁画浮雕、唐宋之际的名人故居、名胜古迹和唐宋时代的民居考古等，都是了解中古时期民居建筑的素材。比如，杜甫草堂等名人故居，布达拉宫、大小雁塔、相国寺等寺庙建筑，敦煌壁画、《清明上河图》（以了解宋代都市建筑为主，北宋张择端作，见图 4-5）、《千里江山图》（以了解山居乡野建筑为主，北宋王希孟作）等大型绘画，长安、洛阳、开封、杭州等古城遗址及唐宋仿古建筑物，徽州、泉州、客家等古建筑遗存，四大书院建筑，各地相继出土的古民居建筑遗址，都是了解唐宋前后时期古民居的重要途径。国力对民居建筑文化风格会产生相应的影响，唐宋相比较，盛唐时期国力强盛，民居建筑总显出雄浑、粗放、阳刚之气，宋代民居造型多样，布局朝向自由灵活，门窗、斗拱、彩绘、琉璃砖瓦、屋顶等变得异彩纷呈，略显阴柔之美，工于细腻。这些与唐诗宋词的格调有相似之处。

　　元明清时期是中国封建社会的完成和终结期。现实可见到的地面古建筑遗存元代已不多见，位于山西省高平市陈区镇中庄村的姬氏民居，被认为是目前我国发现最早的元代民居建筑，堪称元代民居的孤例。姬氏民居始建于 1294 年，距今已有 700 多年的历史，为全国重点文物保护单位。明代是一个建筑等级森严的朝代，除皇家建筑外，官宦和平民住宅只能使用悬山顶和硬山顶，并限制斗拱和色彩的使用。现存地面古建筑多数是明清时期和民国时期的建筑遗存。这样的民居建筑在各地都有不同规模和样式的保留。现存的许多中古时期的古建筑多数也是明清以来不断修复、改建、重建起来的。明清以来的古建筑从单体建筑、组合建筑，到古建筑群、古村落、古城镇等功能性、社区性古建筑群落，在各地都有一定数量的典型建筑物，如带有防御性质的土楼、碉楼、

图 4-5 《清明上河图》(局部)所反映的宋代民居建筑

坞堡、山寨,适应特殊环境需要的竹楼、窑洞、单坡房、阿依旺(维吾尔族民居)、口袋房(满族民居),以及保留下来的江南水乡民居,列入国家和世界文化遗产的古街区、古村落、古城镇等,成为我国重要的民俗建筑遗产,也是重要的生产生活设施和不容忽视的旅游资源。明代民居遗存以经济比较发达的东南沿海诸省比较突出,如苏州东山杨湾的赵宅、翁宅,浙江东阳的卢宅,宁波的范宅,徽州歙县的吴宅,屯溪程氏三宅,福建泰宁的尚书第,均为明代建筑遗存。清代民居年代较近,分布更广泛,典型的有陕西韩城的党家村民居,山西晋商多处大宅院(乔家、王家、李家、师家、常家、渠家、曹家等),康熙帝师陈廷敬家宅"皇城相府",河南巩义康百万庄园,河北江家、张家大院、王氏庄园,重庆杨氏民居,广东封开伍氏民居,浙江金华民居,等等。

3. 近现代民居

近现代建筑革新在曲折中进行,主要是学习西方建筑技术、中西建筑相融合、维护"中国固有之形式"等基本方向,建造了一批上述风格的典型建筑,其中包括民居建筑在内,尤以在沿海地区和抗战大后方的名人故居为突出。特别是曾经的租界地所在城市和避暑胜地留下大量近代建筑街区,显示出西方建筑的显著特色,如北京东交民巷、天津五大道、青岛八大关、厦门鼓浪屿、广州沙面等带有显著西方建筑性质。莫干山、庐山、鸡公山、北戴河,被称为近代"四大避暑胜地",留下大量近代建筑群。另有北京大栅栏、天津津门故里、武汉汉正街、福州三坊七巷、广州西关大屋、成都锦里、宽窄巷子、重庆磁器口等大批古街区。古村古镇古城在各地都有存在,被认定的级别档次各异。在民居建筑领域,有的被列入《世界遗产名录》,其中福建的客家土楼、广东开平碉楼、澳门近代古建筑群、厦门鼓浪屿、黄山市的西递、宏村等列入《世界遗产名录》。中华人民共和国成立以来,建筑界掀起一股学习苏联建筑风格的热潮,同时民族形式的建筑也占有相当比重。改革开放以来,中国建筑步入健康发展的道路,建筑元素和建筑风格走向多元化,出现大量具有现代化意义的建筑作品,其中民居建筑融入现代化建筑的潮流之中,满足不同建筑者和居住消费者的需求爱好。在城乡建设的大潮中,民居和社区更新成为主流,曾经有不少有价值的民居遭到破坏,同时也有许多民居得到修缮和保护,特别是民间文化遗产抢救工程实施以来,对众多民居和古村落、古城镇进行了普查和非遗认定,以及相应的法规政策,有效地保证了民居的保护和更新。

总之,建筑物的演进是不平衡的,各建筑类型之间不是孤立存在的,而是相互影响的,研究民居建筑文化要有发展变化的观点、普遍联系的观点。民居演进的历史反映了建筑科技与建筑文化的历史,同时也反映出一定的社会关系史、民族关系史、人地关系史,民居遗产是民族文化遗产的重要组成部分,也是重要的旅游资源。

(三)民居的地域性

民居作为人类日常生产生活的空间载体,必然体现出人与自然环境的密切关系。通常,本土居民长期居住在某一特定地区,就会充分利用当地的自然环境和生产要素,建设自己的美好家园。人与环境之间是一个不断趋利避害的选择过程。民居选址是一个关键的环节,人们总是选择对自己有利的地段和地块定居下来,但环境是可以不断发生变化的。人们发现有的民居遗址可以延续数百年或上千年,而有大量的民居遗址处于中断状态,只是适应了特定阶段的居住环境。在上古时期,国都应当是最大的聚落,但往往会不断发生迁徙,其中相当多的原因是聚落环境的变化引起居住条件危机。正因为地理环境或居住环境的多样性、变化性,才使得民居类型的多样性和适应性。

影响民居的地域自然环境因素主要是地形、地貌、土壤、温度、降水、流水、湿度、光照、通风、植被因素及由此而构成的自然综合体。同时,民居建筑和环境还受到历史文化环境的影响,如本地区的地域文化或本民族的文化特征,都会体现在民俗建筑上。"鱼米之乡"的江南民居与中原旱作农区的民居,在区位选址、结构形制、建筑材料、使用方式等方面都有很大区别。上古时期就有了"南巢北穴"之说,经长期的演化,江南民居与北方民居出现了显著的分异(见表4-2)。同为江南和西南地区的少数民族,不同民族之间的民居文化也有所差别。自然人文因素是形成民居地域差异性的自然和社会基础,决定着民居的空间结构、建筑材料、建筑形制、利用方式、活动方式,甚至决定或影响着民居繁荣与衰落的命运。如敞开的空间与封闭的空间对居民的生活习性影响很大,对人的思想和行为影响很大。居住环境与生存安全的关系亦十分密切,在古代,洪水猛兽、宗族关系对人的安全构成很大威胁,反映在民居上,必须有所规避和预防,古代就有择水而居、择邻而居的习俗。又比如,干湿度对民居的建筑形制影响巨大,南方多雨的气候形成了土楼、竹楼、碉楼的双层、多层建筑结构,土楼、碉楼和骑楼墙体坚厚以避免潮湿和外来侵袭的影响;北方干旱少雨的气候则形成窑洞式、地穴式、平顶式、四合院式传统建筑形制,以达到冬暖夏凉、防止风沙日晒的目的。

表4-2 我国南北方民居的若干特点比较

北方民居的特点	南方民居的特点
多为平顶屋——晾晒谷物 多用砖瓦土石为材料——保温 门窗开在背风朝阳面——利光照、防风 屋里有火炕——取暖 墙壁厚实——保暖	屋顶坡度大——有利于排水 窗户小——防日晒 高出地平面——通风除湿 竹木结构、墙壁薄——凉爽 屋里有火塘——除湿

从宏观的角度看，我国大的自然地理单元和人文地理单元是划分民居区系的基础。比较典型的民居区系有：以四合院、窑洞为代表的华北民居；以吊脚楼为代表的江南民居；以土楼、围屋为代表的客家民居；以四水归堂、马头墙为代表的徽州民居；以骑楼、碉楼为代表的华南民居；以竹楼、三坊一照壁为代表的西南民居；以内封闭、外敞亮为特征的西北绿洲民居；以蒙古包为代表的游牧民居；以口袋房为特征的东北民居等。

（四）民居的实用性

民居的一个显著特征是它的实用性。居住是人类衣、食、住、行四大必需品之一，而且是其他必需品赖以存在的综合载体。人类只有"安居"才能"乐业"，没有基本的居住条件，其他许多活动就无法正常开展。从实用性来看，民居具有以下几个实用功能。

1. 民居的保护功能

民居保护家庭成员免受风霜雨雪、电闪雷鸣等自然灾害的伤害，保护个人和家庭生命财产不受非法侵害。

2. 民居的经济功能

民居不仅为生产活动提供必要的人力、物力、财力保障，而且民居本身具有一定的经济功能。以动植物栽培、饲养、加工为代表的庭院经济，可以为家庭和社会创造不容忽视的经济价值。

3. 民居的贮藏功能

粮食、果菜、用具等生产生活必需品，都要依靠民居来储藏。民居大都设有物资储存和流通的专用空间。

4. 民居建筑的使用功能

从民居的建筑构成上看，民居的每一个建筑空间都有它具体的使用功能。

中华民族是一个特别注重实际的民族，以崇尚俭朴节约为美德，这一点在民居建筑上得到充分体现，过分装饰向来被作为奢侈的象征，产生了"实用为主，审美居次"的器物设计价值观。明末清初美学评论家李渔《闲情偶寄》强调"窗棂以明透为先，栏杆以玲珑为主……坚而后论工拙"，就是这种思想的实用美学表达。

民居建筑的实用性是生产力和生产关系的综合体现，是产生历史继承性和地域类型差异性的基础与前提。经济实力强则民居建筑质量较高，实用价值也较高，反之亦然。民居的各项功能体现在民居建筑的设计安排上，同时其规模、结构、水平也为人们了解民居的生产生活模式提供了第一手的材料。生产生活方式的多样性，决定了民居形态的多样性。所以，研究和发掘传统民居与古代民居遗址，对于了解古代社会的历史与文化发挥着不可替代的作用，也是开展科普旅游、民俗文化旅游的重要资源和旅游客体。

（五）民居的文化性

建筑是凝固的历史、凝固的艺术。民居建筑是凝固的民俗文化，而且是一种综合性较强的民俗文化。民居所反映出来的文化类型丰富多样，比较突出的有以下几种。

1. 生态选址文化

从区位环境角度看，民居文化是一种居住生态文化或人与自然关系的生态伦理文化，也可称为区位选址文化。我国古代劳动人民在长期的人与自然的斗争中，不断总结居住环境的经验，并上升到一定的理论高度，建立起一系列人与自然和谐相处的生态伦理关系，形成了具有独特内涵的生态选址文化，主要分为理气派、形势派，以更好地处理方位、地形、水系等周围环境的关系，其核心思想是天人合一的生态伦理观。这一思想既把人作为自然的对立面，又把人看作大自然的一个部分，便于在尊重自然规律的基础上，发挥人的积极性、主动性和创造性。中国传统的生态选址理论认为的"宝地"通常是后有高山、前有空间场地、流水或水池，左右有略低砂山环卫，即所谓"后面有靠、左右有抱、前面有照、照中有泡"。这种负阴抱阳的地势，面水环山，阳光充足，用水便利而不受洪灾的影响，交通便利，青山绿水，风光秀丽，自然成为宅居宝地。生态选址理论在民居建筑领域广泛运用，使民居建筑与民族文化紧密联系在一起。如太极、阴阳、五行、八卦思想，图腾与禁忌的思想，祭祀天地祖先的思想等，在民居建筑中都可能有所反映。其中，阴阳平衡思想主要体现上下、高低、虚实、明暗、男女、方位、天地人神等因素。《黄帝宅经》认为，"夫宅者，乃阴阳之枢纽，人伦之轨模……人因宅而立，宅因人得存，人宅相扶，感通天地"，足见其重要程度。在我国浙江兰溪、安徽黄山、广东高要、新疆伊犁、辽宁桓仁等地都有典型的"八卦村（城）"，整个聚落按八卦图案结构布局，代表某种周易八卦、阴阳平衡的布局思想。民居选址的地形水系要有利于人口的繁衍生息，安全保障上进退自如。消灾避难的思想过去相当长的时间内曾在民间各地建立了一整套带有封建迷信色彩的思想理念，深入民俗生活的各个部分。如庭院树木的选择非常讲究谐音民俗，有"前不栽桑，后不栽柳"之说。其中"桑"与"丧""伤"谐音，"柳"是坟墓用的象征物，均被民居避讳。北京四合院大门常常朝东南方开，属于八卦方位的巽位，可以更好地得到阳光和暖风，私密保护较好，还可以节约使用一进院中部的空间。许多家宅或村落前方（南方）附近有水池，可以平衡南方的燥热感（在五行中水克火），用水、排水也方便。部分徽州民居按照五行方位的西方属金、东方属木，而将建筑坐西朝东，取"坐拥金银"意向。

2. 封建伦理文化

中国是一个经历了漫长封建制度的国家，在民居建筑上遵循封建伦理秩序。民居建筑在规模、形制上都难以与官方建筑相比较，更难以与皇家建筑相比附，总体上呈现出封闭收敛的特征。不论是宅院式民居，还是园林式民居，都显得内敛、中庸、保守。现存明清以来京城、山西、苏杭、徽州、岭南等富商大户的家宅和名人故居，都难以同皇家建筑、官府衙门相提并论。民居是封建家族文化的现实反映，"三纲五常""三从四德"的伦理价值观，使民居建筑与居住者的身份相对应。如古代女子"大门不出、二门不迈"，即是把女子封闭在高墙深宅之内的设计。主仆身份不同，居住设施也是等级森严。贫富差别造成的民居等级差别也延续了数千年，讲究门当户对，高门深宅，包括宅第、墓葬。祠堂是典型的礼制建筑构成，是许多家族、宗族的建筑标配，是联系宗亲的空间纽带和情感维系。

此外，从建筑礼制的角度看，中国传统木结构建筑的规制具有明确的等级秩序，其中悬山顶、硬山顶、卷棚顶、攒尖顶的级别较低，是民间建筑常用的建筑样式。但同时也应当看到礼制建筑秩序的级别并不等同于建筑物质量的高低,民间大量存在高质量的建筑,经历数百年的民间建筑不乏其例,与此同时,皇家建筑也会根据建筑秩序的需要采用较低级别的建筑等级,如北京紫禁城三大殿之一的中和殿、沈阳故宫的大政殿,就采用了攒尖顶,同样代表中国古代高规格的建筑物。

3. 地域特色文化

民居文化是地域文化的一个反映,是经过长期的历史演化形成的,与这一地区的自然、历史、文化高度吻合。而外来迁徙的宗族建筑物又存在着一定的外来文化特征。如我国港、澳、台地区的部分民居反映出典型的西方民居的**多元文化特色**,东南沿海客家人民居反映客家民居的传统性和变异性,近代东北地区的一些民居反映出近代日俄侵华时期遗留下来的一些民居风格。建筑是凝固的文化,民居是凝固的地域文化,总是打上了浓郁的地域文化符号。

我国的传统地域文化划分方案有多种,所划分的地域文化单元既相对独立,又彼此密切联系,很难截然分开,共同构成中华文化的统一体。民居文化不可避免地受到地域文化的影响,是地域文化的表征和地域文化的构成部分。如齐鲁文化与齐鲁民居、中原文化与中原民居、吴越文化与吴越民居、岭南文化与岭南民居、西域文化与西域民居,等等,均符合地域文化的整体性和差异性特征。

知识关联

中西合璧的世界文化遗产——澳门历史建筑群

(六)民居的审美性

民居作为人类居住的空间载体,体现出一定的审美特征。从审美范畴看,首先,民居具有自然生态之美。不论是山地丘陵还是平原水岸,选择自然环境优美的地段是民居环境的取向之一。中国民居更是讲究融入自然,自然天成,体现出民居的自然和谐性。其次,民居具有生动的社会生活美。勤劳勇敢的人民在自己的土地上耕耘劳作,创造着丰富多彩的物质文化和精神产品。民俗活动构成了显著的审美情趣,或优雅或质朴,或庄重或自由,使民居与各类民俗融入民俗生活美学的整体之中。最后,民居存在大量的民间艺术美。如民居建筑的结构图案、装饰图案,具有民间信仰意义的图腾符号,取材广泛,托物言志,有的取自神话传说,有的取自民间故事,各种民间艺术相互借鉴,交相辉映,代表着美好的理想与期望。

民居之美体现在民居建筑的各个方面,从室内到外观,从局部到整体,在建筑之初就按照人们长期积累起来的大量建筑美学知识或经验,运用到民居建筑领域。所以在民居建筑领域,蕴藏着大量的科技、文化、美学遗产,值得人们去研究、鉴赏。如我国民居建筑美学中形式上的简约美、对称美、象形美、比附美、谐音美、讽喻美,内容上的求真、求实、向善、消灾、避祸、英雄崇拜、天地神祇祖先崇拜、求子托福、歌颂真诚善良孝道、美好爱情、江湖好汉打抱不平等的题材,随处可见,与民间建筑艺人丰富的想象相结合,产生了我国独特的民间建筑审美艺术宝库,构成了一套民族科技文化的百科全书,享有崇高的艺术价值与国际地位。

知识活页

南阳汉画像石刻的艺术魅力

民居建筑审美不仅体现在建筑物单体,还包括建筑群、建筑聚落、建筑文化区域的整体之美。建筑审美的视野还应包括人与自然、人与建筑、建筑与建筑之间的和谐共生。建筑背后体现出的是生存之道、生活态度、行为准则,高质量的民居与高质量的民生、富庶的经济、浓厚的文化氛围是不可分割的。

第二节　民居的建筑与居住

一、民居建筑的样式与构成

我国的古建筑是世界古建筑的重要组成部分,在规模、结构、形制上独具特色,富有浓郁的东方神韵、审美情趣和高超的科技含量,构成了一部完整的建筑文明史。其中,以土木材料和结构占主导,民居建筑亦不例外。从单体的人居建筑看,居住建筑的档次差别很大,相应地在建筑形制上也存在着较大的差别,等级森严,打上了鲜明的封建礼制特征和地域民族风格。我国传统的居住建筑档次可以体现在建筑物的各个方面,如材料、规模、结构、环境、装饰等,仅从屋顶的样式就可以看出建筑物的档次和地位,屋顶等级由高到低依次为重檐庑殿、重檐歇山、重檐攒尖、单檐庑殿、单檐歇山、单檐攒尖、悬山、硬山等样式。其中,单檐式、悬山式、硬山式为民间建筑的基本样式。

(一)民居建筑的主体构成

单体民居建筑一般可分为台基、屋架、屋顶三个部分,三者构成一个完整的房屋整体,分别承担着房屋构造的下、中、上三个部分。台基一般要求高出地面,地质基础较好,土石坚固平整,起到承载整个建筑物、方便使用和防水、防潮、防腐与庄重威严等功效。台基夯土不仅坚固,而且柱础底部往往还要放置承重石板,使房基更加坚固平稳。房屋台基一般为长方形,多数房屋单独成基,也可多个房屋台基连成一体。中部一般为房屋的支架,中国传统古建筑主要是用木柱为房屋支架。木柱是房屋上部的主要承重构件,木构架建筑常用抬梁、穿斗、井干三种基本构架形式,不同构架各有利弊,适应不同的民居样式要求。其中,抬梁式(叠梁式)构架是以柱抬梁,以梁抬檩,以檩抬椽,椽上覆盖茅草、板瓦等防水材料,层层承接重量,保持平稳坚固,共同构成房顶。穿斗式(立贴式)架构,直接以落地木柱支撑屋顶的重量,柱间不施梁而用穿枋相连,木柱和穿枋可以单独承重,用力分散,木柱密度较高,由于单根木柱承重较轻,对单根木柱要求较抬梁式木柱低。井干式构架是以圆木或矩形木料平行向上层层叠置,在转角处木料端部交叉咬合,形成房屋四壁,再在左右两侧壁上立矮柱承脊檩构成房屋。由于耗费木材量较大,开窗不便,故不大常见,我国东北和西南因木材充足、气候温差较大,有部分井干式结构建筑。在西北等降水较少的地区,还存在一定数量的密梁平顶或斜顶单坡民居建筑,由横梁并排承顶。木结构民居建筑的墙体主要用于封闭隔挡和开间,材料为砖、石、土、木均可,由于木柱承重,墙体可以不承重或少承重。故有"墙倒屋不塌"的说法,这也是中国传统建筑的一个特色。

适应特殊地形地貌和气候条件可以产生不同的建筑构造模式,如适应江南、西南地区一定坡度的吊脚楼(见图4-6),其房屋地面的一部分常常伸出地平面以外,并有朝下的悬空或触底木柱,以及朝上的栏杆,用以扩大实用空间,并用来防潮、观景;云南西双版纳地处热带季风气候，干湿季节鲜明，为了散热、防雨，底部一层悬空，顶部坡度较大，主要采用当地充足的竹木材料(见图4-7)。

图4-6　江南地区的吊脚楼民居

图4-7　云南西双版纳的傣家竹楼

(二)民居建筑的附属构成

民居建筑中的走廊、门、墙、窗、斗拱、房檐、屋脊、鸱吻等构件也非常重要。它们虽然对传统民居建筑一般不起构架作用，或只是起到一定的衔接过渡作用，但其形制风格与建筑物主体密不可分，相互影响，而对于使用者则必不可少。其中，走廊是房屋与院落的过渡，突出于房屋前部或四周回廊，一般由柱子单独支撑，也有的与主体建筑混合设计，走廊延伸了房屋向外的使用面积，可以起到防雨水、保护墙体、稳定房屋的作用。走廊在南北方民居都有存在，以南方较为普遍，这与南方多雨的气候有关。斗拱是承托屋顶、房檐的过渡构件，起到承重、装饰、缓冲、衔接的作用，通常施以彩绘装饰。房檐外出墙体和支柱，可以避免风雨的冲击和侵蚀，起到保护建筑、平衡建筑、美化建筑的作用。古代民居建筑一般为单一房檐，高大庄严的建筑物可以是双重或多重房檐。其房门是供出入和封闭的通道，门的大小、形制、开合方式、质地规格很有讲究，要严格按照封建等级秩序设定与户主的身份地位、房屋的整体结构相匹配。房门从外到里与院落不同的进深各有设置，代表着不同的空间和居住环境。大门往往建成门楼状，规格标准各不相同，是门户高低的重要标志。不同的房门代表不同的家庭和人口，有"门当户对""光耀门楣"之说，构成了一部中国封建礼教的所谓"门堂之制"和"门窗文化"。与门堂相对应的设施还有影壁、牌坊等民居设施。影壁一般位于进大门的稍前方，为高度过人的短墙，起到保护隐私、防风沙、庄严门户等作用。牌坊是一种封建礼制标志物，一般在村落的一定位置，用于表彰忠孝节义、光耀门庭，多由石柱、石条砌成，镌刻有铭文。

传统民居墙壁分为外墙和隔墙。材料多为土、木、砖、坯等，木质墙体多雕刻不同图案，起到隔离保护和开间作用。有的墙体起到承重作用，而当代民居外墙多数起到支撑作用。窗是开在墙体一定部位的固定或可开合的房屋构件，起到通风透光、通气防潮、开阔视野等作用。窗体的形状、构造、图案更加灵活多样，样式种类可达成千上万，构成丰富多彩的门窗文化，成为反映中国传统文化的一个不容忽视的载体。

(三)民居建筑的装饰

民居建筑物的装饰、色彩、图案更是复杂多样，应有尽有，显示出房主和民间艺术家的情趣和风格。艺术手法有雕塑、镂刻、镶嵌、彩绘、书法等。题材有人物故事、花鸟鱼虫、民间信仰、图腾标识等不胜枚举。民居色彩多以原材料的自然色为基调，主要有青灰色、砖红色、土黄色、黑白色等基础色调，显示出原生态和与自然融为一体的建筑和居住理念。

（四）居住使用空间的构成

由单体建筑构成民居宅院，其在设计上通常分为厅堂、卧室、侧房等居住使用空间。室内装饰和家具因人而异，室外公共或私家活动空间大小、方式往往与地形、水系、村落结构、族群构成、民俗活动关系密切。从民居鉴赏的角度看，突出地域风格、民俗风情、个人情趣，是了解民风民俗的重要素材和审美对象。如可以重点把江南水乡、北方旱作、草原森林、海岛渔民、山乡居民等环境差别较大的民居室内外结构和装饰，作为审美个案予以区别和比较，也可按照大地理方位从宏观上加以区分比较。我国是一个统一的多民族国家，几乎每一个民族都形成了各自的民居建筑和生活居住模式，构成丰富多样的民居文化旅游资源。

（五）民居的院落和村落构成

知识活页

北方汉民族民居的实景博物馆——丁村民居

多间、多层民居以及院落多是在上述单体建筑的基础上平铺或叠加而成，并通过一定的技术处理加以整合。院落和村落的组合方式受地形地势、家庭家族传统、邻里关系、经济实力、村落历史等多种因素影响，形状有方格状、圆形状、特殊几何形状等。组合方式为院落横向、纵向、干枝状、放射状、断续状延伸排列，形成不同的组合方式。由此而产生不同进深的院落，有一进院、二进院、三进院不等，且习惯用一、三、五等奇数（阳数）设定院数和开间数（亦有对称的因素）。院落和开间越多，表明等级越高。每个院落就是一个四合院性质的方块空间，彼此由围墙和大门分割开来，形成不同位置、大小和居住功能的开间，由主体建筑和厢房组成，呈现一定的几何图案，以轴对称较为普遍，分别承担客厅、卧室、书房、厨房、储藏等居住和使用空间。这种不同进深、使用功能齐全的"大家宅院"，往往带有一定的园林性质，在占地面积、投资建设、日常管理和维护等方面都要花费很大成本，只有富商大贾、达官显贵或特殊纪念意义的名人故居，才有可能建成并保存下来。从一定意义上讲，规模较大的民居宅院，上承严谨庄重的皇家建筑、官府建筑，下启自由灵活的园林建筑，带有一定的过渡性质，也说明中国传统建筑难以截然分开，也反映了中国建筑文化的连续性、关联性。可见，民居建筑文化与中国传统文化是融为一体的。

中国传统村落因长期受战乱影响，许多民居布局方式带有显著的村寨、山寨、坞堡性质，依山傍水，或中间高、周围低，有水系沟通内外，利于自卫，自成系统。保存有相当数量的公共建筑设施，如寺庙、祠堂、牌坊、钟鼓楼、戏楼、寨墙、壕沟、水井、作坊，等等。

二、民居的建筑与使用

民居建筑的过程与其他类型的建筑有一定共性，也有其特殊性。从建筑意向、规划设计、建筑装饰、乔迁居住，再到保养修缮等一系列过程，都有一定的讲究，不可缺少，构成一个完整的民间居住模式，但其中又有许多差别和讲究。材料一般就地取材或作简要粗加工。在保障安全上要求精益求精,但建筑手法比较原始粗放。

(一)民居建筑的主客体因素

民居是承载人类生产生活的基本物质载体,它的产生和发展是与当时当地的客观历史地理环境联系在一起的。从民居文化鉴赏的角度看,不论何种形态、规格的民居,都是人类的建筑成果或建筑作品,都要由人来完成、由人来居住,并通过人来实现民居的使用功能,这就构成了民居社会存在的人的因素、物的因素、环境的因素,也是民居建筑千差万别、纷繁多样的根本原因。

民居中人的因素是民居建筑的前提,表现为建筑的目的、经济实力和建筑过程的组织能力。民居的主人可以是士农工商、三教九流等不同的身份,他们都有建筑的需要和可能,也都有建筑的理念和要求。民居建筑不仅是居住的场所,也是社会交往、社会地位的象征,因此,无不倾注了大量的财力。房屋的规模、体量、结构、功能、装饰代表了民居主人的个人和家庭喜好与能力,其中最具突出地位的是民居的门楼,这是人们接触民居的第一印象,也决定了外来客人和周边邻里对民居主人的态度。

民居中物的因素十分重要。土、石、木、竹、砖、瓦等都是商品或要付出一定的劳动才能获取,它们的规格档次是有明显差别的,上乘的材料需要付出更高的财力投入。有的要从千里之外长途搬运过来,仅物流一项就要付出很大的投入。同时,还要由建筑艺人进行质量规格的鉴定与把关。民居建筑中物的差别,决定了民居的基本风貌和类型,也决定着民居的寿命和文化含量。

民居的建筑环境包括特定的地理环境和历史文化背景。地理环境因素包括地质地貌条件、水文水系走向、光照风力的强弱、植被的类型和疏密、土壤的肥厚与贫瘠、取材用水的条件和代价,以及邻里关系的好坏与协调等物质和空间因素。历史文化背景则是指民居修建时期的生产力水平,人们的生产方式、生活方式,以及建筑工艺技术的掌握和普及程度。一个时代有一个时代的社会经济状况,它孕育和造就了这个时代的民居建筑与生活居住模式。

(二)建房过程及其习俗与禁忌

首先,建房的原由,即在什么情况下建设新房。民间建房有多种因素,或因为经济收入增加需要改善原来的居住条件;或因为人口增加,居住面积不足,需要通过建筑新房扩大居住面积;或因为男丁成年,要娶妻生子,成家立业,要求建筑新房;也有集体统一规划建设新社区的情况。总之,民居建筑成为持续不断的民俗活动,也是改善居住条件,提高生活质量的重要途径和具体体现。

其次,建房过程中要举行相应的民俗仪式。建房的整个过程都有可能产生相应的民俗事项,流程包括如下环节。

1. 相宅

相宅,即区位选址。择地而居在我国有着悠久的历史,《尚书》就分别记载了盘庚迁殷、周召营洛的原因与过程。从考古遗址看,史前人类都对聚落地及其周边环境有所选择。我国关于相宅等方面的著述琳琅满目,十分丰富,如《宅经》《相宅经》《葬书》等,相关理论和经验渗透到民间各处。

2. 备料

备料，即根据房屋的规格、体量、投资，采购或准备土、木、沙、石、砖、瓦、钉等建筑材料。根据需要，还要事前做出一定的初步组装，材料位置放置也要按规则堆放，不能杂乱无章，以免乱了头绪，影响工期进展。备料是建房的前提，一般要经过较长时期的准备。

3. 确定施工团队

一般村落民间都有负责建房的木工、泥瓦工匠人，房主进行委托后，组成建房人员。建房在民间为重大活动，往往一家建房全村关注帮忙，以义务帮忙为主，只招待吃喝，这也成为许多地方的民俗习惯。市场经济背景下的民居建筑施工费用纳入整体预算。

4. 选定黄道吉日开工奠基

中国古代各地有卜宅的习惯，选定黄道吉日，举办开工奠基仪式。民居建筑没有特殊情况，一般选定在农闲时节，天气晴朗，如开春季节、秋后季节进行破土动工。

5. 打基础

民居一般建筑在基础牢固的高地，台基适当高出地面，以便防水防潮。不论新土或旧基都要夯实基础。夯具多为木制或石质，多人操作，为协调一致，提高效率，还要喊出打夯的号子：有的按"号谱"喊号；有的自行编制，保持节奏快慢。

6. 砌墙、立柱

基础打好后，就要按事先的测量砌墙、立柱，有砖墙、石墙、土墙、木墙等墙体，墙体一定要规则坚固，可连续完成，也可分层砌筑。

7. 上门、上窗

在一定的高度就要上门框、安装窗子，或留下门窗空间，之后安装。有些地方安装大门也要举办简要仪式。

8. 上梁

在土木结构的建筑中，梁架是最核心的环节，承前启后，是民居建筑的关键。因此，上梁前一定要选定吉日，举行或简或繁的上梁仪式，鸣放鞭炮，粘贴红纸联，祈求保佑"上梁大吉"，并齐心协力把梁、柱、斗拱、脊、檩、房檐框架搭好，而且要一次完工。有许多地方上梁当日还要举办酒宴，称"上梁酒"，招待亲族贵宾和工匠等各方情面。

9. 打顶

打顶主要是铺椽、钉椽、覆盖防水膜、铺草铺泥等工序，要一气呵成，然后才是细节修整，完成主体工程。

10. 装饰

有些装饰在各个环节进行，有的则要等主体建好风干后进行。装饰的内容、手法多样，取材广泛。房屋要进行粉刷、雕刻、绘画、图案设计等，使整体建筑完美协调，融入当地的自然人文环境。

另外，要注重建房过程的禁忌。建房和建筑过程有许多禁忌，如位置禁忌、地基禁忌、朝向禁忌、视线禁忌、结构禁忌、主次序位禁忌、邻里房屋高低禁忌，既不能压制人家，也不能损害自家利益。如果不能回避，就要采取一些措施，加以克制。如北京四合院门多开在东南方，回避大门正对正堂，大门常修影壁。厅堂要位居中央正房，结构要求对称、平稳。房屋要一般坐北朝南，有私密性，不被窥视。自家建筑要独立，不与邻家相交错。古代修建房屋时讲究：大门不对山墙，不得已要镶嵌"泰山石敢当"之物；大门一般要朝向南方或东方开；房门禁忌正对断头路巷、寺庙，门窗禁忌正对洞穴、坟墓、忌对邻家门窗；等等。民谣称"门对窗，人遭殃；门对门，必伤人。"

(三) 布置与乔迁

待新房风干，就可以择日布置和迁居。布置一般根据房屋结构、家具类型、当地习俗、生活习惯，做出合理设计，以方便、美观、实用、序位得当、节约空间为准，无须奢华拥挤。乔迁意味着居住条件的改善，新家园的入住，因此都要庆贺一番，形成各地民俗。一般要贴上门联、福禄寿喜、中堂字画，燃放鞭炮，吃乔迁酒宴，名曰"烧锅底""接火种"，感谢工匠师傅。有些地方规定迁居新房不可空手，要带上物品，以示招财进宝。客家人乔迁习俗称为"过火"，即把"香火"、伙食迁入新居。规定迁居时间要在吉日黎明前，由男主人挑出"火担子"。担子一头是锅，锅内装燃烧的火灰，撒上谷糠，使之烟雾缭绕，另一头箩筐内装上香炉、点燃的小蜡烛等，主妇带上饭甑和锅铲，甑内放上用红纸包着的"五谷"，儿孙各带其他炊具，贴上红纸，出旧屋进新屋时都要燃放鞭炮。

(四) 居住习俗

居住习俗主要是指生活居住过程中的一些习惯和禁忌。如居住空间上，一般要坐北朝南，厅堂居中，北为上南为下，东为上西为下，要按照辈分和长幼顺序居住，东西厢房一般不作卧室居住，而是用于厨房、陈设杂物，应保持院落和户外活动场地的清洁和环境幽雅。禁忌方面，不在房屋乱涂乱画，不污染树木，这样有损庭院形象；禁忌种植有害的树种，树木枯死应及时去除，树木不能覆盖整个院落；房屋设施出现问题要及时修缮维护、更新改造；用火与柴草要保持一定的距离；院落停车要便于出行；周边避免易燃易爆危险品，杜绝危房和庭院人畜灾害发生。

第三节 民居的类型

民居的类型可以从不同视角来划分，每一种划分都产生不同的划分结果，对于较全面地了解民居、研究民居以及开展民居旅游，发挥着重要作用。

一、按建筑材料分类

我国地域辽阔，建筑材料丰富多样，但传统民居的建筑材料主要是直接取自自然界或经过适当的加工间接取自自然，主要有石料、砖瓦、木料、竹料、沙灰、干草、金属等。受取料成本和设计要求的影响，各种材料的比重存在很大差别。在山区，人们大量使用石料和木料，在平原和西部黄土高原更多使用土料和木料；在南方，竹料成为重要建筑材料。就地取材，不仅可以降低成本，而且符合当地的自然环境条件，可提高民居的适应性和协调性。

民居建筑在用料上的比重因房而异、因地而异,有的土木多一些,有的砖瓦多一些,有的石材多一些。这里介绍几种用专门材料比重较大的特色民居建筑,体现民居的个性风格和差别化旅游吸引力。

(一)石头民居建筑

以石料为主建筑起来的民居在山区十分常见,整村以石头建成的村落则构成一定建筑特色景观。如河南内乡的吴垭石头村、河北邢台的英谈村、贵州黄果树附近的石寨村即为石头村寨的典型。

吴垭石头村,距今已有三百余年历史,现有农家五十多户。入村后,不论是作为公用设施的石板路、石板桥、石台阶、石楼门、石院墙、石厕所、石磨房、石畜圈、石窑,还是作为家用工具的石盆、石槽、石桌、石凳、石臼、石缸、石磨、石碾、石棒槌、石灶台,等等,随处可见。清一色的石墙青瓦,依势而建,错落有致,从基台到屋顶,大多用石材,整个村庄像一座青石城堡。有的视山坡的陡缓分层筑台,在台地上建房;有的在地面不等高的空间,采取屋顶等高、地面不等高的办法建房;有的干脆后墙靠着陡峭的崖壁,三边以石头砌墙建房。

(二)竹木结构民居建筑

南方多雨地区,林木茂盛,盛产竹子,竹木成为建筑民居的极好材料。西南地区的苗族、侗族、傣族等木质或竹木结构的吊脚楼、竹楼,基本上是由木质或竹质结构建成,又称干栏式建筑,独具特色。如贵州雷山的郎德上寨、湖南通道侗族自治县的芋头村为典型的木质结构吊脚楼村寨,东北长白山林区还保存有带有"活化石"性质的女真人木屋村落。

云南纳西族的一支摩梭人村寨,位于泸沽湖畔。村寨中的建筑多数是由木质材料叠筑而成的井干式建筑,称为"木楞房"(见图4-8),墙壁叠木而成,木与木接触由沟槽榫卯钮合,空隙处用草泥涂抹,屋顶多为悬山式,顶盖为木片、茅草、树皮等。木楞房又有正房、厢房、花楼、门楼之分,承担起不同的居住功能,这种房屋起于元代,已有几百年的历史。

图4-8 云南摩梭人的井干式民居——木楞房

(三)土质结构民居建筑

以泥土为主要材料建筑而成的民居,主要是适应干旱少雨的居住环境中,我国华北和西北地区黄土大面积发育,且干旱少雨,成为以土质为主要建筑材料的民居典范。南方客家土楼的墙体制作,亦是吸收了北方传统的土墙制作技术,结合南方的环境特点创新改进而成。泥土可以作地基、墙体、房顶的主要材料。泥土作地基通常采用夯筑法,将高出地面的土料一层层夯实叠加起来,形成台基。台基坚硬可以承重,也可以起到一定的防水、防鼠作用。土层中可以夹杂相应的砂浆、砖瓦碎石,以增加地基的强度。墙体可以是**夯土版筑法**,也可以是**草泥叠粘法**,还有用土坯筑墙的方法。土坯是用泥土按砖块的形状塑模而成的,可以是专用建筑材料,比砖块大而粗糙,也可以是未经烧制的砖坯。土料在降雨稀少的干旱地区,还可以用作房顶用料,一般与茅草结合使用,使茅草固着为一个整体,一定厚度的土质可以遮风避雨,冬暖夏凉,我国华北西北和黄土高原等地广泛使用黏土做房顶材料。黄土窑洞民居(见图4-9)和西北、青藏地区的密梁式平顶民居,多数是以土质和茅草为建筑材料的。

知识关联

夯土版筑法与草泥叠粘法

图 4-9 陕北窑洞民居

二、按结构形态分类

民居的结构形态可以从平面和聚落、立面和屋顶方式等方面加以分类剖析。

(一)按平面和聚落方式分类

从建筑平面看,多数民居带有一定的规则形态。中国民居的平面结构习惯使用矩形、方形(如四合院、四角楼)、圆形(如客家土楼),走向呈中轴对称,取天圆地方、外圆内方之意,达到和谐美满和平衡。中国民居的平面形状结构进一步可以细分为圆形、纵长形、横长形、曲尺形、三合院、四合院、三四合院混合形、环形、窑洞九大类。民居院落及其组合而成的民居群落,一般沿聚落中心或南北中轴线向外围自然扩散,但受地形、河流、道路等因素的影响,而呈现出自由、灵活、便利的扩散模式,达到人与自然、人与社会的协调统一。因此,中国民居聚落平面结构可分为方圆均匀放射扩散结构、轴线对称扩散结构、沿水路扩散结构、依地形起伏脉络结构、干枝状延伸结构、特殊图形符号结构(如五行八卦结构)等结构模式。云南大理白族民居呈现三坊一照壁、四合五天井等平面结构模式,而东北满族民居常用口袋房平面结构,徽州民居常采用天井院平面结构。

(二)按承重(立面)和屋顶方式分类

中国传统民居是以木质材料为核心的,以此为基础,决定了中国民居的承重方式和结构形态,而这种形态很自然地集中体现在屋顶的形态结构上。屋顶主要有庑殿式、歇山式、悬山式、硬山式、平顶式、卷棚式等结构方式。其中庑殿式和歇山式档次较高,构造复杂,建筑成本高昂,很少用于民用建筑上。悬山式民居主要是立柱承载屋顶的重量,屋顶突出在墙体之外,可以起到保护墙体的作用,可以使民居的寿命延长,但用材量较大。硬山式建筑主要是用山墙承载屋顶的重量,结构相对简单,一次性成型,屋顶相对简陋,逐渐占据了民居的主流。平顶式建筑主要适应北方干旱少雨的环境,在硬山墙体顶部覆盖密集的横梁,再覆盖以防水用的塑料薄膜、粘片、席片、茅草或者黄土,即可起到防水防晒保温的作用。卷棚式屋顶前后相连处不做成屋面脊而做成弧线形的曲面,多用于民用建筑中的生产设施,如畜舍、温室大棚等。

三、按使用功能分类

民居和聚落的本质是一套完整的生活和社区空间组织系统,是和一定的生活模式联系在一起的,是人类生产和生活实践的产物。因此,研究民居、鉴赏民居,不能孤立地看待局部现象和事物,而应当有民居建筑的整体观念。围绕民居生活载体形成了比较完整的配套设施,这些配套设施发挥着各自的使用功能。

(一)厅堂

厅堂俗称"堂屋",是家庭议事、接待客人、供奉祭祀的正房,一般前有大门,后靠墙为案几,后墙有中堂字画或供奉宗祖牌位。厅堂可用作饭堂。

(二)卧室

卧室为家人居住的房间,多位于厅堂两侧开间,有的卧室中间还可由隔墙分开,分别开有进门和窗户。

(三)厨房

厨房是家庭炉灶生火做饭的地方,一般与正房分开或用墙壁隔开。北方有地炕或火墙的民居,厨房多与厅堂一体,炉灶要与地炕火墙连通,起到加热排烟作用。厨房用于做饭,也可用于吃饭,还可存放柴木、食品、杂物等。

(四)库房

库房是家庭生产生活常用农具、工具、车辆、耐用消费品等的存放地。

(五)厕所

厕所通常位于庭院前方角落或房屋后等活动较少处,一般应回避正对大门的位置。

（六）围墙

围墙是指保护院落的周围墙体、栅栏、篱笆和门楼。

（七）院落

院落是指被围墙包围的民居活动空间。平面形状各异，一般植有树木、庭院作物，设有水井、垃圾灰坑等。

（八）畜舍、禽舍（作坊）

畜舍、禽舍和手工作坊一般在较大的院落，也可与居住院落分开。

（九）影壁

影壁，又名照壁，一般位于宅院前方。正对正堂大门如果为敞开空间，视野过于开阔，一般在大门进院内、大门外、大门左右两侧，设定与院落墙壁基本等高的墙壁。影壁起到庄严、保护隐私、阻挡风沙等作用。影壁分不同档次，结构分壁顶、壁身、壁座，壁顶的设计可仿屋顶样式等。

（十）牌坊

牌坊是个别家庭宗族、村落为表彰忠孝节义、历史名人而设立的石质礼制标牌，还可起到标志物的作用。

（十一）公共活动设施

在村落社区一定位置一般设有会场、饭场、钟鼓楼、地物地名标志牌、祠堂、学堂、庙宇、水井、戏台、敌楼寨墙、道路、沟渠、池塘、墓地、厂房、仓库等社区公共设施。

四、按民族地域文化分类

我国有着辽阔的国土，长期的自然历史过程演化构成了多民族地域分异的民居分布格局，大体上以秦岭-淮河为界，可分为南方民居和北方民居。南方民居大体上又可分为江南水乡民居、东南华南沿海民居、岭南民居、西南民居等民居文化区域。北方民居大体上可分为东北民居、华北与黄河中上游民居、中原民居、西北民居、青藏民居等民居区域。在区域民居划分的基础上，还可以按省份或传统地域文化、民族文化划分为更多次级民居区域。这里选择部分典型地域传统民居做简要介绍。

（一）江南水乡民居

长江中下游地区为亚热带季风性湿润气候，温暖潮湿，山清水秀，河网密布，平原丘陵相间，文化上既受南方原住居民的影响，又受中原南迁文化的影响，建筑文化风格比较典型的有徽州民居、苏州民居、绍兴民居、上海民居等。

1.徽州民居

徽州民居地域上主要分布在皖南新安江上游流域，包括黄山和婺源一带地区。徽州居民是历史上中原迁徙南下居民,人口不断繁衍壮大而形成的独特文化区域。徽州民居建立在古徽州发达的文化教育、徽商官宦人才辈出、经济相当发达、名门望族迭出基础上。其外观特点:远观白墙黑瓦,清淡素雅,近看精雕细刻,满腹经纶。建筑物高墙深宅,多为两层楼建筑,房檐、墙檐宽敞,单院或进深院建筑紧凑,围合成一个个相对狭窄的"天井式"空间,达到冬暖夏凉的效果,下雨时"四水归堂",寓意"财不外流"。徽州民居依山傍水,天然植物繁茂,与徽派盆景水池相互映衬,房屋装饰雕刻盛行,手法题材丰富多彩,使民居群落带有浓郁的徽州园林色彩,可与苏杭园林媲美。徽州民居祠堂、牌坊林立,宗族的祭祖仪式、重大决策、各种奖罚都在宗祠进行。宗祠不仅是民居建筑的中心,也是当地居民的精神中心,凝聚宗族人心的纽带。牌坊是维系宗族和君王之间的礼制建筑物或象征物,还起到大门标志物、标识入口、分割空间等作用。徽州牌坊(见图 4-10)之多,规模之大,规格之高,堪称全国之冠。仅歙县就有古牌坊 94 座,其中贞节牌坊 34 座,成为一大建筑文化景观。西递、宏村等村落已被列入《世界遗产名录》。

图 4-10　徽州牌坊

2. 苏州民居

苏州民居是苏南民居的代表,城乡民居多依地形水系空隙自由灵活而建,水路、旱路并行交错,有一河一街、一河两街。有面水而居,有背水而居。水乡民居多为两层,布局紧凑,前街后河,有小巷或阶梯与巷路和水道相通,便于交通,粉墙灰瓦,门窗敞大。外观多以黑白青为色调,厅堂按梁架形式分,有圆堂、扁作厅、贡式厅;按平面和功能分,有门厅、轿厅、正厅、内厅、花厅;就形制而言,有鸳鸯厅、船厅、纱帽厅等。苏州民居建筑造型精致考究,建筑装饰更是精益求精,梁枋、门窗、挂落、栏杆等处,彩绘、镂刻无处不在。园林式民居多由院墙隔开,隔墙即独成一景,又开辟造型各异、镂刻图案多样的漏窗,透窗观景,变幻无穷,达到"断断隔隔自成景,疏疏密密窗如画"的景观效果。苏州古城、古镇、古村落密集,古民居遗产丰富,截至 2021 年全国七批历史文化名镇共 312 处,其中苏浙两省就占 58 处之多,如周庄、同里、乌镇、甪直、西塘、南浔等。

3. 绍兴民居

绍兴为古越国都,附近是大禹陵寝所在地,文化积淀丰厚。绍兴民居是由一个个台门式(宅院式)建筑沿南北纵向延伸不同的开间和进院,因名门望族辈出,台门不计其数,古有"绍兴城里十万人,台门足有三千零"之说。台门建筑多为一到两层,白墙黛瓦,雕梁画栋，一些大家台门宅院，具有园林色彩（如书画家徐渭故居、陈洪绶故居），台门与台门之间多由狭窄的小巷、小桥流水乌篷船沟通，显示出江南水乡文化的独特风格。

4. 上海民居

上海民居崛起于近代，有"万国建筑博览会"之称。本土民居主要是受西方建筑影响的"石库门"建筑，外国民居主要是花园式洋房。"石库门"名称是因民居外门多用石料做门框而得名。大片住宅成排布置，互相毗连。户内建筑布局紧凑，多为高两到三层砖木结构楼房，平面呈三合院或曲尺形，是中西结合的建筑，青瓦坡屋顶，并有小型晒台，在建筑正面和墙头、大门等处常作简单的装饰。门楼正开，门楣上方有半圆形、长方形或三角形等的建筑纹饰。院内正面三开间，左右两厢两开间，外装饰欧化，平台转角处常建"亭子间"，这是此类住宅的独特之处。有的配有欧式壁炉、屋顶烟囱、通风口、大卫生间等高档设施。上海民居又称"里弄""弄堂"。在上海，里、弄、坊、村、公寓、别墅等名号是"弄堂"的别称，但级别渐次提高。上海民居中存在数量较大的花园式洋房、贵族别墅，有法国式、西班牙式、挪威式、英国乡村别墅式、日耳曼式、哥特城堡式等，多是官僚、外商、买办、实业家、艺术家等的私邸。

（二）东南华南沿海民居

我国东南沿海的福建、台湾、江苏、广东、海南一带，地处南亚热带季风性湿润气候，民居要适应多雨、潮湿、台风、草木繁盛等条件。典型特色民居有客家土楼、泉州民居、五邑民居、潮汕民居、海南民居等。

1. 客家土楼

客家土楼是客家人的典型民居。客家土楼集聚的地区主要在福建、江西、广东三省交界的广大山区，其中以福建永定、南靖一带的土楼较为典型独特，且数量庞大，仅永定就有方形土楼4000多座，圆围楼300多座。早期先民构筑房屋的材料主要是土木材料，房屋结构又多为两至三层楼，故名"土楼"（见图4-11）。从功能上看土楼起到防水、防潮、防盗，易守难攻的安全保障作用，是凝聚客家族人力量的命运共同体。土楼平面有圆形、半圆形、方形、目字形等几何图形，每座土楼就是一个社会族群，并有严格的社会分工秩序，较大的土楼可分为两到三圈，向外逐圈加高，中心为祠堂和族人议事的活动场所，所以形状呈现双环、三环、回字形等独特造型。土楼围屋作为人类建筑史上的一个奇迹，已被列入《世界遗产名录》。

2. 泉州民居

泉州民居是东南沿海民居的一个富有特色的类型，其特色表现在中原移民文化与本土文化融合而成的民居建筑文化。泉州在历史上是一个移民城市，西晋"永嘉之乱"后大量河洛贵族移民入闽，唐朝初年（公元669年）朝廷派光州军平定闽漳蛮人起乱，就地移民定居，以及宋代南迁移民等，奠定泉州移民城市的性质。泉州民居的主导特征是继承中原民居的四合院落结构，形成天井（深井）式建筑功能，以及"燕尾"型翘脚屋顶，墙壁多为红砖砌成，大量砖雕、石雕、泥灰雕，取材丰富，红砖大屋是泉州古典民居的高度概括，以南安蔡宅最具代表性，占地达百亩，房屋400余间。

3. 五邑民居

五邑民居是位于广东江门的一种侨乡民居，以开平"碉楼"为典型（见图4-12）。碉

图 4-11　福建土楼民居

楼像一座座坚固的堡垒,里面储存粮食、弹药。一旦形势紧张,周围百姓可到碉楼避难。遇到兵匪战乱可以长期还击,起到保护宗族和相邻的作用。碉楼建筑多为中西合璧,取百家之长于一体,形制有罗马式、拜占庭式、伊斯兰式、哥特式、中国传统式等风格各异,千姿百态。碉楼的另一显著特色是骑楼建筑风格,即在主体建筑门前伸出一个走廊,用柱子顶托,其上还可以建楼,故名"骑楼"。骑楼走廊可以起到防雨、防晒一举两得的效果,非常适宜于店铺使用。广州旧商业区大量存在大量这样的骑楼式建筑。以开平"风采堂"为代表的祠堂建筑也是五邑民居建筑的缩影。

图 4-12　开平碉楼民居

4.潮汕民居

潮汕民居是在吸收了中原迁徙文化、东南亚侨民文化、西洋文化的基础上创新融合而成的一种民居文化。它主要有三大特色:一是临水而居,以主体建筑吸引附属建筑,达到一定规模即外迁新居;二是潮汕民居多"瓦屋",建筑方式多为版筑,白瓦素墙,屋顶如"鱼鳞鸟翼"(苏轼语);三是式样多样,主要有"四马拖车""四点金""下山虎""爬狮"等结构模式。

5.海南民居

海南民居可分为汉族民居和黎族民居两大类型。汉族主要是中原汉民沿海迁徙而来,带来中原民居的院落式民居特征,有正屋和侧房,房前屋后多种植当地果树,选宅基地多在祖地进行,以琼海一带为典型。古代黎族以打鱼为生,其房屋的典型就是仿造渔船建成,称为"船形屋"。船形屋造型极似船形,半圆形顶盖由草木藤条制成,以木板作地板,地板由木桩顶托,前后自然敞开,无开窗,人居其中,内修炉灶,可生火做饭。门口可用藤条编制简易门。门外木板自然向外延伸,类似甲板,可以在上面活动、晾晒衣物。相传为一名叫"丹雅"的当地土著王的苦命公主发明,因此这种船屋又名"丹雅之舟"。

(三)西南民居

西南地区是汉族与少数民族杂居的地方,是我国少数民族较为集中的地区。不同的民族形成了不同的民俗文化,也表现出民居类型的多样性。其中以竹楼、木楼、石寨最为典型,既有一定共性,又各具特色。

在云南中部昆明地区的汉族、彝族集聚地区,普遍建筑了被称为"一颗印式"的民居。这种平面结构模式大致呈正方形,房屋四边围合,中间为天井,房门均朝向天井空间,多为两层建筑,面积不大,单门独户,高墙独窗。开间结构一般为正房三间,耳房四间,倒座深八尺,俗称"三间四耳倒八尺",中间为正房,主人居住一层,上层为祖堂或佛堂。

竹楼以傣族竹楼最具特色。相传是傣族祖先根据凤凰降落在傣乡的姿态而建造。西双版纳竹楼平面呈方形,屋顶为双斜面呈人字形,覆盖"草排"或瓦。屋顶坡度较大,雨季可以快速下泄雨水,旱季可以反射阳光。楼下一层以木柱架空,四周开放,用以养畜、放柴草杂物等。楼上是厅堂和卧室,老少分帐而居;瑞丽竹楼共两层,四周围栏,在院落里盖平房,作厨房、库房。卧室分为数间。全楼以竹为骨架,竹片为屋墙及屋顶竹瓦。

壮族民居房屋往往依水而建,以竹木为结构的"干栏式"木楼建筑,分为全楼居、半楼居和地居等几类。全楼居一般三到四开间。底层有牲畜舍和卫生间;第二层用来居住,由望楼、堂屋、火塘间、卧室组成。半楼居下部夯土垒砌,第二层中堂两侧是居室,也有建在中堂之后的。地居是受汉族影响,建三合院、四合院的形式,但材料以竹木为主,屋子宽敞,保持壮族特色。

吊脚楼是川东、湘西、鄂西地区土家族与苗族的典型民居。吊脚楼采用吊、叠、挑手法分层建筑,占天不占地,随地形空间的大小将第二层或纵或横拉长,挑出楼面,楼上重楼,增大面积。第一层为厨房、客厅或店铺;第二层为卧室;第三层为起居,眼界宽阔。

白族、纳西族等滇西北民居在平面结构上有其独特之处。一是"三坊一照壁"布局模式。照壁以白色为基调,多绘有吉祥文字或取材多样的祥瑞图案。"一坊"就是一栋三开间两层楼的房屋,"三坊"半合围成类似北方的三合院,正坊(房)较高,照壁正对主坊,合围成四合院。照壁宽度与正房宽度等长,高度与厢房的上层房檐相当。二是"四合五天井"布局模式。"四坊"各处一面,形成"四合";"五天井"是由"四坊"围成的中间"大天井"和四角四个"小天井"。这种平面结构模式,是在"三坊一照壁"基础上的扩展的。

哈尼族民居是由土基墙、竹木架、茅稻草等搭建起来形似蘑菇的房屋,一般为上、中、下三层。中层为主要居住空间,多为三开间,中设方形"火塘"用于防潮。哀牢山下一座座蘑菇房成为哈尼族的象征。

侗族民居最具典型意义的是"风雨桥"和"鼓楼"。位于广西、贵州一带的侗乡村寨,大多沿河溪跨水而居,桥梁众多,其中最具特色的就是长廊式的风雨桥。桥上建有廊道、亭楼、栏杆、座凳,供人休息、浏览、躲避风雨,故名。因廊桥雕刻彩绘精美,又名"花桥"。风雨桥又以广西三江的"程阳风雨桥"最为有名(见图4-13)。"鼓楼"是侗族村寨的标志性公共建筑,高于其他建筑,是村民议事、文化娱乐的活动中心,一般有雕刻、绘画。村寨多建有戏台,戏台为演出活动场所。风雨楼、鼓楼、戏台构成侗族村寨文化的一大特色。

图4-13 广西三江程阳风雨桥

(四)东北民居

东北地区地域辽阔,冬夏分明,冬季严寒,林海雪原,夏季燥热,雨季集中,造就东北民居简朴实用、保温御寒、装饰粗放等特征。东北传统民居墙体、屋顶、院落取材多草木,室内紧凑修灶炕,存在一定量的井干式(叠木为墙、排木为顶)木质材料为主民房,土炕可以部分在地下,房屋不要求过高。人口密度低,村落院落用地宽敞,围墙多用木栅栏。烟囱独立在房屋之外,上带有盖帽以防风雪,满语俗称"呼兰",房屋顶部结构呈人字形,居住结构多采用"一明二暗""明三暗五",中间由"拉合墙"(草泥墙)隔开。东北有满族、朝鲜族、蒙古族等主要少数民族,其民居形制也随民俗和居住环境而有所不同,如满族的口袋房民居,朝鲜族的四面坡草、白墙黑瓦民居,蒙古族的蒙古包、毡房、"马架房"等各具特色。

(五)华北与黄河中上游民居

华北地处半干旱、半湿润地区,纬度稍高,大陆性季风温带气候,冬冷夏热,雨热同季,民居要兼有保温抗旱、避暑防雨等功能。代表性民居有北京四合院、山西民居、宁夏民居、陕北窑洞等。

1. 北京四合院

北京四合院为北方民居的典型代表。它呈方形平面,四面建房,均为一层,中间合围成院落,独家居住房屋功能各有分工,有厅堂、卧室、厨房等,大门多开在东南方位。面积、规格各异,小户人家可几家共住一院,大户人家可以单独以院或多院组合成更大院落,形成纵向或横向不同的进院。北京最大的四合院是恭王府院。

2. 山西民居

山西民居以晋商宅院为代表,有着独特的古朴风格,高大简朴的围墙,大门多设在东南角。院落呈狭长的四合院制式,封闭性强,宛如一座城堡。正房房基高,一般为三间开面,前有廊。东、西厢房及倒座略低于正房。大宅门侧有跨院,形成三进或五进院落,最后一进的房子常做成楼房,为看家楼,便于瞭望守卫。

3. 宁夏民居

宁夏民居以回族集聚为主,就地取材,以土木为主,多是院内一面或两面建房,屋顶坡面较大,或是硬山一面坡。这和少雨气候收集雨水有关。正房为"虎包头"形式,即缩进,两侧突出,成凹字形。一面坡房式正房则较高,进深大;杂物房较矮进深略浅。

4. 陕北窑洞

陕北窑洞民居地处黄土高原,因雨量少,林木少,土层厚,人们在土崖面纵挖窑洞,横向排列,洞顶呈圆拱形,窑洞内侧墙可再以窑洞门相通,成为里外屋的格局。门脸砌砖起拱,上为窗下为门。这种"崖窑"纵横上下连绵成村庄,甚为壮观,叫作"崖庄"。地坑窑(天井窑)是在平地黄土向下挖掘而成的地下院落。目前,地坑院主要分布在甘肃庆阳、河南三门峡陕州区等地,陕北地区已较少见到。也有在地面以上用砖石起拱成窑洞,上面再附土以保温,一般坐西北朝东南,起到防寒纳凉的效果,因固定在地面,又叫锢窑窑院。2008 年,考古工作者在陕西高陵杨官寨村泾河左岸的一级阶地上发现了距今约 5500 年前的 17 座黄土窑洞民居建筑群,窑洞平面呈吕字形,前室一般为地面式,后室为窑洞式,这是迄今为止发现的中国最早的窑洞式建筑群。

(六)西北民居

西北地区干旱少雨,冬季严寒,夏季炎热,温差较大,民居主要分布在依靠冰雪融水补给的绿洲地带。单斜坡平顶式建筑占主导地位。民居走向不过分强调坐北朝南,而是依地形、流水和村落布局的需要而定。维吾尔族民居主要采用土坯、夯土、砖块做墙体,木梁、芦席、茅草、土坯、黄土做屋顶,冬暖夏凉。还有名叫"阿以旺"的房顶联排民居,前室会客起居,后室用作卧室,一般不用开窗,起保暖纳凉作用。

蒙古包又叫毡房,是一种呈圆形尖顶、可以组装、拆卸的民居房屋。主要原材料有木栅、撑杆、包门、顶圈、衬毡、套毡、皮绳、鬃绳等部件。蒙古包住地一般以家庭为单位,很少能够形成蒙古包村落。包内地毯铺地,起居活动均在地毯上,中间为炉灶,有垂直烟囱经顶部天窗通向天空,家具沿周围边墙布置,包体和木门装饰云纹、回纹、卷草等常用图案。除天窗外,蒙古包没有窗户,夏季炎热时可将蒙古包移到通风良好的高地,将外围毡子卷起,高度随人。冬季寒冷可将蒙古包移到山弯或洼地,增加毡子的层数和厚度。

(七)青藏民居

藏族民居多数建成"碉房",又称"碉楼"。碉房是用石头砌成的民房,一至三层不等。第一层一般用作圈养牲畜,第二层为人们起居生活,第三层一般供佛、储藏或用作凉台,房顶可以纳凉、登高望远,房顶一般建有女墙,保障安全和美观大方。碉房以木材做梁、柱和椽子。平屋顶,有的设外廊。木梁、柱子上有鲜艳的色彩,民居装饰宗教色彩浓厚。

第四节　居住民俗的旅游开发

民居建筑是区域文化、民族文化的综合载体,是旅游开发的重要资源,针对不同的民居旅游资源,可以选取不同的开发模式。我国是一个文化资源大国,也是一个民居文化大国,具有显著的旅游资源特征,在各地的旅游实践中探索出不同的旅游开发模式,在全域旅游、智慧旅游、乡村振兴中发挥重要作用。历史建筑、传统街区、古村古镇在国家非遗乃至世界非遗名录中占有相当大的比重。

一、我国民居旅游资源的特点

(一)多样性与差异性

我国历史悠久,地理环境复杂多样,民族杂居,造就了中国民居的多样性和差异性。第一,不同历史时期的民居,受生产力水平、社会关系、民族关系、统治制度的影响,各具特色。尽管多数民居已尘封在历史的长河里,但作为非物质文化遗产,将永远成为中华建筑文化、民俗文化的重要组成部分,也是人们研究历史、发掘文化的重要依据。第二,地理环境的多样性,使得人们在民居选址、建筑材料的准备、建筑形制的设计、邻里关系和生态关系的处理上,都有所不同。地质地貌、气象气候、水文水系、植被物产等深深地影响着民居的建筑与使用,使得民居建筑的类型极为复杂多样。有的以土为主,有的以竹木为主,有的以石材为主,更多的是混合材料建筑;几何形态有方形、圆形、回字形、框型、曲尺型、弧形、八卦形、串珠型,等等,各具形态。第三,我国是一个统一的多民族国家,56个民族,大分散,小集聚,并有长期杂居现象,或相互借鉴融合,或各行其是,创造了灿烂多彩的民居文化遗产。第四,受建筑物主人经济实力的影响,从奢华的贵族、富商等的园林、别墅、大家宅院,到茅屋土窑、穴居野处,应有尽有,成为社会生活的现实反映。

(二)典型性与珍贵性

由于自然和人文条件的复杂性,不同时期、不同地区的居民在建筑领域有许多卓有成效的发明创造,建立了属于自身民族的民居特色文化。其中不乏有代表性、典型性的建筑模式,在世界建筑史、民居民俗史上占有重要地位,成为人类不可多得的文化遗产。如丽江古城、平遥古城、徽州黟县西递、宏村、福建客家土楼、开平碉楼、苏州园林、澳门古建筑等民居建筑,已被列入《世界遗产名录》。国家级、省级历史文化名城、名镇、名村,以及景观村镇、建筑片区等,已分多批次勘查、评定,制定了相关的保护、开发利用的法规措施,对开展民居研究、国内外学术交流、民俗旅游开发,发挥着重要作用。

(三) 技术性和艺术性 (文化性)

民居建筑技术包括材料技术、结构力学技术、空间构图技术、建筑工艺技术、装饰技术、安全防御技术(防火、防水、防腐、防盗、防虫害、防震、防敌寇等)、房屋养护与维修技术等,每一栋建筑都打上了建筑者的智慧和相应的技术含量。

以民居为媒介的审美设计、情感寄托、思想诉求、文化类型更是丰富多彩,堪称洋洋大观。民居的门槛文化、壁窗文化、房檐文化、柱栏文化等无不反映鲜明的民族性、地域性文化风格。其艺术形式涵盖了雕刻、绘画、版画、编织等多种手法。取材有神话传说、民间故事、历史人物、传统礼仪、信仰图腾、宗族业绩、山水花鸟,等等,构成一部不可多得的民间艺术宝库和精神家园。

二、民居建筑的破坏与保护

(一) 破坏原因

1. 自然损毁

民居建筑在使用过程中往往要遭受来自内外营力、天灾人祸的破坏。尤其是中国民居多以土木为材料,受自然灾害和风化的影响严重,使得民居建筑的生命周期受到很大威胁。主要的自然灾害有地震、雷电、泥石流、洪灾、火灾、虫蛀、腐蚀、风灾、海啸等。我国是一个自然灾害相对频繁的国家,每年都有大量的建筑物毁于自然灾害。

2. 人为破坏

人为因素对建筑物的破坏更加触目惊心,中国历史呈现出一治一乱、治乱反复更迭的现象,每次社会动乱总是伴随着城市和乡村民居大量建筑物的损毁,甚至出现"白骨露于野,千里无鸡鸣"的悲惨境地。在城市建筑方面,朝代更迭总是伴随着旧都城的摧毁或遗弃,古代把废弃的都城称为"丘"或"墟",如"宛丘""帝丘""商丘""营丘""顿丘""老丘""夏墟""殷墟""吴墟"等。至于一般性的城邑、村落被遗弃的现象更是多如繁星,比比皆是。在一些历史古都、文化名城出现屡建屡毁、屡毁屡建的周期性毁建现象,多数是人为破坏所致,古都西安、洛阳、开封、南京皆有这种现象。大规模的拆迁,使大量有价值的民居夷为平地,取而代之以现代化的钢筋水泥建筑,各地都在如火如荼地上演,城市和乡村的传统和个性正在悄然褪去,千城一面在所难免,已引起建筑文化界的高度关注。

(二) 保护与更新原则

我国建筑界学者总结民族建筑继承和发展的传统,吸收借鉴国外发达国家和地区的经验教训,提出对传统民居建筑保护和修复的相关原则,即修旧如旧原则、有机更新原则、实用价值与美学价值并举原则、民居文化的生态性与可持续原则等,取得传统民居建筑保护的较好效果。

1. 修旧如旧原则

修旧如旧原则就是严格按照旧有的风格形制和可以继续使用的原材料、工艺手法加以修复,尽可能保持原貌,体现原汁原味。修旧如旧原则是针对民居文化遗产的不可再生性而采取的一种策略,越是接近原貌,其固有的文化价值就会保持得越好。如果完全打破原有的风貌,就是对原有民居文化的变相否定,就起不到保护传统民居文化的作用。

2. 有机更新原则

有机更新原则是指采用文物保护的系统整体观,更新之中有保留,能保留则保留,不能保留的要与保留部分相融合,旧貌新颜的变化在潜移默化中继承和发展,把古今的传承关系处理得恰到好处。**有机更新的原则反对不加区别的机械式替代**,那样就会使建筑物的保护失去应有的价值和风格。

3. 实用价值与美学价值并举原则

该原则是指民居首先要满足实用价值,解决基本的居住功能,同时要考虑民居整体和细部的美观大方,使建筑物更加艺术化,提高居住生活质量和情趣。

4. 民居文化的生态性和可持续原则

该原则是指民居本身和周围环境要符合自然和人文生态平衡与演替的规律,而不是违背自然规律,造成人与自然的矛盾、人与社会的矛盾,那样就会遭到自然的惩罚,给人们的居住和生活造成不必要的损失与障碍,这一点正是继承了我国传统文化"天人合一"的思想精髓。

三、开发民居旅游资源的策略

(一)充分认识民居的综合旅游价值,使之在旅游活动中得以体现和弘扬

旅游价值是由历史价值、科技价值、文化价值、美学价值等一系列支撑旅游、促进旅游的价值综合体现,在旅游活动中都可以加以规划设计、开发利用、参观游览、导游介绍加以推介和普及,通过旅游产业活动,扩大民居文化的影响力。民居旅游价值可从民居的科学技术价值、经济实用价值、社会文化价值、艺术审美价值、旅游教育价值等方面来反映,都可以结合不同的乡村旅游开发模式,进行系统开发利用和保护。

(二)开展区域性民居文化遗产资源全面调查,加强对民居建筑的科学研究

民居文化是民俗文化的一个重要组成部分,是物质与非物质文化的结合部。随着经济条件的改善及民居拆旧改造成本的加大,许多民居行将废弃或拆迁,古老的民居建筑工艺技术也将随着老一代泥瓦匠、木工、民间画师的去世而失传。因此,应借助国家和各地市"民间文化遗产抢救工程"等文化项目的实施,对辖区民居资源的现状与问题进行全面普查,通过实物、资料、口头采集访问等方式,获取当地民居资源的实际面貌,对相关材料进行编辑整理,以文字、图片、电子信息等手段记录下来,并对其进行系统的

知识关联

北京菊儿胡同的有机更新改造与民居文化传承

比较研究。特别是将不同的民居建筑和传统村落纳入不同级别的文化遗产名录,有利于民居建筑的保护、开发、利用,使传统民居焕发出生机活力。相关的名录有特色小镇名录、传统村落名录、古村古镇名录、古建筑遗产名录、景观村落名录、美丽乡村建设名录、红色文化遗产名录等。

（三）注重对民居资源的旅游产品化设计与安排,使民居文化直接为旅游活动服务

民居旅游资源一般都位居特定的社区中,多数正在居住使用,但各地民居对游客具有很强的吸引力,是不可忽视的旅游资源,特别是体验式、沉浸式、融入式旅游更是必不可少。民居文化资源可为旅游活动提供极大的便利和产品服务：民居可以观赏,可以供居住,可以提供饮食和购物,物美价廉,别具风情。开发过程中,要把民居文化资源纳入旅游服务体系中,明晰双方责权利,在景区规划、线路安排（综合产品或专题旅游产品设计）上突出民居旅游资源的地位和作用。

（四）根据乡村振兴、城乡融合发展需要,选择适当的开发模式

乡村振兴和城乡融合发展是未来一定时期国家协调城乡关系、统筹产业布局的重要政策导向,是实现传统村落、民居文化资源保护开发利用的重大机遇,国家和地方出台了一系列法规政策,具有很强的指导性和操作性。传统村落和民居建筑是重要的文化旅游资源,各地探索出不同的开发模式和典型案例。拆建程度、投资主体、规划理念各有不同,有的合村并镇,有的进行部分修复重建,有的保持原汁原味,有的突出个性特色产业,有的发展民宿,有的发展民俗村、民俗博物馆等。民居建筑是一个文化整体,一定地方的民居文化资源是全域文化旅游资源的一部分,可以根据全域旅游开发、文化遗产保护的需要,进行系统规划、设计,配合乡村振兴的各项举措,纳入整体规划布局当中。

（五）加大民居文化知识的宣传普及,提高全民保护民居建筑、参与民居旅游项目的意识

民居旅游活动的开展一方面要求旅游工作者主动去了解、开发、利用民居资源,把民居资源转化为旅游产品和服务；另一方面还要面向广大游客,加大对民居文化的宣传推介力度,让更多的游客认识民居、亲近民居、认同民居旅游,开展民居文化的深度旅游、专题旅游,这不论是对游客,还是对当地居民,都大有裨益。可以通过现代传媒手段,如广播电视、报纸杂志、交通工具、互联网络等,把民居旅游资源的价值告诉给广大游客,使之养成关心民居、保护民居、参加民居旅游的良好习惯。而对于居住地村民,则要通过一定的组织方式,加以系统培训,使之参与到旅游活动中来,从中得到旅游经营带来的经济效益和社会效益。

本章小结

本章重点介绍了民居的概念与构成，提出了民居的基本属性，以此对民居文化产生基本的认识。民居与皇家建筑、官方建筑、宗教建筑、公共建筑等存在明显不同，它更加突出生活栖息、居住氛围的营造，是人们生产生活的载体和归宿。因此，产生了民居的一系列特征。民居是一种家庭居住单元，同时也是群体协作的生存空间，具有某种渊源关系的人们聚族而居、择邻而居，形成了聚落建筑模式和社区生态关系。不同历史时期和地理环境的人们，建立起自己的民居生态模式、生活方式，都处在民居发展、传承、更新的过程中，也是人类居住文明的进步基本载体。民居有其内在的形态、结构和区域差异性，每一种构件又都发挥着它们应有的功能。如区位的选址、地基的稳固、墙体和梁柱的承重、屋顶的形制与外观、门窗的透光与通风、影壁的私密与装饰，以及建筑群内部的空间布局、聚落与聚落的沟通等，都反映了民居给人类带来的物质和精神价值。民居的建筑设计受到特定条件的限制与制约，尤其是民居主人的社会地位、居住理念与经济财力。民居作为一项民俗类型，产生了自己的居住环境观，是中国堪舆文化在民间建筑设计的反映。建筑的过程主要由民间工匠来完成，在建造和使用过程中都形成了自己的建筑流程、风俗习惯和信仰禁忌，成为民俗文化的一个组成部分。

民居可以根据建筑材料、平面结构、外观形制、构成功能、地域文化类型来分类。不同的划分方案，为我们展现了极其丰富多彩的民居文化景观，是我们民族文化的重要遗产，因此要倍加珍惜和爱护。从分类中也可学习到相应的民居建筑知识，为开展民居旅游活动增加一定的基础知识。

本章还总结了我国民居文化遗产的基本特点。我国民居旅游资源丰富多样，区域内部和区域之间的差异显著，与当地的自然地理、历史文化相适应，不断发展完善，产生了大量独特珍惜的民居形态，但同时民居带有显著的脆弱性，来自自然因素和人为因素的破坏对民居建筑构成很大的威胁，民居的自然寿命普遍较短，使居住的投入很大，因此把民居建筑问题解决好，是中国乡村振兴、城乡融合发展的一项重要任务。对于旅游来讲，民居为重要的旅游资源，如何开发利用与保护，本章提出了民居保护与更新原则，以及旅游开发利用的相应策略。

思考与练习

1. 我国民居的整体特征有哪些？影响民居差异的因素有哪些？
2. 举例说明民居建筑的哪些现象可以表现出中国传统文化的精神内涵？
3. 民居艺术可从哪些载体体现出来？民居艺术的题材有哪些？
4. 以土楼和碉楼为例，说明民居文化的融合性与传承性。
5. 民居建筑破坏的原因有哪些？民居保护应坚持哪些原则？
6. 如何提高民居旅游的吸引力？民居旅游应从哪些方面着手突破？

本章德育总结

中国居住民俗是我国传统文化的重要组成部分,是一定社会政治经济和文化的产物。中国各民族传统民居的发展流变,各种不同类型建筑风格的演变和特点,蕴含着极其丰富的内涵与价值观,体现了中华优秀文明,蕴含着满足社会需要的价值观,充分发掘中国居住民俗中的价值元素,引发学生对自身历史责任的思考,激发学生自觉地把个人价值、职业价值、社会价值结合起来,传播中华优秀传统文化。

中华民族历来具有敬业精神,通过对中国居住民俗的绘画、雕刻、工艺美术等所塑造的丰富多彩的艺术形象的讲述,激发学生的职业兴趣,追求崇高的职业理想,培养认真踏实的工作态度,以正确的人生观、价值观指导和调控自己的职业行为,激励学生培养严谨的工作态度,树立创新意识,激发学生热爱伟大祖国、热爱人民、热爱家乡的自豪感深厚情。

和谐友善、兼容并包是中华民族千百年来形成的基本美德。通过讲述中国居住民俗由于地域和自然条件差别而形成各地方、各民族建筑的特殊风格,如开朗大度的北方风格、轻盈细腻的岭南风格、自由灵活的西南风格、厚重华丽的蒙古族风格,以及外部朴素单调、内部灵活精致的维吾尔族风格和秀丽灵巧的江南风格等,引发学生对本土建筑风格的认同感,领悟建筑以和谐友善的态度来对待自然社会和他人、以一种宽广的胸怀来处理各种关系的真谛,激励学生践行和谐友善道德,提高品质的修养。通过学习和解析中国居住民俗的传统文化和哲学理念,拓展提升学生的哲学思维,激发学生对中华文化的自豪感,坚定中国特色社会主义文化自信,自觉弘扬中华传统文化,做中华文化的传承人。

案例分析

手下留情

第五章
交通民俗旅游

学习导引

人类社会的发展和交通密切相关，便捷的交通使人们快速互通有无，增加接触与交流，传递知识和信息，从而促进人类文明的发展。我国在漫长的历史发展进程中，建立了相当完备的水陆交通体系，积累了多姿多彩的交通民俗。这些交通民俗是民俗旅游资源的重要组成部分。科学合理地开发交通民俗旅游资源，能够使旅行和游览更密切地结合在一起，既可以有效地满足旅游者的旅游需要，也可以在一定程度上提升旅游地的整体旅游形象。

学习重点

通过本章学习，重点掌握以下知识要点：
1. 交通民俗的起源、发展及影响因素
2. 陆路交通设施、工具及习惯
3. 水路交通设施、工具
4. 旅游交通与交通民俗的结合以及交通民俗旅游资源的分类、特点、开发途径

德育目标

1. 通过对交通民俗及水陆路交通设施、工具及习惯等内容的学习，强化对学生进行爱国情怀、行业责任和安全意识等方面价值观的引导，帮助学生树立爱岗敬业、担当有为、严谨务实的工作作风，坚定"四个自信"，强化责任担当。

2. 通过我国古今交通发展的鲜明对比，培养学生高度的责任意识和勇于担当的精神，践行新时代"忠诚担当的政治品格、严谨科学的专业精神、团结协作的工作作风、敬业奉献的职业操守"。

第一节　交通民俗概述

当人类有意识地选择路线穿越陆地或跨越江河时，最初的交通便产生了。交通是指借助一定的交通设施、交通工具，实现人员与物资的空间位移。其中，交通设施和交通工具是构成交通的两个基本要素。交通民俗就是在交通设施和交通工具的创造与使用过程中产生的与交通有关的民间习俗与惯制。交通民俗有文化和生活两种存在状态。交通民俗作为文化而存在，它表现为符号、知识的积累和文明的成果，相对稳定、静止，如有关交通的语言、概念，各种交通设施和工具。交通民俗作为生活而存在，它表现为活动、知识的运用和文明事件，它是动态的，是人正在进行的过程，如使用交通工具，进行奠基仪式或竣工仪式，制造车船[①]。

一、交通民俗的起源

原始先民为生存所需，必然要离开居住地外出狩猎、采集、耕种，甚至进行简单的实物交易。不同氏族之间的男女还要互访走婚，以及氏族为生存而实施的迁徙等，这些都依赖于原始先民的交通活动。

原始先民的交通活动，不仅仅是近距离的位移流动。当时由于洪水的威胁或地震等自然灾害，由于瘟疫疾病流行引发的灾难，由于民族或部落之间的凶杀械斗，或者是为了寻找、更换农耕地、狩猎区、放牧区，原始先民往往是在做中远距离的交通移动。有确切的证据表明，至少在距今 6000 年前的仰韶文化时期，我国就形成了多条交通通道。

知识关联

半坡氏族的长途迁徙

二、交通民俗的发展

原始社会后期，随着商品流通、贸易往来越来越频繁，远古时代那种靠步行去远方，以及手提、肩扛、头顶作为负重与运输手段的原始交通和运输方式已很难适应社会发展的需要，于是运输工具的制造与交通设施的兴建便应运而生了。

（一）交通和运输工具的发展

交通和运输工具的发展，可能要归功于由狩猎而带来的动物的驯养，特别是大牲畜，如牛、马等，可供人骑用，于是它们成了真正的交通工具。今天从各民族传统的交通、运输民俗中还可以找到最原始的交通运输形式，如东北地区赫哲族等民族的雪橇（俗称爬犁，用两头砍薄的粗木杆，弄成弯形，其上做成能坐人或装货的架子，由狗或鹿拉着行驶）。

[①] 高丙中.民俗文化与民俗生活[M].北京:中国社会科学出版社,1994:104.

(二)路和桥的出现

最早的陆地交通,是远古人类为了采集、狩猎而踩出来的小路。人们通过实践,懂得直路近、弯路远,平坦宽阔的道路最适于负重者行进等道理。于是人们有意识地去修建直而平的道路,但边远山区因受地形条件的限制,绕道和曲径则难以避免。

民间还因地制宜,建造了各种桥梁,这是陆上交通的创造性的延伸和补充。它们解决了河流山涧阻隔的困难,极大地方便了两岸民众的贸易与往来。桥梁设施的发明创造是重要的交通传承事象。在我国经济落后的边远地区,大树被洪水冲倒、被飓风吹倒后横架在河流两岸形成的天然桥梁,以及被水冲下来的树木拥塞水面形成的天然浮桥,为两岸人们的来往提供了方便,可以想象,早期的人类也面对同样的情况,受这种现象启发,加以模仿,从而建造了最早的桥梁,也就是说,这种模仿对桥梁设施的建造提供了最早的经验。

(三)车的发明

车的发明较晚。车的发明是人类交通运输习俗中的大革命,至今车的传承特点仍然支配着整个现代交通运输的各个环节。车的传承,关键在于轮的创造。传说中,黄帝是轮的发明者,因此也名"轩辕氏"。中国在进入奴隶社会的商周时期,车的制作也相当进步。最初的车是木轮车,俗称"大轱辘车"。在我国边远地区有时还能找到远古轮车的遗迹,如原木板式的轮,轮与轴同转的车都是古车样式的遗留。有车辐的轮是较晚的创造。魏晋南北朝时期,北方草原的"铁勒"(敕勒)部落,曾因"车轮较大,辐数至多"被称为"高车部"。这种高大的木车,至今在蒙古族牧区还可见到,也就是所谓的"勒勒车"。关于车的民俗一直传承到今天,其基本构造也未脱离古制。

(四)船的诞生

船的创造与使用也由来已久,它是适应水路交通运输而诞生的。水上的自然漂浮物是人类创造船类工具的远古诱因。在洪水泛滥的时候,某些动物栖止在被冲倒而漂流的树干上的现象可能启发了人类造出了最初的船。据资料显示,长江流域猿猴躲在漂浮的树木上的事例,古代就被发现过。可以做出科学的推断,最早的船,只能是原木或并联起来的木排或竹排,这在我国西南、东北的木筏使用中可以找到传承。

车与船在陆路和水路交通路线上行驶利用的传承,形成了各地区、各民族异常丰富的交通民俗。

三、交通民俗的影响因素

(一)自然环境

自然环境对交通民俗的形成和发展具有明显的制约与影响。自然环境与资源条件不仅是一定区域内交通设施的基础,同时也是区域交通民俗得以生成的决定性因素,给予交通民俗以鲜明的区域生态特征,对该区域内族群物质文化与精神文化的发展也有着至关重要的作用与影响。

制约与影响交通民俗的自然环境因素主要有气候、地形、水文、物产等。《淮南子·齐俗训》中记载"胡人便于马,越人便于舟",我国南北两地在交通民俗上的迥然有别与我国南北区域的气候、地形、水文、物产等自然环境有着直接的关系。

在降雨较少、河道不多的平原地区,适宜修筑宽阔笔直的道路,形成陆上交通网,通行各种车辆。在河道纵横、水网密布的平原地区,遍布渡口与桥梁,穿梭行驶各种船筏。进入崇山峻岭、沟壑纵横的山区,修筑栈道、石阶路、盘山道、桥梁,步行或使用背篓、背架、舆轿、滑竿等交通工具,就成了必然选择。干旱多风的沙漠上,戈壁连绵,黄沙漫漫,只有不怕风沙,能忍饥耐渴的骆驼才是理想的交通工具。在冬季严寒,冰雪覆盖的大小兴安岭,人们广泛地使用冰道、雪道,以雪橇、爬犁、冰床等为工具,以人、狗、马、驯鹿等为动力,进行交通运输。物产主要影响交通设施和交通工具的建筑与制造材料,如石板的路桥,多在多石的山区或丘陵地带,竹筏使用于产竹的亚热带,桦皮船流行于桦木生长的寒温带,从而产生各具地方特色的交通民俗事象。

(二)人类需要

民俗建构的动力是人类需要,交通民俗正是为了人类交通生产和生活的需要而产生,同时也为人类交通生产和生活的存在与发展服务。不同时代人类的需要不同,导致了不同时代交通民俗的差异。独木舟时代,有独木舟时代的民俗;远洋帆船时代,有远洋帆船时代的民俗。历史在发展,社会在进步,人类沟通与交流的需要日益迫切而复杂,交通民俗也就以越来越快的速度产生、传承、变异和发展。

(三)发现与发明

发现与发明是一切交通民俗产生的根本源泉。人们发现与发明的新事物,可以是有形的实物,如道路、车辆、牲畜、桥梁等,也可以是无形的新观念、新思想。发现是给知识增添新的东西,发明则是知识的新运用。但是,发现与发明并非总是能导致交通民俗的产生或变迁。如果人们对某项发现或发明不加理睬,就不会引起交通民俗的产生或变迁。只有当社会接受了发现或发明,并且有规律地加以运用,才谈得上交通民俗的产生或变迁。中国养马的历史至少有4000年,这已被山东龙山文化遗址的发掘所证实。但马的单骑在战国以前还很罕见,人们宁愿坐在马拉的车上,以无法跟单骑相比的速度行进。一直到公元前307年,赵武灵王冲破重重阻力下胡服骑射令,单骑才开始普及,成为历代相传的交通民俗。

知识活页

马凌诺斯基(Malinowski)论物质文化(工具)对人生存的意义

(四)文化的交流与传播

除了自身的发现与发明外,一个社会新的交通民俗的出现,也可能源于另外一个社会。这种从其他社会借用交通民俗,并且将其融入自己固有的民俗文化之中的过程,就是文化的传播。如赵武灵王的"胡服骑射"学习于北方游牧民族;中国的水密舱技术传到欧洲后,在18世纪被欧洲人用于船舶制造;黄包车是日本人于1870年发明的,1874年3月,法商米拉将它输入中国。第二次世界大战后,上海三轮车公司把黄包车和自行车结合在一起,制成了后来通行的三轮车。

第二节　陆路交通民俗

人类最古老而且最普遍的交通方式是步行,对这一方式最初的文化改进就是路的选择与开辟。中国国土辽阔,地形地貌复杂多样,境内有高山、丘陵、沟壑、江河、湖泊、湿地、沼泽等自然障碍,必须选择和修筑道路才能顺利到达目的地。因地形地貌的复杂性、不规则性,形成了多条通道,人们总是会寻找、选择距离最近又最易通行的道路前往目的地。路从存在之日起就对人们产生了深远的影响,为人们生产与生活提供了便利。而且路的特点必然随着人们使用的交通工具的变化而变化,并不断呈现新的形式。在以道路为起点的交通设施和以步行开始的交通工具的产生与演变过程中,人们在交通生产和生活中,逐渐形成了丰富多彩的陆路交通民俗。陆路交通民俗是指发生在陆地上的与道路、桥梁、交通工具有关的观念、信仰、行为等习惯。

一、陆路交通设施

(一)道路

道路是路的总称,因其大小、形式和用途,可以分为很多种类。

西周时期,人们把可通行三辆马车的地方称作"路",可通行两辆马车的地方称作"道",可通行一辆马车的地方称作"途"。"畛"(zhěn)是老牛车行的路,"径"是仅能走牛、马的乡间小道。秦始皇统一中国后,"车同轨""兴路政",修建了"驰道"和"直道"。《汉书·贾山传》记载,"驰道"以咸阳为中心,"东穷燕齐,南极吴楚,江湖之上,濒海之观毕至。道广五十步,三丈而树,厚筑其外,隐以金锥,树以青松"。①"直道"从咸阳北的云阳至九原郡(今包头西南),全长约 900 千米。此外,还在西南边疆修筑了"五尺道",在今日的湖南、江西、广东、广西之间修筑了"新道",形成了以咸阳为中心的四通八达的道路网。唐朝时筑路五万里,称为"驿道";后来,元朝将路称作"大道",清朝称作"大路""小路"等。清朝末年,我国建成第一条可通行汽车的路,称为"汽车路",又称"公路",沿用至今。

1. 栈道

栈道又名"阁道",是在悬崖峭壁上修建的一种道路。栈道是我国陆路交通史上的一大奇观,也是非常有开发价值的旅游资源。古栈道本身可以进行旅游开发,更重要的是旅游开发时,可以以古为鉴,有意识地使用栈道这种交通设施,增加旅游者的交通乐趣。现代峡谷旅游区中多使用这种设施。

2. 盘山道与石阶路

盘山道是民间创造出的适合山地地形起伏较大的道路。在地势平坦的地区,道路

---

① 班固.汉书[M].北京:中华书局,1962:2328.

不但平直,且纵横交错,四通八达,交通十分便利。山区地形起伏较大,难以直接抵达。为了便于行走,减少强度,我国古代民众就创造出了适宜山地行走的石阶路及弯曲的盘山道。盘山道有石阶式,也有平面式。狭窄的盘山道能通行人或牲畜,宽阔的盘山道可以通行各种车辆。石阶路是用当地的石板铺成的小路,在山地的交通中,使用更为广泛,也是现代山地旅游区中最主要的游步道形式。

3. 纤道

纤道是古代水上交通的陆路辅助设施,是为纤夫提供拉纤的通道。这种道路曾经普遍存在于各地的水上交通线。如浙江萧山、绍兴、上虞的浙东运河古纤道,全部用形状不一的石头砌筑而成,是浙东平原特有的水乡文物,具有浓郁的民俗风情。北方的黄河壶口段过去也有纤夫拉纤,形成**"旱地行船"**的奇观。

旱地行船景观

4. 冰雪道

冰雪道是冬季严寒的地区利用天然河道或用冰雪人工修建的道路。冰雪道可以通行滑板类交通工具,如雪橇、爬犁、冰床,也适合行人使用冰鞋或滑雪板。

5. 城镇道路

民间传统上,路根据其大小和用途,分别称为街、巷、弄、胡同。城镇交通的道路称为马路或道。顾野王在《玉篇》中认为:"街,四通道也。"可见街是沟通市区四方的交通干道。巷的名称非常古老,许慎《说文》中以为:"巷,里中道,从邑从共,皆在邑中所共也。"古人往往街巷连称,是指贯穿居民区的小街。弄和胡同的名称出现较晚,杨荫深《事物掌故丛谈》中认为:弄就是巷,是街之最小者,即俗所谓"弄堂"。胡同起始于元代,明代沈榜《宛署杂记》中有明确记载。它最早出现于北京。弄和胡同现在都已作为旅游资源在开发。上海民俗旅游中,就有走弄堂、看石库门、做一天上海人的活动项目。北京民俗旅游中,逛小胡同、看四合院,也是颇受旅游者欢迎的活动项目。

(二)桥梁

桥梁是道路的组成部分,是为了使道路跨越水道和峡谷以及一些人工建筑物而修建的主要交通设施,在交通运输中起着重要的作用。传统的桥梁,按其建筑材料,可以分为石桥、木桥、砖桥、铁桥、竹桥和藤桥,按其结构可以分为梁桥、拱桥、浮桥、索桥和吊桥等。我们的祖先因地制宜,修造了众多各式各样的桥梁。

1. 石桥

石桥主要分为四种形式,即蹬步、梁桥、拱桥和风雨桥。

(1)蹬步又称"踏石",是最简单的一种石桥,多设在水浅的河流小溪上。蹬步的建造方法非常简单,只要把石块按一定距离有规律地安放稳固,连接河流两岸,就可以供人过渡。

(2)梁桥是我国石桥采用较多的形式,**现存的很多石桥屡经沧桑依然雄姿仍在,让人叹为观止。**这种形式的石桥以福建滨海地区最为集中。如素有"天下无桥长此桥"之誉的福建泉州安海的安平桥,长2251米,以巨型花岗石板铺架,石板最长达13米。

泉州洛阳桥

(3)拱桥也是石桥的主要形式,早在东汉时期,我国已开始建造石拱桥,现存最早的石拱桥是河北的赵州桥,该桥造型优美,结构科学,迄今一千余年仍巍然屹立,被誉为北方四大胜迹之一。

(4)风雨桥也叫廊桥,民间也叫花桥、回龙桥、龙桥、福桥等。风雨桥是石桥的变异形式,有拱桥,也有梁桥,而且桥身和桥墩多为石结构,桥上亭廊为木结构。广西三江侗族自治县的程阳桥,当地称为"永济桥",是我国著名的风雨桥。

2. 木桥

木桥建造在我国历史悠久,在西周时期,中国人已经在渭水上建造梁桥和浮桥,而遍及民间的独木桥的历史,肯定比梁桥和浮桥更为久远。中国历史上曾有许多著名的木桥,但由于木材的特点和历代的兵火与天灾,几乎没有一座木桥能够保留下来。木桥形式很多,有多跨式木梁桥、木拱桥、浮桥、吊桥等。木拱桥比较少见,公元 1032 年(北宋明道元年)在开封修建的虹桥,净跨约 20 米,是典型的木拱桥。浮桥多以木排或舟船连系在一起建成,如《诗经》中提到的"造舟为梁"。吊桥多用于古代城市交通的护城河上,是一种仰开桥。把桥面放平,行人和车马可以顺利通过;如将桥面的一端用绳索高高吊起,则桥断路隔,无法通行。

3. 索桥

索桥是以竹篾、藤条或铁索等做索具架在河涧之上,以便通行的交通设施,主要流行在我国西南和西北地区。最简单的是溜索,它是以竹、藤或铁索架设于河涧较窄的地方,运送两岸的人或物。在中国云南、四川、西藏地区的少数民族中,索桥在交通中占有重要地位。如藏族地区和傈僳族、怒族地区的居民,用几股竹篾拧成绳,固定在河两岸的崖石上,一端高一端低,两根溜索并列,用木槽滑江而过,但仍需借助于臂力。另有一种藤索桥,是用藤条编成网,行人在宽不过一尺的藤桥上,两臂扶网而过。铁索桥的建造也有悠久的历史,四川泸定大渡河上的铁索桥,因毛泽东的《七律·长征》诗"大渡桥横铁索寒"而天下闻名。现在许多山地旅游点都建有索桥,既可供游人过渡,又是一道美丽的景观。

(三)关塞

关塞,又叫关口、关津等,是战争时代的产物。一般设在国境之内,城防完备的称为"关",设于边界险要处的军事据点称为"塞",现在统称为"关"。关塞在战争时期,主要用于凭险御敌;和平时期,主要用于交通管理,征稽商税。所以,关塞既是军事设施,也是交通设施。关塞大多设在交通要道的险山峻岭之中或大江大河之滨,形势壮美,景色宜人。如长城沿线的山海关、居庸关、嘉峪关,丝绸之路上的玉门关、阳关,黄河之滨的虎牢关、孟津关、潼关、金锁关等,岭南门户的梅关、韶关,抗日战争中蜚声中外的平型关、昆仑关。众多的险关要塞是中国交通民俗文化较为独特的组成部分。许多留存至今的著名关塞,已经成为游览胜地,还有些关塞极具旅游开发价值,有待于进一步规划开发。

二、陆路交通工具

陆路交通工具是在陆地上载人载物用以运输的工具,在传统时代主要包括直接依附于人体的交通工具、人力车辆、畜力车辆、冰雪类交通工具及交通用牲畜等。

(一)直接依附于人体的交通工具

直接依附于人体的交通工具适用于以人载物的交通运输方式,主要有扁担、背篓、背架、绳索、布或皮袋、滑竿、轿子等。

原始的交通工具首先起自狩猎时代人力的扛、背、抬所借助的木棍或原始武器矛、叉等,可以说它是我国扁担这种搬运工具的远祖。我国西南、西北的"背篓"、东北的"背架"起源也较早。

滑竿流行于重庆、四川峨眉及陕西汉中山区。因为全部用滑溜的竹竿绑扎而成,所以称它为滑竿。滑竿用两根结实牢固的长竹竿做支架,前后两端各绑一截短竹,作为肩架用,中间把一排竹片用绳子串起来编成软床,前面再吊一根踏脚的竹竿,后面用竹竿做一个背枕。软床可以自由摆动,无论是上山还是下山乘坐者都十分舒服。抬滑竿一靠力气,二靠技巧,前后两人讲求配合默契,步调一致。前面的脚夫带路,自然要心明眼亮,后面的脚夫来不得半点马虎。抬滑竿时腰杆挺直,脚移身不动,换肩不停步,如遇意外,前面的走快、走慢、停步,后面的要通过肩膀和趋势及时感知并及时调整,重新踏到一个点子上。行进时,借着竹竿的弹性上下起落,客人坐在上面感到悠然自得。

轿子在全国各地都曾经流行,有两人抬、四人抬、八人抬等形式。现在差不多已经从人们的生活中消失了,只有仿古婚礼上偶尔有人使用。有些旅游区有意识地保留了轿子,作为一种参与性的旅游项目。

(二)人力和畜力车辆

车辆是我国陆路交通中使用历史较长、范围应用最广的交通工具,按车轮数量,可以分为独轮车、两轮车、三轮车、四轮车等;按动力,可以分为人力车和畜力车;按车轮质地和结构,可以分为有辐车、无辐车、木轮车、铁轮车、胶轮车等;按车辕数量,可以分为单辕车和双辕车。

1. 独轮车

独轮车又称小车、羊角车、鸡公车等,各地叫法不一,独轮车适用范围广,山地平原均可使用。一般可载重二三百斤,因只有一个车轮着地,能吱吱哑哑地通过田埂和小道,在道路狭窄地区使用仍有一定的优越性。最原始的车轮是用整片圆木制作,后来出现有辐轮,外包铁皮,现在多用胶轮。车架安设在独轮两侧,由一人掌扶两个车把推行,有时也可前拉后推,载人载物均可。

2. 两轮车

两轮车是最常用的车,人力车和畜力车都有,大多数畜力车采用两轮结构,常用牲畜为牛、马、驴、骡等,可用一匹牲畜,也可用多匹牲畜。如蒙古族常用的勒勒车,陕西等地的硬辕车、平头车,以前北京、上海等地的马拉轿车等。现代旅游区中也有使用畜力两轮车的,如山东曲阜从孔庙到孔林,就用马或驴拉车载客,鞭声清脆,铃声悠扬,旅游者可以悠闲自在地观赏风景,别有风味。

人力车、自行车也是重要的两轮车交通工具,还有一种人力两轮车,民间称板车、手推车、浪子车等,主要用于短途货运。20世纪初,城市里出现的人力双轮黄包车,成为主要的"客运"工具。黄包车又分"路车"和"街车"两种:路车的任务是"长途客运";"街车"专门在城内"行驶"跑"短途客运",可以全城跑,但也设有"站口",相当于现代的公交站。

3. 三轮车

三轮车属于人力车,有载人、载物两种,是由东洋车发展而来的。载人三轮车通常是车把与一轮相连,位于前面,车厢和另外两轮相连,位于后面,车厢设软座,上有顶棚遮阳挡雨。载货三轮车有和载人三轮车结构相同的一种,但也有两轮和车厢在前、车把和一轮在后的一种,相对于前一种三轮车,运输货物更为安全,东北民间戏称为"倒骑驴"。人力三轮车在中华人民共和国成立初期才出现,历史并不悠久。至今仍然在城市客货运中发挥着一定作用,是城市一道亮丽的风景。

4. 四轮车

四轮车是畜力车,稳定性好,但对路况要求较高,既可载人,又可载货。如新疆乌鲁木齐、吐鲁番等城市的四轮马车,主要用于载人,当地称为"畜力小巴士";华北、东北等地有载物四轮马车或牛车,称为"太平车"或"胶轮大车",载重量大,但不常用。

(三)冰雪类交通工具

使用于冰雪路上的交通工具有狗或马拉的雪橇,是赫哲族人常用的冬季交通工具,流行于东北三江平原地区。此外,冰鞋和滑雪板也是常用的冰雪交通工具。

(四)交通用牲畜

我国古代很早便以畜力作为交通工具。民间常用的交通用牲畜有马、牛、驴、骡、骆驼、牦牛、狗、羊、驯鹿等,无论是载人还是运货都十分方便。在交通不发达地区的交通运输业中,交通用牲畜的作用非常大。

最常见的单骑是马、驴、骡,尤其是骑马更为普遍。

毛驴是我国居于平原或坡度不大的山区的乡间民众较为普遍的代步工具。**毛驴**食量少,便于饲养,又性情温顺,最适于农家坐、骑、驮使用。远行骑驴装鞍辔坠镫,近途走亲串友,只需搭上条麻袋和被褥即可。骡是马和驴交配产下的后代,分为马骡和驴骡。马骡个头大,具有驴的负重能力和良好的耐力,又有马的灵活性和奔跑能力,是非常好的役畜,但不能生育。驴骡个头小,力气一般不如马骡大,但能生育。

用马驮运货物,组成马帮,曾流行于云、贵、川、山、陕、甘、内蒙古等地区。

骆驼是我国西北气候干旱地区民众的重要交通工具,能适应那里恶劣的自然条件,性情温顺而执拗,食粗草及灌木,能负重致远,号称"沙漠之舟"。古代的骆驼商队满载我国的绸缎、布帛、茶叶、手工艺品等,从长安(今西安)出发,途经金城(今兰州)、凉州(今武威)、甘州(今张掖)、肃州(今酒泉)、敦煌、于阗直达西域诸国,甚至远到地中海沿岸,然后贩回珠宝、香料、药材、皮毛等物。西域诸国来我国贸易的商队亦有不少。这类商队不一定全都走完全程,大多数在沿途重镇就与远方来的商队进行换货贸易,然后各自返回。他们经常分路段雇用向导、译员和保镖,以保障旅途的顺畅和安全。

牦牛是青藏高原上常用的交通工具。牦牛腹部生有长长的绒毛及厚厚的脂肪,能忍受高原的严寒,风雪无阻地爬山登高,负重远行,有"高原之舟"的美誉。

驮羊,是对于驮运货物的绵羊或山羊的一种称谓,藏语称"鲁开巴",流行于西藏北

知识关联
晋南交通民俗中的毛驴

知识关联
晋商的长途贩运

部牧区。用驮羊运送货物是一种传统的运输方式，主要用于驮运食盐，每只羊可载七八公斤的食盐。牧民往往要选择身强体大的羊，然后将装有十余斤的盐或其他物品的布袋系在羊背上，组成几十只甚至数百只的驮羊群进行长途运输。此种运输多在水草丰茂的秋末进行，驮羊白天行走，夜晚休息时将驮袋卸下，次日系好继续前行。由于驮羊边吃边走，因此不需要带什么草料。尽管如此，由于条件极为艰苦，不少驮羊往往累死在途中。到达目的地后，牧人将盐或其他物品及驮羊卖掉，换回其他生活必需品返回草原。有时几百只羊组成壮观的运输队，跋涉在高原的碧草蓝天之间，极具民俗风情。

狗和驯鹿主要流行于东北高寒林区，是鄂温克族等民族的交通工具。

三、陆路交通习惯

在传统社会，交通很不便利，信息也不畅通，人们去远处旅行常常面临较大风险。"出门时时难"一句话道出了人们传统上对旅行的畏惧。交通的落后、长途跋涉的艰难，更容易让人焦虑不安，从而产生了很多有关陆路交通的习惯。这种习惯更多的是表达对行人的美好祝愿、平安归来的喜悦等。

古人有折柳赠别、接风洗尘、出行尚俭、以歌相送等交通习惯。

（一）折柳赠别

折柳送行，是中国民间历史悠久的送行习惯。《诗经·小雅·采薇》中写道："昔我往矣，杨柳依依。今我来思，雨雪霏霏。"先秦时期人们已经开始用杨柳依依的意象来表达依依不舍的送别情怀。折柳送行的习俗起于汉代，《三辅黄图》中说："灞桥在长安东，跨水做桥，汉人送客至此桥，折柳赠别。"由于古代交通不便，古人出行之后，离别就是很长时间，或是再也不会相见了，所以离别之情，甚是悲伤。

折柳，"柳"谐音"留"，很明显表达了对亲友的依依惜别之情。另外，折柳送别除了表达依依惜别之外，还可能和古人认为柳能辟邪，可保护行人一路平安有关系，所以古人认为带着亲朋赠送的柳枝上路，邪祟也会远远躲避。

（二）接风洗尘

接风洗尘，指设宴款待远来的客人，以示慰问和欢迎。接风洗尘是另外一个有关陆路交通传统的风俗习惯。旅行者远行归来，或有客自远方来，亲朋故旧往往为他们设宴欢聚，洗去一路风尘，庆贺旅途平安，称之"接风"或"洗尘"。直到今天，这一习惯还流行在中国人的日常生活之中，是人际交往的重要礼仪。

第三节　水路交通民俗

江河湖海本是隔断人类交通的天堑，但是，当人类受到自然现象的启发，使用技术和工具征服它们用来进行航运的时候，江河湖海就被赋予了路的意义，成为陆路之外的重要的交通通道。在传统时代,水运的速度和运输量要远远大于陆路运输,水上运输在相当长的历史时期内,是中国社会经济得以正常运转的血脉通道。中国汉唐时国都在长安,元明清时国都在北京,其政治中心需用的粮食、食盐、建材等多靠渭河、黄河、长江、大运河等水道运输。历代人们不断地整修河道、开辟航线、挖掘运河、建造舟船,扩大水路交通的范围,水路交通体系越来越完备,逐渐形成了我国丰富多彩的水路交通习俗。

一、水道及其交通设施

(一)水道

水道又称为"航道"或"航线",按其形成过程,可以分为天然水道和人工水道,包括水库;按其所处地理位置,又可分为内河水道和海上水道。

1. 天然水道

天然水道是指自然形成的有航运条件的江河湖海。江河湖海能否航运,取决于地质、气候和水文条件。江南水乡,地势平坦,水网密布,水量丰富,形成纵横交错的水上交通网;西南地区,虽然水量也较丰沛,但很多地方山高峰险,河流落差大,水流较急,航运相对困难;东北地区,大江大河不少,但河流封冻期长,水路交通只能是陆路交通的补充。中国有18000余千米的漫长海岸线,但在配备现代动力的船舶出现以前,人类只能在近海海域航行,开辟的航线不多。

2. 人工水道

知识关联

隋唐大运河与京杭大运河

人工水道是指人工开凿的、可以航运的河渠,通常称之为"运河"。如邗沟、鸿沟、灵渠、**隋唐大运河**、**京杭大运河**、浙东运河等,都是著名的人工河道。中国大运河部分河段现已恢复通航,南段江南运河开发了河上游览观光项目,北方的大运河交通民俗旅游开发具有巨大潜力,但尚待进一步加大力度推进。

3. 水库

水库是人工水道的另外一种类型。古代的水库可以分为四类,即灌溉水库、航运水库、军事水库、防洪治河水库,而且多数水库都有航运功能。

(二)交通设施

1. 航标

航标是用来帮助船舶定位、引导航向、指示障碍的人工标志。传统水路交通中的航标主要是各种目视航标,包括建在陆地或岛屿上的塔、灯塔和水中的灯船。古塔遍布各地。山巅临水的塔有航标的作用。现在留存较多,特色突出的是各类灯塔,海上旅游中,可以将它们纳入旅游线路,增加旅游产品的内容。如日照海滨有风景秀丽的灯塔旅游风景区,南与日照港相邻,东面是碧波万顷、一望无际的黄海,北面与万平口(日照市第二海水浴场)相连。因岸边高高耸立的航海灯塔而得名。最早的灯船是1855年(清咸丰五年)设置的长江口铜沙灯船。使用最久的灯船可能是天津大沽口灯船,设于1880年(清光绪六年),1978年被灯塔取代,使用了近百年。此外,尚有各种标志船道的浮标,主要设置在内河水道上。

2. 渡口

渡口一般设在没有桥梁的江、河、湖及海峡岸上,使用船只摆渡行人、车辆和物资。中国历史上曾经有许多著名的渡口,如黄河的孟津渡、风陵渡,长江的瓜洲渡,钱塘江的西兴渡,金沙江的绞车渡,秦淮河的桃叶渡,杭州的西泠渡,赣江的造口渡,等等。更多的是遍布各地默默无闻的乡村渡口。现在不少内河渡口已经修建了桥梁,失去了往日的摆渡作用,但还有一些渡口仍在公路与水路交叉点上发挥着一定的作用,没有废弃。

3. 船闸

船闸是用以保证船舶顺利通过航道上集中水位落差的厢形水利工程建筑物,大多建在河流或运河上。船闸又名斗门、陡门或闸门。中国是建造船闸最多的国家。公元前214年(秦始皇三十三年)凿灵渠,设置斗门,即单门船闸,用于调整斗门前后的水位差,以便船只顺利通行有落差的河道。南朝宋景平年间,扬州扬子桥一带开始建造两座斗门,以控制河道水位。船闸最多的河道是京杭大运河,而且相当集中。如果京杭大运河的旅游开发逐渐展开,船闸是必不可少的民俗旅游项目。

4. 港口

港口是具有一定面积的水域、陆域供船舶出入和停泊、货物和旅客集散的场所。港口按其所在位置,可以分为内河港、海岸港和河口港;按其用途,可以分为商港、军港、渔港、工业港和避风港。现在进行旅游开发较多,民俗风情浓郁的港口,主要是军港、渔港和避风港等海港,而内河港,如五大淡水湖的港口的旅游开发还没有受到应有的重视。

5. 码头

码头,是专指停靠船舶、上下旅客和装卸货物用的临水建筑物。码头按形式,可以分为顺岸式、挖入式、突堤式等;按结构,可以分为岸壁式、栈桥式、浮式等;按其用途,可以分为客用、货运及专用码头,如渔船、货船专用的码头。沿海、沿江河岸地带多有码头,有的码头与港口联结为一体,形成客货水运的重要货物集散地或周转地。

二、水路交通工具

(一)筏

渡河需要船。船的前身是筏,筏有竹筏、木筏、皮筏等。据考证,筏是新石器时代我国东南部的百越人发明的,是舟船发明以前出现的第一种水上交通工具。筏的制作比独木舟简单。它易于取材,制作简便,能多载,行驶平稳,不怕水浅流急,是很好的水上交通运输工具。

1. 竹筏

竹筏,也称"竹排",多使用于长江以南多竹地区。现在溪涧漂流旅游中,大多使用竹筏,如浙江桐庐天目溪、福建武夷九曲溪、江西龙虎山、广西阳朔遇龙河等地,基本上以竹筏为漂流游览工具。

2. 木排

木排也叫"木筏"。木筏的使用地域范围更为广大,但很多情况下,都是因为找不到船只而为生产和生活临时制作的,用过以后很快拆散。在传统的林业生产中,夏季经常使用木筏沿溪涧江河运送原木,称之为放排。

3. 皮筏

皮筏多是用羊皮和牛皮制作的,主要流行于西北和西南地区。如黄河上游地区使用的羊皮筏子、藏羌地区使用的牛皮筏子,都是古老的涉水工具。这些筏子的制作方法是:将牛羊的整张皮去毛,扎上头尾四肢,吹气晒干,留一气孔吹气。用时,将几个皮囊绑在一张竹木架子上,"过河船背人,上岸人背船",轻巧灵便。有些地区,人们直接将皮囊、葫芦绑在身上或骑着过河,甚至有更为惊险独特的渡河方法,如甘、宁、青一带的"单牛泅渡",是将一人装入一个扎紧密闭的牛皮袋中,另一人骑在牛皮袋上,快速划水过河。今天,黄河沿岸的大城市兰州,乘羊皮筏子游览黄河胜景已经成为一项极受游客欢迎的旅游项目。

(二)独木舟

独木舟是舟船的雏形,从考古证据来看,我国独木舟至少有 7000 年的历史。云南的泸沽湖使用的猪槽船,东北鄂温克族、鄂伦春族、赫哲族的桦皮船等,就是独木舟或其变种。桦皮船的骨架用松木或树条做成,再用桦树皮包制,接头处用红松根当线缝制。除桦皮船外,还有兽皮船、鱼皮船,其制作方法和结构与桦皮船极为相似,也是当地的重要交通工具。

(三)木板船

我们的祖先在生产实践中对筏、独木舟不断进行改进,出现了木板船,这是我国造船史上的飞跃,它开辟了航海史上的新时代。汉代楼船的出现是我国古代造船技术初步成熟的标志,它有舵、帆、橹、锚等,后来的舟船就是在此基础上不断改进而发展起来的。

(四)舫

随着生产的发展,木板船开始向稳定性强、装载面积大的大型化船只发展,舫便应运而生。早期的舫是用木板连接两条船而成,后来逐渐演变,人们开始把方头方尾、平底、甲板宽阔的单体船称为"舫"。三国末期,已经可以造大船,做连舫,称之为"舟舰"。唐代发明了水密舱,北宋普及了水密舱技术,使中国的造船技术走上了传统造船技术的顶峰。传统的舟船,从独木舟到远洋帆船,基本都是木结构。

第四节 交通民俗的旅游开发

交通是旅游业"食、住、行、游、购、娱"六要素中"行"的要素,旅游交通连接着旅游客源地与旅游目的地。从客源地到目的地一般采用的是现代化的公共交通方式,如飞机、火车、汽车等实现远距离的交通。到了旅游目的地,景区之间的短途交通可以采用传统的交通方式,以弥补现代化交通方式的不足,也能给旅游者体验传统交通民俗的机会。而且传统的交通设施和交通工具本身就构成了旅游吸引物,增加了旅游区的观光游览项目,增强了游客体验。

一、旅游交通与交通民俗的结合

(一)较远距离交通,使用传统的交通民俗形式

全域旅游背景下,旅游目的地的一切皆成为景观。区域内的较远距离交通,可以使用传统交通设施和交通工具,使交通民俗和旅游交通密切地结合。如与水陆交通都有关系的桥梁,可以使用石梁桥、石拱桥、铁索桥或钢索桥。公路的路线,如有可能,尽量与传统的驿道或商路的路线接近或重合,使旅游者有机会领略交通发展的历史。如果旅游者知道自己经过的道路是丝绸之路、茶马古道、五尺道,或徐霞客曾经走过的道路等道路故址时,旅行的过程已经带上了游览的色彩。比较大型的车站,也可以适当按古代驿站的风格进行设计建造。

(二)短距离交通,尽量使用传统的交通民俗形式

在旅游目的地内的短距离交通中,即在"散得开"环节上建设交通设施、使用交通工具时,尽量采用传统的交通民俗形式,使交通民俗既能弥补现代交通的不足,又可以成为旅游景观,满足旅游者多方面的旅游需要。在陆路交通方面,盘山路、石阶路、石板路、栈道、石桥、木桥、吊桥、索桥、风雨桥等形式,均可在道路体系中有机使用,各式传统车辆,乃至轿子也可以各显神通。在冬季严寒的东北、西北及华北部分地区,各式冰雪道和冰雪类交通工具,可以为旅游者提供交通方便。此外,动物类交通工具,如马、驴、骡、骆驼等比较常见的牲畜,进行骑乘训练后,也可租借给旅游者。现在多数旅游区把这些牲畜作为拍照的道具,还没有充分利用它们交通方面的潜力,只要做好安全措施,这些牲畜的交通功能可以充分体现。在水路交通方面,渡口、运河、船闸等设施,各类船筏等工具,都可以加以利用,使水道较多的旅游区有更多姿多彩的水路交通形式。各类船筏的使用,在水景类旅游区中比较常见。如绍兴有乌篷船专项旅游,杭州、桂林等地有游船画舫,兰州有黄河羊皮筏,拉萨有拉萨河牛皮船旅游,等等。我国有些沿海地区只是开发了近海乘渔船随渔民出海捕鱼等渔家乐海上观光旅游项目,时间短,游客往往并不过瘾。实际上,在各大湖泊,如太湖、洞庭湖、鄱阳湖、青海湖,以及近海,都可以使用古代的远洋帆船。但要加装现代动力和通信系统,以备不虞,保证旅游者能安全地体验扬帆远航的乐趣。

知识活页

碧塔海的短途旅游交通

二、交通民俗旅游资源的分类及特点

交通民俗是旅游资源,对此人们早已达成共识。从交通民俗旅游资源开发实践来看,可以分为现实的旅游资源和潜在的旅游资源。已经被人们充分认识,经过开发、可供旅游者享用的交通民俗旅游资源是现实的旅游资源。未被人们充分认识,有待开发、现在还无法供旅游者享用的交通民俗旅游资源是潜在的旅游资源。

对旅游开发者来说,开发潜在的交通民俗旅游资源,是充实旅游产品内容,增加旅游产品类型,调整旅游产品结构的重要途径之一。要做好这项工作,首先,必须在认识

上改变观念,打开思路。交通民俗的任何事象,不论它以什么形式存在,只要能够满足旅游者的需要,就是可以开发的旅游资源。由于观念滞后,思路封闭,交通民俗旅游资源的开发水平远远落后于其他旅游资源的开发水平,这是旅游者和旅游业的双重损失。其次,必须了解旅游市场需求,努力把握交通民俗旅游资源和市场需求的契合点,开发受旅游者欢迎的交通民俗旅游产品。如京杭大运河,全长1782千米,是世界第一运河,至今大部分河段可以通航,其中南起杭州北到济宁的约800千米水道,可以全年通航,是浙、苏、鲁三省之间的重要内河水运通道。可以说,这是世界上一条独一无二的交通民俗旅游线,具有广阔的市场前景。其中已开发的京杭大运河区段,最受旅游者偏爱的是江南段和京津段。旅游者最感兴趣的项目是沿河的民俗风情、古建筑、历史人物、水利设施、古典游船、皇帝游踪等①。这些具体的旅游项目就是大运河交通民俗旅游资源和市场需要的契合点,也是沿岸各地大运河旅游开发比较成功的城市全力经营的旅游产品。可惜在交通民俗旅游资源开发方面,这样成功的开发案例太少了。

如果想科学合理地开发交通民俗旅游资源,就必须对它的特点有比较深入的了解。在充分认识交通民俗旅游资源的特点基础上进行规划和开发,才有更大成功可能性。交通民俗旅游资源的特点,主要有三个方面。第一,实用性和审美性有机结合。交通民俗旅游资源既能满足旅游者的交通需要,又能使他们产生浓厚的兴趣和美感,具有很高的欣赏价值。很多交通设施和交通工具,本身是使用的对象,也是审美的对象,旅游者可以在使用中获得审美体验,同时,在享受美感中使用,解决实际的交通问题。如精美的桥梁、华贵的画舫、惊险的栈道、古朴的车辆等,就体现了交通民俗旅游资源的实用性和审美性的完美结合。第二,自然存在的属性。交通民俗旅游资源是人类交通生产和生活中形成的,为满足交通生产和生活的需要而存在,随着社会的发展和历史的演变,逐渐增加了为旅游服务的功能。对于旅游来说,交通民俗旅游资源早已形成,而自然存在的专门为旅游而创造的交通民俗几乎没有。旅游业和旅游者能做的,是怎样认识它们、开发它们、欣赏它们,从而生产旅游产品,满足旅游需求。第三,丰厚的文化内涵。交通民俗旅游资源是中国人几千年智慧的结晶,凝结着中国人的哲学思想、科学思想、工程技术成就及宗教信仰等。雅文化和俗文化在交通民俗旅游资源中和谐并存。人们常常认为,一部建筑史实际上就是一部中华文化史,那么,一部交通史,何尝不是另一版本的中华文化史。中外旅游者可以通过交通民俗旅游,直观亲切地了解中华文化史,尤其是中国传统科技的发展脉络。文化动机一直是重要的旅游动机,开发好具有丰厚文化内涵的交通民俗旅游资源,无疑会引起旅游者的兴趣,诱发他们的旅游动机,从而更好地促进我国民俗旅游的发展。

三、交通民俗旅游资源开发的途径

交通民俗旅游资源开发的实际操作,从资源特点和旅游业实践来看,主要有两种模式:一是以交通民俗旅游资源为主体吸引物;二是以其他旅游资源为主体吸引物,交通民俗旅游资源为附属吸引物。在这两种模式的框架内,具体的开发途径可以有以下五种。

---

① 张帆.古运河旅游现状研究及其开发的宏观性思考[D].上海:华东师范大学,1998:49-53.

(一)古道、古航线类游览线路开发

中国历史悠久,上下五千年的文明岁月在中国大地上留下了不少人类进行文明交流、物资贸易、社会交往的通道。在过去,这些交通通道在人类文明的发展史上曾经发挥过重要作用,但现在随着人类科学的进步、交通工具的改善,许多古老的文明通道湮没在历史的长河里。这些古代遗留下来的著名的古道、古航线成为人们追思怀古、体验传统交通民俗风情的好去处。京杭大运河、长江三峡,以及著名的丝绸之路、茶马古道等至今没有被充分开发,开发出来的只有疏疏落落的点,而没有成为连贯的旅游线。随着全域旅游的开展以及人们旅游潜力的进一步释放,大量古道、古航线类旅游项目亟待科学合理的开发。

(二)单项交通民俗旅游项目开发

单项交通民俗旅游项目开发,即开发以交通民俗的一种或几种事象为目的的旅游活动。如程阳桥、赵州桥、卢沟桥等旅游项目,以及各类江河溪涧漂流,如黄河皮筏、拉萨河牛皮船、乌苏里江桦皮船等旅游项目。单项旅游项目主要通过对这些传统交通设施和交通工具的观赏、考察或使用的方式进行,从中获得审美体验。尤其是使用交通设施和交通工具,参与性较强,是较受旅游者欢迎的一种旅游方式。

(三)交通民俗竞技参与项目

交通民俗竞技旅游是以交通工具的竞技性使用为主要形式的旅游活动。目前开展较多的项目是龙舟竞渡和赛马。其中,龙舟竞渡可以观赏,也可以参与;赛马以观赏为主。此外,滑冰、滑雪也是有潜力的竞技旅游项目。自行车传入我国已有百年历史,而且体育比赛中也有自行车项目,竞技旅游不妨把自行车比赛列入,但要增加其民俗色彩。

(四)交通民俗博物馆

交通民俗博物馆是指建立专门的交通民俗博物馆,或者在其他博物馆中收藏和展出交通民俗物品,展示中国的交通民俗及其历史发展的脉络。各种传统的交通工具和交通设施是中国人几千年智慧的结晶,既有阳春白雪的高雅,也有下里巴人的质朴。在民俗旅游资源中,也许只有建筑民俗的文化内涵可以和交通民俗媲美。在交通民俗博物馆中参观,中外旅游者可以通过对交通民俗物品的现场观摩,听讲解员讲解各种交通工具和交通设施的原理、结构、功能等,非常直观、亲切地了解中国传统科技的发展脉络。

(五)交通旅游工艺品

在交通民俗中,很多民俗的内容和形式非常适合开发旅游工艺品,如桥梁、车辆、舟船、动物等,都可以根据实物缩小一定的比例,用各种材料制成工艺品和旅游纪念品,作为旅游商品销售给旅游者。对旅游者来说,这些工艺品既有纪念性,又有艺术性,而且有丰富的历史文化内涵。如果题材得当、制作精良,市场前景是很好的,唐三彩和各种船模受到旅游者的欢迎就是最好的例证。

综上所述，交通民俗旅游资源开发的模式和路径是多样的，在实际工作中，可以使用一种，也可以多种组合，可以采用单一模式，也可以采用组合模式，应当根据实际情况，灵活运用。总而言之，科学合理地开发交通民俗旅游资源，能够使旅行和游览更密切地结合在一起，既可以有效地满足旅游者的旅游需要，也可以在一定程度上丰富旅游地的形象，并且可以开发出具有纪念意义的旅游工艺品，改变我国旅游商品在旅游业六要素中"短腿"的局面。

本章小结

人们的生活离不开交通，交通设施和交通工具是交通的两大要素。交通民俗的影响因素主要有自然环境、人类需要、发现与发明、文化的交流与传播。在以道路为起点的交通设施和以步行开始的交通工具的产生与演变过程中，人们在交通生产和生活中，逐渐形成了丰富多彩的陆路交通民俗。当人们运用技术和工具征服水域进行航运的时候，水域成为陆路之外的重要的交通通道。人们不断地整修河道、开辟航线、挖掘运河、建造舟船，扩大水路交通的范围，水路交通体系越来越完备，从而形成了丰富多彩的水路交通习俗。旅游目的地内的短途位移可采用传统的交通方式，能给旅游者体验传统交通民俗的机会。传统的交通设施和交通工具本身就构成了旅游景观，增强了游客体验。

思考与练习

1. 什么是交通民俗？交通民俗是如何起源的？
2. 简述交通民俗的影响因素。
3. 简述陆路交通习惯。
4. 水路的传统交通设施和交通工具有哪些？
5. 简述交通民俗旅游资源的分类及特点。
6. 交通民俗旅游资源的开发可以通过哪些途径？

本章德育总结

2019年投入使用的北京大兴国际机场是世界最大的单体隔震建筑、世界首个高铁下穿航站楼、世界首个"双进双出"航站楼，被誉为"新世界七大奇迹"。北京大兴国际机场从一个侧面反映了我国经济社会各个方面的发展成就。引导学生坚定"四个自信"，涵养爱国情怀，增强民族自豪感，牢固树立为习近平新时代中国特色社会主义建设贡献力量的决心。

同步自测

案例分析

京杭大运河北京段全线旅游通航

第六章
人生礼仪民俗旅游

学习导引

人生的不同阶段,都有与之相适应的礼仪。这种在不同年龄阶段、反映人的社会属性的礼仪,就是人生礼仪。人生礼仪的全过程是按人们年龄的增长过程显示的,通常以"岁"为单位计算。由于多民族聚居以及地域环境的复杂性,中国的人生礼仪呈现出丰富多彩的形态。本章着重对诞生礼、成年礼、婚嫁礼、寿礼这四大重要礼仪民俗进行详细阐述,并就人生礼仪民俗的旅游应用展开讨论。

学习重点

通过本章学习,重点掌握以下知识要点:
1. 诞生礼的特色习俗表现
2. "六礼"的主要内容及其对后世婚嫁礼的影响
3. 人生礼仪在民俗旅游中的应用

德育目标

1. 通过对人生礼仪民俗的学习,使学生全面系统地了解和掌握我国优秀礼仪文化,使其"有礼且格",将道德修养和礼仪规范内化于心,外化于行,付诸实践,真正肩负起民族复兴的历史使命,为实现中华民族伟大复兴的"中国梦"而努力奋斗。

2. 通过对人生礼仪民俗的学习,培养学生养成自主自觉的礼仪行为习惯,实现知、行、意、情的统一,实现价值观念的优化完善,做到知行合一,学以致用。

第一节 诞 生 礼

诞生礼是人生的开端之礼,在人生诸礼中占有重要位置,持续时间较长,既有为新生儿祝吉的意义,也有为产妇驱邪的意思。婴儿出生后通过举行诞生礼才能转变成一个具有社会属性的人。从我国重视子嗣的实际情况来看,诞生礼还可以包括婴儿出生之前及后来成长过程中的仪式活动,其内容较为丰富。

一、汉族诞生礼

(一)得喜

怀孕在民间俗称"有喜""添喜"。汉族人民把添丁进口视为家族兴旺的重要标志,对生儿育女的期盼从婚礼开始就已成为各种讲究的初始意向,吃的是大枣、花生、栗子,剪纸图样是石榴、葫芦,贴的年画是送子观音、麒麟送子,这些祈子元素成为婚礼中的重要喜庆氛围。

1. 孕期馈送

各地有许多具有特色的催生习俗,一般在孕妇产期将至时由娘家送一些婴儿出生后所需用的物品。因催生礼品丰富需用担挑去,故有的地方称"催生担"。在广东饶平,孕妇产前一日,娘家要备新生儿的衣服、鞋、帽等数套及各种点心食品(如麦包、粽子、红鸡蛋等)送至婆家,婆家收下服装和大部分点心食品,退回小部分,并将收下的点心食品分赠给亲友、邻居。在安徽徽州,孕妇临盆前,娘家要备好新生婴儿软帽(俗称"被窝帽")、和尚服(无领,无钮扣,以绳带连系的小人衣)、包裙、口涎围、小鞋袜、尿布、红枣、红糖、鸡蛋等物,于月初一或十五送至女婿家。杭州旧时送催生礼时要携带一具笙,吹着进门,以"吹笙"表示催生之意。按照习俗,送"催生"时,在路上还需戴伞遮天,不能说话。

2. 胎教习俗

我国胎教习俗由来已久。早在先秦时期,中国就开始注重胎教了。据韩婴记载,孟子的母亲就曾说过:"吾怀妊是子,席不正不坐,割不正不食,胎教之也。"到了汉代,民间出现了更为广泛的胎教。司马迁的《史记》中记载:"太任有娠,目不视恶色,耳不听淫声,口不出傲言。"这些都是有关胎教的最早记录,后来,历代医家关于胎教的论述,日趋丰富。隋唐时期,胎教已经有了医学的根据,孙思邈在他的《千金方》中就有专门对胎教的论述。宋朝陈自明的名著《妇人大全良方》中专有"胎教"一门。古人强调妇女妊娠时应平静形体和心态,听诵读诗书讽咏之声,避免七情等刺激,以保胎儿先天禀赋之充实,以利胎儿身心健康之发展。《妇人大全良方》曰:"自妊娠之后,则须行坐端严,性情和悦,常处静室,多听美言,令人讲读诗书、陈礼说乐,耳不闻非言,目不观恶事。"《正俗方》云:"怀孕妇人性宜宽厚,神全气和,不惟安胎,生子必温厚,古所谓胎教也。"现代医学证明,我国现代医学也有对孕期妇女实行胎教的规定。孕妇行坐舒适,怡情养性,多听美言,乃至令人讲读诗书,陈以礼乐,是合乎科学的良风美俗。

(二)添喜

在过去,婴儿诞生俗称"添喜"。古代妇女生产,婴儿存活率低,这给人们带来了极大的恐惧感。因此孩子的顺利降临,对于一家人来说,是头等大事。父母都希望孩子能够平平安安出生,健健康康成长,一生富贵吉祥。

孕妇分娩时,常请来接生婆,以稳定产妇情绪,帮助孩子顺利出生。至于助产方式、婴儿及胎衣的处理,各地均有特殊的风俗。

(三)报喜

婴儿诞生以后,其家人在产房或临街门口挂红布、桃枝等物,表示婴儿降生,向乡邻报喜。这一习俗产生很早,《礼记》就有生男"设弧于门左",生女"设帨于门右"的记载。其中,分送彩蛋是比较重要的一种风俗。人们在婴儿出生后,把染成红色的煮鸡蛋分发给亲朋,如果生的是男孩,鸡蛋为单数,表示阳;如果生的是女孩,鸡蛋为双数,表示阴。河南三门峡一带,生男孩拿油条、麻糖或鞭炮,生女孩拿油饼、花朵。也有的地方统一拿烧饼,不同的是,生女孩时拿的烧饼上点花点,生男孩时拿的烧饼上点红点。

(四)洗三

生子三日,亲友均来庆贺与祝福,称为"三朝礼"。主人家设宴庆祝,并把红鸡蛋分给小孩和来客,称为"三朝吃红蛋",此俗至今尚流行。三朝日,有进行婴儿洗浴之习。即在婴儿降生后的第三日用槐枝、艾草煮水为孩子沐浴,洗完之后用姜片、艾草团擦关节处,并用葱打三下,取"聪"谐音,以示祝福。接下来摆酒设宴,欢迎新生儿的到来,婴儿会被抱出来给客人看,亲友乡邻要给婴儿见面礼。

民间认为吃面条有祝贺福寿吉祥之意,婴儿诞生第三天,主人会向本家族和街坊邻居送喜面。在收到喜面或其他物品后,亲友和乡邻要给产妇送些鸡蛋、挂面、小米、糕点等礼品,称为"送粥米"或"送祝米"。山西闻喜等地,亲友探视产妇多送一种发面饼,每个用面粉三四斤,原烘烤而成,因火色难匀,后来改为笼蒸,不过当地人仍称之为"火胁"。

(五)满月

满月,是婴儿长到三十天时所行的礼仪。产妇在生产后的一个月内不能做事,不能出门,叫"坐月子",这期间婴儿需在母亲身边不能被抱出门。一个月后母亲身体基本恢复,婴儿也较为适应离开母体后的生活,所以满月当天为孩子办满月酒以表庆贺,即"做满月"或"祝满月",是汉族的一种极为重视的育儿习俗,流行于全国大部分地区。做满月时,亲友要送各种贺礼以示祝福。活动主要有三项:撞喜、剃胎毛和挪膘窝。

1.撞喜

婴儿满月当天,陕西、山西等地还讲究让一位儿女双全的长辈抱孩子出门,称为"出行"。如果见到的第一个人是上有父母、下有子女、本人有妻子或丈夫的"全福人",这个人就要接过孩子,重新送回产妇家,主人即以红包相谢。当地称这一习俗为"撞喜",意欲婴儿也能像"全福人"一样,在成年之后拥有一个幸福美满的家庭。河南一些地方,则由姥姥用大红布把婴儿包住,到石磨场或石碌碡(zhóu)场绕转三圈,意为让孩子经风雨,见世面。

2. 剃胎毛

婴儿满月以后,家人要选择吉日为他剃头,俗称"剃胎毛"。满月剃头仪式在旧式礼仪中比较隆重,主要由外祖母家赠礼,布置礼堂,请"全福人"抱婴儿坐中间,由剃头匠人剃胎发,剃头后小儿穿新衣,亲友赠礼聚餐,剃头匠人得供桌上所有供品。此仪式各地做法不一,一般女孩子多剃周围一溜,俗称"打圈儿剃";男孩子多把囟门之外的头发全部剃掉,俗称"茶壶盖儿"。山东等地剃头时必须要有舅舅在场,如果实在来不了,也要在婴儿旁边放一个蒜臼,以"臼""舅"谐音来代替舅舅。

3. 挪臊窝

婴儿满月以后,外婆家要择定吉日接母子来家小住,一般由外婆亲自去接,需早早启程,俗称"挪臊窝""转窝""走满月"。"挪臊窝"的具体时日不一,一般来讲,女婴在满月之日,男婴则要提前一两天。母子启程前,奶奶要准备好一个筹子,装满馒头、油条、挂面、肉等吃食,作为婴儿送给外婆家诸舅们的"上门礼"。凡收到礼物者,均要在母子离去之前,请其到家中"认门",并赠送婴儿"上门钱"。母子临走时,诸舅还要加倍赠送馒头、油条、挂面、肉、五色"长命线"等。外婆要送给孩子一个银质的"长命锁",外加一个小碗,一把小勺,唤作"长命碗"。

至于母子在外婆家居住的时日,各地有异。男孩子一般住三天或五天,取意"五大三粗""三官五秀才";女孩子住四天,取意"四大白胖"。最长一般不能超过十天。陕西潼关等地,婴儿从外婆家走时,外婆要给婴儿脖子上戴一串"扎牙馍",祝愿婴儿早长乳牙。武功等地,姥姥则要蒸一个大圆圈套小圆圈的馍,当地人称为"滚路曲连",随孩子一起送回,意为祝愿外孙一路平安,到家后无病无灾。

(六)百日

婴儿出生一百天,古称"百晬(zuì)",俗称"百岁",是祝长寿的仪式,已经流传有上千年了。古人认为婴儿过了百日关便更容易成长,是新的起点。与做满月相比,做百日要简单许多,多由自家人庆贺。小孩的至亲,如姥姥、姑姑、姨姨或舅母等来送礼,比较亲近的相邻朋友也有来祝贺的。多是赠"长命百岁锁",但也有一些地区有不同的风俗。如山东郊县一带,婴儿百日时亲友前来祝贺需给孩子送衣服,家人把送来的衣服放在筛子里然后端到场院的大柳树下,婴儿则坐在靠着柳树的斗上,当地人称为"倚着柳,坐着斗,婴儿能活九十九"。也有地区有穿百家衣的习俗,百家衣是用从许多人家收集的各色碎布头缝制而成,穿上是为了长寿,有的孩子要穿到周岁才脱去。

(七)周岁

婴儿出生满一年,古称"周晬",今称"周岁",可以看作是婴儿诞生礼的最后一个高潮。亲友要给婴儿送礼物以示祝福,一般多为送花鞋,有祝愿孩子尽快学会走路的意思。另外,周岁当天,古时行"**抓周**"仪式,用以预测婴儿的性情及其前程。现在也有一些地方保留这一习俗,主要是作为渲染喜悦气氛的一种形式。民间一般把"文房四宝"、算盘、吃食、玩具等物品放在桌上、炕上或箩筐里,由穿着新衣的孩子任意抓取,第一个抓到的物品代表了他日后可能从事的职业。当然这只是一种仪式,并不可靠,只是表达父母对子女成才的期望。

二、少数民族诞生礼

诞生礼在中国各地区各民族中表现形式是不一样的,各民族都有其独特的风俗。

在孕期禁忌上,少数民族也是极其严苛,如西双版纳的基诺族,孕妇不能吃没有出头的芭蕉花,不能采白参、黄色菌和独朵的鸡枞,背柴时不能把竹子柴和树木柴背在一起,否则会难产。婴儿出生后的第三天,父亲要外出打猎,但只许打小鸟。因为婴儿除自己的生日属相外,这打中的小鸟也是他的属相。满月那天,婴儿的父亲杀一只小鸡独食,生男孩杀公鸡,生女孩杀母鸡,父母不能讲话,瓜菜、猎物都不能进房。待太阳落山时,才解除这些禁忌。

对于产房的选择,各民族也是十分谨慎,一般是不得在原来住的地方生产,像独龙族、鄂伦春族、藏族等都有此避忌。

说到报喜,各民族更是多样。乌孜别克族产妇分娩后,丈夫要去亲友家报喜。知道喜讯后,亲友要备礼相送。苗族一些地区妇女生了孩子,要由孩子的爷爷在第二天带上一瓶酒、一袋炒面去给亲家报喜。亲家母接到喜讯后,带着事先准备好的一套衣服、几十个鸡蛋和一只鸡,随亲家一道来看望姑娘和孩子。如果是外孙,要带公鸡;如果是外孙女,就带母鸡。彝族妇女生了孩子,是由丈夫带着一瓶酒、一只鸡到岳父母家报喜。与苗族和乌孜别克族不同的是,彝族习俗是生男孩带母鸡,生女孩带公鸡。岳父岳母收下这只鸡后,再换一只异性的鸡给姑爷带回且需好好饲养。岳母接到喜讯之后,便带着准备好的白酒、婴儿被单、尿布、婴儿衣服和数百个鸡蛋,去看望姑娘和孩子。岳母走时,姑爷要送给岳母一套衣服。

湘西土家族流行一种"踩生"习俗,即生了小孩后,谁先到产妇家来,就是谁"踩生"的。据说被"踩生"的孩子,长大后其性格和脾气与"踩生"人一样。所以产妇家要请"踩生"人吃酒饭,令其愉快高兴。而侗族"踩生"的做法不一样。若生男孩,第一个进屋的只能是女客;若生女娃,男客先进。否则,不叫"踩生",主人会不高兴,认为孩子长大会没出息。

在广西侗族地区,婴儿三朝时,亲友携礼祝贺,黄杞子染成的家织布是必送的,大概三五尺用来给婴儿做黄衣。其他的多是糯米、鲜蛋、肥鸡和帽袜等。按其习惯,婴儿未诞生,不先备做衣裳,婴儿落地时,只用柔软的旧衣裙包好,三朝喜庆后才穿新衣。哈尼族有祝福劳动的习俗。婴儿在三朝日举行隆重的父子连名仪式,随即象征性地教婴儿劳动。婴儿若是男性,便从同宗氏人中请一个与父辈有直接血缘的男童,穿着劳动的衣服,扛着小锄头,出门外当着母子的面挖地三锄,意即婴儿长大后会栽田种地。若是女性婴儿,便邀请父母兄弟姐妹中的女孩,穿着蓑衣,手持砍刀,出门外当着母女的面砍柴三刀,表示小女孩长大后会砍柴割草。

满族在婴儿满月后,母亲还要做一个"记性片"给孩子。在制作时用剪刀剪一块布,折成三角形,缝在婴儿衣领上,其表示的意思是小孩长大后记忆力好,遇事不会忘记。

小孩出生满百日时，由婴儿的母亲抱着从半夜"子时"起，睡在床上将帐门紧闭，直到第二天午时才能出来，此种做法意味着小孩以后不会伤风。周岁以内的孩子，习惯上要寄拜给别姓人，叫认干亲。有的人家也允许寄拜给树木、岩石、水井和猪、狗、鸡等，并以此命名。

第二节　成　年　礼

成年礼，又叫"成丁礼"或"冠礼"。在我国民间社会中，成年礼的表现形式是多样的。汉族历史上就有男子二十岁行冠礼，女子十五岁行笄（jī）礼的规定，尽管此礼在近代逐渐废止，但是由此传承衍变而来的类似成丁礼的习俗，在我国一些地方尚有存留。

一、汉族成年礼

（一）冠、笄之礼

冠礼，指男子的成年仪礼。《礼记·冠义》记载，冠礼仪式十分隆重，不仅要选好良辰吉日，还要为冠者选择举行冠礼的"大宾"。最初的加冠礼是相当麻烦的，一般要进行三次。冠礼当天，受冠的人要沐浴一新，束发，按礼节入堂。为他戴冠的人右手托住冠的后座，左手捧着前半部分，口中说着祈福的话语，为受冠之人戴上缁布冠。接下来，受冠之人脱下童子装，换上成人装束，标志着成人。第二冠是弁（biàn）冠，程序和第一冠相同，不同的是，这次要换上白礼服，这套装束表示勤政爱民。第三冠为爵冠，换祭服，用来表示对神明的尊敬。后代此礼虽废，但仍保留"已冠""未冠""弱冠"等说法。

所谓笄礼，是女子成年时所行的仪礼，俗称"上头""上头礼"。女子的笄礼规模要小一些，由女性家长主行。被邀约的女宾为行笄礼者改变发式，将头发绾成髻，插上簪子（即笄），表示从此结束少女时代，可以嫁人。女子在行过笄礼之后，就要学着年长女性的样子插笄，有的还要在发髻上缠一根缨线，表示自己身有所牵。

（二）庆号

《青浦县志》有这样的记述："古人冠而后字，斯礼久废。今泖滨农家，弱冠后为酒食，召乡党食之，谓之庆号，尚有古意。"在上海青浦县（现青浦区）泖河一带，孩子出生后，便以阿猫、阿狗之类的乳名相呼。直到17岁至20岁该成家立业之时举行"庆号"仪式，以示成人。庆号，当地又叫"取大名"，约每年农历八月，由村中青年自行推选一位老成持重且家境较好的青年主持。主持人主要负责宴请亲友，趁观者云集之际，登台宣布全部参与者的大名。大名一般由家人商讨而定，也有请先生命名的。仪式一般由大家分股出钱，亲友欢聚一堂，开怀畅饮，大家以吉庆词语表示祝贺。随后，参加"庆号"者在主持人带领下一路敲锣打鼓在村中张贴大红号单。20世纪60年代中期以后，"庆号"被称为"改名"，仪式与过去基本相同，只是宴会改为茶话会，改名青年则在广播中宣布所易之名。"庆号"仪式完毕,这些年轻人便可以参加各种成人的活动。

(三)出花园

有的地方会为少年举办特定的仪式,庆祝他们顺利长大成人,如广东等地的"出花园"。潮州人认为未成年的孩子一直是生活在花园里的,长到15岁,就得择吉日举行"出花园"仪式。仪式多安排在白天,略备酒肴,款待亲朋好友,互相道贺年轻人的成长。孩子需在十二种鲜花浸泡的水里沐浴,然后穿上母亲缝的新腰兜和外婆家送来的新衣服以及一双红皮木屐"跨出"花园,寓意一帆风顺。① "出花园"仪式标志着男女青年步入成人社会,南北方普遍存在的过"大生日"和"开锁"也有此意。山西柳林县在孩子12岁时,父母及亲友为其举办过"大生日"的礼仪,场面胜似婚礼,所送祝贺礼品有长命袄、富贵裤、用红头绳系的铜钱等。"开锁"与过"大生日"基本相同。在河南民间,男孩12岁或15岁时,由其父母或干娘做顿好吃饭食相待,然后将其幼时戴上的挂锁、项圈、耳坠等物去掉。女孩12岁开始留起一条发辫,称"留头",从此开始学习做饭和浆洗缝补。所谓"男过十三,磨肠研肩(读书劳动),女过十三,会做吃穿"。

二、少数民族成年礼

基于生产力发展水平的不同和风俗的差异,我国各少数民族的成人礼呈现出多彩多姿的特点,且大多数都保留着古老的成年礼俗,如穿裙、穿裤、染齿、文身等。

永宁纳西族的成年礼便是举行穿裙和穿裤的仪式。亲友宾客前来观礼,承认行礼者进入成年,赋予他们结交"阿注"的权利。仪式在春节举行。除夕之夜,凡年满13岁的少年,按性别集中一起,吃酒喝茶,载歌载舞。待到初一雄鸡报晓之后,参加自己的成年仪式。凉山彝族少女成年时也举行换裙仪式。15岁至17岁换裙前的少女梳单辫,穿浅色两接裙,裙边镶有一粗一细两条黑布边。等到成年时,推算吉期,杀猪宰羊,大宴宾客,举行换裙仪式。这种仪式不许任何男子在场。

阿注

所谓文身,就是按照事先画好的图案,用针刺在身上,再涂上炭粉、树汁之类的东西。伤口愈合后,就能在皮肤表面留下想要的图形。很多民族都把它当成是成年的一种象征。傣族文身,不举行仪礼,男子12岁至20岁之间,父母要请一个有文身经验的人施术。独龙族少女的成人礼则为文面。女孩子到了十二三岁,便要带上礼物,请有专门技术的妇人为她们文面。届时,文面者洗脸后直仰于地,由会文面的妇人用一根削细了的竹签或树枝蘸锅灰水,根据本人所属氏族,画出将要文刺的图案,然后用长有硬刺的老荆棘,在前额、双颊、鼻子及下颏各部位刺上花纹,并以特定蓝色油膏涂之。等刺破部位恢复以后,脸上即呈现蓝黑色的花纹。还有一些民族,女子15岁左右要举行染齿仪式。就是用栗木熏出烟,把黑烟烤在铁片上,手蘸黑烟,涂抹牙齿,直到牙齿变成黑色,以示成年。

而土家族的成年礼则是和婚礼一并举行,并且最为隆重。清《长阳县志》卷三记载:"古冠婚为二事,长邑则合二为一。于嫁娶前一二日,女家束发合筓,曰'上头'。设席醮女,请幼女九人,合女而十,曰'陪十姊妹';男家命字,亲友合钱为金匦,鼓乐导送,登堂

---

① 刘志文.广东民俗大观(上卷)[M].广州:广东旅游出版社,1993:919-920.

称贺,曰'贺号',不谓字也。是日设二(宴)席,其一,子弟九人,合新郎而十,曰'陪十兄弟',又曰'坐十友'。"①举行了冠礼,就表示男、女已进入了成年,可以在社会上进行单独交际,独立地创家立业了。至今这种习俗在土家族中还有所保留。

第三节 婚 嫁 礼

婚姻合两姓之好,被认为是人伦之始。我国传统的婚姻民俗是在中华民族长期的历史文化中积淀形成的,历经数千年的渊源流变,其礼仪民俗更是烦琐而复杂。这阶段的仪式将明确标志一个人进入了建立个体家庭、发展家族的重要阶段,属于人生仪礼中"划时期"的仪礼,是社会发展必需的仪礼。我国自古以来为婚礼制定的"六礼",对我国历代婚礼的演变始终起主导作用,成为封建制度下婚礼的模式,甚至对当代新婚俗仪式也不无影响。"六礼"是婚礼六个阶段的不同仪式,即纳采、问名、纳吉、纳征、请期、亲迎。随着社会的发展,"六礼"的程序不断发生变化,当然这主要是指汉族的演进趋势,少数民族有其各自的特点。

一、汉族婚嫁礼

(一)婚前准备

1.议婚

议婚是中国传统婚礼礼节之一,亦称议亲,是商议婚娶的最初阶段,即"六礼"中的"纳采""问名"两个阶段。由男方派人到女方家提亲,经过合婚、换帖、相亲等程序,直到订婚为止。

议婚一般都是由男方家长托嘱亲友、邻里或媒人前往女方家中提亲,《礼记·坊记》中有"男女无媒不交。"只有经过媒人的从中介绍,男女双方的家长才能进入议婚的阶段。这一婚俗相当于"六礼"中的"纳采"。如果是女方主动托人到男方家中提亲的,称为"倒说媒"。由于怕婚事被男方谢绝而有碍于女方声誉,女方托人到男方家中提亲都是不事声张、暗地里进行的。自古以来,媒人为人说媒必求报酬。男女青年完婚之后,请媒者也必定以钱财酬谢媒人,俗称"谢媒",谢媒的钱财俗称"脚步钱""跑腿钱""说媒礼"等。

如果女方家长答允考虑结亲,男方便托人或由媒人到女方家中询问女方名字和出生时日,通过**合八字**占卜凶吉,审查男女双方命相是否相合以决定成婚与否。后来,问名扩大到问门第、职位、财产以至容貌、健康等。这项内容又称为"合婚",相当于"六礼"中的"问名"。

男女双方八字相合,双方选择吉日互换庚帖,俗称"换龙凤帖"。至此,亲事算初步

八字

---

① 田万振.土家族生死观绝唱——撒尔嗬[M].北京:中央民族大学出版社,1999:209.

定下。有些地方在换帖时,男方还要随帖赠送女方钗环首饰、衣料钱物等礼品作为"定礼"。这一婚俗相当于"六礼"中"纳吉"的前一部分内容。取八字、下帖子的目的在于"询察天意",这一婚俗行为暗含着"婚姻天定"的观念。

一般在具备订婚条件的情况下,男女两家还要"相亲",又叫"相门户""看屋里",即男女两家由媒人从中联系,约定时间见面,最后议定婚事成否。以前婚事大权掌握在双方家长手中,往往是由双方父母或长辈根据对方门第家境、聘礼陪嫁等条件决定,男女当事人是没有多大自主权的。现在的相亲多是男女当事人通过面对面的接触和交谈,以进一步加深了解。

2. 订婚

男女双方对婚事都持肯定意见时便可正式订婚,这一程序相当于"六礼"中的"纳吉"和"纳征"。民间俗称订婚为"传启""过帖""送茶"等。**传启**在一些地方又有传小启与传大启之分。传小启又称为"小定""放小定""送小茶""换帖""换束""下通书""过小帖"等,是男女两家初步落实书面性婚姻意向的定亲仪式。传大启又称"大定""放大定""送大茶""通启""过大帖"等,在过去是男女婚姻关系最后确定的契约性定亲仪式。

知识活页

传启

在订婚时,男方大都要按照双方议定的结果往女方家中送聘礼,其数额大小,一般因时因地或者视男方家境而定,数目宜成双成对。《礼记·内则》云:"聘则为妻。"下聘礼后,虽还未行婚礼,但女方名分已定,实质上夫妻关系已确定。只有经过这一阶段,婚约才算正式成立。旧式定亲,习惯用雁作为婚事已定的信物(古代聘礼讲究以雁为礼,"六礼"除纳征外,其余五礼皆以雁为执),并且送些金银首饰、衣料、茶酒食品等作为小礼。过一段时间,还要送大礼表示完聘。送大礼,也就是俗称的"送彩礼",是定亲阶段的一项重要仪礼。男方需备好礼单,装礼品的箱笼,由人挑抬,甚至伴以鼓乐,在媒人和押礼人护送下前往女家。女方通常采取"回礼"的做法,将聘礼中食品的一部分或全部分退回男方。到了近代,聘礼更加多样。

传统的做法较为复杂,现代订婚仪式往往要简便些。有的地方,双方家长商议直接"换龙凤帖"。有的地方甚至连"换帖"也取消了,直接送"定礼",即算订婚。当代农村,订婚时男女双方也可以见上一面,因此,"定礼"又被称为"见面礼"。就算双方是自由恋爱,也要走这些"形式"。

3. 择期

择期又叫"看好儿""滤好儿""送好儿""提日子""送日子""择好"等。这一婚俗相当于"六礼"中的"请期"。男方家要先准备四色果品,向女方家表达成婚的意图。在征得同意后,找人择期。《仪礼·士昏礼》记:"请期,用雁。主人辞,宾许,告期。"古俗用雁,现代多用红纸笺写迎娶日期时辰,做"请期礼书",或口头通知协商。这一婚俗由来已久,宋代时曾并于"纳成"(纳征),至明代,官吏平民婚礼中均专门列有"请期"一项,此后一直绵延至今。因为择期的任务重大,一般由德高望重的族人等承担,也可以自己看"黄历"推算。日子一旦决定,双方父母就可以发出请束,邀请亲朋好友来参加自己子女的婚礼。

(二)待嫁

1. 嫁妆

嫁妆是女子出嫁时从娘家带到夫家的物品,一般为被褥衣装、橱柜桌椅、帐幔茶具等。在山西襄汾等地,民间还讲究在陪送的枕头里塞上筷子、核桃,在被子四角缝进枣子和花生,预祝女儿吉祥如意、早生贵子、儿女双全。

嫁衣又称"吉服""喜服""婚礼服"等,是嫁妆中最为重要的组成部分。民间旧时的传统服饰是头戴凤冠,面罩红纱,上身内穿红绢衫,外套绣花红袍,颈戴项圈和天官锁,肩披霞帔,挎子孙袋,腕戴手镯,指戴戒指,下身着红裙、红裤,脚穿红绣花鞋,一身红色,喜气洋洋。现代男女青年结婚多穿礼服,披婚纱。且胸前戴有红色绒花,以谐音"荣华",象征富贵。除嫁衣外,陪奁(lián)也是古时的嫁妆之一。陪奁又称"陪嫁""妆奁""奁资"等。"奁",原意为盛放梳妆用品的器具,后来作为嫁女所备各种衣物的总称。"妆奁",本意原指梳妆用的镜匣,后来泛指各种嫁妆。在此,妆奁仅指除新娘嫁衣之外的各种物品。

临近婚期,女方家的四邻亲朋置办礼品,送给新娘子,往往被充作嫁妆装入箱中,因而名"添箱",也称"填箱""添花粉"等。添箱所送礼物,俗称"压箱礼"。添箱礼品不拘一格,轻重程度与送礼品者的经济状况及同出嫁女子的关系亲疏大有关系。嫁妆准备好后,在结婚日前一天由新郎家来人抬走,或在结婚日由女方家派人抬送至男方家。这个过程叫抬嫁妆、送嫁妆、娶嫁妆、搬嫁妆、过嫁妆等。

2. 铺房

铺房,因以婚床安放为中心,故也称为"铺床""安床"等,是吉日前最为重要的一项仪式,民间对此仪式极为重视。在迎亲的前一天,女方家会派人来到男方家,双方共同铺设卧房。铺设之物,男女有别。如司马光在《书仪·婚仪》里写道:"床榻荐席桌椅之类,男家当具之,毡褥帐幔衾绹之类,女家当具之。"床上的被褥要由儿女、夫妇、双亲都健在的"全活儿人"(又称"全福人")缝制。被褥内还要缝入红枣、核桃甚至砖块(因"砖"与"官"音相近)等物。铺床也很有讲究。在我国许多地方,要请长辈女子铺床,还要边铺边唱"铺床歌",并向看热闹的众人散发花生、糖果等。女家铺房以后,还必须备礼来暖房。讲究的人家还会专门安排一位亲信妇女看守新房,不让外人进入,专待新人到来。

3. 催妆

我国的催嫁习俗在各地都有不同的含义。男方送催妆礼有在迎娶前三日的,有在前一日的,也有在婚礼当天早上的。这种在婚期临近之际进行的,一般是男方家中要向女方送去礼品以请求和催促出嫁女子按时完婚。也有的地方是催送嫁妆的意思,如在山东德州一带,催嫁便是在婚期临近之际进行。男方要写催嫁帖,催促女方家将嫁妆送去。女方家收到催嫁帖后,要款待媒人和前来送催嫁礼的人。男方所送礼品,女方家收下两样,其余退回,表示已经知道该发嫁妆了。

而在山东日照等地,催嫁又是另一说法。仪式于娶亲那天进行,是催促出嫁女子快快梳妆。一方面男方迎亲的队伍鼓乐大作,另一方面新娘躲在闺房里故意不出来,并且娘家的女宾要拦住新郎和迎亲的车轿起哄、讨喜钱。于是新郎及迎亲队伍要给红包,要散发花生、糖果给娘家宾客和围观民众。这样,新娘才肯走出闺房。

4. 哭嫁

哭嫁这一婚俗源于父系氏族社会时代的"抢婚"。古时女子被掠夺时的哭喊声发展为现代的"哭嫁",性质已经完全不同。民间有"媳妇哭,娘家富"的说法。在时兴"哭嫁"

的地方,姑娘出嫁不哭,会受到非议。女子哭嫁一般是哀叹无忧无虑少女生活的结束,对为人妻、媳的地位变化甚感迷惘不安,还有对父母长辈养育之恩的感谢以及对哥嫂弟妹的眷念。除了母亲外,姑娘家族中的女眷、平时相处不错的女伴,一般都要陪哭。

5. 上头与障面

上头风俗或于结婚前一两日举行,或于婚嫁当天进行,是即将完婚的男女都必须履行的一种婚俗。即挑选有福气的老者为之梳头同时说一些吉利话。出嫁女子的上头最为繁杂。一般情况下,新娘出嫁前先开脸,后上头。请一个公婆和丈夫俱在、儿女双全的年长妇女,用细丝线绞去姑娘脸上的汗毛,修细眉毛,剪齐鬓角,此为开脸,也称"绞脸"。之后,便将头发梳成发髻,插上头饰,俗称"上头"。上头与开脸后,女方家长要宴请本族尊长、邻里和即将出嫁的女儿。民间认为,女儿一经"上头",就是别家的人了,娘家须以礼相待。有些地方叫"别亲酒""辞家宴""离娘酒""离娘宴"。

时刻一到,别过众亲友,新娘就要由执筛者、执烛者左右引照,出阁入轿。上花轿之前,新娘要用红巾蒙盖,在花轿里也不能揭去,这就是所谓的"障面",俗称"盖头"。

(三)迎娶

1. 迎亲

迎亲,属于"六礼"中的"亲迎",指的是新郎或男方派人前往女方家迎娶新娘的仪礼。迎亲的交通工具以轿子最为常见。一般要有两乘,新郎坐的叫"官轿",新娘坐的叫"花轿"。也有些地方,新郎是骑马的。去迎亲的时候,花轿讲究不能空着,各地都要找一个父母双全的小男孩"压轿",称为"压轿童子""压轿孩儿"或"压轿生"。"压轿"又称"押轿",民间认为幼童押轿,新婚夫妇一定多子多福。小男孩手里还讲究要抱一只大公鸡,取"鸡""吉"谐音,图个吉祥如意的彩头。

迎娶当日,男方家一大早贴好喜联,抬上礼品,礼炮三响过后,即可启程。媒人先导,新郎、花轿、乐队、礼盒队紧跟其后。女方家在花轿来之前,要做好迎接的各项准备工作。可迎娶的队伍到达后,女方家要故意紧闭大门,经过考验后新郎才能通过,俗称"熬性子""煞性子"。迎亲队伍进入女方家堂屋后,花轿落地,新郎叩拜岳父岳母,呈上以父亲名义写好的大红迎亲简帖,女方家设宴款待新郎。宴毕,新郎新娘在媒人的引导下,向新娘的祖宗牌位和长辈行礼,新娘便可以准备上花轿了。新娘的舅、伯、叔、哥前往送行,人称"送客""送女客"。娶亲的归途必须是另外一条道路,俗称"不走回头路"。如果万一碰到井、祠、坟、庙宇、古树等,都要用红毡或红布遮挡花轿。如果遇到另一家娶亲的,轿夫们要比试技艺,有些地区的新郎还要互换胸花。如果遇到出殡的,娶送亲人员都要说:"今天吉祥,遇到宝财了。"娶亲的队伍在路途中还要受到很多的"阻挠",俗称"挡喜"。横跨道路摆一条长板凳,上边放两封果子,称"下马果子"。今天大都放几包香烟。迎娶的队伍遇到这种情况就要停下来,放鞭炮,撒喜糖,馈赠路人。

2. 拜堂与洞房

接亲的队伍到达新郎家门口时,婚礼进入了最后的高潮,男方家要鸣炮奏乐相迎,伴娘掀起轿帘,傧相上前赞礼,宾客们向新娘新郎身上散花、谷秆草、麦麸、黑豆、红枣、散钱等,称"撒谷豆""撒盖头""撒喜钱"。之后,**新娘走上铺有红毡或布袋的路**,跨过"马鞍"(俗称"骑鞍",寓意避危就安)进入正堂。

知识关联

新娘走上铺有红毡或布袋的路

新娘踩着红毡或布袋进院后,便要举行"拜天地"的仪式,又称"拜堂""拜花堂",一般于婚礼当日辰、巳、午三个时辰(上午7时至下午1时左右)举行,傧相二人分别以"引赞"和"通赞"的身份出现,开始赞礼。新郎新娘按引赞和通赞的赞礼开始拜堂。传统的拜堂仪式程序如下[①]。

引赞:新郎莅位,伫立轿前。

通赞:启轿,新人起。

引赞:新郎搭扰,拱手延请新娘。

引赞:新郎新娘谒花堂前。

引赞:新郎新娘就位至香案前,奏乐鸣炮。

通赞:新郎新娘向神位和祖宗牌位进香烛。

引赞:跪,献香烛。明烛,燃香,上香,俯伏,兴,平身复位。

通赞:跪,叩首,再叩首,三叩首。接下来三拜,即一拜天地,二拜高堂,夫妻对拜,送入洞房。拜堂仪式至此结束。

"拜天地"仪礼结束后,新郎新娘挽着绾有同心结的红绫步入洞房,称为"牵红"或"牵巾"。这种仪式象征新郎新娘会合的桥梁,宋至明清及近现代传统婚礼中都有此仪式。新郎新娘进洞房后,讲究朝着喜神所在方位坐下,称为"坐帐"。这时,有人端来红枣、栗子、花生等撒在新郎新娘身上,边撒边念诵祈子求福一类祝辞,叫作"撒帐",其意在于表示欢庆祝愿与驱邪避煞。

入洞房后,还要进行合卺仪式,即新婚夫妇在洞房里共饮合欢酒,共吃合卺饭。象征夫妻从此两体合一,成为一家人。结发也是新郎新娘进入洞房之后所举行的,将二人头发联结在一起表示结为夫妻,古时称为"合髻"。这种仪式仅仅用于原配夫妻的结合中,因而原配婚姻才被称为"结发夫妻"。

3. 宴客

新人入洞房的同时,院子里在大摆宴席,宴请宾客。婚宴一般不露天进行,要想方设法遮挡起来。喜筵一般要按照客人的尊卑长幼排定座位,称为"请客"。喜筵排列座位的原则是:上尊下卑,右尊左卑,客人按其长幼和身份、地位从高到低排列座次。主席摆在堂屋上方正中,用于宴请"大亲""高亲",也就是新娘的伯父、父亲、叔父、舅父。伯父、叔父入上首右边席位,父亲、舅父入上首左边席位。次级尊贵的佳席摆在新房中,请新娘的母亲坐首位,由新郎的母亲或舅母作陪。

座位排定后,诸位嘉宾落座。傧相宣布奏乐鸣炮开席。新郎要先到首席斟酒敬酒,说上几句表示感谢的吉祥话。然后,厨房开始上第一道菜。新郎除了要向所有客人一一敬酒外,还要为"大亲"斟酒、盛饭、送热毛巾,以示尊敬。婚宴结束后,"大亲"先退堂屋休息一会,吃点点心并由男方尊长陪着说话,勤杂人员撤去席面。"大亲"告辞时,男家要赠送衣料、鞋袜、红包之类的东西,要把客人送到门口,鸣炮奏乐,以示敬重。

4. 闹洞房

洞房之夜,热闹非凡,其中"闹洞房"就更为喜庆了,它意味着新婚夫妇日后的生活红红火火,有新郎新娘婚后生活吉祥如意、兴旺发达的意思。历来民间有"新婚三日无

---

① 乌尔沁.中华民俗大观[M].北京:中国商业出版社,2010:157.

大小"的说法,婚后三天,宾客、亲友、邻里不分辈分高低,大家同喜,但通常"闹洞房"的主要还是晚辈或姑嫂,尤其以弟侄辈为甚。

(四)婚后习俗

1. 拜亲族

所谓"拜亲族",是指新娘入夫家门三日之内要拜见舅姑、尊长、同宗。一则认识家族中尊亲长辈便于以后称呼,二则确定新娘在整个家族中的尊卑地位。这天黎明,新娘要早起,拿着事先准备的点心,由新郎引导,到公婆屋里磕头拜见,新娘往往被赠见面礼。以前婚后第三天新人还要到家庙中去拜祖先,称为"庙见礼"。新郎新娘在父母的带领下,拜祭祖宗牌位,祈祖告先。如果没有家庙,新娘要去上坟,称为"上喜坟"。

2. 回门

回门,是指女儿出嫁夫家完成各项嘉礼后,数天之内新郎、新娘共同回女方家拜见父母。女方家要招待新婿,亲族要给新婚贺礼。回门是流传了几千年的习俗,三天回门最常见(所谓的三朝回门),但也有的地方是在第六、第九或第十天,甚至是在满月的。新人带礼物上门,女方家要大摆筵席,招待新女婿的到来。不少地区在回门时,岳父还要给女婿礼金,称"开口钱"。不过一些地方都有"闹新婿"的习俗,所以"回门"对新女婿来说,并不是一件轻松的事情。

二、少数民族婚嫁礼

我国各地区各民族婚姻的形态多种多样,由于民族文化发展的特点及进程不同,各少数民族中的婚礼与汉族的往往有较大区别。如鄂伦春族的婚礼,其第一项便是求婚,由媒人代表男方向女方家长提出,如得到允诺,媒人向女方父母叩头,作为求婚告成。第二项则是认亲,男方未婚夫由母亲或婶母及一些亲友,携带酒肉到女家,女家邀集近亲,举行认亲礼,女婿要给女方长辈亲戚敬酒叩头,但不得向岳父敬叩。认亲礼当晚,未婚男女吃一种叫"老考太"的黏粥,然后,在女方"歇人柱"帐篷中提前同居约一个月。第三项才是过礼,男方往女家送交马匹、野猪、酒等彩礼,并议定迎娶日期,这时,女婿才向岳父母敬酒叩头、谢恩。第四项是迎娶,女婿带领本部落兄弟姐妹乘马去女方部落,女方派出送亲队伍也各骑马,迎至半路,燃起篝火,喝酒吃肉。此刻,新娘骑马故意离去,新郎骑马追赶,然后并辔而回,共同到男家赴宴。鄂伦春族整体的婚礼流程多少反映出各少数民族婚嫁习俗的别样性。从求娶方式到订婚再到迎娶都有其特色。

以歌传情、以物为媒,在嬉戏娱乐中寻找爱情的方式在少数民族中较为流行。如海南黎族的男女青年就是用情歌来倾吐爱慕之情。当女儿十五六岁时,父母都要在房屋附近搭起一间小房作为女儿的单独住所,黎语称"弄贵"。夜幕降临后,男青年来到心仪姑娘的小房前对歌表达心意。前来对歌的小伙子必须遵守规矩,如果唱了三首歌姑娘仍不作答,小伙子应该知趣地走开。如果姑娘有意,两者即会一唱一答。对歌到一定火候,姑娘会开门请小伙进屋交谈,经过进一步了解和考察,女方如果同意这门亲事,就会主动送给小伙自己亲手刺绣的腰带。择日,小伙即会带上象征美好与高贵的槟榔前往女家求亲。

以物传情同样是一种奇特的恋爱方式。生活在澜沧江地区的哈尼族,男女以鲜花

知识关联

公房

来传递爱情。如果一位小伙在**公房**相处时看中了某位姑娘，他会采来一束山茶花或月季花，托最知心的朋友送去。如果姑娘对小伙也有意，即回赠一束相同的鲜花。如果姑娘已经有了心上人，则会回赠一束系有两长一短三根棉线的鲜花，意思是：我已经有了心上人，你是那根多余的短棉线。像哈尼族这样以物传情的恋爱方式是极为普遍的，如傣族男女青年是以葫芦笙和短笛为媒介；景颇山区的景颇族常常以花草和树叶为信物；蒙古族则是在那达慕结束时，姑娘驰马丢手帕给心上人，这些都是以物传情的不同方式。

订婚作为确定关系的重要步骤，其形式也是各具特色。纳西族将订婚称为"日蚌"，意为送酒，且有送小酒与送大酒之分。旧时，西部地区的纳西人实行包办婚，男女一般在十五六岁，甚至七八岁即由父母做主订婚。若八字相合且女家同意，男家即请媒人送小酒，表示初步定下这门婚事。女家收下礼物后，如果觉得不合适，只要退回礼物就可。送小酒后一年或半年，再送大酒，此为正式订婚，以后不能反悔。送大酒由媒人和男家亲友披红挂彩送到女家。女家用男家送酒的坛装满清水，另加一些粑粑、果品等作为回礼。

鄂温克族订婚时，男方需请一男一女两个媒人提着两瓶酒前往女家。媒人初次登门仅向女家说明来意，待到第二次来到女家后，才向女方全家族的人介绍男方的全部情况。如果女方同意婚事，即会在男家所送来的两个酒瓶上拴上一条红布。同时，女家要灌媒人四大碗酒，即使酩酊大醉，媒人也得将这些酒一口饮下。

达斡尔族是以接受媒人敬酒磕头为准，没有订立婚姻契约之举。当男家看中某家姑娘时，就请媒人带着酒到女家提亲。如果女家同意这桩婚事，媒人就给女方老人敬酒磕头，代表男家表示感谢。如果女家不让媒人磕头敬酒，则表示不同意这门亲事。鄂伦春族也有这种风俗。只要女家不立即答应这门亲事，媒人只得一而再，再而三地前去女家求亲。但凡女方父母流露出一点允诺这门亲事的意思，媒人会立即磕头，定下这门亲事。

娶亲日对于男女双方来说都是重要的日子。在裕固族婚礼中，戴头面是重要的仪式。姑娘戴上头面就表示已经是男方家的人，不能再进娘家门。这时伴娘们陪同新娘走出家门，到专门为新娘准备的一顶白色帐篷里等候启程。按照裕固族风俗，娶亲队伍在离新郎家不远的地方要打尖休息。新郎家也早已派人带着哈达、酒和各种食品在那里迎候。当娶亲队伍来到时，男方代表请女方家的贵客下马，请到毡子上坐下，敬献哈达。新娘则骑在骆驼上休息片刻后继续前进，等娶亲队伍到达新郎家门口时，新娘从骆驼上下来，由伴娘陪同进入设在新郎家门口的小帐篷内歇息。

当然，娶亲日的吉时也大有讲究。我国地域广阔，吉日不尽相同，吉时更有较大差异。除了我们熟知的辰、巳、午时外，夜婚在一些民族中也是极为盛行。清末民初，内蒙古西部及山西雁北一带的满族就有夜婚习俗，甚至连娶亲吉日的商定也在夜间进行。在送亲日，男家父辈与媒人一起于黄昏后前往女家叩门，哀求再三，女方家才开门迎人。午夜之时，女家用篷车送亲，男家用彩车迎亲，两车在途中相遇，新娘由哥哥或族中兄弟抱到男方彩车上，此被称为"插车"。茶山瑶族接亲也是在夜间。接亲时，男方派房族兄弟四至六人，于半夜点火把前去女家迎接新娘，既不抬花轿，也不敲锣打鼓。接亲的这天晚上，女家每重门上都点盏油灯。新娘梳妆打扮且吃罢领情饭便在房族姐妹四至六人的陪同下,与男方接亲人一同前往男家。男家迎接新娘的酒席也很简单,只有一只鸡和两三盘肉。全家老少和送亲及迎亲的双方同族兄弟姐妹,陪着新郎新娘欢欢喜喜进餐,表示祝贺。进餐完毕,婚礼也就结束了。至今这种传统的习俗还在当地保留。

第四节 寿 礼

《尚书·洪范》中记载:"所谓五福,一曰寿。"祝寿礼,就是庆祝人生诞辰的礼俗。既用来祝福老年人健康长寿,也用来增进亲朋好友的情谊。民间素以进入50岁或60岁为寿年,或者以见孙辈人为寿年。其余皆唤作"过生日",而不能称之为"寿"。一般100岁以上称为"上寿",80岁称为"中寿",60岁称为"下寿"。50岁以上而父母健在者亦不能称"寿"。

一、汉族寿礼

(一)祈寿

在中国民间,婴儿自出生之日起就有许多祈祷礼仪活动。如"洗三日"女方娘家要送来寿桃、福寿糕;满月时给小孩穿百家衣、戴长命锁;周岁要剃百岁毛、送百岁钱、吃百家饭(米)和穿虎头鞋等。这些习俗都是用来祈求婴儿长命百岁、福寿绵延的。此外,凡是逢年岁为12的倍数的年份,民间按旧例都有许多祈福求寿免灾的活动,如祭顺星、祭本命星、去寺庙拜菩萨等。民间认为,人在本命年里,会遇到许多灾,只有祈求神灵保护进行禳解,才能逢凶化吉。出于此种信仰,向佛陀求福祛灾也是古时较为流行的祈寿形式。如《西石城风俗志》记载的清朝时期江苏镇江的祈寿仪式:"(小儿)生日,则召僧于家,诵《观音经》,谓之'保寿经'。"

此外,认干亲也是一种较为普遍的祈求婴儿健康长寿的民间习俗活动。这样做的原因有两个:一是担心婴儿娇贵孱弱,不易养活;二是婴儿命相不好,认干亲可以转命相,以求合家健康长寿。

(二)祝寿

1. 祝寿的规矩

旧时,民间认为青年人不宜过生日,有折寿之意。故多数人在过一般散生日(指不逢10的)时基本不大操大办,生日那天与亲友热闹一番,吃个长寿面便可。此外,民间还讲究"男不做三女不做四",即男人不在30岁祝寿,女性不在40岁祝寿,其主要原因是男人大多三十将立未立,女人四十将老未老,是一个人生命当中过渡的生活状态。当然36岁本命年是一定要庆祝的,寓意冲掉本命年的凶险与晦气。

古时正式的做寿是从年满60岁开始,随着生活水平的提高,逐渐演变为从50岁。东北某些地区也有从40岁开始的。民间一般从这些特定的时段开始,每年在老人生日时为老人举行寿礼。年岁逢10(个别地方也有以逢9计算的)的生日称为"寿诞",这些年份的寿礼特别隆重,叫"做大寿"。

(1)花甲寿。中国古代以天干地支的排列组合来计算日期和年份,从甲子开始排列,满60为一周,古人称为"六十甲子",后来人们就以"甲子"或"花甲"代称60岁。因为人们认为,活满了一个甲子,就相当于过完了天地宇宙人生的一个完整周期,所以,汉族民间特别重视庆贺花甲寿诞,礼仪比普通的寿礼更为隆重。

(2)六六寿。当父亲或母亲年满66岁时,出嫁的女儿要为自己的父亲或母亲做寿。民间有"六十六,女儿家中吃碗肉"的习俗,在这一天,女儿要将猪腿肉切成66块,形如豆瓣,俗称"豆瓣肉",红烧后盖在一碗米饭上,连同一双筷子一起放在篮子里,并盖上红布,由女儿女婿送给父亲(岳父)或母亲(岳母)品尝。66块肉寓意多福多寿,老人在鞭炮声中高高兴兴地美餐一顿。

(3)古稀寿。特指给70岁老人举行的寿礼。旧时因生活条件差,人们的平均寿命较低,活到70岁已实属不易。杜甫在《曲江二首》里写道"酒债寻常行处有,人生七十古来稀",所以人们把70岁叫作"古稀之年",把70岁生日做的寿仪叫作"古稀寿"。

(4)过大寿。从60岁生日开始,凡整十,如60、70、80岁生日时举行的寿礼,都叫作"过大寿",同时也特指老人80岁生日时举行的寿礼,所以又叫作"庆八十"。人活到80岁,便被人们誉为"老寿星",80岁做生日是大庆,届时子女亲友都来贺寿,送来寿幛、寿烛、寿桃、寿面、寿联等,同时设寿堂,张灯结彩,接受晚辈和亲友的叩拜、祝贺。礼毕,共享寿宴。

(5)过九。在许多地方,流行"做九不做十"的习俗。民间认为:"十"意味着"满","满"则"溢","满"又意味着完结,所以许多地方不在整十周岁时做寿,而是提前一年做寿。但是,我国许多地方又流行所谓"逢九之年是厄年"的说法,所以不少地方在老人生日逢九之年,一般都提前做寿,并做大庆,叫作"过九"。这是所谓的"明九",有的地方还要忌"暗九",即为9的倍数的年份,如63、72、81等。在"明九"和"暗九"之年做寿时,不但需要提前做寿,而且还需要有其他的化解办法。民间常用的方法是穿红衣服,还要系上红腰带。

2.祝寿的仪礼

祝寿的风俗由来已久,有一套完备的仪礼。主家要设寿宴,晚辈要献寿桃,亲朋则备寿幛、寿联及寿礼(品)前去祝贺。有的地方有暖寿的习俗,即家里人为老人庆寿做准备工作。如在南京,暖寿是在祝寿的前一天进行,主要是关于寿堂的布置以及宴席所需的食物、酒菜、戏班子,等等。

正式的贺寿仪式在寿堂中举行,中堂书有一幅红底金字的大"寿"字,也有的地方为男子做寿挂南极仙翁,为女子做寿挂瑶池王母。画轴下方设礼桌,桌上摆满寿桃、八仙人、松柏枝叶、糕点等。堂中张灯结彩,寿烛高照,地上铺设红毡或花席,以备晚辈行礼。寿翁坐于正位,接受亲友、晚辈的祝贺与叩拜,并有司仪唱礼。辈分不同,拜礼亦有区别。平辈只是一揖,子侄或其他卑幼者均行四拜。如有不能如期前往祝寿的,可在诞日前一天去祝寿,谓之"预祝",而诞期的第二天去拜贺的叫"补祝"。

拜祝仪式结束后,要设宴招待宾客。寿宴菜式并无固定成例,各地差异很大。如青海河湟地区寿宴上的是"八仙菜"。因席上备有八种食物,并各有寓意,故称为"八仙菜"。有的地方则会上五大碗,象征"洪范五福"。寿宴之时,寿翁要坐首席,接受大家敬酒。因为"酒"谐音"久","祝酒"也就是"祝久",所以在后来的礼俗中,甚至干脆用"奉觞""称觞"来作为祝寿的代称。

寿宴上必不可少的项目是切寿糕和吃长寿面,要保证人人都能吃到,为老人"嚼灾"。经济条件不许可的人家,为老人祝寿多不宴客。一般在老人寿日的早晨,为老人打几个荷包蛋。中午,全家上下再以长寿面相贺即可。

二、少数民族寿礼

做寿之礼源于何时已难考证,但其源远流长是毋庸置疑的。以朝鲜族的"花甲礼"为例,其起源于13世纪,是朝鲜族为年满60周岁的老人举办的祝寿仪式,又叫"花甲宴"或"回甲宴",是朝鲜族人民的重大人生礼俗。花甲礼的举办有着较为严格的程序,主要分为摆寿席、献寿、放寿席、闹寿夜、分寿桌几个部分。花甲礼当天,亲友携贺礼前来祝寿,寿星夫妇要身穿朝鲜的民族服装,按照男左女右的顺序坐于正位。院落里悬挂幕布或是屏风,请专人现场题写横幅或祝寿对联。寿星及其陪坐人入席后,"献寿"仪式正式开始,司仪介绍寿星的人生经历后,由长子夫妇向寿星敬酒,行跪拜大礼,以此感谢老人养育之恩,接着由小辈们依次献寿。

侗族对年近50的人有"添粮祝寿"的习俗。他们认为人到老年"粮食"所剩不多,若不给他添粮,就不能健康长命。在假粮日,亲戚朋友组成"卖粮队"挑或抬着筹来的粮食在村中周游一圈,小孩在前面鸣锣开道,大人在后面呼喊。走到主家门口时,主家特意把大门关上,几经问答把"卖粮队"迎进屋。大家围着禾把和大米而坐,并在寿老面前放一只布口袋。一位老者开始唱祝寿歌,众人按辈分顺序给寿老添粮,即每人拿三把大米或三穗糯禾,投入受祝人面前的口袋中。唱完添粮祝寿歌,主家以酒宴款待"卖粮队"。

壮族同样也有"添粮补寿"的说法。老人60岁做寿那天会举行安放"寿米缸"的仪式。仪式以鸣炮为始,由长女将寿米缸(可装八九十斤米的瓦缸)安放在寿星枕头对着的床脚边,三拜后放入祝寿米,其他亲人依次放入寿米。待缸满后插上青竹叶,缸盖压着红布或红纸。寓意老人健康长寿,越活越年轻。以后小辈们要经常观察老人身体状况。若发现病痛,就倒出些寿米熬给老人吃。但要注意,倒出多少寿米,就要补充多少放进去,这叫"养缸"。他们认为只有缸满,福气才足。

第五节 人生礼仪民俗的旅游应用

人生礼仪具有鲜明的民族特点和地方特色,从多个侧面反映了我国各族人民的精神风貌,已成为我国重要的文化旅游资源。它不仅可以丰富和充实旅游新领域,而且可以增添旅游者的乐趣,扩大旅游者的见闻。无论是对来自外地的国内旅游者,还是对来自海外的国际旅游者,都具有强大的吸引力。从现有的展示方式来看,由人生礼仪为主题的旅游项目主要有人文景观设施、民俗表演展示两大类。

一、人文景观设施

(一)博物馆

1. 婚俗博物馆

婚俗博物馆是从历史学、文化学和民俗学的角度来保存、研究和传播有关婚嫁习俗藏品资料的专门博物馆①。婚俗博物馆可以分为专题性的博物馆和综合性的博物馆,其主要陈列的内容包括:传统婚姻的起源、发展和流变;传统婚姻的民俗形态;婚礼的仪式程序及用品等。

以婚俗为专题的博物馆主要是对某一区域婚俗的多方位、多角度的集中展示,如贵州民族婚俗博物馆。该馆于1989年10月建成,设立于贵州省黔西南布依族苗族自治州兴义市下五屯街道兴义刘氏庄园内。整个庄园占地36000平方米,婚俗博物馆占了五分之一,是当时全国唯一的少数民族婚俗博物馆。该馆的"贵州少数民族婚俗展览"包括六个部分,四个展厅:一厅主要介绍的是恋爱方式;二厅多以介绍少数民族的定情信物和定情方式为主;三厅、四厅介绍的是民俗的婚礼和婚后的生活。整个院子的四个厅结合在一起,串起了贵州少数民族相恋、结合、生育、终老的整个人生。

现在,我国各地比较多的是在综合性民俗博物馆中设置婚俗专馆,如首都博物馆的"京城旧事——老北京民俗展"中的洞房花烛美姻缘厅就是有关婚俗专题的展览。馆内还有降龙诞凤添人丁厅、古稀大寿福如海厅和爆竹辞旧迎新春厅。婚俗厅复原了大型的洞房坐帐及迎亲场面,获得了参观者的青睐。河南洛阳民俗博物馆里也有对婚俗的专门展示。洛阳民俗博物馆是一座以弘扬河洛文化、展示民俗风情为主的专题性博物馆,位于洛阳市新街南端,是在古建筑群潞泽会馆的基础上组建成的。展馆除有刺绣厅、婚俗厅、寿俗厅、民间工艺厅、匾额厅等基本陈列外,还有皮影表演、婚俗表演、民俗服饰表演等演示活动。这些陈列和活动,不仅具有浓郁的中原地方特色,还处处洋溢着强烈的时代气息。其中,婚俗厅陈列的是清代人结婚的场面和洞房陈设。含羞的新娘、憨厚的新郎和笑容满面的傧相、顽童,重现了一个庞大隆重的拜堂场面。洞房内古色古香,鸳鸯缎被、刺绣香枕光彩夺目,加上一侧身着行业服装手执各种乐器的民间乐师,那种欢天喜地的娶亲场景又重现在游客的眼前。

2. 寿庆博物馆

寿庆博物馆可以通过调查、搜集、整理、研究、保存寿庆民俗物品资料,举办有关祈寿心理、祈寿礼俗、庆寿礼俗、长寿之道方面的展览,以通俗易懂、生动有趣的形式来展示我国各民族的寿庆礼俗文化,传播寿庆礼俗文化中健康、有益的精华成分,为发展旅游业服务。

我国的寿庆文化源远流长,民族特色浓郁,地方文化鲜明,对外地乃至国际游客都具有较强的吸引力。但据巴兆祥先生考证,目前我国还没有专门的寿庆博物馆,只有在各地的民俗博物馆中有所反映。如河南洛阳的民俗博物馆中就设有寿俗厅,它是一个复原后的寿堂。寿幛、寿屏、寿星、寿桃,装饰古朴,庄严肃穆。老寿星寿眉高扬,笑口常

---

① 巴兆祥.中国民俗旅游(新编)[M].福州:福建人民出版社,2006:161.

开。贺礼者彬彬有礼,叩头祝福。众亲友欢聚一团,愿老人寿比南山、福如东海的气氛溢满寿堂。

(二)主题公园

用中国传统婚俗和现代爱情文化共同打造的中国全景体验式、消费式爱情主题公园是近年来婚俗文化的展现方式之一。如西安曲江寒窑遗址公园,以西安市深厚的历史内涵为背景,依托天然独特的沟谷地貌,以王宝钏和薛平贵的爱情故事为主题,利用现代虚拟及网络等技术,打造了中国第一个紧扣婚俗文化和爱情主题而建设的体验式公园,为年轻男女提供民俗体验活动,深受游客青睐。宁波梁祝文化公园也是依托我国传统爱情故事而打造的主题公园,园区内主要是以梁祝的故事情节为线索作为主导景观线路。公园非常重视梁祝文化的展陈,利用博物馆、纪念馆等载体进行全方位的宣传展示。同时,依托梁山伯墓和庙宇所在地合理打造,在此基础上还新建了其他的景点,如化蝶广场、恩爱亭、凤凰山、夫妻桥等,是国家级4A级旅游风景区。此外,文化公园还会定期举办中国梁祝爱情节,全国各地的游客慕名而来。爱情相亲大会的举办,不仅弘扬和传播了梁祝文化所倡导的价值观,还展示了现代的婚礼习俗。主题公园具有广泛的参与性、故事性,受到广大游客的喜爱和欢迎。

二、民俗表演展示

(一)互动式婚俗演绎

互动式婚俗演绎集艺术性、民族性、文化性、观赏性、参与性于一体,能够直观形象地将婚嫁文化艺术展现于世人眼前,为游客增添乐趣,极具市场开发价值。游客不仅可以目睹队伍如龙、火把高举、爆竹声震天、追逐嬉戏的婚嫁场面,品尝佳肴美酒,穿戴民族服饰,领略特色民族艺术及饮食文化,还可以体会到婚俗中青年男女丰富多彩的情感活动和民族优秀文化传统。特别是各地独有的仪式如苗族的"拦门酒"、壮族的对歌、傣族的"拴线"、畲族的"迎亲伯"、哈萨克族的"姑娘追"、柯尔克孜族的"撒面粉"等,其内容丰富,场面轰动,规模庞大,深受游客喜爱,引来众多参与者。

(二)祭祖活动

近年来,随着海外华人"寻根热"的升级,祭祖活动渐渐成了大规模的旅游展示活动。以陕西清明公祭黄帝陵和河南新郑农历三月三黄帝故里拜祖大典最有代表性,并发展出了丰富多彩的民俗庆典形式。

河南新郑是中华人文始祖黄帝出生、创业、建都之地,每年的农历三月初三都要举行黄帝故里拜祖大典,已成为海内外炎黄子孙寻根拜祖的圣地。黄帝故里拜祖大典进一步增强了人们对黄帝文化的认同感,举办以来,先后邀请了多位我国台湾地区知名人士参加拜祖活动。在台湾地区连续引发"河南热""寻根热";越来越多的台商在河南扎根发展;两地合作排演的豫剧亮相台湾;郑州正式成为两岸包机航点,组团赴台旅游已经实现,两岸同胞迎来了更加亲密接触的新时期。这不仅极大加深了港、澳、台同胞和海外侨胞对中华民族的认同感和归属感,促进了海峡两岸的交流与合作,也带动了大批游客涌入河南,为旅游业的发展做出了独特的贡献。

本章小结

人生礼仪贯穿于人生的整个过程。其中,诞生礼仪是人生的开端礼;成年礼标志着一个人将步入社会;婚嫁礼作为人生礼仪中"划时期"的仪礼是人生的重要阶段;寿礼表达了人生健康长寿的理想,显示了中华民族敬老尊老的优秀传统。人生礼仪既是中华民族物质生活的反映,也是伦理道德、宗教信仰、民族心理和社会价值观念的体现,具有较高的旅游价值。

思考与练习

1. 你认为有必要在现代社会推行成年礼仪吗?
2. 你的家乡有哪些婚礼民俗?
3. 结合家乡的民俗,谈谈你对开发人生礼仪民俗旅游资源的观点。
4. 谈谈利用博物馆开发人生礼仪民俗旅游资源的利弊。

本章德育总结

中华礼仪文化是中华优秀传统文化的重要组成部分和宝贵财富,源远流长,底蕴深厚,讲"礼"重"仪"更是中华民族的优良传统。自古至今,中国都非常推崇礼仪,素有"礼仪之邦"的美誉。礼仪既能够反映个体的道德水准和文化素养,又能全面体现集体的群体态度和精神面貌。习近平总书记指出,中华优秀传统文化是中华民族的文化根脉。其蕴含的思想观念、人文精神、道德规范,不仅是我们中国人思想和精神的内核,对解决人类问题也有重要价值。只要中华民族一代接着一代追求美好崇高的道德境界,我们的民族就永远充满希望。一个国家、一个民族的强盛,总是以文化兴盛为支撑的。没有文明的继承和发展,没有文化的弘扬和繁荣,就没有中国梦的实现。高校作为弘扬传统文化文明的重要阵地,在思想政治教育中融入礼仪教育,使学生通过对人生礼仪民俗的学习,全面系统地了解和掌握我国优秀礼仪文化,培养自身高尚的道德品质和道德情操,高校应关注学生的人生观、价值观,引导学生习得为人处世的修养,使其诚实守信、严于律己、待人诚恳、乐于助人,为培养学生懂得营造和谐的家庭人际关系、社会人际关系和职场人际关系,从而真正承担起民族复兴的历史使命。

礼仪民俗作为我国优秀传统文化的重要组成部分,内涵独具特色、意蕴深邃厚重,在现代社会生活中仍发挥着举足轻重的作用。礼仪是人类文明的产物，反映了思想文化、习俗观照下的思维模式、价值取向和意识形态，反映了特定历史条件下社会道德规范与社会交往秩序。中华文化中反映劳动人民的精神风貌、体现劳动人民道德水平和气质修养的礼仪风尚得以广泛流传与创新推广，成为我国传统礼仪思想的精髓。礼仪的遵守依靠的是人们内心的自觉和自律，是人们道德修养的直接体现，在人们心中具有道德规范的约束力。人与人之间的相互尊重，是维系人际关系的重要法宝，礼仪本身是个体内在的道德要求和体现，是社会道德规范和准则的外在表现。谦逊恭敬的态度、文明礼貌的语言、优雅得体的举止等透露出的是个体内在的文化修养、道德品质、精神气质和思想境界。良好的道德品质、文化修养会通过特定的外在形式表现出来，应做到行为规范，知行合一，学以致用。

第七章
节日民俗旅游

学习导引　中华民族经过千百年的发展,拥有内容丰富、形式多样的节日,如春节、腊八节、端午节、中秋节等,它们凝结着中华民族的智慧,寄托着中华民族的情感,也是对中华民族悠久历史文化的直接反映。这些形形色色的节日承载了我们庆祝丰收、祈求平安、怀念先人的情感与信念,是人们日常生活的集中展示,保留了我们民族文化中较精致、较具代表性的一面,是我国非物质文化遗产宝库中的瑰宝。本章对我国的传统节日、少数民族节日择取重点进行介绍,最后探讨了节日民俗资源的旅游应用。

学习重点　通过本章学习,重点掌握以下知识要点:
1. 节日的概念
2. 节日民俗的特征
3. 节日民俗的分类
4. 汉族和少数民族代表性节日习俗
5. 节日民俗与旅游的关系
6. 节日民俗旅游的开发策略

德育目标　1. 通过对节日民俗的学习,让学生潜移默化地接受节日文化的熏陶,感受传统节日的魅力,不断提高自身的道德素质、审美情趣和爱国感情,培养对中华文化的认同感,树立正确的世界观、人生观和价值观,做社会主义核心价值观的实践者和"中国梦"的铸造者。

2. 通过对节日民俗的学习,引导学生接触社会,深入认识自我,深入认识社会,了解传统节日的产生根源,认识传统节日蕴含的丰富内涵,增强对传统节日的认同感,培育并弘扬以爱国主义为核心的伟大民族精神,明确传承中华文化、维护国家文化利益和文化安全的责任与使命。

第一节 节日民俗概述

节日是人们经过长期的社会生活实践而逐渐形成的划分日常生活时间段的特定人文符号,是人们为适应生产和生活的需要而共同创造的一种民俗文化,是世界民俗文化的重要组成部分。

一、节日的概念

凡是有人群居住的地方就有节日,人们对节日也早已司空见惯,但对于节日的概念却是一个值得深思的问题。

"节"的原意是"竹节",有"交集"和"界限"之义。由此基本含义衍生的"习俗之佳日"则是"节日"之义,是一个被选择为不同于普通日子的"时令化了的日子"。我国1999年版的《辞海》对节日做出的解释非常简单:"节日:节令。如春节,国庆节。"2005年版的《现代汉语词典》关于节日的定义是:①纪念日,如五一国际劳动节等。②传统的庆祝或祭祀的日子,如清明节、中秋节等。《文化学辞典》则将节日解释为:节日,原专指举行宗教仪式的日子;现也包括举行世俗纪念活动的日子。① 巴兆祥先生认为,这些解释只对节日或其类属作了某些列举,而且列举的范围也欠齐全。②

徐万邦先生认为:节日就是具有群众性、周期性和相对稳定活动的特殊日子。③ 钟敬文先生认为:岁时节日的形成,有两项必不可少的要素:一是有相对固定的节期;二是节期中有特定的民俗活动。这种民俗活动年年重复、代代相传。④ 陶思炎先生认为:节日主要指中国的传统节日,其内涵空间包括信仰、仪式、语言、征物、饮食、艺术等基本领域,在各个领域形成相互依存、整体突出的文化结构。⑤

综上所述,我们认为,节日是人类社会生活的一种重要文化事象,它具有民俗意义或纪念意义,有固定的日期,有固定的主题,有广泛的群众参与。

二、节日民俗及其成因

(一)民俗节日与节日民俗

民俗节日,是指约定俗成的具有群体性、模式化活动的日子。大致可分为两种:一是民俗意义较强的节日,主要体现于传统民间节日、外来民俗节日和部分新兴地方节日。其中,传统民间节日一般都已流传数百年甚至数千年,有着丰厚的传承性民俗事象

---

① 覃光广,冯利,陈朴.文化学辞典[M].北京:中央民族学院出版社,1988:226.
② 巴兆祥.中国民俗旅游(新编)[M].福州:福建人民出版社,2006:165.
③ 徐万邦.节日文化与民族意识[J].云南社会科学,1994(2):38-44.
④ 钟敬文.民俗学概论[M].上海:上海文艺出版社,1998:131-132.
⑤ 陶思炎.节气与节日的文化结构[J].民族艺术,2018(2):37-40.

的底蕴;外来民俗节日虽是从国外传入,但维系节日的主要因素也是历代相传的民俗事象;新兴地方节日的情况比较复杂,有些是在旧有的民俗基础上加以改进而成,有些在新创的节日活动中吸收了传统民俗的素养,如曲艺、杂技、花灯等,也大体可以归入民俗节日的范畴。① 二是纪念意义较强的节日,如现代的纪念节日、伟人的诞辰与忌日、国际组织的活动日等,它们的纪念意义比较突出,和民俗的关系距离较远。

节日民俗,主要指的是节日中的民俗内容,它存在于所有的节日中,民俗意义较强的节日民俗内容相对而言比较集中。节日民俗不是一种单独的民俗事象,而是一种综合性的民俗事象。如节日的饮食、节日的服饰、节日的娱乐、节日的庆祝、节日的传说、节日的禁忌等等,实际上是各项民俗的综合展现。

(二)节日民俗产生的原因

我国历史悠久,传统节日众多,难以尽述。虽然随着时代的发展加入了现代内涵和元素,然而,究其根本,节日民俗的产生与人类早期的原始信仰观念直接相关。

1. 对日月星辰的崇拜

这种崇拜起源很早。殷人对日神有朝夕迎送的礼拜仪式,周人改为定期祭祀。这种原始的祭月拜星活动与后来中秋赏月、七夕拜星习俗可以说是一脉相承的。

2. 对土地及土地神的崇拜

土地崇拜,起源于史前时代。殷商时期,对土地的祭祀已相当普遍。原始的祭法是直接向土地献祭:将祭品深埋或直接灌注于地。周以后,称土地神为社神或社主,原始的土地崇拜发展为社祀。与之相关的诸多农事庆典,如立春日的行春之仪、亲耕大典等节俗就源于对土地及土地神崇拜的观念。

3. 对灵魂的崇拜

古人相信人有灵魂,人死之后,肉体不复存在,灵魂却不消失,灵魂具有超人的能力,可以变化形态,暗中对人起作用。家中的尊长死后,能成为家族或家庭的保护神,因此受到后人的隆重祭祀。这便是古代的祖先崇拜。新春伊始,祈望先祖保佑新一年风调雨顺、合家平安;岁暮天寒,不忘给祖宗捎去(焚化)御寒的冬衣;年尽岁除,更不忘把先祖请回与家人团聚。

此外,各种节日习俗还与古人的迷信、禁忌、巫术观念密切相关。古人相信征兆,认为吉凶祸福,必有前兆。日、月、星、风、雨、云、雪、雷等诸般自然现象均被当作征兆对象。古人根据各种征兆,预测未来的事物,于是产生了占卜。后世传统节日,如除夕夜、立春日、七夕、中秋、重阳、冬至等,都有看风云、占天候、预卜年岁丰歉的活动。此类节日习俗正是源于这种前兆俗信。为了消灾远祸,防患于未然,古人有很浓的禁忌观念,体现在节日中,便形成许多禁忌习俗。

(三)节日民俗发展演变的影响因素

节日民俗是节日中所表现出来的民俗事象,它是一个复杂的综合性民俗。节日民俗的发展和演变是一个历史文化积淀的过程,受到多种因素的影响。

---

① 巴兆祥.中国民俗旅游(新编)[M].福州:福建人民出版社,2006:166.

1. 神话传说的嵌入

节日民俗起源于古人的原始信仰崇拜。随着社会的发展,人们对自然的认识逐渐清晰,原始信仰逐渐削弱。各种上古神话故事广泛流传,给节日民俗带来了新的诠释,尤以汉代更为典型。例如,七夕节形成于汉代,此前,牛郎和织女只是两颗毫无关系的星星,到了汉代,出现了有关牛郎、织女的爱情传说,民间也有了七夕之夜看牛郎、织女鹊桥相会的习俗。

2. 上层统治者的参与和提倡

一般而言,节日民俗多由民间约定俗成,但在特殊情况下,统治者的参与和提倡能直接促进节日民俗的发展演变。元宵节的形成与发展就是典型的例子。汉武帝把身体好转归功于太一神,正月十五盛张灯火,祭祀太一神,从此形成了正月十五张灯结彩的习俗。隋炀帝追求享乐,每逢正月十五,在皇城端门外设下数里戏场,数万人盛装彩服,通宵歌舞。唐玄宗时期,每至上元夜,"灯火家家是,笙歌处处楼"。宋代,皇帝观灯已成礼俗,同时还有多种娱乐活动。至今,元宵节仍是我国盛大的节日。

3. 民众历史情感在节日风俗中的积淀

历史人物传说常常是广大民众历史观的一种艺术表现,因为某种契机融入节日之中,作为节日的一种溯源性解释并左右节日活动及节俗观念的流变。例如,端午节食粽子的习俗。吃粽子是汉代端午的重要习俗。粽子又叫"角黍",据《风俗通义》记载:在节日前一天,用葫芦叶裹黏米,以醇浓灰汁煮熟,于端午节吃。当时,吃粽子并无特殊的纪念意义,只是当作一种时令食品而已;俗有"食过五月粽,寒衣收入杠""未食五月粽,寒衣不敢送"之谚。意为粽子一出现,岁序便转入夏季,这是一年生活转折点的信号,不单单是点缀节景。在五月仲夏,酷热季节将临之际,吃这种糯米制凉食,能清热降火,胃肠舒适,不失为时令佳品。后来端午节以粽子祭祀屈原,不过是原来风俗的演变和发展。梁吴均《续齐谐记》记载:"屈原以五月五日投汩罗水,而楚人哀之。至此日,以竹筒子贮米,投水以祭之。"这是对于端午节包粽子祭祀屈原的最早记载。屈原死后,楚国的老百姓都悲痛万分,人们都自发地向江中投粽子祭祀他。端午节以粽子祭祀屈原这一节日习俗,一直流传至今。

4. 宗教节日的渗透

在我国,佛、道二教对民众信仰影响深远,圣、俗之间的界限并不明显,宗教活动世俗化的倾向比较明显。有些只有宗教徒才过的节日,被插进了岁时序列,成为僧、俗共度的节日。例如,四月八日"浴佛节",本是佛教的节日,民间却也形成了诸如买乌龟放生等行善积德的习俗。

5. 各民族节日风俗的融合

中国历史上,出现过多次大规模的民族融合。各民族大杂居、小聚居,相互交错居住,使得节日风俗得以接触、融合。汉族的一些节日,如春节、元宵节、中秋节等在各民族中普遍流行,而各少数民族的一些体育娱乐竞技,如古代山戎的打秋千、女真的射柳习俗,也不断渗进汉族的节日习俗中,成为各族人民共同的文化财富。

三、节日民俗的特征

我国的节日民俗文化是中华民族智慧的结晶,反映了民族的精神气质、伦理道德、价值取向、审美情趣和思维方式。同时它又是一种特殊的文化现象,同文学、绘画、音乐等文化样式比较,具有鲜明的特征。

(一)群众性

任何一种节日民俗的产生、发展、传播都是群众长期生产、生活实践的结果,它的创造者是社会全体成员。不论是以家庭为单位举行的活动,还是以群体聚会的形式举行的活动,都不是某一地域内个别人的活动。无论是民族群体的节日,还是村寨范围的节日,都具有群众参与的普遍性。只不过在参与的人数上有的多、有的少而已。多的动辄上万人,聚在一起举行盛大的节日庆典活动。此外,节日民俗从内容到形式的传承、演变又总是群众根据自身的意愿和需要而取舍的。

(二)周期性

大多数学者认为,节日民俗是源于古代气候和信仰,即按一年内,周期性的气候变化和信仰习俗,挑定一个极为特殊的日子,春夏秋冬,周而复始,年年沿袭,世代相传,具有周期性的特点。例如,云南境内的彝族、白族、纳西族等,在每年的农历六月二十四左右,都要举行盛大的火把节,主要是为了祈求庄稼有个好收成。

(三)民族性

从世界范围内看,中国地处东亚大陆,国土广袤,物产丰富,因而人们对海洋的开发不太关注。人们日出而作,日落而息,长幼有序,相亲相爱,温馨和睦,务本求实,安居乐业。田园牧歌式的生活,铸成了中华民族特有的、与西方海洋型商业文明截然不同的节日民俗。从国内来看,我国共有56个民族,每个民族又有不同的支系。众多的民族,不同的生产生活方式,形成了难以数计的、绚丽夺目的民族节日。这些节日活动与其他活动相比,更集中、更多样和更突出地表现了各个民族的文化特点。我们用一个表格(见表7-1)列举了部分少数民族的代表性节日。

表 7-1 部分少数民族代表性节日一览表

节日名称	民族	农历时间	主要活动
花山节	苗族	正月初三	对歌、跳芦笙舞、爬花杆、斗牛
棒棒节(农具节)	纳西族	二月十五	农具、马匹交易,并有歌舞
刀杆节	傈僳族	二月初八	上刀杆、跳火沟
干巴节	瑶族	三月初三	聚饮、唱瑶歌或围猎、捕鱼
蝴蝶会	白族	四月十五	蝴蝶泉边歌舞、交流
那尼节	哈尼族	五月初一	栽秧完毕后的庆贺仪式
转山会	普米族	五月初五	转山、绕岩洞、鸣枪、歌舞
阿昌泼水节	阿昌族	闰年六月十九	泼水、浴佛、拜佛、物质交流

(资料来源:张保华.云南民族文化概论[M].北京:中国社会科学出版社,2005.)

(四)地域性

我国幅员辽阔,各地的地理环境千差万别,节日民俗总是与当地的地理环境相适应,表现出鲜明的地域性特征。端午节划龙舟是全国通行的习俗,但是,山区没有河流,人们便根据山区地理环境的特点,演变为"推龙船"。以此取代"龙舟竞渡",而且加进了新的寓意。浙江武义的端午节习俗就是如此。《武义县志》记载,民间巧匠"以竹为龙舟形,外糊纸绘饰,内装草糊纸为神"。鸣锣开道者绕船三圈,然后推龙船至城外溪边。当地有谚语"端午船不推,瘟病要发生",故用推龙船驱邪。

(五)古朴性

许多少数民族地处祖国的边疆,由于历史的原因,多处于交通条件比较困难,经济发展比较落后的区域内,受外界区域的影响较小,因此有许多节日民俗还保留较多的原始、古朴的色彩,人们从中可以得到许多返璞归真的享受。这使许多节日披上了一层神秘的面纱,引得中外游客为之流连忘返。在当今的社会中,有些地区的节日民俗活动,注入了许多现代色彩,已失去了往日的风采,而西南边疆地区还保留有古朴归真的节日民俗的少数民族比比皆是,数不胜数。

(六)综合性

综合性,也叫复合性。许多节日民俗,几乎包揽了节日民俗文化的方方面面,因此它被人称为综合反映民族特点的"文化博览会"。它不单集中地向人们展示了节日民族的服饰、礼仪、饮食、宗教、经济生活、娱乐方式等,而且还突出反映出节日民族的习俗、信仰、性格、精神等深层次的文化内涵。应该说,节日民俗,是物质文化和精神文化的一种综合性的大观。另外,节日民俗的综合性,还表现为节日的活动内容,极少是单项的,绝大多数来讲都是多项的,从而使传统节日集信仰、经济、社交、娱乐等多种功能于一身。

四、民俗节日的分类

我国的民俗节日众多,从不同的方面、不同的角度加以审视,可以做出不同的分类。

(一)按民俗节日的主题和功能特征分类

1. 农事节日

古代华夏,以农立国,以农事为主题的节日较多,反映农耕习俗或涉及农耕生活的,约占全部节日的半数以上。如汉族在立春日举行的迎句芒神、鞭春牛的活动;彝族的火把节、颂牛节;白族的栽秧会、田家乐、火把节、封山节;纳西族的新米节、洗牛脚会;壮族的鱼花节;等等。这些节日最大的特点就是围绕着农业活动来进行。有的是预祝丰年,希望丰收丰产;有的是爱护耕牛,传授生产技术;有的是尝新米,增力气,庆贺丰衣足食、家庭富裕;等等。其间穿插有音乐歌舞、文艺体育赛事,使农事节日过得热热闹闹,丰富多彩。

2. 缅怀节日

缅怀节日是缅怀以往的伟人或盛事而形成的民俗节日。各个民族对自己的祖先、英雄的人物以及重大的历史事件,往往都怀一种无限敬仰、念念不忘的情感,久而久之,便形成了民俗节日。因此,在各民族的节日中有不少属于缅怀性、纪念性的节日。如留存于各民族的祭祖节日,纳西族于每年农历二月八日举行的缅怀英雄人物三多的"三多节",汉族为缅怀介子推而设立的寒食节等。

3. 家庭节日

家庭节日本是一个家庭中具有特殊意义的纪念性日子,但是我国各族人民按血缘、地缘等关系长期居住在一起,"一家有喜,大家相贺""一家有事,大家相帮"蔚然成风,从而使得一些家庭节日具有村寨群众、邻里乡党和亲朋好友前来参加的广泛性。例如,朝鲜族在老两口结婚六十周年纪念日时举行回婚礼,比普通婚礼还要盛大,村里的男女老少都会前来祝福,热闹异常;朝鲜族老人诞生六十周年时,其子女会为父母举办盛大的庆祝活动"花甲礼",届时亲朋好友都会前来参加寿宴。

4. 健身节日

在众多的民俗节日中,有些是出于强身健体、增强抵抗力而举办的节日。例如,白族在春浴节时会到温泉圣境——九会台村沐浴,除了用含有天然硫磺的温泉洗沐身体外,还把生鸡蛋放到泉水中去煮,便可品尝热泉煮蛋的特有风味;丽江傈僳族聚居地,有一股常年涌流的泉水,平时清澈洁净,每当夏至前后几天,便混浊不清,被当地群众称之为"臭水"。传说,用这种澄清了的水做饭,清香可口,喝这种水可治肠胃疾病,用此水洗浴,能治风湿病,故在夏至日前后形成了"臭水会",届时人们会用泉水沐浴。

5. 文体节日

此类节日是以文娱体育活动为其主要内容的。例如,彝族的火把节,在节日期间,不但要进行商品贸易交易,而且还要进行唱歌、跳舞、斗牛、摔跤、射箭、拔河、打秋千等文体活动;蒙古族那达慕大会期间,牧民们在夏秋之交,身着民族盛装,进行具有浓郁民族风情的摔跤、射箭、赛马三技比赛,同时还有文艺演出、电影放映、民间说书等活动;傈僳族的刀杆节也是聚文艺、体育活动于一体,其中最令人惊心动魄的莫过于上刀杆了,其表演具有世人难见难言的惊险情景,因此慕名而来的游客络绎不绝。

6. 宗教节日

我国是一个统一的多民族国家,一些民族有自己的宗教信仰,因而形成了各色各样的宗教节日。此类节日既包括原始宗教影响下产生的节日,如祭灶、祭敖包等,也包括人为宗教,即佛教、道教、伊斯兰教产生的节日,如佛教的浴佛节、涅槃节、中元节、成道节;伊斯兰教的开斋节、宰牲节、圣纪节、盖得尔夜等;道教的老君圣诞、玉皇圣诞、蟠桃会、吕祖圣诞等。这些节日的主题都与宗教有关,且节日活动一般都有宗教仪式,如举行法会、道场,参加诵经、礼拜等活动。

7. 商贸节日

此类节日以商贸活动为主要内容。通过赶集、庙会的形式买卖农副产品和其他商品,进行物资交流活动,是人们节日活动的主要内容,如白族的"三月街"物资交流大会、壮族的药市、纳西族的骡马会。既有适应现代经济发展的啤酒节、药材节,也包括以某种媒介为依托的商贸交流大会,如洛阳牡丹花会、开封菊花文化节、自贡恐龙灯会等。

8. 社交节日

各种民俗节日,都是群众广泛参与的活动,因此一般都带有社交的内容。这种社交的节日,可分为两种:一种是不谈情说爱的社会交往节日,如藏族的沐浴节、朝鲜族的老人节、彝族的娃娃节、纳西族的牧童会、陕西的敬老节、杭州的母亲节等;另一种是青年男女谈情说爱的节日,如白族的绕三灵、侗族的姑娘节、布依族的跳花会、瑶族的歌堂节、苗族的姐妹节等,都有男女相会,以歌舞游戏觅友和谈情说爱的内容。

(二)按照民俗节日的性质分类

民俗节日从形成之日起便大体具备了自己的性质,由于性质的不同我们把民俗节日划分为以下两类。

1. 单一性民俗节日

此类节日是由某个活动的单一目的所决定的。如伊斯兰教的开斋节和宰牲节,都是单一性质的,分别和宗教的斋戒活动、宰牲活动分不开。

2. 综合性民俗节日

此类节日是由某个节日活动的多种目的所决定的。节日的多种目的往往是在其发展过程中不断汇聚而成的。如清明节由单纯的农事性质发展成融郊游踏青、扫墓、祭祀于一体的综合性节日,端午节在发展中变成了祭典性质、竞技游艺性质、驱瘟祛邪性质的综合性大节。

(三)按照民俗节日的来历分类

任何一个民俗节日都不可能是凭空臆想而来的,都有它产生的深层根源,依据其产生的根源,可以将民俗节日划分为以下三类。

1. 传统民间节日

此类节日主要包括汉族的传统民间节日和少数民族的传统民间节日,它们传播范围广,传承时间长,是我国民俗节日的基本组成部分。

2. 外来民俗节日

此类节日主要包括我国古代的一些外来节日,如佛教、基督教、伊斯兰教的节日在流传过程中与我国文化相融合而形成的一部分节日。

3. 现代新兴民俗节日

随着现代社会经济的发展,民俗节日迫切需要新的适应现代人思想、现代生活方式的新内容新形式的出现,一些新的民俗节日,如南通民间艺术节、南宁国际民歌艺术节、安徽砀山梨花节等应运而生(见表7-2)。

表7-2 部分现代新兴民俗节日一览表

节日名称	举办时间	首届节日举办时间	主要活动	地点
青岛国际啤酒节	8月的第二个周末开幕	1991年	啤酒品饮、饮酒大赛、文艺演出、经贸展览、艺术巡游	山东青岛
哈尔滨国际冰雪节	1月5日开幕	1985年	看冰灯、赏雪雕、滑雪	黑龙江哈尔滨
南京秦淮灯会	正月初一至元宵节前后	1986年	亮灯仪式、赏灯、文艺表演	江苏南京
潍坊国际风筝节	4月20日	1984年	风筝放飞表演	山东潍坊

续表

节日名称	举办时间	首届节日举办时间	主要活动	地点
洛阳牡丹花会（今中国洛阳牡丹文化节）	4月—5月	1983年	赏牡丹、文艺表演、"河洛欢歌·广场文化狂欢月"	河南洛阳
中国开封菊花文化节	10月—11月	1983年	赏菊花、文艺表演、书画笔会、摄影展览	河南开封

（资料来源：据相关资料整理）

（四）按照民俗节日的内容分类

按民俗节日的内容分类，可以分为宗教节日、纪念节日和庆贺节日三种。

1. 宗教节日

宗教节日主要包括以原始信仰为基础的民间宗教节日和带有明显现代宗教教义色彩的现代宗教节日。

2. 纪念节日

纪念节日是指为纪念受人尊敬的历史人物或重大历史事件而设置的节日，如端午节、寒食节。

3. 庆贺节日

庆贺节日通常具有庆祝性质，例如春节，节日目的在于强化个人与社会组织间的友好关系，节日的主题通常是丰收、喜庆、幸福。

（五）按照民俗节日的影响范围划分

从节日影响范围的角度来看，民俗节日可划分为全国性节日与地域性节日。如我国传统的春节、元宵节、中秋节等都是全国性节日，影响力深远、影响广泛；湖北襄阳的穿天节、四川都江堰的放水节等都是地域性节日。

第二节　传统节日及习俗

节日产生的前提条件是节气。事实上，大多数传统节日在先秦时期就已经探出了头。汉朝时，我国最主要的传统节日基本都已定型。到了唐朝时期，传统节日已经从原来的祭拜、禁忌等神秘气氛中演变为娱乐礼仪型，这时的节日才成为真正的良辰佳节。自此以后，传统节日变得充满喜庆、欢乐并多姿多彩，非常多的体育、娱乐活动也出现在传统节日的内容中，并且很快成为一种潮流普及开来，穿越时代的变迁一直延续至今，经久不衰，是我国非常珍贵的精神文化遗产。

一、春节

(一)春节的由来与传说

1.春节的由来

春节和年的概念,最初的含意来自农业,古时人们把谷的生长周期称为"年",《说文解字·禾部》中有"年,谷熟也"。在夏商时代产生了夏历,以月亮圆缺的周期为月,一年划分为十二个月,每月以不见月亮的那天为朔,正月朔日的子时称为"岁首",即一年的开始,也叫"年",年的名称是从周朝开始的,至西汉才正式固定下来,一直延续到今天。但古时的正月初一被称为"元旦",直到中国近代辛亥革命胜利后,南京临时政府为了顺应农时和便于统计,规定在民间使用夏历,在政府机关、厂矿、学校和团体中实行公历,以公历的元月一日为元旦,农历的正月初一称春节。

1949年9月27日,在中国人民政治协商会议第一届全体会议上,通过了使用世界上通用的公历纪元,把公历的元月一日定为元旦,俗称"阳历年";农历正月初一通常都在立春前后,因而把农历正月初一定为"春节",俗称"阴历年"。

2.熬年守岁的传说

守岁,就是在旧年的最后一天夜里不睡觉,熬夜迎接新一年的到来的习俗,也叫"除夕守岁",俗名"熬年"。探究这个习俗的来历,在民间流传着一个有趣的故事:太古时期,有一种凶猛的怪兽,散居在深山密林中,人们管它们叫"年"。它的形貌狰狞,生性凶残,专食飞禽走兽、鳞介虫豸,一天换一种口味,从磕头虫一直吃到大活人,让人谈"年"色变。后来,人们慢慢掌握了"年"的活动规律,它是每隔365天窜到人群聚居的地方尝一次口鲜,而且出没的时间都是在天黑以后,等到鸡鸣破晓,它们便返回山林中去了。算准了"年"肆虐的日期,百姓们便把这可怕的一夜视为关口来煞,称作"年关",并且想出了一整套过年关的办法:每到这一天晚上,每家每户都提前做好晚饭,熄火净灶,再把鸡圈牛栏全部拴牢,把宅院的前后门都封住,躲在屋里吃"年夜饭",由于这顿晚餐具有凶吉未卜的意味,所以置办得很丰盛,除了要全家老小围在一起用餐表示和睦团圆外,还须在吃饭前先供祭祖先,祈求祖先的神灵保佑,平安地度过这一夜,吃过晚饭后,谁都不敢睡觉,挤坐在一起闲聊壮胆。这样,就逐渐形成了除夕熬年守岁的习惯。

(二)春节的习俗

春节是绝大多数民族通行的节日,是我国民间最热闹、最隆重、最能表现中华民族凝聚力与传统文化内涵的传统节日。春节期间,有许多饶有趣味的习俗。

1.扫尘

民间流传着"腊月二十四,掸尘扫房子"的谚语,即每临春节,家家户户都要进行一次大扫除,清洗家具,拆洗被褥,干干净净迎接新春。《梦粱录》记载:"十二月尽……士庶家不以大小,俱洒扫门间,去尘秽,净庭户。"① 按民间的说法:因"尘"与"陈"谐音,新春扫尘有"除陈布新"的含义,其用意是要把一切穷运、晦气统统扫出门。这一习俗寄托

---

① 吴自牧.梦粱录(卷六)[M].北京:中国商业出版社,1982:45.

着人们破旧立新的愿望和辞旧迎新的祈求。

2. 贴春联

春联也叫门对、春贴、对联、对子、桃符等，它以工整、对偶、简洁、精巧的文字描绘时代背景，抒发美好愿望，是我国特有的文学形式。每逢春节，无论城市还是农村，家家户户都要精选一副大红春联贴于门上，为节日增加喜庆气氛。

在贴春联的同时，一些人家要在屋门上、墙壁上、门楣上贴上大大小小的"福"字。春节贴"福"字，是我国民间由来已久的风俗。"福"字指福气、福运，寄托了人们对幸福生活的向往，对美好未来的祝愿。为了更充分地体现这种向往和祝愿，有的人干脆将"福"字倒过来贴，表示"幸福已到""福气已到"。民间还有将"福"字精描细做成各种图案的，图案有寿星、寿桃、鲤鱼跳龙门、五谷丰登、龙凤呈祥等。

3. 守岁

除夕之夜，通宵不寐，叙旧话新，迎接新年，俗称"守岁"。守岁是当晚重要的活动，全家老小一起熬年守岁，欢聚酣饮，共享天伦之乐。守岁有许多活动，由于是晚上，多在室内进行下棋、打牌、聊天、观看春节联欢晚会等。民间认为，除夕晚上如果彻夜不眠，毫无倦意，就会预兆来年精力充沛。除夕夜的灯火通宵不熄，俗称"光年"。

4. 燃放爆竹

中国民间有"开门爆竹"一说，即在新的一年到来之际，家家户户开门的第一件事就是燃放烟花爆竹，以哔哔叭叭的爆竹声除旧迎新。宗懔《荆楚岁时记》记载："正月一日是三元之日也。《春秋》谓之端月。鸡鸣而起，先于庭前爆竹，以辟山臊恶鬼。"①此时的爆竹是天然的竹子。随着科学技术的发展，鞭炮的花样越来越多。多种多样的鞭炮在不同的时刻以不同的燃放方式，渲染着新年第一天的热烈气氛。春节期间爆竹的用途很多，祭神要放，祭祖也要放，孩子娱乐更要放。放爆竹可以创造出喜庆热闹的气氛，是节日的一种娱乐活动，可以给人们带来欢愉和吉利。

5. 拜年

新年的初一，人们都早早起来，穿上最漂亮的衣服，打扮得整整齐齐，出门去走亲访友，相互拜年，恭祝来年大吉大利。拜年的方式多种多样，有的是同族长带领若干人挨家挨户地拜年；有的是朋友相邀几个人去拜年；也有大家聚在一起相互祝贺，称为"团拜"。自初二始，就要开始给村外的亲朋好友拜年，俗称"走亲戚"。来往密切的各家互邀饮宴，共同庆贺新年。不走亲贺年，便为失礼。在中国人的观念中，过年是一年中最重要的节日，充满了喜庆的氛围。因而，在这个隆重的节日里，与亲朋好友联络感情，增进友谊，既自然又适宜。拜年作为一项极富人情味的活动，它给人际关系的调适创造了一个和谐的氛围，不仅是祝贺新年的一种形式，也是人们交流思想、联络感情的一种手段。

节日期间，人们严守多种禁忌。例如：忌打骂孩子，忌打破碗碟，忌说不吉利的话语等。各种禁忌一般到初五解除。

---

① 宗懔.荆楚岁时记译注[M].谭麟,译注.武汉:湖北人民出版社,1985:1.

二、元宵节

(一)元宵节的由来与传说

1.元宵节的由来

元宵节在农历正月十五日。此夜为一年中第一个月圆之夜,称为"元宵",所以此节称"元宵节"。因道教将此日称为"上元日",此节旧称"上元节"。由于有张灯、观灯的民俗活动,因而此节又称"灯节"。元宵节是中国的传统节日,早在2000多年前的西汉就有了,元宵赏灯始于东汉明帝时期,明帝提倡佛教,听说佛教有正月十五日僧人观佛舍利、点灯敬佛的做法,就命令这一天夜晚在皇宫和寺庙里点灯敬佛,令士族庶民都挂灯。后来,这种佛教礼仪节日逐渐形成民间盛大的节日。该节经历了由宫廷到民间,由中原到全国的发展过程。在汉文帝时,已下令将正月十五定为元宵节。

2.关于灯的传说

传说在很久以前,凶禽猛兽很多,四处伤害人和牲畜,人们就组织起来去打它们,有一只神鸟因为迷路而降落人间,却意外地被不知情的猎人给射死了。天帝知道后十分震怒,立即传旨,下令让天兵于正月十五日到人间放火,把人间的人畜财产通通烧死。天帝的女儿心地善良,不忍心看百姓无辜受难,就冒着生命的危险,偷偷驾着祥云来到人间,把这个消息告诉了人们。众人听说了这个消息,有如头上响了一个焦雷,吓得不知如何是好。过了好久,才有个老人家想出个法子,他说:"在正月十四、十五、十六日这三天,每户人家都在家里张灯结彩、点响爆竹、燃放烟火。这样一来,天帝就会以为人们都被烧死了。"大家听了都点头称是,便分头准备去了。到了正月十五这天晚上,天帝往下一看,发觉人间一片红光,响声震天,连续三个夜晚都是如此,以为是大火燃烧的火焰,心中大快。人们就这样保住了自己的生命及财产。为了纪念这次成功,从此每到正月十五,家家户户都悬挂灯笼,放烟火来纪念这个日子。

(二)元宵节的习俗

按照中国民间的传统,在正月十五的夜晚,人们要点起彩灯万盏,以示庆贺。届时,舞龙、舞狮、燃灯放焰、喜猜灯谜、共吃元宵,合家团聚,同庆佳节,其乐融融。元宵节是中国的传统节日,所以全国各地都过,大部分地区的习俗是差不多的,但各地也有各地的特点。

1.吃元宵

元宵,最早叫"浮元子",南方多叫水团、汤团,北方多叫元宵,有些生意人还美其名曰"元宝"。一般取义"团圆",它象征着家人团圆和睦、生活幸福美满,寄托了对未来生活的美好愿望。

元宵节吃元宵始于宋朝,意在祝福全家团圆和睦,在新的一年中康乐幸福。元宵有实心和带馅两种,有香、辣、甜、酸、咸五味,可以煮、煎、炒、油炸或蒸制。因口感软滑,味道鲜美,迅速流传开来。元宵经过千余年的发展演变,如今的制作日见精致。仅面皮而言,就有江米面、黏高粱面、黄米面和苞谷面。馅料的内容更是甜咸荤素,应有尽有。甜的有桂花白糖、山楂白糖、什锦、豆沙、芝麻、花生等;咸的有猪油肉馅,可以做油炸元宵;

素的有芥、蒜、韭、姜、葱组成的五辛元宵等。

2. 观灯

元宵节的时候,各家各户都张灯观灯。家家室内摆灯、门口挂灯,街巷处处张灯结彩,人们晚上皆出户观灯。一般从正月十三日开始,市面上就挂出了各式花灯,供人购买。到了十五日,不但各处有灯会,比赛花灯,小孩们也纷纷提着灯笼,四处游行玩耍。传统花灯有动物灯、植物灯、人物灯、戏曲故事灯等,其中五谷、六畜、蔬菜瓜果、花鸟鱼虫等造型最多,象征五谷丰登、六畜兴旺、政通人和、国泰民安等。近年来,各地又出现各种电动的新型花灯,不仅千姿百态,五彩缤纷,而且动态逼真,栩栩如生。

3. 闹社火

闹社火是元宵节的重头戏,许多歌舞杂耍,如龙灯、狮子、云彩、花船、竹马、高跷、八仙等,纷纷亮相,且歌且舞,大吹大打,十分热闹,让人在鼓乐声中大饱眼福,全国皆然。在湖南长沙,从正月十一到十五晚上举行玩灯会,用纸扎成各种形状的花灯,一人一盏,旌旗引导,鼓乐唱和,百十成群,游行在乡村或城市之家,每到一家,都燃放爆竹,表示欢迎并备酒款待,赠送蜡烛等物。在广东乐昌,有人喜好武术,秋闲时分请师教习。元宵节时,糊纸做狮头,用彩布做狮身,两人舞叫双狮,一人舞叫单狮。舞后就表演武术,叫"打狮头"。

4. 走百病

元宵节期间,各地盛行一种"走百病"的习俗。据《夜史》记载:"正月灯市,妇女着白绫衫而宵行,曰'走百病',又曰'走仙桥'。"走百病,在北方又叫度百厄、游百病、散百病;而南方大多称为走桥,岭南地区则称为采青、偷青等,具体形式各地不同。参与者多为妇女,她们结伴而行或走墙边,或过桥、走郊外,目的是祛病灾,借以寄托自己美好的愿望。在江苏南京,每到正月十六,来自四面八方的人们会不约而同地登上城墙,眺望远景,呼吸新鲜空气,流连于城头上的各种小摊点,叫"爬墙头",又称"踏太平"或"走百病"。

三、清明节

(一)清明节的由来与传说

1. 清明节的由来

我国传统的清明节大约始于周代,已有2500多年的历史。清明最开始是一个很重要的节气,清明一到,气温升高,正是春耕春种的大好时节,故有"清明前后,种瓜种豆""植树造林,莫过清明"的农谚。后来,由于清明与寒食的日子接近,而寒食是民间禁火扫墓的日子,渐渐地,寒食与清明就合二为一了,寒食既成为清明的别称,也变成清明时节的一个习俗,清明之日不动烟火,只吃凉的食品。

2. 关于寒食节的传说

相传春秋时期,晋国公子重耳为躲避祸乱而流亡他国长达十九年,大臣介子推始终追随左右、不离不弃,甚至"割股啖君"。重耳励精图治,成为一代名君"晋文公"。但介子推不求利禄,与母亲归隐绵山,晋文公为了迫其出山相见而下令放火烧山,介子推坚决不出山,最终被火焚而死。晋文公感念忠臣之志,将其葬于绵山,修祠立庙,并下令在介子推死难之日禁火寒食,以寄哀思,这就是"寒食节"的由来。

(二)清明节的习俗

清明节的习俗是丰富多彩的,除了讲究禁火、扫墓,还有踏青、荡秋千、蹴鞠、打马球、插柳等一系列风俗体育活动。相传这是因为清明节要寒食禁火,为了防止寒食冷餐伤身,所以大家来参加一些体育活动,以锻炼身体。因此,这个节日中既有祭扫新坟生离死别的悲酸泪,又有踏青游玩的欢笑声,是一个富有特色的节日。

1. 扫墓

清明节的民俗活动自唐代以来多以扫墓祭祖为主。扫墓俗称"上坟",是祭祀死者的一种活动。汉族和一些少数民族大多都是在清明节扫墓。扫墓一般在节前或当天,忌讳推后。家家户户一大早便出门,携带酒食果品、纸钱等到墓地,将食物供祭在亲人墓前,再将纸钱焚化,为坟墓培上新土,折几枝嫩绿的新枝插在坟上,然后叩头行礼祭拜。如果是新过门的媳妇上坟,则要在坟头压一张红纸,表示家中添了新人,向祖先贺喜。

2. 踏青

踏青郊游也是清明节的一个重要习俗。清明踏青习俗自古有之,杜甫在《丽人行》中说:"三月三日天气新,长安水边多丽人。"宋代程颢《郊行即事》:"况是清明好天气,不妨游衍莫忘归。"南宋诗人吴惟信《苏堤清明即事》:"梨花风起正清明,游子寻春半出城。"清明节正当农历三月,是春回大地、生机盎然、万物复苏的时节,是人们走出家门外出郊游踏青的大好时光,也是人们一年之中亲近大自然的最好时节。

3. 插柳

清明时节,民间还有插柳的习俗。清明之日,时值春回大地,草木皆绿,从野外折来新发芽的柳枝,插放于各家门头。河南、山东大部分地区此日男女老幼都要簪柳,当地有民谚:"清明不戴柳,死了变黄狗""清明不戴柳,红颜成皓首。"河南新郑及山东泰安等地甚至还要给猫、狗戴柳圈。随着时代的发展和社会的变化,人们的生态环保意识日益增强,古人的插柳戴柳习俗逐渐演变为植树造林。1979年,全国人民代表大会常务委员会把3月12日定为我国的植树节。这对动员全国各族人民积极开展植树造林活动有着十分重要的意义,也使民间插柳习俗有了新的社会意义。

4. 放风筝

放风筝也是清明时节人们喜爱的活动。每逢清明时节,人们不仅白天放,夜间也放。夜里在风筝下或风筝拉线上挂上一串串彩色的小灯笼,像闪烁的星星,被称为"神灯"。过去,有的人把风筝放上蓝天后,便剪断牵线,任凭清风把它们送往天涯海角,据说这样能除病消灾,给自己带来好运。

四、端午节

(一)端午节的由来与传说

端午节是古老的传统节日,始于中国的春秋战国时期,至今已有2000多年历史。端午节的由来与传说很多,这里仅介绍影响最广泛的一个——纪念屈原。

屈原，是春秋时期楚怀王的大臣。他倡导举贤授能，富国强兵，力主联齐抗秦，遭到贵族子兰等人的强烈反对，屈原遭谗去职，被赶出都城，流放到沅、湘流域。公元前278年，秦军攻破楚国京都。屈原眼看自己的祖国被侵略，心如刀割，但是始终不忍舍弃自己的祖国，于五月五日，在写下了绝笔作《怀沙》之后，抱石投汨罗江而死，以自己的生命谱写了一曲壮丽的爱国主义乐章。

传说屈原死后，楚国百姓哀痛异常，纷纷涌到汨罗江边去凭吊屈原。渔夫们划起船只，在江上来回打捞他的真身。有位渔夫拿出为屈原准备的饭团、鸡蛋等食物，"扑通、扑通"地丢进江里，说是让鱼龙虾蟹吃饱了，就不会去咬屈大夫的身体了。人们见后纷纷仿效。一位老医师则拿来一坛雄黄酒倒进江里，说是要药晕蛟龙水兽，以免伤害屈大夫。后来为怕饭团为蛟龙所食，人们想出用楝树叶包饭，外缠彩丝，便发展成粽子。

以后，在每年的五月初五，就有了龙舟竞渡、吃粽子、喝雄黄酒的风俗，以此来纪念爱国诗人屈原。

(二)端午节的习俗

我国民间过端午节是较为隆重的，庆祝的活动也是各种各样，比较普遍的活动有以下4种形式。

1. 赛龙舟

赛龙舟，又名"龙舟竞渡"，是一项历史悠久的水上竞技活动。所谓"龙舟"，就是龙形的船，是一种以龙为标志的竞赛船只。龙舟的特征表现在龙头龙尾上，此外还有各种装饰，如神位、旗帜、彩灯、大鼓、铜锣等。事先要修龙舟，训赛手。比赛前，往往先举行请龙、祭龙的仪式，然后组织竞渡。南方滨水之处，端午节举行龙舟竞渡。由于自然条件的限制，划龙舟未在北方流行开来。龙舟竞赛现已列入国家比赛项目，每年湖南岳阳、湖北秭归等地都举办龙舟节。

2. 端午食粽

节日期间，人们照例要包粽子，自食并送亲友。粽子，又称"角黍""筒粽"。制作时，先把粽叶泡湿，糯米发开，以肉、豆沙、枣仁等为馅，包成三角形、四角形或牛角形，蒸煮熟透后食用。今日粽子种类很多。北方多用糯米或黍米，以红枣、豆沙为馅，有的也用柿饼等果脯做馅，无馅的纯米粽子称为"凉粽子""清水粽"。南方除了上述品种外，还有独具特色的鲜肉粽子、火腿粽子。端午节饮食，除了粽子外，还有糖糕、油饼、油条、茶蛋等。

3. 佩香囊

端午节小孩佩香囊，传说有避邪驱瘟之意，实际是用于襟头点缀装饰。香囊内有朱砂、雄黄、香药，外包以丝布，清香四溢，再以五色丝线弦扣成索，制作成各种不同形状，结成一串，形形色色，玲珑可爱。

4. 悬艾叶菖蒲

民谚说："清明插柳，端午插艾。"在端午节，人们把插艾和菖蒲作为重要内容。家家都洒扫庭院，以菖蒲、艾条插于门楣，悬于堂中，并用菖蒲、**艾叶**、榴花、蒜头、龙船花制成人形或虎形，称为艾人、艾虎；制成花环、佩饰，美丽芬芳，妇人争相佩戴，用以驱瘴。

知识关联

艾叶

五、七夕节

(一)关于牛郎织女的传说

传说,织女是天神,而牛郎是凡人。一次,织女在人间游玩后在湖中嬉水,被一旁路过的牛郎捡走了衣服,两人因此结缘,一见钟情结为夫妇,并生下一男一女,但人神恋爱是违反天条的,玉帝命令织女必须离开牛郎。牛郎在看到妻子被抓走后,便马上用扁担挑起一对箩筐,将一对儿女分别放入筐内,去追织女。眼看就快要追上了,一条大河忽然挡在了他的面前,这就是王母娘娘画的银河。王母娘娘见他们感情真挚,便破例让他们每年七月七日通过喜鹊搭桥相会一次。"牛郎织女"源于人们对自然天象的崇拜,后来发展成为七夕节。

(二)七夕节的习俗

七夕节最普遍的习俗,就是妇女们在七月初七的夜晚进行的各种乞巧活动。乞巧的方式大多是姑娘们穿针引线验巧,做些小物品赛巧,摆上些瓜果乞巧,各个地区的乞巧的方式不尽相同,各有趣味。

1. 拜祷乞巧

拜祷乞巧,即通过祭拜织女以祈求赐巧。除了乞求针织女红的巧技外,少女还多求婚姻上的巧配,求赐美满姻缘,少妇则希望织女保佑夫妻和睦、早生贵子。

2. 穿针乞巧

穿针乞巧,是一种遍及全国的乞巧方式,即穿针引线,谁穿得又准又快就为得巧,带有赛巧的性质。云南顺宁也将"七夕"称为"穿针节"。穿针所用的线,一般是五色缕,也称"五彩线",即用五种颜色的丝线合成一根线;所穿的针,一般数目用七,俗称"七孔针"。

3. 吃巧食

七夕节也有吃巧食的风俗。巧食的内容有瓜果和各式各样的面点,各地风俗不一。各种巧食做成后,都要陈列到庭院中的几案上,好像要请天上的织女来品评。然后大家一面观赏着遥远的夜空,一面吃着各种巧食,认为这样会使人变得灵巧。

此外,民间还认为七月七日是魁星的生日,因魁星主文运,所以想祈求功名的读书人对他特别推崇。不少人在这一天祭拜魁星,祈求他保佑自己考运亨通。

六、中秋节

(一)中秋节的由来与传说

1. 中秋节的由来

中秋节有悠久的历史,和其他传统节日一样,也是慢慢发展形成的,古代帝王有春天祭日,秋天祭月的礼制,早在《周礼》一书中,已有"中秋"一词的记载。后来贵族和文人学士也仿效起来,在中秋时节,对着天上又亮又圆一轮皓月,观赏祭拜,寄托情怀,这种习俗就这样传到民间,形成一个传统的活动,一直到了唐代,这种祭月的风俗更为人们重视,中秋节才成为固定的节日,这个节日盛行于宋朝,至明清时,已与元旦齐名,成为我国的主要节日之一。

2. 关于嫦娥奔月的传说

如同中国的许多传统节日一样,中秋节也有许多个神话传说,其中嫦娥奔月的故事流传最为广泛。

相传后羿射下了天上多余的九个太阳后,很多人前来拜师学艺。这天,后羿将求得的不死神药,交给妻子嫦娥保管,这事恰好被逢蒙看到了。当后羿外出狩猎时,逢蒙便威逼嫦娥交出不死药。危急时刻,嫦娥吞下了药向天上飞去。由于嫦娥牵挂着丈夫,便飞落到离人间最近的月亮上成了仙。百姓们闻知嫦娥奔月成仙的消息后,纷纷在月下摆设香案,向善良的嫦娥祈求吉祥平安。从此,中秋节拜月的风俗便在民间传开了。

(二)中秋节的习俗

中秋佳节,人们最主要的活动便是赏月和吃月饼了。

1. 赏月

赏月是中秋一项极富诗情画意的风俗活动。民间赏月,或设宴于月下,边饮酒、边赏月;或陈月饼、瓜果于庭院,边品尝、边赏月;或根据自己的爱好、自己的条件,别出心裁地去赏月。人们赏月方式不一而足,没有定例。

2. 吃月饼

我国城乡群众过中秋都有吃月饼的习俗,俗话有:"八月十五月正圆,中秋月饼香又甜。"月饼最初是用来祭奉月神的祭品,"月饼"一词,最早见于南宋吴自牧的《梦粱录》中,那时,它也只是像菱花饼一样的饼形食品。后来,人们逐渐把中秋赏月与品尝月饼结合在一起,寓意家人团圆。

七、重阳节

(一)重阳节的传说

相传在古代,有一个瘟魔每年的九月九日都会出来作恶,残害无辜人民的生命。此时有一个青年叫桓景,他决定远走他乡,拜师学艺回来打败这个瘟魔。桓景费尽千辛万苦终于找到一位道长愿意收留,因此桓景便留在了道长身边学艺。有一天,道长告诉桓景,在今年的九月九日当天桓景一家会有危险,因此让他快点回家并带上装有茱萸的布袋,带着一家老小登到高处饮菊花酒来消灾。等到桓景回到家之后,他让父老乡亲每一个人都拿上茱萸,在登高处等待着瘟魔的出现。果然瘟魔终于出现了,但是当瘟魔闻到茱萸和菊花酒的味道时,却迟迟不敢上前伤人,因此桓景便趁机杀掉了瘟魔,保护了大家的安全。从此,重阳节便流传登高、插茱萸、饮菊花酒的习俗,其中饮菊花酒被人们当作长寿酒饮用。

(二)重阳节的习俗

金秋送爽,丹桂飘香,农历九月初九的重阳佳节,活动丰富,情趣盎然,有登高、赏菊、喝菊花酒、吃重阳糕、插茱萸等。

1. 登高

在古代,民间在重阳有登高的风俗,故重阳节又叫"登高节"。相传此风俗始于东汉。唐代文人所写的登高诗很多,大多是写重阳节的习俗;杜甫的七律《登高》,就是写重阳登高的名篇。登高所到之处,没有统一的规定,一般是登高山、登高塔。

2. 吃重阳糕

重阳节的饮食也很有特色,重阳糕是家家户户喜爱的节日食品。重阳糕,又名花糕、发糕、菊糕等,"糕"与"高"音同,有"步步高升"和"百事皆高"等吉意。其本是秋粮收获后的一种尝新食品,后来发展成应节食品,所以此节实际上也是农民喜庆丰收的一个节日。今日的重阳糕十分精致,有些地方(如山西)多达九层,像一个小宝塔,其上有两只小羊象征重阳,或插彩旗以图吉利。

3. 赏菊并饮菊花酒

重阳节正是一年的金秋时节,菊花盛开,据传赏菊及饮菊花酒,起源于晋朝大诗人陶渊明。陶渊明以隐居出名,以诗出名,以酒出名,也以爱菊出名;后人效之,遂有重阳赏菊之俗。旧时文人士大夫,还将赏菊与宴饮结合,以求和陶渊明更接近。民间还把农历九月称为"菊月",在菊花怒放的重阳节里,观赏菊花成了节日的一项重要内容。清代以后,赏菊之习尤盛,且不限于九月初九,但仍然是重阳节前后最为繁盛。

第三节　少数民族节日及习俗

中华民族拥有古老的文明史。在悠远的历史长河中,勤劳智慧的古圣先贤为我们创造了悠久灿烂的文化遗产,留下了许多独具特色的民族节日。我国是一个多民族的国家,各民族都有自己的文化习俗和众多的传统节日,是一份珍贵的文化宝藏。

一、西北地区少数民族的主要节日与习俗

我国西北地区主要分布有蒙古族、回族、藏族、维吾尔族、哈萨克族等少数民族。

(一)蒙古族的主要节日与习俗

蒙古族是中国人口较多、分布十分广阔的少数民族之一,历史悠久而又富有传奇色彩。主要聚居于内蒙古自治区,其余多分布在黑龙江、新疆、甘肃、青海、宁夏等地。主要节日有春节、那达慕大会、马奶节等。

1. 春节

蒙古族年节与汉族基本一致,最主要的传统节日是春节。白节是蒙古族春节的古称,也是蒙古族最隆重、最盛大的节日,是在夏历正月初一。蒙古族崇尚白色,认为白色是纯洁、吉祥和神圣的象征,故称岁首正月为"查干萨日",意即"白月",由此春节便被称为"白节"。节日前,家家户户要打扫房屋,贴门联、年画,缝制新衣,买糖,打酒,制作各

种奶食,经济条件好的人家还杀猪宰羊。大年三十,居住在草原上的牧民,全家围坐一起,吃"手抓肉"。晚上"守岁"时,全家老小围坐短桌旁,桌上摆满一盘盘香喷喷的肉、奶食品及糖果、美酒。饭后有各种娱乐活动。有的去亲友家拜年做客,互赠哈达、礼品。

2. 那达慕大会

那达慕大会是蒙古族古老的传统盛会。"那达慕"是蒙古语,是娱乐、游艺的意思。那达慕大会的主要内容是"练三艺",即赛马、射箭和摔跤。赛马,在草原上有着悠久的历史。牧人们从幼童起,就在放牧时以跃马飞驰为嬉。在高手如林的那达慕大会上,骑手们往往显示出高超的骑艺、惊险的动作及坚忍不拔的毅力,争夺十分激烈。而射箭中的骑射,在有限的赛程中,一弓三箭,箭箭中环,更是精彩。摔跤,也是那达慕大会的重要内容。蒙古族摔跤手被称为"布赫沁",身着摔跤服,是一种革制绣花的厚坎肩,有的还在边沿嵌上一排闪闪发光的铜帽钉,俗称"卓铎格"。摔跤时,无论怎样激烈,任凭撕、揪、抓、拉、勾、绊,都不会伤人或扯碎衣服。

3. 马奶节

马奶节是内蒙古自治区锡林郭勒部分地区蒙古族牧民的盛大节日,每年农历八月末举行,为期一天。牧民们为了祝愿健康、幸福和吉祥,以洁白神圣的马奶命名这个收获的节日。节日大会上,主持人会向客人及蒙医敬献马奶酒和礼品,然后在人们轻声哼出的歌声中,朗诵马奶节的献词。在这一天会举行赛马活动,参加比赛的骏马,全是两岁的小马,它象征着草原的兴旺和蓬勃,也唤起了人们对马奶哺育的情感。

(二)回族的主要节日与习俗

回族是在长时期的历史发展进程中,由中国国内和国外的多种民族成分融合形成。其中,伊斯兰教的传入及其在中国的发展,对回族的形成起了重要作用。回族的主要节日有开斋节、古尔邦节、圣纪节。

1. 开斋节

伊斯兰教历每年十月一日,是回族人民的盛大节日——开斋节,又称"尔德节""肉孜节"。开斋节清晨,清真寺的钟声响过之后,回族男子要穿上新衣服、戴上洁白的小帽,妇女要换上节日的盛装,到清真寺参加礼拜。之后,还要互相祝贺、互赠油香,气氛同汉族的新年一样。回族聚居区的街上到处是人,熙熙攘攘,马匹也盛装打扮,披红戴花。不少男女青年还选此良机举行婚礼,为新婚添上节日的色彩。

2. 古尔邦节

"古尔邦节"又称"宰牲节",是伊斯兰教最隆重的节日。节前各家各户要把房舍打扫得干干净净,并准备一些节日食品。节日这天,全家都要沐浴净身,室内焚香,斋戒半日。上午人们要去清真寺参加会礼,向麦加叩拜,请阿訇宰牲,并将所宰牛、羊肉的一部分分赠亲友,济贫施舍。这天从早到晚都沉浸在欢乐之中。

3. 圣纪节

圣纪节在每年伊斯兰历三月十二日,相传这一天是穆罕默德的诞辰日。纪念活动一般在清真寺举行,穆斯林在这一天要诵经、赞圣、讲述穆罕默德的生平事迹,举行祭奠活动。有的地方还在这一天举行盛大的尔麦里会(善事宴会),宴请宾客。

(三)藏族的传统节日

藏族主要分布在我国青海、甘肃、四川、云南和西藏自治区等省区。藏族主要传统节日有藏历新年、雪顿节、望果节等。

1. 藏历新年

藏历年,藏语为"洛萨",是藏族人民最隆重、最欢乐的传统节日。从藏历十二月开始,人们就着手准备过年的节日食品,酥油、白面炸馃子、糌粑、炒麦粒、人参果等都要一应俱全。家家户户都把压箱底的贵重盛装拿出室外晾晒。年前两天,还要进行大扫除。除夕之日,要吃面团土巴,此饭是按照日期名称命名的。大年初一,全家要举行新年仪式,由长辈顺次祝吉祥如意,后辈跟着回贺。初一这天,一般是闭门欢聚,互不访问。从初二开始,亲戚朋友互相拜访祝贺新年。

2. 雪顿节

雪顿节,为期5天到7天。"雪顿"按藏语译音,是喝酸奶子的日子,后演变为演藏戏为主,因此,又叫"藏戏节"。这天,人们会饱饮一顿酸奶子,尽情看戏,快乐玩耍。

3. 望果节

望果节是藏族人民预祝丰收的传统节日。"望果"是藏语的音译。"望"藏语的意思是庄稼,"果"的意思是转圈,"望果"就是绕着丰收在望的庄稼转圈。此节主要流行于农区,没有固定的日期,一般在秋收之前的藏历八月选择吉日举行,节期3天至5天。近年来,藏族同胞欢度望果节,普遍要举行赛马、射箭、歌舞等活动。

(四)维吾尔族的"麦西来甫"

维吾尔族的传统节日大多与宗教有关,如肉孜节、古尔邦节。节日期间都要举行"麦西来甫"。

"麦西来甫"在维吾尔语中是"集会""聚会"之意,是能歌善舞的维吾尔族人民创造的一种娱乐性的民间歌舞集会。舞蹈中,男子在前胸有节奏地左右挥动,有力而迅捷,好似披荆斩棘,寻兽围猎。女子与男子相协调,或双手或单手高举过头,时左时右,动作健美明快,似为男子举火照明。最后,所有男女舞者随着欢乐的曲调不停地在原地旋转,好似群居之人狩猎成功,共庆丰收的场面,这表现了维吾尔同胞淳朴、热情、粗犷、豪放的性格。

(五)哈萨克族的"纳吾热孜节"

哈萨克族的历法每一个月份都有专称。哈萨克族人把一年的第一个月称为"纳吾热孜",这正是阳历三月。3月21日春分,这一天昼夜一样长,他们把这一天作为春节,哈萨克族人称之为"纳吾热孜节"。"纳吾热孜"是新年的意思,是波斯语的借用词。"纳吾"意为新的,"热孜"是天。从这一天开始就迎来新春。按照传统习惯,纳吾热孜节当天,妇女们通常在家待客,而男人们都成群结队地到各家拜年,第二天家中的年长妇女们会留下儿媳在家待客,自己则与其他女眷一起到各家拜年。但现在一些传统习惯已被打破。节日期间,村民会在树木稀少的地方种上小树苗。据说,在纳吾热孜节期间植树,可以把大自然装扮得更加美丽,从而保证来年的风调雨顺。有些地方还会在新种的树苗上绑上白色的布条,因为哈萨克族有尚白的习俗,预示着来年美好的开始。

二、西南地区少数民族的主要节日与习俗

我国西南地区主要分布有苗族、傣族、彝族、白族、壮族、侗族等少数民族。

(一)苗族的"苗年"与"芦笙节"

我国境内的苗族人口为11067929人(2021年),在我国56个民族中仅次于汉族、壮族、满族、回族,位居第五位。苗族人口的分布特点是大散居、小聚居,全国各省、自治区、直辖市均有苗族分布。代表性的节日有苗年和芦笙节。

1.苗年

苗族的岁时节庆以过"苗年"最为隆重,相当于汉族的春节,一般在秋后举行。年前,各家各户都要备丰盛的年食,还要隆重祭祖。节日里,各家各户要在清晨到田间以青草、草粪等物祭田,意在祈求来年风调雨顺,还要将酒洒在牛鼻上,以示对牛的敬谢之意。另外,对家中的狗也要喂好食,以示酬劳。节日里,人们身着盛装,举行传统的游年活动,如斗牛、赛马、跳芦笙、踩鼓、游方等。

2.芦笙节

芦笙节主要流行于贵州东南部苗族聚居区。每年农历正月十六至二十日和九月二十七日至二十九日,分别在凯里市舟溪和黄平县谷陇举行规模盛大的芦笙节。节日里,苗族人民不仅要聚集在广场跳芦笙舞,还要进行斗牛、赛马、文艺表演、球类比赛。青年男女在一起对歌,增进相互间了解,建立友谊和爱情。

(二)傣族的主要节日与习俗

傣族主要聚居在云南省西双版纳傣族自治州、德宏傣族景颇族自治州以及耿马傣族佤族自治县、孟连傣族拉祜族佤族自治县,其余的散居在景东、景谷、普洱、澜沧、新平、元江、金平等地。边疆傣族地区与缅甸、老挝、越南接壤。傣族主要节日有泼水节、采花节和关门节等。

1.泼水节

泼水节为傣历新年,又称"浴佛节",大约在农历清明后十日。泼水节一般为3天到4天,第一天为除夕,是送旧岁的日子。第二天(或加上第三天)为空日,人们可自由安排活动。第三天为傣历的元旦,也是傣历新年中最热闹的一天。泼水是泼水节最主要的传统活动,人们相互泼水,相互祝福。傣家人常说:"一年一度泼水节,看得起谁就泼谁。"泼水也是青年男女交流感情的好时机。人们还进行多种传统的娱乐活动,如堆沙、赛龙舟、丢包求偶、放高升、放飞灯和歌舞晚会等。

2.采花节

采花节时间在清明之日。各村寨男女老少身着盛装,手提花篮,肩挎"筒帕"上山采花。休息时,男女青年背着象脚鼓跳民族舞蹈。采花归来,用鲜花点缀房屋,赠送亲朋好友,以示友谊和祝福。

3.关门节

关门节,时间固定在傣历九月十五日(阳历七月中旬)。其间,正是傣族农忙季节,

所以除佛教活动外,一切活动都要停止。青年人可以谈情说爱,但不许结婚。人们不能外出,以表示对佛的虔诚,更重要的是人们集中精力搞好生产。

(三)彝族的"火把节"与"插花节"

彝族主要分布在滇、川、黔、桂四省区。其中,云南以楚雄彝族自治州、红河哈尼族彝族自治州及峨山、宁蒗、路南等地较为集中。代表性节日有火把节和插花节。

1.火把节

火把节,古代被称为"星回节",是彝族地区最普遍、最隆重的传统节日。它以扎制和燃烧火把为节日的主要形式,一般多为农历六月二十四或二十五举行。传统的火把节是一种隆重的农业祭祀活动,用火来驱灾除邪,祈祷丰年。现在则发展成一个融文体娱乐和经济贸易于一体的民族节日。

2.插花节

插花节是颇具特色的彝族传统节日,以云南大姚政府举办的节庆活动尤为隆重盛大,每年农历二月初八,当地彝族群众从山中采回马樱花等鲜花,插在房门、农具及一些神位上。人们身着节日盛装欢聚一起唱歌跳舞,举行祭花活动,并且互相插戴马樱花,表示美好祝愿,祈祷人寿年丰。

(四)白族的"绕三灵"和"三月街"

白族主要分布在云南、贵州、湖南等省区,其中以云南的白族人口最多,四川、重庆等地也有分布。白族主要节日有"绕三灵"和"三月街"。

1.绕三灵

每年农历四月二十三至二十五,苍山脚下,洱海之滨,村村寨寨的白族青壮年男女,聚集数万人,盛装艳服,成群结队,边歌边舞,参加为期三天的祭祀与狂欢相结合的"绕三灵"。

随着社会发展,现在的绕三灵已逐渐演变为白族祭祀本主与娱乐郊游活动相结合的民族盛会。每年农历四月二十三至二十五日,洱海四周白族村寨的男女老幼,由经过乔装打扮的一对歌手领队,边唱边舞,开始了绕三灵活动。队伍从大理崇圣寺(佛都)出发,沿苍山麓"绕"到喜洲庆洞的圣源寺(神都),白天在圣源寺进行祈年等宗教活动,夜晚便在圣源寺附近的田野、树林中歌舞狂欢。第二天从庆洞出发,到达洱海边河矣城村的金圭寺(仙都),祭"洱河灵帝",夜晚依然歌舞达旦,以歌舞娱神、娱人。第三天沿洱海西畔往南回走,回到大理崇圣寺附近的马久邑村,祈求本主庇佑,活动才告结束。

"佛、神、仙"三都的营建与朝拜,反映了白族信仰佛、道、巫三种宗教,并发展成以自然崇拜开道,杂糅道、佛的哲学思想体系。

2.三月街

"三月街"又名"观音市",是白族盛大的节日和佳期,每年农历三月十五至二十日在大理举行。三月街最初带有宗教活动色彩,后来演变为一个盛大的物资交流会,自1991年起,被定为"大理白族自治州三月街民族节"。随着旅游业的发展,三月街的会期逐渐延长,一般3天到5天,多则达10天;而且,除了进行大规模的物资交流外,还举行赛马、民族歌舞等文娱体育活动。三月街还是白族青年男女结识相会、谈情说爱的佳期。

（五）壮族的"歌圩节"与"吃立节"

壮族是我国少数民族中人口最多的一个民族，主要聚居在我国的南方。广西壮族自治区是壮族的主要分布区。壮族主要节日有"歌圩节"和"吃立节"等。

1. 歌圩节

歌圩节是壮族最隆重的民族传统节日，流行于广西、云南等地，多在春秋两季举行，为期数天。歌圩，壮语意为"歌的集市"。民间盛传跟唐代"歌仙"刘三姐有关。其间，各路歌手汇集于秀丽的河边、山谷、庙观，来来往往，兴高采烈，歌圩上所唱的歌，主要是以男女青年追求美好爱情理想为主题。文娱活动有抢花炮、演戏、杂技、舞龙、舞彩凤、唱采茶、擂台赛诗等，丰富多彩，还有各种庙会，形成商品集散盛会。

2. 吃立节

吃立节是广西壮族自治区龙州县、凭祥市一带壮族人民特有的节日。"吃立"，壮语意为欢庆。壮族人民素有欢庆年节的传统。但在1884年春节来临之际，法国侵略者侵略我国边境。为了打击侵略者，保家卫国，青壮年奔赴疆场，英勇杀敌。正月三十日，出征的将士凯旋，乡亲们杀鸡宰羊，做糯米粑，盛情款待，共同欢庆胜利，补过年节，从此以后逐渐形成吃立节。节日期间，人们舞狮子、耍龙灯、唱歌跳舞等，热闹非凡。

（六）侗族的"花炮节"与"斗牛节"

侗族主要分布在贵州的黔东南苗族侗族自治州、铜仁市和广西的三江侗族自治县、龙胜各族自治县、融水苗族自治县，以及湖北的恩施土家族苗族自治州等地。其中，黔东南苗族侗族自治州是我国侗族最大的聚居地，代表性节日有"花炮节"与"斗牛节"。

1. 花炮节

花炮节是侗族人民最热闹的节日。各地举行的日期不同，形式多样，其主要活动是抢花炮。花炮用长约10厘米的铁筒制成，内装火药，炮口上放置直径4厘米、用丝线包扎成五颜六色的铁环，由上穿黑衣、下穿白裤、扎绑腿的小伙子组成仪仗队，举行隆重仪式。燃放时以火药铁炮为冲力，把铁圈冲上高空，当铁圈掉下来时，人们便以铁圈为目标，蜂拥争夺，谓之"抢花炮"。据说，谁抢得花炮，谁在这一年里就能人财两旺、幸福安康。抢花炮后，还要举行唱侗戏、听彩调、赛芦笙等丰富多彩的文娱活动。夜间，穿着节日盛装的青年男女在广场上纵情跳"多耶"集体舞。

2. 斗牛节

斗牛节，每年农历二月或八月逢"亥"日那天为侗族传统的"斗牛节"。其间，人山人海、锣鼓喧天、芦笙阵阵。在打牛塘里，烟尘滚滚，牛王们打成一团，人们助威呐喊，跟着牛王团团转，构成一幅紧张激烈的画面。

三、东北地区少数民族的主要节日与习俗

我国东北地区主要分布有满族、朝鲜族、赫哲族、鄂伦春族等少数民族。

(一)满族的"填仓节"和"虫王节"

满族人口总数在中国55个少数民族中居第二位。满族分布于全国各地,以辽宁、河北、黑龙江、吉林和内蒙古自治区、北京等地为多。满族在节日风俗上受汉族影响最多,因而它的节日与汉族节日大同小异。如元旦、元宵节、龙抬头日、清明节、端午节、中元节、中秋节、腊八节、小年、除夕等都是满族重要的节日。除此之外,还有"填仓节"和"虫王节"。

1. 填仓节

填仓节在每年的正月二十五,满族农村讲究煮黏高粱米饭,放在仓库,用秫(shú)秸秆编织一只小马插在饭盆上,取意马往家驮粮食,丰衣足食。第二天,再添新饭,连着添三回。也有的人家用高粱秸做两把锄头插在饭上。

2. 虫王节

"虫王节"为六月初六。六月天,易闹虫灾,居住在辽宁一带的满族过去在六月初六这天,一户出一人到虫王庙朝拜,杀猪祭祀,求虫王爷免灾,保证地里的收成好。如今在这一天,家家要晾晒衣物,以防虫蛀。

(二)朝鲜族的"回婚礼"和"花甲礼"

朝鲜族是我国东北地区的一个勤劳、勇敢、具有悠久历史的少数民族,主要居住在吉林、黑龙江、辽宁三省,其余散居在内蒙古自治区、河北和北京等地。吉林延边朝鲜族自治州是朝鲜族最大的聚居区。朝鲜族的节日主要有春节、清明节、端午节、中秋节、老人节等。此外,还有三个家庭节日,即婴儿周岁生日、回婚礼、花甲礼。

1. 回婚礼

回婚礼是朝鲜族的一种特殊的婚姻仪式,是在老两口结婚60周年的纪念日举行的。举行者必须具备以下三个条件:一是老两口都健在,二是亲生子女都在世,三是孙子孙女无夭折。回婚礼比普通婚礼盛大。届时,老两口要穿着结婚时穿的礼服,接受摆满山珍海味和五颜六色果品的丰盛婚宴。两位老人的子女、儿媳、女婿、孙子、孙女,以及村里的男女老少都前来祝福,热闹异常。

2. 花甲礼

花甲是老人诞生60周年纪念日。每家朝鲜族的老人在这一天,都由子女们为父母举办盛大的庆祝活动,这就是"花甲礼"。届时,老夫老妻从里到外穿着子女们特意为他们制作的新衣裳,入座寿宴中央。然后,前来祝贺的同辈兄弟和本乡年逾花甲的老人依次入席,坐在老两口的左右两边。宴席桌上,摆满水果、糖果、糕点、酒菜之类。子女们身着节日的盛装,来到寿宴前,以辈分长幼为序先敬酒,后行礼,依次退下。待儿孙们行礼结束,亲朋好友们才依次上前敬酒。礼毕,子女们宴请前来祝寿的亲戚朋友。

(三)赫哲族的传统节日

赫哲族长期繁衍生息在黑龙江、松花江、乌苏里江流域,有着悠久的历史,在长期的社会生产和生活实践活动中孕育出富有渔猎文化特色、代代相传的节庆习俗。赫哲族的传统节日主要有春节、河灯节、乌日贡节等。

1. 春节

赫哲人讲究过节,"旧历年"(春节)被视为最大的节日。其他的节日庆祝活动,都不如过"旧历年"隆重。除夕晚上,供奉祖宗三代、诸神画像以及灶神和火神。大家各自忙碌,做年饭,剪窗花,糊灯笼。初一,姑娘、妇女和孩子们穿上绣有云边的新装,到亲朋好友家拜年。热情好客的赫哲族人摆下"鱼宴"款待客人。令人尊敬的民间诗人在新春佳节,用依玛堪把美好的祝愿献给大家。老人们向他敬酒,听他讲故事,尽兴而归。妇女们玩"摸瞎糊"、掷骨头。青少年迷恋的是滑雪、滑冰、射草靶、叉草球等比赛,到处是欢歌笑语。

2. 河灯节

河灯节是赫哲族的民间传统节日,世世代代靠捕鱼为生的赫哲人,年年都在农历的七月十五放河灯、祭河神。放河灯除安抚厉鬼之意外,还希望渔猎生产生活能丰收,祈求祖先保佑捕鱼平平安安。

3. 乌日贡节

"乌日贡",赫哲语发音叫"urigun",为吉祥喜庆之义,每两年的农历五月中旬举办一次,一般会期两天到三天。"乌日贡"的节日展演是文艺与体育的比赛与展示,文艺表演中主要表演民间说唱"伊玛堪"、民歌"嫁令阔"、民间舞蹈与宗教舞蹈以及民族乐器,体育活动有叉草球、射箭、赛船、撒网、顶杠等。

(四)鄂伦春族的"古伦木沓节"和"抹黑节"

鄂伦春族,是我国人口较少的少数民族之一,自古以来繁衍生息在我国黑龙江流域和大、小兴安岭的密林深处。鄂伦春族在长期的生产生活中形成了自己独特的民族节日。

1. 古伦木沓节

"古伦木沓",为鄂伦春语,意为祭祀火神。古伦木沓节由祭祀火神的仪式演变而来,是国家级非物质文化遗产之一。鄂伦春族世代繁衍生息在苍茫的大森林中,以狩猎为生,并与火结下不解之缘,自古便有祭祀火神的习俗,因此古伦木沓节又称"篝火节"。过去,该节日的时间并无统一规定,但习惯于在每年的农历六月初举行。鄂伦春族每到年节或吉日,家家户户都要在自家门前燃起篝火,并焚香跪拜祷告,以求火神保佑平安,饭前还要向火塘洒酒抛肉,以示供奉。节日期间,活动内容丰富多彩。夜间在篝火周围请萨满跳舞,祭神祭祖;白天则举行赛马、射箭射击、摔跤及唱歌、跳舞、讲故事、下棋等文体活动。

2. 抹黑节

鄂伦春族的抹黑节在每年的正月十六日举行。节日当天,人们都早早起床,男女老少都手抹锅底灰,走家串户相互抹黑脸。据说抹上黑脸就能驱邪赶鬼,一切病魔通通赶走,保佑一年四季平安康健。抹黑通常都是在平辈人之间进行。为了增加节日的气氛,有时也象征性地抹一抹长辈,但抹黑之前先向长辈下跪磕头,先征得长辈同意后才象征性地往长辈的脸上抹一点黑,否则是不允许的。

四、东南地区少数民族的主要节日与习俗

我国东南地区主要分布有畲族、黎族、高山族等少数民族。

(一)畲族的传统节日

畲族自称"山哈"或"山达"。"哈""达",畲语意为"客人"。"山哈"即指山里人或居住山里的客人。这个名称不见史书记载,但在畲族民间却普遍流传。畲族的传统节日有"会亲节""乌饭节"和"分龙节"等。

1. 会亲节

二月二"会亲节"是畲族传统节日之一,流传于福建福鼎市畲族地区,每年春耕前举办"会亲节",迄今已有200多年的历史了。

节日里,浙南、闽东的畲族男女,从四面八方云集在双华村,访亲友,叙家常,互致问候。村文化馆前搭起彩楼,四周人山人海,熙熙攘攘。一场诙谐有趣的赛歌会就在这里进行。入夜,山谷中家家灯火通明,处处歌声嘹亮,锣鼓声响彻云霄,鞭炮声响震山谷。待提灯游村的信炮凌空而起,一队队人们手提鱼灯、兔灯、鸡灯、猪灯、寿桃灯、莲花灯、丰收灯、孔雀灯等,形成一条金色长龙,鱼贯穿行于各个畲村,山谷里礼炮齐鸣,烟火怒放。然后,大家架起高大的"火树",照耀歌场,进行盘歌,通宵达旦。

2. 乌饭节

农历三月三日畲民染乌米饭祭祀祖先,称"乌饭节",是畲民的传统节日。这一天,畲族男女成群结队出门"踏青",采集乌稔叶子,泡制乌米饭,缅怀先祖,并以乌米饭赠亲友,预祝丰年。其实,对世居大山深处的畲族同胞来说,三月三吃乌米饭不仅仅是为了祭祀祖先,更是一个节气的到来,一年之计在于春,意味畲家人要开始一年一度的春耕了,这也是乌饭节另外一种象征意义了。

知识活页

关于"乌饭节"的两个传说

3. 分龙节

分龙节,是畲族传统的节日,每年在农历夏至后的"辰"日举行(福建霞浦县畲族在五月二十四日举行,叫"立秋分龙")。传说这一天玉皇大帝给畲山"分龙",象征着风调雨顺,五谷丰收,节日当天,畲族人民禁用铁器,禁挑粪桶,不劳动。他们还群集在预定的地点或登高举行赛歌会,青年男女还通过对唱山歌,寻觅情侣。

(二)黎族的"春节"与"三月三"

"黎"是他称,是汉民族对黎族的称呼。黎族称汉族为"美",意即"客",他们以汉人为客人,自己则以土著自居。黎族是海南岛最早的居民,主要聚居在海南省的陵水、保亭、三亚、乐东、东方、昌江、白沙、琼中、五指山等地。

1. 春节

居住在广东、海南一带的黎族人民,过春节时,要杀猪宰鸡,置备佳肴美酒。全家吃过"年饭"后,男子要集体上山打猎,女子要结队到河里摸鱼。打来的食物,由全村平分共享。第一个打到猎物的人,多分到猎物一条腿的肉,以示奖励。

2. 三月三

三月三,是海南黎族人民盛大的民间传统节日之一,黎语称为"孚念孚",是海南黎族人民祭祀祖先、庆贺新生、赞美生活、歌颂爱情的传统节日,尤其盛行于海南昌江黎族自治县和东方市美孚方言支系黎族村落,相传东方市西方村(当地的一个美孚黎族聚居村落)是这个节日的起源地。节日当天,各村各寨的黎族男女老少都带着粽子、糕点从四面八方聚集到牙南良、亲天峡、牡丹坡、报翠坡,祭拜祖先。然后进行射弩、摔跤、荡秋千、跳竿、唱山歌等文体活动。晚上,山坡上、河岸边燃起一堆堆篝火,人们围着篝火尽情歌舞。未婚的青年男女相识以后,互赠信物,姑娘们将亲手编织的七彩腰带系在小伙子腰间,而小伙子则把耳铃穿在姑娘的耳朵上,或把鹿骨做的发钗插在阿妹的发髻上,相约来年的三月三再相会。

(三)高山族的"丰收节"

居住在我国台湾地区的少数民族,是我国统一的多民族大家庭中不可分割的一部分,长期以来,他们和汉族人民一起,披荆斩棘,把台湾开辟成为美丽富饶的宝岛,并共同反抗外来侵略和历代统治阶级的压迫,对于共同缔造祖国的历史和文化做出了重要的贡献。对台湾地区的少数民族,我国政府以"高山族"为其正式族称。

"丰收节"又称"丰年祭",是台湾高山族特有的传统节日,可与汉族的春节相提并论的盛大节日。高山族庆丰收的祭祀节日,各支系节日的时间与内容不一,一般从农历八月初一起,进行数天。活动以村社为单位,主要包括收割、尝新、入仓、贮藏等程序,都要进行祭祀,感谢祖先的保佑和恩德。

这一传统的节日习俗以其深久的文化内涵和强大的生命力被今天在大陆的高山族台胞所传承和继续。每年金秋,各地高山族台胞都会以不同的方式聚集在一起,唱起家乡的歌、跳起家乡的舞,把酒叙乡情,尽情享受"丰收节"的喜庆与欢乐,用以感谢神明赐予的风调雨顺,赞美百姓一年辛勤劳作所获得的丰硕果实,祈祷未来美好的幸福生活。

第四节 节日民俗与旅游

节日民俗与旅游有着天然的联系,是一对亲密的伙伴,它们互相影响、互相促进、共同发展。一方面,许多民俗节日都有大规模、大范围的出游活动,因此,旅游活动是节日民俗的一项内容;另一方面,节日民俗活动是一个地区文化集中对外展示的机会,这些活动具有深厚的文化底蕴、群众参与性强,气氛热烈,深深吸引着远近的游客,形成持续的、浩浩荡荡的旅游流,进而促进以旅游、商贸为目的的新的节日形成。此外,传统节日文化是我国特有的文化旅游资源,对其进行必要的旅游开发可起到保护和延续的作用。

一、旅游活动是节日民俗的重要内容

节日旅游自古至今广泛存在。在古代社会,许多岁时节日都有相沿成习的旅游活动。宋孟元老《东京梦华录》记载:"(清明节)士庶阗塞诸门,纸马铺皆于当街用纸衮叠成楼阁之状。四野如市,往往就芳树之下,或园囿之间,罗列杯盘,互相劝酬。都城之歌儿舞女,遍满园亭,抵暮而归。各携枣䭅、炊饼、黄胖、掉刀、名花异果、山亭戏具、鸭卵

鸡雏,谓之'门外土仪'。轿子即以杨柳杂花装簇顶上,四垂遮映。"[①]著名画家张择端的风俗画《清明上河图》,就极其生动地描绘出以汴京外汴河为中心的清明时节的热闹情景。

现代的节日旅游比古代更加丰富,不仅有自古传承的传统节日,而且有新生成的现代节日,丰富了节日的活动内容。再加上现代服务业,尤其是旅游业的发达,为出游的人们提供"吃、住、行、游、购、娱"的一条龙服务,使今天的节日旅游活动拥有了古人无法比拟的便利条件。

二、节日民俗促进了旅游活动的发展

首先,节日民俗丰富了旅游活动的内容。节日期间,在传统的集市庙会上,有各种民间艺人表演游戏杂耍,小商小贩出售民间小吃、民间工艺品、民间玩具等,还有诸如赛马、射箭、唱歌、耍龙、舞狮等文化游乐项目。在节日期间,人们可以参加各种平时没有的活动,特别是庆贺性、娱乐性的民俗活动,从中感受到欢快、热烈的气氛,还能见到平日里难得见到的民俗风情,对于满足愉悦身心的要求和猎奇、思古的心理十分重要。因而,节日民俗已成为对旅游者具有巨大吸引力的一项重要旅游资源。

其次,一些地方依托节日民俗大做文章,把旅游活动推向了国际市场。如大理白族自治州每年四月份(农历三月)都会举行盛大的白族传统节日——"千年赶一街,一街赶千年"的三月街活动。三月街原本是佛教信徒的聚会节日,之后慢慢发展成为当地有名的集会,各地的商人纷纷入驻三月街活动,使之成为一个盛大的物资交流会。与此同时,当地白族居民和其他少数民族也加入三月街活动,举行赛马、对歌等少数民族传统文化活动。现在的三月街,不仅是大型的物资交流会,吸引了许多东南亚商人入驻,还增加了当地特色美食、特色花卉等商品经济活动,可以看出,三月街活动作为传统的文化节日活动,其影响力在不断扩大,对当地的经济推动作用也在持续发生。

最后,新兴节日的设立大大促进了旅游活动的发展。新兴的民俗节日如中国国际民间艺术节、江苏省曲艺节、山东文化艺术节集中展示了音乐、舞蹈、戏曲、杂技、工艺美术、民间收藏等民俗内容,吸引了更多、更广泛的旅游者的参与,以至于一些新兴节日本身已经转变成了旅游节庆,如青岛国际啤酒节、中国洛阳牡丹文化节,等等。

三、节日民俗旅游开发中存在的问题

(一)开场宏大,后期发展乏力

政府的推动是我国节日旅游活动由萌芽走向发展壮大的基本经验,但是目前我国节日民俗旅游开发存在着过分依赖政府的现象,有些还将其举办权交给政府全权处理,导致节日活动无法适应市场经济规律,后期发展乏力等问题。单一依靠政府出资办节的模式,并不能满足活动资金的长期投入和后期维护,而且极大地限制了企业的积极性,不利于节日民俗旅游活动的发展。

---

① 孟元老.东京梦华录(卷七)[M].北京:中国商业出版社,1982:43.

(二)选题雷同,品牌意识缺乏

节日民俗旅游主题缺乏新意,雷同性高是一个老生常谈的问题。目前,全国文化节日旅游活动众多,遍地开花,但选题方面多以"文化节""狂欢节""嘉年华"等主题呈现,内容大同小异,能够打响知名度的、形成品牌的较少。一些节日旅游活动的组织者过于追求经济效益,忽视了节日民俗本身的文化内涵和特色,这就造成节日民俗旅游吸引力不足、品牌知名度不高,各类效益也难以达到预期。

(三)重视经济效益,文化内涵缺失

节日民俗旅游应以弘扬当地特色文化为初衷,以特色文化攻占市场,从而获取经济、社会、生态等多方面效益。而当前,许多地方节日活动组织者实施"文化搭台,经济唱戏"的方针,使得节日民俗旅游活动文化内涵缺失,存在主题定位不明确、缺乏个性和特色等问题。任何一项节日活动,一旦离开了文化内涵,就成了无源之水、无本之木,经济效益最终将成为空谈。

(四)时间过度集中,群众参与度低

从全国范围内来看,节日旅游活动举办时间整体上集中于4月到10月,12月至次年2月相对较少,这与我国旅游淡旺季相一致。一项节日旅游活动开发成功与否,往往在于外来游客的数量。故而许多地方在开发节日旅游时,偏重考虑外来游客的需求,时间也都集中于旅游旺季,忽视了当地群众。加之有些节日活动设置了昂贵的门票,奢华的消费常常将本地居民拒之门外,这些都造成了当地居民参与度不高。

四、节日民俗的旅游开发策略

作为文化遗产的节日民俗,是各民族风情的立体博物馆和天然"活化石"。节日民俗旅游资源风格多样,异彩纷呈。将节日民俗融入旅游活动中去,既能通过旅游活动将节日的文化内涵进行传播、保证节日民俗的传承发展,又能促进旅游业的发展和经济水平的提高。我们认为具体可以进行以下的开发和利用。

(一)突出文化核心,培养优势品牌

节日民俗旅游活动的核心是"民俗文化",围绕文化进行开发策划是节日活动长久发展的基本要求。根据政策要求,节日文化产业应形成特色鲜明、布局合理、效益显著的发展态势,应培养一大批具有创新创意的区域性可持续发展品牌,形成一批具有一定知名度的地方文化节日活动品牌。在节日民俗的旅游开发过程中,要突出举办区域的文化特色,选取当地代表性的节日民俗资源来突出主题。在突出主题和特色的同时,表现出传统文化的魅力之外的现代文明发展趋势。

(二)立足节日"民俗",提高游客参与度

节日民俗的旅游开发要立足于"民俗",设计一系列活动提高游客参与度。首先,要突出民俗节日歌舞习俗的带动作用。让游客在游玩参观的过程中,加入节日歌舞行列,

通过民族节日歌舞体味节日习俗。其次,要加重娱人成分。从节日体育娱乐活动入手,提高活动项目中的游客可参与度,让游客有较多机会选择适合的项目,参与竞技和娱乐。如有些节日里的射弩、打陀螺、摔跤、赛马等民族性较强的娱乐活动,可以稍加创意,增添一点时代气息,使之成为一学就会与具有古朴、新奇、刺激特点的娱乐活动,吸引游客兴致勃勃地参与。

(三)原生态开发与保护相结合,促进节日民俗与旅游可持续发展

目前,市场中出现的节日民俗旅游产品大都舞台化、商品化,这使得当地表演人员对节日旅游失去了热情,而游客也开始对这种伪民俗的表演失去兴趣,因此在开发节日民俗旅游时一定要注重节日的原汁原味,保持其民族性、历史性、神秘性、周期性、传统性和参与性,因为这些正是民族传统节日的魅力所在,失去它们意味着失去可持续发展能力。同时,由于民族节日是由各个民族的劳动人民在长时间的历史进程中创造的文化遗产,因此在开发时必须坚持开发与保护相结合的原则,把开发和保护放到同等重要的地位,以保证节日民俗文化资源、旅游业实现可持续发展。

(四)提高节日品位和科学内涵,给游客美的享受

把节日民俗当作一种旅游产品,仅利用现有节日的传统习俗文化是不够的,必须有目的地提高节日的文化品位和科学内涵,使游客从节日的民族传统、生态规律、敬祖敬亲伦理、人际关系调适、生产能力再生等方向展开认知,即令游客置身于节日的同时,与历史沟通,与现实对话,捕捉各层面的节日文化信息,与节日文化环境相感应,达到节日美的享受。

> 节日是人类社会生活的一种重要文化事象,具有民俗意义或纪念意义,有固定的日期、固定的主题,有广泛的群众参与,具有群众性、周期性、民族性、地域性、古朴性、综合性等特征。民俗节日可按主题和功能特征、性质、来历、时代、地域分布及参加者进行分类。我国在漫长的历史进程中形成了形式多样、内容丰富的传统节日民俗和少数民族节日民俗。节日民俗作为民俗事象的重要组成部分,已融入旅游活动的过程当中。

思考与练习

1. 民俗节日与节日民俗有什么不同?
2. 节日民俗的特征有哪些?
3. 民俗节日有哪些分类?
4. 请挑选一个你熟悉的传统节日,详细阐述它的具体习俗。
5. 请谈谈我国其他少数民族的主要节日习俗。
6. 请谈谈节日民俗的旅游开发策略。

本章德育总结

节日民俗是伴随着国家或民族在长期的历史发展过程中所形成的具有地域特色的民族文化。每个国家、民族都有自己独特的传统节日文化，并深深扎根于自身的文化系统中，对文化的传承起着举足轻重的作用。中国传统节日文化凝结着中华民族的民族情感，积淀了中华民族的文化底蕴，承载着中华民族的悠久历史，具有独特的文化内涵，是进行德育工作的重要资源。我国拥有众多的传统节日，它们传承着家国情怀、和谐之美，体现着家和团圆之意、民族生命之礼。如春节，祭祖表达对祖先的敬畏和孝道的传承；端午节蕴含着对古代先贤的纪念与当代爱国之情的弘扬；中秋节是家和圆满、团聚幸福的最好表达。

中国传统节日凝结着中华民族的民族精神和民族情感，承载着中华民族的文化血脉和思想精华，是维系国家统一、民族团结和社会和谐的重要精神纽带，是建设社会主义先进文化的宝贵资源。自从2006年，国务院把春节、清明节、端午节、七夕节、中秋节、重阳节六个节日列入第一批国家级非物质文化遗产名录，从2008年把清明、端午、中秋定为法定节假日以来，大大激发了学生参与传统节日活动的热情。因此，只有从国家的层面，继续提升对传统节日保护的文化自觉，人民群众特别是广大青年就会对传统节日有更多的认同感。以中秋节和重阳节为例，中秋节的实践教学活动要突出团结、团圆、庆丰收的主题，可以通过举办师生中秋茶话会、中秋诗歌朗诵会等教学形式，在活动中培养学生懂得维护民族团结、维护国家统一、维护社会和谐的德育实效。而在重阳节的实践教学活动中，要突出敬老孝亲的主题。可以举办问题研讨、辩论、给父母写封信、到养老院献爱心、到社区为老人干实事等教学活动，在活动中培养学生懂得尊老敬老、感恩报恩的德育实效。

春节之喜庆、清明之缅怀、端午之追忆、七夕之忠贞、中秋之团圆、重阳之敬老，在这些中华传统节日开展"我们的节日"主题活动，是传承中华文化、建设精神文明的响亮品牌。要继续在民族传统节日、重大纪念日期间，大力开展主题活动，弘扬中华优秀传统美德，传承革命文化和革命传统，彰显节日文化内涵，加强家庭文明建设，树立节日新风，真正把节日办成爱国节、文化节、道德节和情感节、仁爱节、文明节。要把记住乡愁融入活动之中，不忘本来、延续根脉，让节日更富人文情怀，打造中国人共有的精神家园。

案例分析

中国端午节与韩国江陵端午祭

一杯啤酒，搞活一座城

第八章
游艺民俗旅游

学习导引

游艺民俗是旅游活动中喜闻乐见的民俗之一。当我们融入游艺民俗去感受、去体验、去思考时,就会发现它具有文化性、乡土性、神秘性、刺激性、情趣性。它朴实、亲切,带有生活味,顺应了人们追求健康、回归自然、张扬个性、探新寻旧、主动参与的发展趋势,满足了人们求新求异、求奇求特、求知求乐、求真求善的心理需求,为地方旅游开发提供了思路方向和发展空间。

本章从游艺民俗的内涵切入,阐述了我国民间的口头文学、艺术、游戏娱乐等民俗事象,并对游艺民俗的旅游开发进行了思考。

学习重点

通过本章学习,重点掌握以下知识要点:
1. 游艺民俗的内涵、特点和功能
2. 口头文学、民间艺术、民间游戏娱乐等民俗事象的表现及其价值
3. 游艺民俗开发利用的思路、原则与路径

德育目标

1. 在当今全球文化大融合的背景下,通过对游艺民俗相关知识的学习,让学生在开阔视野、增长见识、提升素质、增强能力的同时,端正看待本土文化的态度,激发爱家乡爱祖国的热情,继承与发扬本土优秀文化,珍视优秀文化遗产,增强文化自信,进而塑造学生关注国家命运、民族前途乃至人类发展的宏大情怀。

2. 通过本章教学实践,激发学生探究游艺民俗的奥秘并主动进行研学,培养学生的探究精神和创新意识,促进其创造性思维能力的发展,凸显游艺民俗的教育规范功能、休闲娱乐功能和社会交往功能等。

第一节　游艺民俗概述

著名作家林语堂曾说过:"倘不知道人民日常的娱乐方法,便不能认识一个民族,好像对于个人,吾们倘非知道他怎样消遣闲暇的方法,吾们便不算熟悉了这个人。"

游艺民俗根植于中华民族悠久深厚、博大精深的历史文化,从中传承并创造。千百年来,游艺民俗为人们不断追求人性的解放、无拘无束地体验生命的快乐,发挥着无穷魅力和独特作用。

一、游艺的含义演变

游艺,即游戏的艺术。"游艺"二字,古已有之。"游"通"遊",有出游、嬉游之义。宋代思想家朱熹在《四书集注》中解释:"游者,玩物适情之谓。""玩物"是方式,达到"适情"是目的。"艺"字始见于商代,最初表示"种植"之意,引申为准则、才艺、艺术等含义,古人认为只有才能达到极高的水平才可以称为"艺"。《论语·述而》中记载:"志于道,据于德,依于仁,游于艺。"如今,"艺"可以广泛地理解为艺术。至于孔子所讲的"游于艺"中的"艺",何晏在《论语集解》注中指出:六艺即礼、乐、射、御、书、数。"六艺"一词,最早记录在《周礼》中,"养国子以道,乃教之六艺",后被写成礼、乐、射、御、书、数六艺。就当时的含义来看:礼是礼制,乐是音乐,射是射箭,御是驾车驭马(可视为武艺或技艺),书是六书(认识文字)、数是数学(古代九种算数之法),这六种技艺在当时与生活息息相关。当然,随着时空背景的转换、文字含义的改变等因素,"艺"不再局限于"六艺",三百六十行莫不是艺。

因此,"游艺"的内涵、范畴、意义等,古今已有所不同。今天所讲的"游艺",泛指各种民间娱乐活动的总称,但受"依仁游艺"为核心的儒家游艺思想的深远影响,寓教于乐、德艺双馨始终是游艺的底色,"游艺"的核心思想始终蕴含着游戏娱乐技艺的高超追求,道德修为的核心价值,以及心旷神怡、悠然自适的精神状态。

二、游艺民俗的内涵

游艺民俗是人类在具备起码的物质生存条件基础之上,为满足精神需求而进行的文化创造。我国的游艺民俗是在儒家游艺思想的主导下,经历几千年的涤荡和创新构建起来的,时至今日,游艺民俗的内涵一直未曾发生根本性变化。

关于游艺民俗的内涵,学术界有不同的理解。钟敬文先生认为,游艺民俗是以消遣休闲、调剂身心为主要目的,而又有一定模式的民俗活动。从简单易行、随意性较强的游戏,到竞技精巧、没有严格规则的竞技;从因时因地、自由灵便的戏耍,到配合各种特殊需要的综合表演,都属于游艺民俗的范畴。① 乌丙安先生认为,凡是民间传统的文化

---

① 钟敬文.民俗学概论[M].2版.北京:高等教育出版社,2010:280.

娱乐活动,不论是口头语言表演的还是动作表演的,或用综合艺术手段表演的活动,都是游艺民俗。当然,游戏、竞技也不例外。[1] 陶立璠先生认为,民间游艺民俗包括的项目很多,民间音乐、民间舞蹈、民间美术、民间竞技和民间游戏是此类民俗事象中比较突出的。[2]

由此可见,虽然人们对游艺民俗的外延理解有宽有窄,但都肯定了游艺民俗的存在及其核心内容。游艺民俗作为口承文艺活动、民间歌舞、民间戏曲与曲艺、民间竞技与游戏等文化娱乐活动的模式与传承行为的总称,涉及人们生活的各个方面,它不仅反映广大劳动群众的生产生活、理想与愿望,也表达人们的道德情操和审美意识,而且还对社会生活产生直接的具有实用价值的作用。

三、游艺民俗的特征

游艺民俗作为民俗文化的一项内容,在民众生活系统中占有较为重要的地位。游艺民俗同其他诸种民俗事象一样,既具有人类的共通性(如社会性、群众性、娱乐性和季节性等),又有自身的特性,归纳起来有以下特征。

(一)传承性与地域性相结合

任何民俗都不可能脱离其赖以生存的时空环境,都是在特定地域条件下形成并发展的,一旦成熟,便有了强烈的传承性。游艺活动也是广大劳动群众在生产、生活实践活动中自觉或不自觉地传承给一辈又一辈,这往往无法从书本上和正规教育当中得到。因此,民间广为流行的游艺民俗,往往受制于一定时空环境中的生产、生活方式等条件限制,呈现出悠久的代际传承性、浓郁的地域特色和强烈的乡土气息。

我国幅员辽阔、历史悠久,北方和南方由于自然条件和历史发展进程中的差异,生产内容的不同,生活内容的差异,作为调解社会生产生活的游艺民俗也便各具特色,所谓"南方好傀儡,北方好秋千"。当然,这种区分是概略性的,南北方交叉共生的游艺民俗也为数不少。除大区域性差异外,还存在着山地与水滨、高原与平原等的区别,形成了种种不同的地方特色游艺民俗。譬如,舞龙、舞狮是江南地区较为普遍的一种民间游艺活动,抽陀螺则为北方地区常见的冬季儿童游艺活动等。

(二)季节性与非季节性相结合

历史上,我国一直是个传统的农耕文明国度,忙闲错落有致的农业生产活动直接导致了很多游艺民俗带有明显的季节性,元宵节、端午节、中秋节等节日期间的游艺活动多以岁时节日为载体集中进行。譬如,正月十五元宵节,家家户户张灯结彩,街头巷尾千灯争艳,龙灯、花灯、走马灯、龙凤呈祥灯、鸳鸯戏水灯、麒麟送子灯、松鹤延年灯、吉祥如意灯、百鸟朝凤灯、牡丹富贵灯等,灯火辉煌、千姿百态。元宵节不仅有观不完的花灯,还有赏不完的龙灯舞、河蚌舞、舞狮子、踩高跷、划旱船等各种游艺活动表演。当然,动植物本身的成长节律性也使得很多民俗活动烙上了季节性的印痕,如春季赏梅、初夏

---

① 乌丙安.中国民俗学[M].沈阳:辽宁大学出版社,1999:348.
② 陶立璠.民俗学概论[M].北京:中央民族大学出版社,1987:298.

斗百草、盛暑玩知了（蝉）、秋季斗蟋蟀，以及重阳登高、赏菊花等。历史上一些传承久远、积淀厚重的游艺活动也往往在较为固定的日子里举行或举办，其活动也具有了季节性的特征，如蒙古族的"那达慕"、大理白族的"三月街"、壮族的"三月三"、北京厂甸庙会、南京夫子庙庙会和上海城隍庙庙会等。

当然，不排除有些游艺活动是四季皆宜的，如下棋对弈、搓麻打牌、舞拳弄棒等，以及南北方儿童很多的娱乐游戏，甚至为应景人们婚丧嫁娶、喜怒哀乐而举办的一些游艺活动，都可在日常生活中随时开展，如舞狮舞龙、戏曲歌舞、踢毽、跳绳、拔河，以及"包子、剪子、锤"等。

（三）竞技性与娱乐性相结合

游艺民俗之所以广为流传、经久不衰，根本原因在于游艺民俗中攀比的竞技性和群体的娱乐性，换言之，竞技性和娱乐性是游艺民俗的基本特质。

一般而言，游艺活动多含有程度不一的竞技心理。无论是智能游戏、体能竞赛、还是技艺技巧的比拼，多以斗奇争胜为快事。游艺中的竞技性，能使参加者在相互较量、竞赛中获得心理上的愉悦，甚至还能起到磨炼意志、开启心智的作用。娱乐是游艺的灵魂，没有娱乐也就没有游艺。游艺的娱乐性，既能增强人们的体魄、健全人们的心理，又有助于人们之间的联系沟通、增强群体的凝聚力。如扭秧歌、拔河、踢毽子等活动，在竞技的同时也给人们带来诸多欢笑和愉悦。

（四）阶层性与对象性相结合

阶层性与对象性是就游艺民俗在社会公众的不同层面及其人生不同阶段的表现而言的。

游艺民俗作为生活文化的一项重要组成部分，它适应了社会各阶层的需要，显示出阶层性特征。在社会上层通常有宫廷游艺、文人游艺。宫廷游艺多与宫廷的特定生活形态相关，文人游艺一般较为古雅，毕竟他们都有着优裕的生活、闲暇的时间和良好的文化素养，心甘情愿做节奏缓慢、温文尔雅的精致游艺。社会中层的游艺民俗多由市民阶层参加，譬如城市有钱有闲的官宦子弟、鸿商富贾和城镇游民。他们一般粗通文墨，但文化素养有限，往往热衷于斗鸡、斗蟋蟀、踢球等对抗性较强的博戏活动，还有的热衷于飞刀、舞剑、戏法等极富表演性的杂耍娱乐。农民的生活是社会生活的底层和基础。他们的游艺活动多朴实无华、乡土气息浓郁。由于劳作的辛勤，他们的游戏活动多在节日和劳动之余进行，田间地头，形式多样、简单易行是其特点。加之农民生产生活相互依赖的事实，游艺活动显现出较强的互助协作意识，如龙舟赛、龙灯舞等都是集体性的游艺活动。

游艺民俗不仅具有阶层性，还有一定的对象性，这种对象性是就人的性别、年龄阶段而言的。不同性别的人对游艺活动有不同的偏好。男性游艺崇尚惊险、夸张力气、体现勇武等，如飞镖、跳马；女性游艺追求雅淡、平静、细腻，推崇心灵手巧，如七夕乞巧、端午斗百草等。不同年龄段的人有不同的游艺追求。儿童三五成群结伴而玩，跳房子、抽陀螺、荡秋千、捉迷藏等，意趣盎然；成人则以赛力、竞技、赛艺为主，讲形式、讲规则，有更强的胜负观。

四、游艺民俗的功能

游艺民俗与社会生活联系密切,在现实生活中发挥着多种实际功能。钱穆先生将游艺民俗视为人生所需,并不是可有可无的存在,而是如饮水吃饭般不可或缺。总的来说,游艺民俗主要体现为以下三个或潜或显的功能。

(一)娱乐功能

游艺民俗的娱乐功能特别突出,诸如民间游戏、民间竞技、民间杂艺等都给人以娱乐性。

一个婴儿呱呱坠地,诞生礼拉开了人生的第一道帷幕,在母亲的催眠曲中入睡,在与小伙伴的游戏中成长,在轻松的嬉戏中传递知识、开启心智。这种娱乐在个体成长中具有暗示性和长期性,深刻影响着个体的人生发展。一些智力游戏(如绕口令、猜谜语、拼图等)、体能游戏(如丢手绢、跳房子、拔河等)与助兴游戏(如酒桌上的猜拳行令、婚礼中的"画黑脸")等,往往都是非同寻常的娱乐方式,对社会生活具有重要意义。

(二)身心调节功能

"一张一弛,文武之道。"在文化束缚及社会压力下,人们需要身心放松,游艺活动能使个体的身体机能、心理本能和社会生活得到调剂。

个体的生物本能在社会群体中会受到一定程度的压抑,无论是肉体压抑,还是心理压抑,对人们来说都是一种破坏性的力量,需要得到一定程度的释放;辛勤劳作的人们需要在适当的时间进行娱乐,以恢复体力、调剂精神等,都需要游艺民俗的调节。当然,在现实生活中人们的种种需求难以得到满足,往往在游戏娱乐活动中能得到某种程度的满足。因此,游艺民俗具有不可忽视的调节身心的功能。

(三)文化保存功能

游艺民俗是保持文化稳定性的工具之一。如木偶戏、皮影戏、民间工艺美术等都带着久远的文化气息传承至今,见证了民族文化的发展。我国一些少数民族在主要节日或重大事件等活动中都会举办特定娱乐活动,通过这些特定的娱乐活动,不仅强化了人们的民族意识,加深了人们对文化传统的认同和理解,更保持和延续了这些民族的民俗娱乐活动,等等。诸如此类,不一而足,都体现了游艺民俗的文化保存功能。

第二节 口头文学

口头文学是一种口耳相传的文学,具有表演与娱乐的性质,是我国民间游艺活动中喜闻乐见的形式,属于"原生态"的文学样式。口头文学曾经是最鲜活、最有生命活力和原生态性质的文化现象。如今,口头文学更像一棵枝繁叶茂的参天大树,内容丰富,底蕴深厚,凝聚着生生不息的民族精神,展现出劳动群众的智慧和美好的心灵,蕴含着发人深思的社会哲理。

口头文学最重要的特点就是产生于民间,流传于广大民众之中,反映着他们的物质生产、物质生活和思想情感,是民众精神文化的重要组成部分。口头文学是人民大众的语言艺术,活泼生动,老少咸宜。它运用口头语言直抒胸臆,用简单的语言展示瑰丽的想象、表现高尚的审美情趣和揭示深刻的理性认识。

具体而言,口头文学主要包含以下三个方面的内容。

一、民间歌谣

民间歌谣,古今皆有。关于歌与谣,主要有两种解释:"曲合乐曰歌,徒歌曰谣"(《毛诗故训传》);"有章曲曰歌,无章曲曰谣"(《韩诗章句》)。一般说来,歌因为受配乐和曲谱制约,歌词有与之相适应的句法章法结构,节奏一般比较徐缓。谣不配乐,没有固定曲调,取吟诵方式,章句格式比较自由,节奏一般比较紧促。古人对歌、谣分称,最早见于《诗经·魏风·园有桃》:"心之忧矣,我歌且谣。"古人对歌与谣也常联用,并将"民间歌谣"简称为"民歌"。民间歌谣在各民族世代传承的过程中,往往与婚丧嫁娶和宗教祭祀联系在一起,形成了歌谣的各种体例、演唱方法和表演程序。如蒙古族的"婚礼歌"就由开场的序歌及劝嫁歌、迎新歌、求名对宴歌、献茶歌等序列组成。在一些民族的传统节日里,还流传着许多传统的神话歌、历史歌和各种知识歌,最具代表性的是民间说唱史诗和叙事长诗。史诗主要以诗歌为主体,唱与说交织,如藏族史诗"格萨尔王传"、蒙古族史诗"江格尔"、柯尔克孜族史诗"玛纳斯"、赫哲族史诗"伊玛堪"等,都有专门的演唱者演唱,演唱时仪式隆重,群情热烈。

许多学者曾对民间歌谣进行过界定。钟敬文先生认为:"民间歌谣是人民集体的口头诗歌创作,属于民间文学中可以歌唱和吟诵的韵文部分。它具有特殊的节奏、音韵、章句和曲调等形式特征,并以短小或比较短小的篇幅和抒情的性质与史诗、民间叙事诗、民间说唱等其他民间韵文样式相区别。"[①]我国当代歌谣学者吴超在此定义的基础上又有新的补充,他说:"民间歌谣是从远古诗乐舞三位一体的原始文化形态中分化出来的,但仍保留有乐、舞特征的一种韵文样式。作为一种综合性的整体艺术,它同时兼有文学(词句)、音乐(曲调)和表演(表情动作)三种形态。它以劳动人民的集体创作为主,主要通过口头流传,形体比较短小,字句比较整齐,与劳动生活结合紧密,反映了各个时代的社会风貌,人民的思想、感情、愿望和审美情趣。它不仅是一种文艺现象,也是一门具有多种功能与价值的科学的研究对象。"[②]该定义增添了歌、乐、舞三者的密切关系和民歌的形式特征,强调了它的社会功能和价值,显得更为全面。

民间歌谣篇幅短小、抒情性强,按其内容和作用,可分为劳动歌、仪礼歌、生活歌、时政歌、情歌和儿歌等。

---

① 钟敬文.民间文学概论[M].2版.北京:高等教育出版社,2010:173.
② 吴超.中国民歌[M].杭州:浙江教育出版社,1995:13.

(一)劳动歌

古往今来的一切体力劳动中都有符合劳动节奏和特点的劳动歌,它是劳动者力量的自我体现,既反映了风土民情,又是对本地区或本行业悠久历史文化的积淀。劳动歌有广义、狭义之分。广义的指在劳动中唱的与劳动生活有关的歌,如草原牧歌、采茶歌等;狭义的专指劳动号子,如打夯号子、伐木号子、捕鱼号子、行船号子、装卸号子等,其中川江号子①极具代表性。劳动歌鼓舞劳动士气,调节劳动者体力,解除劳动者疲劳,进而提升劳动效率。随着劳动方式的现代化,轰隆隆的机器声逐渐取代了劳动歌,古老的劳动歌正处于日渐消失中。

(二)仪礼歌

仪礼歌是伴随民间祈年庆节、贺喜禳灾、祭祖吊丧等仪式,以及日常迎亲送友等习俗活动而吟诵演唱的歌,大致有诀术歌、仪式歌、礼俗歌三类。

1.诀术歌

诀术歌是被认为具有法术作用的民间歌诀与咒语,如"天皇皇,地皇皇,我家有个哭夜郎,过路君子吟三遍,一觉睡到大天亮"之类。

2.仪式歌

仪式歌是与节令祝庆或各种祭祀等仪式相结合而诵唱的歌,主要内容为祭神求福、祈保丰收等。如祭灶王爷求福、祭龙王爷求雨时所唱的歌。

3.礼俗歌

礼俗歌用于婚娶、生子、祝寿、送葬、造房等红白喜事和迎宾待客的场合,如哭嫁歌、敬酒歌、上梁歌等。这是仪礼歌中数量居多、迷信色彩较少、文学价值较高的部分,其中尤以婚礼歌较为突出。

(三)生活歌

生活歌从广义上讲,可以包括一切民歌,反映人民大众的日常生活;狭义上讲,反映一般家庭社会生活,尤以表现农民和妇女生活的歌。生活歌从不同的侧面描绘着劳动群众的生活习俗和生活境况,是劳动群众思想感情的自然流露,兼有叙事和抒情的特点,具有浓厚的生活气息。生活歌中的"苦",是一个带有普遍性和永恒性的主题,但苦中也常蕴含着对美好生活的憧憬。

(四)时政歌

时政歌是一种劳动群众有感于时事政治现状而创作的口头韵文作品,它表明了劳动群众对某些政治人物、政治事件、政治形势及政治措施的总体认识和基本态度。时政歌反映和讽刺世事,内容往往切中时弊,深受群众的喜爱,久传不衰。一般而言,时政歌主要有颂歌和贬歌两种主要形式。

---

① 2006年入选第一批《国家级非物质文化遗产代表性项目名录》,项目序号:55,项目编号:Ⅱ-24。

(五)情歌

情歌是民间歌谣中数量最多、最脍炙人口的一种,在历代劳动群众的爱情生活中占有不可或缺的地位。大致可以分为以下五类:抒发离愁别离的情歌,如《把你画在眼珠上》等;表达誓不分离的坚贞爱情歌,如《情愿挨打不丢郎》等;告诫和批评的怨情歌,如《小妹情多乱了心》等;倾诉互相爱恋之情和表明选择爱人标准的情歌,如《金银不是如意郎》等。

(六)儿歌

儿歌古称"童谣""小儿谣"等,内容甚多,大体上不外乎游戏儿歌(如拉大锯等)、教诲儿歌(如识数歌、谜语歌等)和训练语言能力的歌谣(如绕口令等)等类别。

二、民间故事

民间故事是口头文学的一种,广义的民间故事是指劳动群众口头创作的叙事散文作品,包括神话、传说、童话、寓言、笑话等,俗称"瞎话""古话""古经"等;狭义的民间故事专指神话、传说以外的那些富有幻想色彩或现实性较强的口头创作故事。这类故事一般具有人物形象鲜明、情节类型化、结构程式化、语言质朴自然、富于音乐感等特点。

民间故事可分为幻想故事、动物故事、生活故事、民间笑话等类型。

(一)幻想故事

幻想故事又称神奇故事、魔法故事,或叫民间童话。幻想故事的主人公多是普通劳动者,故事中经常出现幻想的超自然因素,故事情节通常把神奇的幻想成分同现实生活交织在一起,来反映主人公生活境遇的变化。结合故事情节,幻想故事可以分为超自然形象的故事、神奇宝物的故事、法术的故事、鬼狐精怪的故事等类型。

(二)动物故事

这类故事以现实动物为主角,通过表现动物之间的各种纠葛,从而对广大劳动群众的生活产生一定的象征或暗示意义。根据故事主角的不同情况,可以分为野兽和鱼鸟的故事、家畜的故事、人和动物的故事等。

(三)生活故事

生活故事多用误会、夸张、对比、猜谜等手法来构建故事情节,涉及诸如各种生产劳动、劳动经验、勤俭持家、交友之道、经商学艺、江湖绝技、医卜星象等社会生活的方方面面,通过或褒或贬的方式来虚构现实生活。

(四)民间笑话

民间笑话多指民间流传的趣事、滑稽故事等,反映现实生活,重在揭露和讽刺。民间笑话短小精悍、结构精巧、尖锐泼辣、含蓄幽默、发人深省。民间笑话常常运用夸张手法,突出对象的本质特点,截取生活的一个侧面,在简短的情节中展开尖锐的矛盾,待矛盾冲突发展到高潮时,突然揭底,造成强烈的喜剧效果,使人在笑声中领悟到生活中的某些真理,给人美感,使人幸福。此外,民间还流传一些仅供娱乐消遣的笑话,其中不乏一些粗俗的内容,应注意甄别。

我国的民间故事很多,除了比较著名的《孟姜女》《牛郎织女》《白蛇传》《女娲补天》等,还有《揠苗助长》《守株待兔》《刻舟求剑》《鹬蚌相争》等民间寓言,这些故事都反映着人们对一些重大事件和生活实际的感受与思考,都是广大劳动群众经验与智慧的结晶。民间故事多是由故事传承人凭着记忆,通过讲述,寓教于乐中潜移默化地对大众进行着德才情趣的培育。

三、谚语、谜语与歇后语

(一)谚语

谚语是流传于民间的比较简练且言简意赅的话语,多数反映了劳动人民的生活实践经验,而且一般都是经过口头传下来的固定语句。它多是口语形式的通俗易懂的短句或韵语。普遍认为:"谚语是民间集体创造、广为口传、言简意赅并较为定型的艺术语句,是民众丰富智慧和普遍经验的规律性总结。"①

谚语最初是以很普通的"现成说法"出现的。这些"说法"使用频率很高,在流传中不断被人们修改加工,争相共用,经久流传,慢慢地就发展成了较为定型的谚语。这是谚语不断发展壮大的主流。所以说,同其他民间口头创作一样,每条谚语都查无作者,也难以认定哪年、哪月、哪天是它的"诞辰"。

谚语反映的内容涉及社会生活的方方面面,其内容富有经验性、哲理性、时代性,其形式具有口语性、精练性、艺术性、民族性,其功用具有实用性、俗传性、讽劝性和训诫性。根据谚语的内容,可分为气象谚语、农业谚语、卫生谚语、社会谚语、学习谚语等。

1. 气象谚语

气象谚语即民间流传的关于预测天气变化的词语。如"立春一日,水暖三分""冬暖春寒,冬冷春暖""朝霞不出门,晚霞行千里""日出红云升,劝君莫远行""日晕三更雨,月晕午时风",等等。

2. 农业谚语

农业谚语包括"有钱难买五月旱,六月连阴吃饱饭""一场冬雪一场财,一场春雪一场灾""风刮一大片,雹打一条线""七月十五定旱涝,八月十五定收成",等等。

3. 卫生谚语

卫生谚语包括"常洗衣裳常洗澡,常晒被褥疾病少""好酒不过量,好菜不过食""不吸烟不喝酒,病魔见了绕道走""常开窗,透阳光;通空气,保健康",等等。

4. 社会谚语

社会谚语包括"浪再高,也在船底;山再高,也在脚底""人前若爱争长短,人后必然惹是非""宁可直中取,不在曲中求""知过不难改过难,言善不难行善难",等等。

---

① 马学良.中国谚语集成·宁夏卷[M].北京:中国民间文艺出版社,1990:3.

5. 学习谚语

学习谚语包括"黑发不知勤学早,白首方悔读书迟""蜂采百花酿甜蜜,人读群书明真理""书山有路勤为径,学海无涯苦作舟",等等。

(二)谜语

谜语是我国民间口头文学的一种特殊形式,源自民间,历经数千年的演变和发展,凝结了广大劳动群众的集体智慧。谜语,古称"廋辞"或"隐语"(遁辞以隐意,谲譬以指事),主要用来暗射事物或文字等供人猜测的隐语,也可引申为蕴含奥秘的事物。南朝(梁)刘勰《文心雕龙·谐隐》篇中说:"谜也者,回互其辞,使昏迷也。"也就是说,谜语就是把有关的事物进行形容或描写成谜面,把事物的本体、本意巧妙地隐藏起来做谜底,让人猜测,从而构成一种特殊的语言游戏形式。

日常生活中,出谜与猜谜是随处可表演的口头文学游艺项目,出谜者和猜谜者进行的活动看似简单,但都以特有的出谜艺术手法、猜谜方式方法等,对活动参与者起到育智作用。

1. 谜语的构成

谜语一般由谜面、谜目、谜底三部分构成。

(1)谜面。谜面是谜语提出问题的部分,是供人们猜谜的说明或线索,通常由精炼而富于形象的隐语组成,用拟人、比喻、夸张、暗示等形象化手法,拐弯抹角地表达或描绘谜底的形象、性质、功能等突出特征。民间谜语,除了少量的字谜以外,大部分都是以事物的外表特征入谜的。谜面要抓住所猜事物的外表、形体、性质、色彩、声响、出处、用途等各方面特征,描绘出来,让人们来猜。

(2)谜目。谜目是给谜底限定的范围,是联系谜面和谜底的"桥梁",通常附在谜面的后边。它的作用是给猜谜者指明猜测的方向。一般而言,谜目规定的谜底只有一个,也有两个或者多个的。因此,标识谜目时,应特别注意其范围的大小。如果标的范围过大,猜起来就难;标的范围太小,猜起来就容易。

(3)谜底。谜底就是谜面的答案,让猜谜者根据谜面、谜目提供的线索,通过联想、推理、判断来猜。因此,谜底既要符合谜面的内在含义,又必须符合谜目所限定的范围,更要让人一知便有"恍然大悟"之感。

例如:凤头虎尾(猜一字)。其中,谜面是"凤头虎尾",谜目是"猜一字",而"几"(凤字的"头"和虎字的"尾"都是"几"字)就是谜底。

再如,谜面:七层褥子八层被,一个黑儿里头睡,有个红儿来叫门,蹬了褥子踹了被。谜目:打一娱乐用品。谜底:爆竹。

2. 谜语的分类

谜语的种类很多,概括地讲,可分成两大类:一类是事物谜(民间常说的谜语),另一类是文义谜(民间所说的**灯谜**)。当然,也可以按谜面、谜目、谜底的标准进行分类。

(1)事物谜。事物谜是民间最为普通的谜语(包括儿童谜语等)。除了少量的字谜以外,事物谜的谜底大都是一些日常生活中常见常用的"事"和"物",比如动物、植物、各种器具、用品、人体器官、自然现象、宇宙天体,等等。谜面常常采用朗朗上口的民谣或者短诗歌的形式。

灯谜(文义谜)猜法举要

举例如下。

猜文字：有马行千里，有水能养鱼，有人不是你我，有土能种谷物。（谜底：也）

猜动物：有头无颈，有眼无眉，有尾无毛，有翅难飞。（谜底：鱼）

猜植物：有丝没有蚕，有洞没有虫，有伞没有人，有巢没有蜂。（谜底：莲藕）

猜机器：别看名字消极，其实却很积极，成天忙着劳动，干活特别卖力。（谜底：拖拉机）

猜瓜果：黄皮包着红珍珠，颗颗珍珠有骨头，不能穿来不能戴，甜滋滋来酸溜溜。（谜底：石榴）

猜交通工具：哥俩一般高，出门就赛跑，老是等距离，总也追不到。（谜底：自行车、摩托车、电动车等两轮车）

猜日用品：一个娃娃真稀奇，身穿三百多件衣，每天脱去衣一件，脱到年底剩张皮。（谜底：日历）

猜身体部位：根底不深站得高，要长要短看爱好，为求姿容仪态美，难计功夫费多少。（谜底：头发）

猜自然现象：像云不是云，像烟不是烟，风吹轻轻飘，日出慢慢散。（谜底：雾）

（2）文义谜。文义谜又叫灯谜，谜面多通过文字的别解、离合及象形等扣合，谜底则是表达意义的确切文字，包含单字、词语、词组、短句等。

中国的"灯"和"谜"都有几千年的历史，直到宋代，"灯"和"谜"才结合起来，灯谜由此产生。正月正、看花灯、赏灯会、猜谜语，遂成为我国春节中重要的传统节目。

举例如下。

庄稼人（打一作家姓名）。谜底：田汉。

归心似箭（打一称谓）。谜底：思想家。

灭鼠运动（打一军事名词）。谜底：消耗战。

遥望祖国宝岛（打一体育设施）。谜底：看台。

(三) 歇后语

歇后语，也叫俏皮话，是民间喜闻乐见的语言形式之一，由广大劳动群众在日常生活中创造，具有鲜明的民族特色和浓郁的生活气息，它轻松活泼、幽默风趣、耐人寻味，表现了民众旷达乐观的精神风貌。

歇后语作为文字游戏，它一般将一句话分成喻体、解体两部分来表达某个含义。喻体是隐喻或比喻的假托语（近似谜语的谜面），解体是意义说明或解释的目的语（近似谜语的谜底）。运用时，通常说出前半部分（解体），以引或"歇"后半部分（解体），便可领会或猜想出它的含义，故称歇后语。

方便于归类与使用，可将歇后语分为谐音、喻事、喻物和故事四类。

1.谐音类

谐音类即利用同音字或近音字相谐，由原来的意义引申出所需要的另一种意义。这类歇后语往往要转个弯子才能恍然大悟，因而更饶有兴味。如：老鼠啃碟子——满嘴是词（瓷），歪嘴讲故事——邪（斜）说，老虎拉车——谁敢（赶），等等。

2.喻事类

喻事类即用客观的或想象的事情作喻体。如果对设比事情的特点、情况有所了解，自然而然就能领悟解体。如：八仙聚会——神聊，冷水泼面——没多大长进，等等。

3. 喻物类

喻物类即用某种或某些物件、动植物等作喻体。若了解设比物的性质，就能领悟解体的意思。如：棋盘里的卒子——只能进不能退，半斤对八两——一码事，等等。

4. 故事类

故事类歇后语一般是引用常见的典故、寓言和神话传说等作喻体，引或歇出解体的意义。如：白娘子遇许仙——千里姻缘一线牵，刘备借荆州——根本就不打算还，等等。

第三节 民间艺术

一个国家或地区在漫长的历史发展中创造出异彩纷呈的民间艺术，为丰富与发展区域文化做出了巨大贡献。民间艺术多指没有受到过正规艺术训练，但掌握了既定传统风格和技艺的普通老百姓所创制的且在社会中下层民众中广泛流传的音乐、舞蹈、戏曲与工艺美术等艺术形式。

一、民间音乐

民间音乐由广大民众自己创造，通过口耳相传并广泛传播于民间的音乐形式和音乐作品。无论演奏形式、演奏乐谱，还是演奏乐器等，都具有极强的地域性和民族性。古人称民间音乐为"风"，历经数千年的发展和积累，我国的民间音乐先后形成了民间歌曲、民间说唱、民间歌舞、民间器乐等门类。

(一) 民间歌曲

民间歌曲，简称"民歌"，是广大劳动群众在日常生活和生产劳动中自己创作、演唱的歌曲。它以口头创作与流传的方式存于民间，并在流传过程中不断接受劳动群众集体的筛选、改造、加工和提炼。因此，流传的民歌凝结了不同时期、不同地域、不同身份、不同经历的广大群众的集体智慧与情感体验，成为广大群众思想情感表达的最佳方式。

在不同的环境和生产方式的影响下，民歌在传播中形成了一系列载体形式，主要有号子、山歌和小调等种类。

1. 号子

号子产生并使用于各种集体协作性较强的劳动场合，如搬运、打鱼、伐木、拉纤等，具有协调与指挥劳动的实际功用。在劳动过程中，为了统一步伐，调节呼吸，释放身体负重的压力，劳动者常常发出吆喝或呼号。这些吆喝、呼号声逐渐被劳动群众美化，发展为歌曲的形式。从最初简单的、有节奏的呼号，发展为有丰富内容的歌词①、有完整曲调②的歌曲形式，如建筑号子、江河号子、农事号子等。"一领众合"（也有"众领众

---

① 涉及历史传说、人物故事，也有即兴编排的现实生活内容。
② 受劳动方式、节奏和速度的制约，大多具有鲜明、激奋、简洁的特征。

合")是劳动号子常见的、典型的歌唱方式。领唱部分常常是唱词的主要陈述部分,音乐比较灵活、自由,曲调和唱词常有即兴变化,旋律比较高亢嘹亮,有呼唤、号召的特点;合唱部分大多是衬词或重复领唱中的片段唱词,音乐较固定,变化少,旋律节奏型强,常使用同一节奏的重复唱和。劳动号子体现出劳动群众的智慧和力量,表现出劳动群众的乐观精神。

2. 山歌

山歌,即山野之歌,是广大劳动群众兴起而歌、兴尽而止地自由抒发情感的民歌种类之一,常在户外歌唱,曲调多高亢、嘹亮,节奏多自由、悠长、奔放,歌词多为即兴创作,具有纯朴的情感、大胆的想象和巧妙的比喻等特点,生动鲜活,真切感人。山歌最突出的特征是它的地域性,每一个具有相对独立性的区域几乎都有代表性的山歌,如陕北的"信天游",山西的"山曲",内蒙古的"爬山调",青海、甘肃等地的"花儿",安徽的"挣颈红",西南少数民族地区的"飞歌""大歌",等等。

3. 小调

小调,又称小曲,是在农村和城镇集市上广泛流传的民歌。小调不再是完全的"自娱"艺术,常由职业、半职业艺人在公共场所进行乐器伴奏演唱。正是由于其环境和能力的改变,小调有了明显的艺术加工修饰,追求结构的规整匀称、旋律的婉转典雅、内容的世俗情调和表现形式的丰富多样。同方言习俗相结合,唱词和唱本有了固定的形式,"五更""四季""十二月""观灯"等体式散播于全国各地。

(二)民间说唱

民间说唱是以说和唱的形式来敷演故事或刻画人物形象的口头文学形式。它遍及各民族各地区,内容丰富,形式多样。民间说唱为叙述体的口头文学,具有叙述性强,说唱、演唱简便、灵活,语言朴素易懂等特点。

从内容和形式上综合考虑,民间说唱可以分为唱故事、说故事、说笑话三个类别。唱故事类的有大鼓、渔鼓(道情)、弹词、坠子、琴书、山东快书、天津快板等;说故事类的有北方的评书,以及南方的评话、评词,少数民族的史诗等;说笑话类在中国南方江浙一带,多以"滑稽"形式表演,在北方则多以"相声"形式表演。

(三)民间歌舞

民间歌曲与舞蹈相结合,构成"民间歌舞"。我国56个民族中大多数民族能歌善舞,歌舞活动几乎是各民族人民生活的重要组成部分。这种根植于人民群众之中由歌、舞、乐相互交融的艺术形式历史悠久、种类丰富,主要有歌舞(边歌边舞或歌舞相间)和乐舞(边奏乐边舞蹈)两种形式。

民间歌舞大都是载歌载舞、歌舞并重,音乐作为其中的一个有机组成部分,多用民族乐器伴奏,常常起到强化或固化歌舞特色的作用。如汉族的"秧歌"、朝鲜族和瑶族的"长鼓舞"、傣族的"象脚鼓舞"、维吾尔族的"手鼓舞"、苗族和侗族的"芦笙舞"、塔吉克族的"拉泼依"、彝族的群众性舞蹈"跳月"等。与宗教祭祀有关的民间歌舞,如今已演变成民间娱乐活动。如京族随鼓而舞的"跳天灯"、土家族以锣鼓伴奏的"舍日巴"摆手舞、满汉民族的"太平鼓"舞蹈等。流行于我国南方各地的花灯、花鼓灯、打花鼓、采茶灯等技巧表演性的舞蹈，还有诸如大秧歌、踩高跷、舞狮、舞龙，等等。这类乐舞的吸引力除去表演技巧外，还具有戏剧表演性的装扮故事表演等。

（四）民间器乐

民间器乐广泛应用于民间生活的节日庆典、婚丧嫁娶、宗教祭祀等活动中。我国的民族乐器经过千百年的发展，形成了吹①、打②、拉③、弹④四大类。这些乐器可以进行各种组合，形成了极具地方特色的"乐种"，如客家汉乐、江南丝竹、潮州锣鼓、广东音乐、**福建南音**等。

知识关联

福建南音

二、民间舞蹈

民间舞蹈起源于人类劳动生产生活，由劳动群众自创自演，表现一个民族或地区的文化传统、生活习俗及人们精神风貌的群众性舞蹈活动。民间歌舞属于大众"自娱性"艺术，在自娱中呈现出人们的欲望、意志与理想，传达出丰富的心理情感，沟通着人际纯真的感情，体现着自我的生命价值。

民间歌舞表演时随意性强，常以民众的审美习性即兴发挥，不受场地、人数，乃至礼数的局限与束缚，自由活泼地抒发内心喜悦，毫无矫揉造作，展现潇洒气度。民间歌舞具有鲜明的地域特征与民族特点，不仅和区域的生产实践有关，而且和民间宗教祭祀相联系。劳动舞、生活舞、仪式舞充分表现了我国民间歌舞的内容。

（一）劳动舞

劳动舞是从劳动中提炼舞蹈语言，它们多用头、颈、肩、臂、臀、手、眼的不同姿态来模拟某种劳动生产过程和生产过程中最有表现力的某一个动作，通过这些舞蹈语言体现民族的生产方式，较全面地记录了传统文化。如傣族"劳动舞"通过八个节拍，在反反复复的舞曲循环里，做完"撒秧种""拔秧苗""捆秧苗""下大田栽秧""薅秧""守稻田""撵鸟兽""割稻""打谷""装谷入筐""挑谷回家归仓"等数十个劳动环节所需做的劳动动作，表现了从春耕到秋收的整个过程。

（二）生活舞

生活舞与现实生活密切相关，直接反映人民的生活斗争、思想感情与审美理想。由于各民族、各地区人民的历史文化、自然条件和风俗习惯的不同，其舞蹈的风格和特色迥异。如在傣族人民的观念中，孔雀不仅是美丽的鸟，同时还是吉祥的象征，会给人类带来幸福欢乐的生活。傣族人以模仿孔雀的走路、飞跑、拖翅、展翅、晒翅、抖翅、点水、戏水、欢跳等动作姿态和生活习性创造了《孔雀舞》，用它来表达自己对美好生活的向往，同时也表现了傣族人民特别是傣族妇女那种端庄、温柔、含蓄、热情的性格特征，抒

---

① 笙、唢呐、管、箫、笛、埙、葫芦丝、巴乌、喉管等吹奏乐器。
② 鼓、锣、钟、磬、铙、板等打击乐器。
③ 二胡、板胡、马头琴、艾捷克、萨塔尔等拉弦乐器。
④ 筝、琴、阮、三弦、冬不拉、弹拨尔等弹拨乐器。

发着傣族人民的思想感情。汉民族节庆期间的扭秧歌、踩高跷、**跑旱船**等活动也很具代表性。

(三)仪式舞

仪式舞通常带有巫术和娱神的性质。如广西花山祭祀水神的"水神舞"、景颇族为死者送魂的"金冉冉舞"、蒙古族配合巫医诊病的"安代舞"等,此类舞蹈发展到后来,随着生产信仰成分的减弱,逐渐变成了娱乐性质。如傣族的"年舞""招魂舞""驱魂舞""平安舞"等。

跑旱船

三、民间戏曲

民间戏曲是民间文学、音乐、舞蹈、美术、杂技等多种艺术因素的有机综合,融唱、念、做、舞于一炉,以歌舞演故事为基本特征。

早在先秦时代,民间就产生了以驱鬼驱疫为目的的"傩仪"和庆祝丰收与酬谢神祇的"腊祭",都有人物装扮,歌舞表演。后来的汉代百戏、唐代参军戏,以及宋元以来的杂剧等,无不起源于民间,后经文人之手不断地去"俗"化,逐渐失去民间戏曲的特色而"雅"化为经典(譬如**昆曲**的发展就是最好的例证)。与此同时,民间艺人在说唱与歌舞的基础上又不断地创造出戏曲新品种,民间小戏(如梆子、乱弹、二黄等)蓬勃兴起。现在的民间小戏主要有宗教戏剧类(西藏的藏戏、贵州的傩戏、四川的端公戏等)、花鼓采茶类(长江流域的各种花鼓、黄梅戏、花灯戏等)、秧歌类(黄河流域的社火表演以及各种秧歌等)、说唱类(道情、渔鼓戏、八仙戏以及山东琴书等)。

民间戏曲作为长期扎根于群众的民间艺术形式,受地方文化的影响十分复杂且深远,无论是表演形式还是念白曲律始终是地方特色文化的具象表现,民俗文化、方言文化、宗教习俗、人文地理等一直对民间戏曲的形成与发展产生着重大影响。在市场经济发展的当下,民间戏曲作为民族优秀传统文化和地方特色文化的有效载体,当本着顺应市场、厚重基础、强化特色、贴近生活、贴近观众等原则进行改革创新,做到古今相承相融、中外有机结合,使得民间戏曲有实力、有能力、有机会在更大的舞台上展示魅力。

昆曲

四、民间工艺美术

民间工艺美术是指民间各行业的劳动者就地取材,以手工制作为主既适应生活需要又具有审美价值的工艺美术品。它涉及的范围很广,包括民间美术、剪纸、雕刻、雕塑、织绣、玩具、编织等,内容丰富、形式多样,既反映不同时代的民族特色,又拥有强烈的地方特色,具有深厚的文化价值、艺术价值与美学价值。

(一)民间绘画

民间绘画是由广大劳动群众创作的,以美化环境、丰富民间风俗活动为目的,在日常生活中应用、流行的美术作品。民间绘画的品种很多,如版画、年画、建筑彩画、壁画、灯笼画、扇面画、内壶画、漆画等。

1. 版画

版画是以"版"作为媒介来制作的一种绘画艺术。民间流传的木刻版画品种很丰富,除供欣赏的画(如年画)外,大都与人生礼仪及其不同用途相结合。如贴在门上的门神、各种祭祀用的神像和纸马、书籍插图、包装和扎糊用的花纸,木版印刷的窗花、灯画、风筝、纸牌、彩选格、旗幡、刺绣图谱等。有的只限于单色(黑色)刷印,有的用彩色套印或墨版与填色着彩相结合。

传统的民间木版画分作十二大类五十多种,如门神类、年画类、窗画类、灯画类、幡画类、神像类、纸马类、插图类、扎糊类、印记类、游艺类和其他类①等。民间木版画主项是年画,其内容有以神像为主的,如门神、灶神、财神;有体现喜庆的,如《金玉满堂》《榴开百子》;有表现历史故事的,如《水浒传》《三国演义》;有反映农民生活的,如《男十忙》《女十忙》等。民间风俗年画,是年画中比较流行的作品,因其表现劳动者的生活、审美情趣和美好愿望而得到群众的喜爱。我国历史上著名的四大年画产地有天津的杨柳青、山东潍坊的杨家埠、苏州的桃花坞和四川的绵竹,此外,浙江杭州、江苏扬州、福建的漳州和泉州、河北武强等也盛产年画。

2. 扇面画

扇面画是我国传统艺术品的一种形式,是中国画艺术宝库的重要组成部分。宋元时代,团扇②画广为流行。明代以后,折扇画渐执牛耳。

扇面画可分为两种:一种是由民间艺人手工绘制的以人物故事和传统戏曲为主的扇面画;另一种是从中国传统木版年画中派生出来的木版套印的扇面画。前者主要出于著名的年画产地天津杨柳青,扇面画不仅题材丰富,还出现了以女画家白俊英为代表的一批知名扇面画家;后者是作为木版年画生产淡季的补充产品而制作的,主要出于山东潍坊、聊城东昌府、菏泽地区的鄄城一带,扇面画主要用于糊制竹骨纸扇的扇面、用作妇女们夹绣花样的书本内页、用作制作花灯的灯笼屏画和用作纸伞的伞面装饰。扇面画有山水、人物、仕女、花鸟等题材,也有以《三国演义》《隋唐演义》《杨家将》《西游记》《铡美案》《白蛇传》等传统戏曲为题材的扇面画。

此外,民间绘画还有漆画、贝雕画、羽毛画、粮食画、烙画、麦秸画、竹帘画、铁画、绢贴画等。

(二)民间雕塑

雕塑是造型艺术的一种,是雕、刻、塑三种创制方法的总称。雕塑是用各种可塑材料(如石膏、树脂、黏土等)或可雕可刻的硬质材料(如木材、石头、金属、玉块、玛瑙、铝、玻璃钢、砂岩、铜等),创造出具有一定空间的可视可触的艺术形象,借以反映社会生活,表达人们的审美感受、审美情感、审美理想的艺术。

雕塑按使用材料可分为木雕、石雕、牙雕、骨雕、漆雕、贝雕、根雕、冰雕、泥塑、面塑、

---

① 凡自有特点又不属于以上十一类者,均归此类。如龙凤契(龙凤礼书、天地帖,是订婚或结婚的证书)、吉祥符(除邪免灾、求子得喜、镇宅平安)、版印扇面(做折扇用)、版印绣稿(供刺绣使用的印稿)等。

② 存字和画的扇子,保持原样的叫成扇,为便于收藏而装裱成册页的习称扇面。从形制上来分,圆形叫团扇(纨扇),折叠式的叫折扇。

陶瓷雕塑、石膏像等。雕塑的三种基本形式有圆雕①、浮雕②和透雕③。我国的民间传统雕塑主要有玉雕、石雕和木雕三种形式,民间雕塑主要分为泥塑(以天津的"泥人张"和无锡的惠山泥人为著名代表)和面塑两种。

(三)民间剪纸

剪纸,又叫刻纸、窗花或剪画,是一种镂空艺术,其载体可以是纸张、金银箔、树皮、树叶、布、动物皮革等片状材料,在视觉上给人以透空的感觉和艺术享受。

剪纸刻法主要有阳刻、阴刻和阴阳刻。阳刻,即以线为主,把造型的线留住,其他部分剪去,并且线线相连,还要把形留住,形以外的剪去,称为"正形";阴刻,即以块为主,把图形的线剪去,线线相断,并且把形剪空,称为"负形";阴阳刻,即阳刻与阴刻的结合。

民间剪纸从具体用途看大致可分四类:张贴用,即直接张贴于门窗、墙壁、灯彩、彩扎之上为装饰,如窗花、墙花、顶棚花、灯笼花、纸扎花、门笺等;摆衬用,即用于点缀礼品、嫁妆、祭品、供品,如喜花、供花、礼花、烛台花、斗香花、重阳旗等;刺绣底样,用于衣饰、鞋帽、枕头,如鞋花、枕头花、帽花、围涎花、衣袖花、背带花等;印染用,即作为蓝印花布的印版,用于衣料、被面、门帘、包袱、围兜、头巾等。

剪纸由于材料易得、成本低廉、适应面广而在民间流传极广。制作过程中,往往通过谐音、象征、寓意等手法提炼、概括自然形态,构成美丽图案。不注重自然形态的模拟而强调夸张,使人在似与不似之间展开丰富的联想,它不仅体现了群众的审美爱好,还蕴含了民族的社会深层心理,颇受人们的喜爱。现在剪纸已遍布全国各地,并形成了北方粗犷浑厚、南方玲珑剔透的地域风格。

(四)民间织绣染织

我国织绣染织工艺历史悠久,技艺精湛,闻名于世。以下主要介绍民间织绣和印染织品。

1. 民间织绣

织绣是用棉、麻、丝、毛等材料进行织造、编结或绣制的工艺。我国织绣工艺品种繁多,绚丽多彩,主要有织锦、刺绣等。

1)织锦

丝绸是用蚕丝或人造丝织成的纺织品的总称。织锦是我国古代传统的用彩色经纬丝提花织成的各种图案花纹的熟丝织品,种类繁多,别具特色。比较著名的有云锦、蜀锦、宋锦等。

(1)云锦。产于南京,用料考究,织工精细,图案色彩典雅富丽,宛如天上彩云般的瑰丽,故称"云锦"。云锦是苏州缂丝衍生出来的附属品。它工艺独特,用老式的提花木机织造,必须由提花工和织造工两人配合完成,一天只能生产5~6厘米,这种工艺至今仍无法用机器替代。云锦核心主题的设计思想是"权、福、禄、寿、喜、财"六字要素,表达

---

① 圆雕是指非压缩的,可以多方位、多角度欣赏的三维立体雕塑,是民间最常见的一种雕塑形式。
② 浮雕是雕塑与绘画结合的产物,用压缩的办法来处理对象,靠透视等因素来表现三维空间,并只供一面或两面观看。
③ 透雕是去掉底板的浮雕(镂空雕)。

了人们祈求幸福与热情、向往美好生活的情感。南京云锦纹样服饰不但具有珍稀瑰宝的历史文物价值，而且是雅俗共赏、典藏吉祥如意的民族文化象征。

(2) 蜀锦。蜀锦图案取材十分广泛、丰富，诸如神话传说、历史故事、山水人物、花鸟禽兽等，其中寓合纹、龙凤纹、团花纹、花鸟纹、卷草纹、几何纹、条锦群等传统纹样至今仍为广大群众喜闻乐见。蜀锦图案一个贯穿始终的特征，就是广泛而巧妙地应用寓合纹。蜀锦艺人善于巧妙用其形，择其义，取其音，组合成含有一定寓意或象征意义的纹样图案，这就是寓合纹。寓合纹（又称吉祥图案），常常含有吉祥、如意、顺利、喜庆、颂祝、长寿、多福、富贵、昌盛等美好吉利的寓意。寓合纹在我国民间艺术中的应用越来越广泛，不仅成为我国锦缎图案的一个重要特征，亦是我国民族传统工艺美术的宝贵文化遗产。

(3) 宋锦。产地主要在苏州，故又称"苏州宋锦"。宋锦图案一般以几何纹为骨架，内填以花卉、瑞草，或八宝、八仙、八吉祥。在色彩应用上，多用调和色，很少用对比色。宋锦织造工艺独特，经丝有两重，分为面经和底经，故又称重锦。宋锦图案精美、色彩典雅、平整挺括、古色古香，可分大锦、合锦、小锦三大类。大锦组织细密、图案规整、富丽堂皇，常用于装裱名贵字画、高级礼品盒，也可制作特种服装和花边。合锦用真丝与少量纱线混合织成，图案连续对称，多用于画的立轴、屏条的装裱和一般礼品盒。小锦为花纹细碎的装裱材料，适用于小件工艺品的包装盒等。

2) 刺绣

刺绣，古代称"黹"(zhǐ)、"针黹"，是用绣针引彩线，按设计的花纹在纺织品上刺绣运针，以绣迹构成花纹图案的一种工艺。因刺绣多为妇女所作，故又名"女红"。刺绣是我国民间传统手工艺之一，至今至少有两千年的历史。刺绣的技法很多，如错针绣、乱针绣、网绣、满地绣、锁丝、纳丝、纳锦等，都各具风格，沿传迄今，历久不衰。我国刺绣主要有苏绣、粤绣、湘绣和蜀绣四大门类。

(1) 苏绣。苏绣具有图案秀丽、构思巧妙、绣工细致、针法活泼、色彩清雅的独特风格，绣技具有平（绣面平展）、齐（图案边缘齐整）、细（用针细巧、绣线精细）、密（线条排列紧凑，不露针迹）、和（设色适宜）、光（光彩夺目、色泽鲜明）、顺（丝理圆转自如）、匀（线条精细均匀、疏密一致）的特点。在种类上，苏绣作品主要分为零剪、戏衣、挂屏三大类，装饰性与实用性兼备。其中，以"双面绣"作品最为精美。苏绣作品具有"山水能分远近之趣、楼阁具现深邃之体、人物能有瞻眺生动之情、花鸟能报绰约亲昵之态"的艺术特色。

(2) 粤绣。粤绣的特色有五个：一是用线多样，如丝线、绒线、马尾缠绒线等；二是用色明快，对比强烈，讲求华丽效果；三是多用金线作刺绣花纹的轮廓线；四是装饰花纹繁缛丰满，热闹欢快，常用百鸟朝凤、海产鱼虾、佛手瓜果一类有地方特色的题材；五是绣工多为男工。粤绣的题材比较广泛，包括人物、动物、花鸟、龙凤、山水河川、器皿和各种图案等，其中百鸟朝凤、龙凤、博古则是最具传统特色的题材。优秀代表作品有"百鸟朝凤""丹凤朝阳""百花篮""我爱小鸡""鹦鹉""晨曦"等。绣品品种丰富，既有被面、枕套、床楣、披巾、头巾、台帷、绣服、鞋帽、戏衣等，也有镜屏、挂幛、条幅等。

(3) 湘绣。湘绣主要以纯丝、硬缎、软缎、透明纱和各种颜色的丝线、绒线绣制而成。它巧妙地将我国传统的绘画、书法等艺术与刺绣融为一体，巧妙地运用一百多种针法进行创作或还原画面，形成独一无二的中国刺绣流派。其特点是：构图严谨，色彩鲜明，各种针法富于表现力,通过丰富的色线和千变万化的针法,使绣出的人物、动物、山水、花鸟等具有"远观气势宏伟,近看出神入化"的艺术效果。湘绣多以国画为题材,形态生动逼真,风格豪放,曾有"绣花花生香,绣鸟能听声,绣虎能奔跑,绣人能传神"的美誉。

(4)蜀绣。蜀绣的技艺特点有线法平顺光亮、针脚整齐、施针严谨、掺色柔和、车拧自如、劲气生动、虚实得体,任何一件蜀绣都淋漓地展示了这些独到的技艺。题材多吉庆寓意,具有民间色彩。产品有镜帘、花边、嫁衣、卷轴、鞋帽、裙子、枕套、被面、帐帘等。

2.印染织品

印染织品目前主要是我国少数民族的特色手工产品。蜡染、绞缬(扎染)与夹缬(镂空印花)并称为我国三大传统印花技艺。

1)蜡染

蜡染是用蜡刀蘸熔蜡绘花于布后以蓝靛浸染,既染去蜡,布面就呈现出蓝底白花或白底蓝花的多种图案。浸染的同时,作为防染剂的蜡自然龟裂,使布面呈现特殊的"冰纹",尤具魅力。由于蜡染图案丰富,色调素雅,风格独特,用于制作服装服饰和各种生活实用品,显得朴实大方、清新悦目,富有民族特色。

蜡染流行于我国南方的布依族、瑶族、苗族、仡佬族等少数民族中,是我国古老的民间传统纺织印染手工艺。蜡染制作方法:将白布平铺于案上,置蜡于小锅中,加热溶解为汁,用蜡刀蘸蜡汁绘于布上。一般不打样,只凭构思绘画,也不用直尺和圆规,所画的中行线、直线和方圆图形,折叠起来能吻合不差;所绘花鸟虫鱼,惟妙惟肖,栩栩如生。绘成后,投入染缸渍染,染好捞出用清水煮沸,蜡熔化后即现白色花纹。

蜡染图案以写实为基础,造型不受自然形象细节的约束,允许大胆的变化和夸张;蜡染图案的纹样也十分丰富,一般来自生活或优美的传说故事,具有浓郁的民族色彩。

2)绞缬

绞缬(xié),又称扎染,是织物在染色时部分结扎起来使之不能着色的一种染色方法。它根据设计图案的效果,用线或绳子以各种方式绑扎布料或衣片,放入染液中,绑扎处因染料无法渗入而形成自然特殊图案的一种印花方法。扎染分串扎和撮扎两种方式,前者图案犹如露珠点点、文静典雅,后者图案色彩对比强烈、活泼清新。绞缬一般可用来做较为宽松的服装、围巾等,面料多选用丝绸。

绞缬朴素自然,蓝底上的清雅白花,毫不张扬,符合人的情致,贴近人的生活,充满人性色彩。在人们的心中,它特有的个性已成为特殊的文化象征和民族传统艺术的标徽。

3)夹缬

《辞源》释:唐代印花染色的方法,用二木版雕刻同样花纹,以绢布对折,夹入此二版,然后在雕空处染色,成为对称花纹,其印花所成的锦、绢等丝织物叫夹缬。夹缬到明清已经越来越少见了,到近代基本绝迹。直到20世纪80年代,人们才意外地在浙江南部温州地区又找到了民间流存的夹缬作品。经过传统艺术以及文化遗产的学者们和爱好者们的大量工作,基本弄清了浙南夹缬的工艺、艺术、分布及传承情况。

(五)民间玩具

民间玩具指民间专供儿童玩耍游戏的器具。游戏民俗的流行,促进了民间玩具的制作。民间玩具包括泥玩具、陶瓷玩具、布玩具、竹制玩具、铁制玩具、纸玩具、蜡玩具等。下面主要介绍前三种。

1. 泥玩具

泥玩具是历史悠久的工艺品,在民间颇具盛名。我国民间的泥玩具可以追溯到五千多年前的新石器时期,到了东汉时期,泥玩具、陶瓷玩具已经比较普遍。现在所能见到的最早的泥玩具实物是唐代泥人,它与后世的民间泥玩具的风格极为相似。

泥玩具种类多,有人物、动物两大类传统制品。人物造型多取于历史人物或戏剧人物;动物有牛、马、鸡、狗、鹁鸪、燕子等。泥玩具在我国民间制作非常广泛,艺人们用双手赋予了这一团团黄土鲜活的生命和灵魂,让它一代代传承下来,这充满神奇魅力的泥玩具,以它吉祥的寓意、喜庆的形象、热烈的色彩,在人们心中留下美好的回忆。

2. 陶瓷玩具

陶瓷玩具在我国各地广为流传,各时代均有出产。一般题材为动物、人物、生活器具等,形制不大,造型却生动有趣。有手工捏制的,有模制的,晾干后挂釉,多利用窑内的空位烧制。

陶瓷玩具在我国有悠久的历史,在西安半坡村仰韶文化遗址的儿童墓葬中就曾出土很多陶狗。唐宋之际是我国陶瓷玩具大发展的鼎盛时期,明清以后,陶瓷玩具逐渐被泥质、木质、布质、竹质、银质等各种民俗玩具所取代。古代陶瓷玩具中,动物题材是其中较多的品种。因为动物有身躯,便于进行艺术性夸张,容易引起孩子们的好奇心,引发儿童的兴趣,所以历代的玩具制作多以动物为题材。

3. 布玩具

布玩具是民间传统艺术之一。布玩具品类繁多,工艺精巧。它将形、色、情、意融为一体,构思新奇,夸张合理,具有对比鲜明、造型生动逼真等特点。

布玩具多用彩色丝绸、绢缎、绒布、皮毛、彩线、金银线、空心珠等,经过复杂细致的手工劳动,精心缝制而成。布玩具开始是用于礼仪交往、装饰生活和寄托心思的民间工艺品,后来逐渐变成商品,出现了专门的手工艺人,并且常年制作,祖辈留传。现在布玩具已经纳入了工艺研究所的研究行列,并且研究人员创作出了大量的新产品。

(六)民间编织

编织工艺是指利用韧性较好的植物纤维(如细枝、柳条、竹、灯芯草)以手工方法编织成的一种工艺品(篮子或其他物品)。编织工艺主要是实用性而非装饰性艺术。编织材料因地区的差异而有区别,如有草编、竹编、柳条编、秫秸编、麦秆编、棕编、纸编等。

编织是人类古老的手工艺之一。据《易经·系辞》记载,旧石器时代,人类即以植物韧皮编织成网罟(网状兜物),内盛石球,抛出以击伤动物。编织工艺品,无论是南方的竹、藤编织,还是北方的柳、草编织,都与广大人民的物质文化生活有着极密切的关系。它是原发性的艺术,是大众的自发创造,有着丰厚的文化内涵。

我国编织工艺品按原料可划分为竹编、藤编、草编、棕编、柳编、麻编六大类。运用这些材料,经缠、绕、扎、绑、捆、搓、捻、编、结与染、绘、贴、镶相结合,创造了巧夺天工的工艺品。编织工艺品的品种主要有日用品、欣赏品、家具、玩具、鞋帽五类。其中,日用品有席(地席、卧席)、坐垫、靠垫、各式提篮(花篮、菜篮、水果篮)、盆套(花盆套)、箱、旅游吊床、盘(水果盘、面包盘)、门帘、筐、灯罩等;欣赏品有挂屏、屏风及人物、动物造型的编织工艺品。

(七)民间陶瓷制品

陶瓷是以黏土为主要原料,以及各种天然矿物经过粉碎混炼、成型和煅烧制得的材料以及各种制品,是陶器和瓷器的总称。陶器的发明是新石器时代的一个重要标志。随着社会的发展和工艺水平的提高,人们又在瓷土中掺入一定数量的长石、石英等成分,烧制出了一种胎质呈白色、质地比较坚硬的器皿,就其烧结性能和坚硬程度而言,已不同于陶器,而接近原始青瓷。但由于器表无釉,所以叫它为"原始素烧瓷"。东汉至魏晋时期,已烧制出青瓷。到了唐代,瓷器烧成温度达到1200摄氏度,上釉陶器工艺开始广泛流传起来。我国古代陶瓷器釉彩的发展,是从无釉到有釉,又由单色釉到多色釉,然后再由釉下彩到釉上彩,并逐步发展成釉下与釉上合绘的五彩和斗彩。

陶瓷按所用原料及坯体的致密程度分类可分为粗陶、细陶、炻器、半瓷器以至瓷器,原料从粗到精,坯体从粗松、多孔逐步到致密、烧结,烧成温度也逐渐从低趋高。陶瓷按用途的不同可分为日用陶瓷、艺术(工艺)陶瓷和工业陶瓷等。

我国民间工艺品是劳动群众为适应生活需要和审美要求,就地取材,以手工制作的工艺美术品。由于各地区各民族的历史、风俗习尚、地理环境、审美观点的不同,各有其独特风格。

第四节　民间游戏娱乐

民间游戏娱乐是以消遣休闲、调剂身心为主要目的,流行于广大民众生活中的嬉戏娱乐活动,也是游艺民俗中常见的、简易的、普遍的趣味性活动。这些活动可使劳作后的人们得到休息,对个人的体能、心理情绪、创造力和道德感都有所裨益。

一、民间游戏

民间游戏,俗称"玩耍""耍乐",内容生动具体,形式活泼轻松,规则相对宽松,既不要求参与者的体能强度和决胜欲望,也不注重参与者的心理与感官的新奇刺激,更多追求嬉戏娱乐的功效,人们只要全身心地参与就能获得情感的调适和身心的愉悦。

民间游戏的种类繁多、形态复杂,按照使用人群划分,可分为少儿游戏、成人游戏等。

(一)少儿游戏

少儿游戏主要是以培育少年儿童智力、锻炼少年儿童身体素质为主要目的游戏。少年儿童运用一定的知识和语言,借助各种物品,通过身体运动和心智活动,反映并探索周围世界。此类游戏内容具体、形式多样、极富趣味性。一般而言,可分为以下五种类型。

(1)训练口头表达能力的游戏。如绕口令、歌谣、诗词等,多是培养"智"的游戏。

(2)培养数字计算能力的游戏。如数手指、数鸡鸭、拍手歌等识数歌谣或游戏,多为培养"能"的游戏。

(3)锻炼空间想象和推理能力的游戏。如猜谜语、剪纸、折纸(折纸鹤,折车、船、桌、椅、衣、帽等)、七巧板、**九连环**等,多为培育"智能"的游戏。

知识关联

九连环

(4)锻炼体能和直觉反应能力的游戏。此类游戏多是自发性的集体追逐、竞赛的嬉戏活动,如捉迷藏、老鹰抓小鸡、丢手绢、跳皮筋、拔河等,也有诸如滚铁环、抽陀螺、放风筝、踢毽子、抓石子等个体娱乐活动。

(5)模仿成人生活的游戏。"过家家"游戏多流行在四五岁儿童中间,人数多少都可参与,常以女孩为主,通过角色扮演妈妈、爸爸、姐姐、哥哥等,模仿家中人员操持家务、社交往来等生活现象,或表演做饭切菜,或表演哄小孩睡觉等即兴表演,十分有趣。此类游戏多以儿童自发进行,展现了儿童积极向长辈学生活的游戏方式。

(二)成人游戏

成人游戏是一种人体与精神的娱乐运动,最典型的民间成人游戏莫过于弈棋、博戏和助兴游戏。

1.弈棋

"弈"字最早出现在《论语》和《左传》中,在古代是围棋的专用书面语。汉扬雄在《方言》中说:"围棋谓之弈。自关而东,齐鲁之间,皆谓之弈。"汉许慎《说文解字》解释道:"弈,围棋也。"如今,弈棋泛指围棋、象棋、弹棋、跳棋等。

围棋的魅力折射出整个活动所具有的益智、愉情、欢娱、忘忧的独特功能,自古人们就认为围棋是神仙玩的游戏。围棋还蕴含着古人对宇宙自然界的认知,圆形棋子代表天,方形棋盘代表地,黑白棋子分别代表阴阳。元代虞集在《玄玄棋经》序中说:"夫棋之制也,有天圆地方之象,有阴阳动静之理,有星辰分布之序,有风雷变化之机,有春秋生杀之权,有山河表里之势。"千百年来,围棋世代相传,繁衍不绝,并不断焕发出新的活力。

2.博戏

博戏泛指以掷采为核心的游戏,以六博为始祖。博戏通常借助骰子以赌输赢,其不确定性和偶然性给人们带来刺激与惊奇,人们无法预料骰子投掷的结果,这种刺激可以带来愉悦感。"六博",简称"博",早在春秋战国就非常盛行了,以后又发展出骨牌、掷骰子、叶子戏、纸牌、麻将等形式。叶子戏即纸制赌牌,早在唐代中期已风行,明清以后,叶子戏发展为一百零八张,用梁山好汉命名。以后又创制了竹块刻成的"麻将"等赌具,形形色色,玩法不一。古代博戏往往与动物斗赛结合,如斗鸡、斗鹌鹑、赛马之类,以赌输赢。博戏虽有竞赛、娱乐的一面,但有极大的危害,对这一类民俗行为应当有所为有所不为。

3.助兴游戏

民间的助兴游戏多用于婚丧嫁娶、节日聚会和宴饮等。如民间婚礼活动中给喜公

公、喜婆婆(新郎父母)"打花脸"(有的地方称为"抹黑脸"),并问洗(喜)不洗(喜),一定要回答洗(喜),意在祝福新人的父母。本来就是喜事,融入此类游戏更是图个喜庆和热闹。民间酒桌上的助兴游戏更是层出不穷,有猜拳行令的,人们在喊出"五魁首""八匹马""九升官"等的同时,双方伸出的手指数(伸出哪些手指也有讲究)之和,与口中喊出的数相比对,相符合者为胜;有以握拳、伸食指中指、张手等手势分别模拟锤(石头)、剪刀(或锥子)、布之形,以形状相克取胜;有用筷子对敲,每敲一下同时喊"老虎""杠子""鸡""虫"中的任一个,遵循"杠子"赢"老虎"、"老虎"赢"鸡"、"鸡"赢"虫"、"虫"赢"杠子"的原则,以互猜结果相克定胜负;还有"击鼓传花"等配乐器、有声有势的嬉戏。

二、民间竞技

民间竞技是我国民间的主要娱乐活动,具有鲜明的民族特色和地域特征,许多竞技活动就是从民间游戏发展而来的,给人们的生活带来了无尽的愉悦。我国的民间竞技活动数量众多、范围广泛,若从其性质表现和形态划分,可分为赛力、赛技、赛艺三种类型。

(一)赛力竞技

赛力竞技是民间竞技的常见项目,主要是力量的比赛。如掰手腕、举重、摔跤、拔河、赛龙舟等个体性或集体性对抗竞技。此外,具有民族特色的赛力竞技还有蒙古族的布鲁(意即"投掷")、壮族的换漏介(打飞棒)、柯尔克孜族的耶尔奥达利希(马上拉力)、土家族的斗角,以及苗族、瑶族、壮族等族的斗牛,还有京族的顶棍、黎族的拉海龟、达斡尔族的颈力赛、仡佬族的象步虎掌、哈尼族的拔腰,等等。

(二)赛技竞技

赛技竞技以比赛技巧、技能为主,以巧见长,主要有踢、跳、蹬(荡)、打、抽、举等上下肢各项技巧比赛。如踢毽子、跳绳、荡秋千等单一技巧竞技,还有赛马、骑射等综合技巧竞技。此外,具有民族特色的赛技竞技活动多姿多彩,包括:傣族在打谷场上跳谷堆草垛;汉族、满族、蒙古族常用人俯身作"马",其他人排列进行扶背跳跃;藏族放牧时的跳水牛比赛;蒙古族等游牧民族的射箭;朝鲜族的跳跳板;汉族的抽陀螺、打弹弓、武术;仡佬族的打蔑鸡蛋(打竹球);回族的打水球;傣族、白族的打磨球;黎族的穿藤圈;保安族、东乡族等的打石头;赫哲族的叉草球;高山族的竿球等。

(三)赛艺竞技

赛艺竞技是以比赛技艺为主的娱乐活动,尤以民间的各种棋类为代表。我国民间许多棋类竞技形式简单、玩耍方便,参加者可在村口大树底下、街巷饭市、田间地头等就地画盘,信手捡石子、土块、草节为棋子,竞技自娱,如"憋死牛""猪娘棋""鸡婆棋""赶牛角"等。象棋和围棋算是棋具精致、规则严格的棋类,但在我国上自王公贵族,下至村夫野老,棋高艺绝者比比皆是。此外,具有民族特色的棋类五花八门,如蒙古族的蒙古象棋和鹿棋、藏族的藏棋、朝鲜族的朝鲜棋、鄂伦春族的玩班吉、青海土族的喇嘛跃和阿斯陶,等等。

三、民间杂艺

民间杂艺是指流传于民间以杂耍性表演为主的娱乐活动,是人们喜闻乐见的艺术形式。民间杂艺的技巧、道具和表演一直保持着固有的朴素风格和传统的表演技法,与戏曲、曲艺体系有所区别,其中很大部分内容都是以观赏为主的表演性杂艺。民间杂艺集技巧性、灵敏性、表演性于一体,如杂技、魔术、木偶戏、皮影戏、动物表演等。

(一)杂技

杂技是民间特种技艺表演(如车技、口技、顶碗、蹬缸、走钢丝、钻火圈等)的统称。它通过多种高难度动作表演,譬如,平衡技巧、空中技巧、跳跃技巧、柔身术以及用手抛扔道具的丢掷技巧,等等。传统行走江湖卖艺的表演,常是杂技、武术、魔术、马戏(驯兽)等表演形式的综合体。现代杂技的主要门类有力技、形体技巧、耍弄技巧、高空技巧、象形与象声、马戏与驯兽、滑稽与小丑等,以"叠罗汉""弄丸跳剑""弄瓶""空中飞人""抛绳上天"等项目为其典型代表。

我国的杂技艺术历史悠久,源远流长,是中华民族珍贵的优秀文化遗产。中国的杂技之乡就有很多个,如山东的聊城,河南的周口、濮阳,湖北的天门,安徽的广德,天津的武清,河北的吴桥、肃宁、霸州等,但就历史悠久、群众基础雄厚和在海内外的影响而言,最著名的杂技之乡要数河北吴桥了。

(二)魔术

魔术,中国古称"幻术",俗称"变戏法"。它是一种依据一定的科学原理,运用特制的道具,巧妙结合视觉传达、心理学、物理学、表演学等不同科学领域的智慧而进行表演的艺术。它抓住人们好奇、求知的心理特点,以巧妙而隐蔽的手法变换出种种奇幻无比、变幻莫测的现象,往往令人在惊叹之余,又让人捉摸不透,甚至觉得不可思议,从而达到以假乱真的艺术效果。

我国的魔术特点是表演细致入微,强调手的技巧和肢体语言,道具小巧,过去多为摆摊近距离表演,可以四周观看,不宜在下面看,现发展为舞台表演,并有向大型魔术发展的趋势。民间传统的魔术项目主要有空中取物、大变金钱等。

(三)木偶戏

木偶戏,古称"傀儡戏"或"窟儡子",是用木偶来表演故事的戏剧。表演时,演员在幕后一边操纵木偶,一边演唱,并配以音乐。根据木偶形体和操纵技术的不同,有布袋木偶、提线木偶、杖头木偶、铁线木偶等。

1. 布袋木偶

布袋木偶,又称"掌中木偶",以福建漳州、泉州最盛。木偶高尺余,由头、中肢和服装组成。由表演者用手控制木偶的表情和肌肉运动,即将食指伸入木偶头颈,中指、拇指操纵木偶双手,有时表演者以一小竹签插入偶袖捻动,丰富了手臂动作。表演者凭借动作敏捷、准确丰富的精湛技艺,可以做出开扇、换衣、舞剑、搏杀、跃窗等高难动作,令人叫绝。布袋木偶人物形象分生、旦、净、末、丑,在写实基础上运用夸张手法来制作和表演。表演时,只需数个木偶,随时随地就能表演,既能表演唱、念、做、打,还能表现喜、怒、哀、乐,更能演出诸如骑马、射箭、翻越城墙、转碟碗等较难动作,惟妙惟肖,深受群众欢迎。

2. 提线木偶

提线木偶,古称"悬丝傀儡",由偶头、笼腹、四肢、提线和勾牌组成,高约两尺。偶头以樟、椴或柳木雕成,内设机关,五官表情丰富;竹制胸腹,手有文、武之分,舞枪弄棒,笔走龙蛇,把盏挥扇,妙趣横生;脚分赤、靴、旦三种,勾牌与关节间有长约三尺的提线。近年来,木偶舞台演出区域扩展,泉州木偶剧团提线表演时能占据整个舞台空间,提线可达六尺,难度大,但表现力大增。提线一般为十六条,据木偶动作需要取舍,合阳线戏基本提线五条,做特技时可增加到三十余条,表演细腻传神,技巧高超,倍受称赞。

3. 杖头木偶

杖头木偶,古称"杖头傀儡",以木杖来操纵动作完成。它内部虚空,眼嘴可以活动,颈部下面接一节木棒或竹竿,表演者一手掌握两根操纵杆进行表演,因而又称"举偶"。就杖头木偶的偶型而言,有大、中、小三种,从八寸至人高不等,分布地域不同,各有特色。杖头木偶由表演者操纵一根命杆(与头相连)和两根手杆(与手相连)进行表演,有的为三根杆或"托偶",依手杆位置有内、外操纵之分。

时至今日,杖头木偶声势依然。它在我国许多地区都有流传,各有不同的风格特征,称谓也有所不同,我国西北地区的"耍杆子"、西南地区的"木脑壳戏"、南方广东的"托戏"都属杖头木偶。各地木偶头的造型、脸谱、装饰和雕刻工艺及演出风格也结合了地方戏曲剧种及唱腔,各有特色。

4. 铁线木偶

铁线木偶流传于粤东、闽西,据说源自皮影戏,潮汕人称"纸影戏"。偶高一到一尺半,彩塑泥头,桐木躯干,纸手木足;操纵杆俗称"铁枝",一主二侧,铁丝竹柄。表演者或坐或立,于偶后操纵,形象规整,结构独特。近年来,又加高了偶身,调整扦位,使其出现了新的转机。

除上述内容外,民间偶尔还有"水傀儡"①"药发傀儡"②表演,但其流布、影响甚微;"肉傀儡"③虽流布较广,但随着时代的发展,已逐渐被"抬阁"等形式所取代。

知识活页

福建保护传承掌中木偶戏和传统剧目取得新进展

(四)皮影戏

皮影戏,又称驴皮戏、羊皮戏,俗称影子戏、灯影戏、土影戏,有的地区叫皮猴戏、纸影戏等。因在灯光照射下用兽皮刻制的人物隔亮布演戏而得名,在我国民间广为流传。

皮影戏的演出由艺人一边操纵一边演唱,并配以音乐。有民间传说戏、历史演义戏、武侠公案戏、爱情故事戏、神话寓言戏、时装现代戏,等等。常演的传统剧目有《白蛇传》《西厢记》《牛郎织女》《杨家将》《岳飞传》《水浒传》《三国演义》《西游记》《封神榜》等。中华人民共和国成立后,新发展出了时装戏、现代戏和童话寓言剧,常演的剧目有《小二

---

① 傀儡戏的一种,操弄木偶的艺人站立在幕帘后绿浊的池水中,操弄手中的长杆,使傀儡灵动起来,器乐演奏和歌唱的艺人则坐在幕帘后或一侧的台榭上,用帘幕从水塘中隔开。

② 傀儡戏的一种,由火药引发的傀儡表演。

③ 傀儡戏的一种,一般是幼童在大人托举下表演各种技艺或戏剧。

黑结婚》《白毛女》《林海雪原》《红灯记》《龟与鹤》《东郭先生》等。

皮影的艺术创意汲取了中国汉代帛画、画像石、画像砖和唐宋寺院壁画之手法与风格，其制作极为复杂，从选皮到影人成形上戏，有许多工艺技巧。传统的制作工序可分为选皮、制皮、画稿、过稿、镂刻、敷彩、发汗熨平、缀结合成八个基本步骤。我国皮影被世界各国博物馆争相收藏，由此可见皮影艺术在我国乃至世界上的艺术价值。

(五)动物表演

动物表演是指杂耍艺人利用驯化的动物在公开场合为观众所作的演出。动物表演主要有模仿人类的动作、表演高难度或危险性的杂技动作等形式，常见从事表演的动物多是驯化的野生动物，如大象、老虎、狮子、熊、猴子、海豚、海豹等，常见的表演内容有大象骑自行车或踢足球、人与狮子散步、黑熊走钢丝、老虎或狮子钻火圈、海豚和海狮顶球等。

我国民间常见的动物表演便是猴戏。猴戏泛指猴子或其他灵长类动物（如猩猩）参与表演，以娱乐观众为目的的演出形式。民间艺人牵猴挑箱，靠耍猴谋生。在街头巷尾，田间地头，锣鼓家什一响，舞台摆开了，"推小车""坐旱船""上刀山""走钢丝"等，还有扮女妖、装绅士、跳太空舞、扭迪斯科等，猴子滑稽的表演逗得人们开怀大笑。

此外，斗鸡、斗雀、斗蟋蟀、斗羊、斗牛等各种娱乐项目，与竞技相近似但又不同，也应列为民间杂艺。

除了上述具有相对普遍性的民间竞技外，我国各少数民族还有各自的杂艺游戏，各民族的杂艺游戏都极具本民族特色，如满族、锡伯族、蒙古族玩的"嘎拉哈"，侗族的抢花炮，拉祜族的"大马桩"，傣族和瑶族的丢花包等，玩耍时气氛活跃、场面热闹。

第五节　游艺民俗旅游开发

游艺民俗作为形式多样、内涵丰富的资源，极具旅游价值与开发潜力。游艺民俗集观赏性、参与性、娱乐性于一体，旅游价值越来越被人们所认知和重视。对游艺民俗旅游资源进行深层次开发，关键是要保护游艺民俗的"生产方式"，使之不断被"生产"，这样不仅可以使民俗旅游更加多姿多彩，更能永葆游艺民俗的生命活力。

一、游艺民俗旅游开发的意义

我国丰富多彩的游艺民俗旅游资源，犹如正待开发的宝藏，至今仍默默无闻地散落、埋没在民间，有的甚至呈逐渐淡化、消亡的趋势。因此，保护与开发游艺民俗旅游资源，将这一资源优势转化为现实的经济文化优势，使之与自然景观、历史文化景观融为一体，既可以丰富旅游活动的内容，也可以直接为当地经济社会发展服务，更能弘扬中华民族优秀传统文化，增进国际交往，而且还可以形成特色旅游，以弥补纯粹以观光旅游为主、产品结构单一的缺陷，进而提高旅游产品在国际市场上的竞争力。

游艺民俗可以丰富人们的旅游生活,增加旅游者的情趣。中国传统的游艺民俗大多具有悠久的历史和深厚的文化意蕴,地域性和民族性明显。例如,舞龙的游艺。"舞龙"的习俗是我国极富民族色彩的民间艺术之一,逢有大节日、大庆典及巡游时等,必有舞龙助庆。中国人崇尚龙,视龙为祥瑞的灵物,舞龙的目的是希望龙能够保佑农业丰收、五谷丰登、六畜兴旺。舞龙的同时还伴随着舞狮,狮在中国人眼中能避邪镇妖。节日里的舞龙、舞狮表演,一方面表示对龙、狮的尊崇,另一方面也能烘托出节日的喜庆气氛。旅游者观看舞龙舞狮表演,既能丰富其文化知识,又能增加其旅游情趣。

游艺民俗可以推动旅游活动的内涵发展。游艺民俗作为各民族创造和传承的民间艺术,具有体现中华民族精神的独特美学气质和表现形式,其流传延续的风格样式和活动形式,蕴涵着丰富的历史文化信息,反映了中华民族的价值取向和精神风貌,表现了广大人民群众的社会认识、道德观念、实践经验、人生理想和审美情趣。例如,民间剪纸,题材广泛,意寓深长,生活气息浓郁。无论是反映人们对吉祥幸福的喜爱,还是人们喜闻乐见的历史故事、民间传说;无论是北方特有的文化背景和民俗风情的再现,还是四时节令、婚寿礼仪的装饰,都体现了民间艺人高超的智慧和丰富的想象力。在中国艺术体系中,民间艺术始终保持着功利价值和审美价值的统一,有着认知、教化、表意、抒情、娱乐等多重的积极社会意义。它们作为珍贵艺术传统和人文资源的存在,客观上能推动旅游活动的内涵发展。

二、游艺民俗旅游开发存在的问题

游艺民俗虽经过多年的开发利用,取得了一定的成效,但还存有诸多矛盾和问题,以下四个方面是当前游艺民俗资源开发利用过程中存在的突出问题。

(一)开发力度不足,层次不深,品位不高,特色不浓

首先,一些极具开发价值的游艺资源因资金缺乏未能开发,使得潜在资源的优势未能得到充分利用。已开发利用的资源对未开发资源的带动不够,没能产生资源关联带动效应,加之对资源开发的考虑欠周到,致使季节设计分布不够合理。其次,游艺资源的开发多滞留于一般水平,缺乏深度,品位较低,有的甚至就是应景地迎合、吸引游客,开发了一些多为引进、仿制或移植的内容,严重脱离本地民俗资源固有的特色,给人一种索然无味的感觉,降低了资源的吸引力。最后,由于对游艺资源的价值属性研究不深和对客源市场的研究不够,致使有些资源的开发缺乏针对性,导致资源缺乏特色和吸引力,制约了游艺民俗旅游的发展速度和水平。

(二)注重物质性"硬资源"开发,忽略非物质性"软资源"开发

游艺民俗既有物质性的资源,如文化场所、典型建筑、民间工艺美术作品等,也有体现游艺活动个性特征和文化氛围的非物质资源,如皮影戏的表演方式及其积淀形成的精神内涵等都是珍贵的非物质性资源。物质性资源是显性的,其开发普遍受到重视,非物质性资源是隐性的,却不被决策者和规划者重视。其实,从游客的心理需求角度来看,人们想去观赏的游艺民俗活动,就是真实的活生生的游艺活动的全部,既包括其物质性的作品或载体,也包含其文化内涵和独特的活动氛围。对游客来说,是"我来了"

"我看到了、听到了""我被征服了"。说到底,游艺活动的开发一定要统筹兼顾"软硬资源"的综合开发,一定要有场境的真实性,以此传达出活动的历史文化意蕴,使活动融浸在浓浓的特定文化氛围之中。

(三)内涵挖掘不足不够,甚至歪曲原生文化,游艺活动被不正当地商品化

已开发的游艺资源,由于文化内涵挖掘不足不够,没能很好地体现出游艺的精髓,导致无法满足游客的需要。有的游艺民俗活动在旅游开发中不同程度地存在着歪曲原生文化的倾向,囿于对原生文化理解不深,挖掘文化内涵时或往原始靠,挖掘了一些较久远的遗俗异俗,甚至是一些已经被抛弃了的陋俗;或往繁华靠,挖掘了一些本不属于该游艺活动的吸睛文化,淡化了游艺民俗活动的文化特色,虚化了民俗文化的实质。众所周知,游艺民俗文化的精神和灵魂孕育在日常生活之中,但一些游艺活动开发时普遍缺少展示日常生活的内容,重视"形"忽略"神",存在严重的形式化和商业化,导致游艺活动开发被不正当地商品化。

(四)开发缺乏民间性和可参与性

游艺民俗是伴随着生活的需要而自然形成和历史传承的一种文化,是民众生活的体验,它的突出特点就是乡土性和淳朴性。因此,游艺民俗旅游资源的开发和利用,无论是内容还是形式,都应该按照游艺民俗原生态来展示,给游客以亲切、真实、淳朴、乡土的心理感受。许多地方的游艺民俗开发正是缺少了这种应有的民间性,很多游艺民俗旅游产品几乎都是程式化和形式化的表演项目,演者自演,观者自观,很难使游客真正参与其中。

三、游艺民俗旅游开发的思考

在市场经济的冲击下,随着旅游地居民观念的开放,民俗文化的同化、异化现象严重;剧烈的社会转型使得民俗赖以存在的根基发生动摇,大量民俗文化行将消亡,民间艺术环境受到冲击,严重制约着游艺民俗旅游的进一步发展。因此,游艺民俗旅游开发一定要有可持续发展意识,在规划中明确保护方法,在开发中落实保护措施,通过开发促进保护,通过保护促进开发。一定要统筹兼顾游艺民俗的保护、参与、文化和特色,变资源优势为经济优势,实现价值的最优化。当前,特色性、参与性、文化性在民间艺术开发利用过程中都受到了较高关注,而对民间艺术资源保护的重要性和紧迫性仍存在严重的认识不足。

民间艺术的鲜活性是一个民族文化生存的具体体现。保护民间艺术,不只是保存物质化的"遗产"或收藏遗产化的"文物",根本要旨是使传统文化形态能够"活"在当代,成为当代社会生态系统的有机构成。随着时代的变迁和社会的发展,许多民间艺术面临着"人亡艺绝"的危机。如民间的剪纸艺术,都市里的人们往往只看到"纸",并不了解怎么剪、为什么剪,不了解与剪纸相关的民俗生活和花样里的内涵,不知道剪纸仍是一种民间活态的文化。再如,皮影艺术是我国出现的较早戏曲剧种,千百年来,深受广大民众的喜爱,它所用的幕影演出原理及表演艺术手段,对近代电影的发明和现代电影美术片的发展都起过先导作用,然而,皮影艺术如今已面临着濒危的境地。

在现代的情境中,人们的生活状态不可能永远锁定在过去的时间点上,不能像一些"生态博物馆"把文化保护变成一种毫无生活真实性的"文化表演",因为生活形式与生活内容、社会意识与社会存在都不可分割。文化保护的关键,是要保护文化的"生产方式",使之不断"被生产",成为永葆生命活力并与时俱进的活态文化。因此,呼吁、倡导和发展手工生产方式,就是要保护民间艺术作为一种文化的"生产方式",这也是避免人为外力将其逐出现实生态系统的有力手段。文化保护所要考虑的不只是文化表现形式的保存,还要综合考虑政治、经济、社会、民生等方方面面的利益维护。民俗是民间艺术的文化生态环境,民俗机制是民间艺术生态的切实人文保障。如果没有一系列经济、社会、信仰和游艺方面的习俗以及相关的节日,民间艺术便会沦为"无土栽培"或"温室培育",民间文化保护就会落空,因此,我们要靠日常的民俗机制和自发的民众力量来激活民俗,实现民俗文化的复兴。

四、游艺民俗旅游开发的具体举措

游艺民俗旅游资源内容丰富,项目众多,开发时可以从以下四个方面着手。

(一)突出地域特色,深挖文化内涵,软硬件建设结合

文化是游艺民俗旅游开发的灵魂,在游艺民俗旅游资源的开发利用中,一定要充分挖掘文化内涵,注意突出特色、创奇出新,突出地域的风格、文化情趣、审美风格、民风民俗等要素的特色,显示其独特性,以特色取胜。

软件建设是指游艺民俗活动的组织安排、游艺民俗节目的建设、游艺队伍建设等;硬件建设是指游艺民俗旅游设施的建设,这样既可以较快地形成新的旅游吸引物,也可以较快地积累硬件建设所需的资金。硬件的建设要根据旅游地总体规划量力而行,要根据游艺民俗文化的内涵要求,为旅游者提供精神生活和物质生活所必需的设施。切忌只注意硬件建设而忽视软件建设,以免失去平衡,妨碍游艺民俗旅游的发展。

(二)注重雅俗共赏

旅游目的地的游艺民俗表演要注重雅俗结合,雅可以产生差异感、新鲜感与吸引力,俗可以产生市场规模。从经营角度说,两者缺一不可。不雅就没有比较优势,没有吸引力,不俗则市场规模太小,经济上不可行。雅与俗的结合有两种途径:一是雅的节目搭台俗的节目唱戏,即开辟一些高雅的演艺产品来吸引游客,产生轰动效应;二是雅之俗化,即把那些高雅的表演性艺术产品部分转化成旅游者能够参与的旅游产品。如位于太湖之滨的宜兴,素有"陶都"之美称,宜兴的制陶工艺已有几千年的历史,可以说是一种非常高雅的艺术。以前,旅游者看不到这种高雅艺术品的制作过程,但当地人将这种制陶流程俗化,在宜兴丁蜀镇,游客不仅可以看到各种陶瓷艺术品,还可以亲身体验一下制陶的过程。我国少数民族中参与性强的民俗节庆表演节目很多,如蒙古族的"那达慕"、维吾尔族民间舞蹈"赛乃姆"、纳西族的"勒巴舞"、黎族的"跳竹竿"等活动,都很适合在旅游目的地雅俗结合地开展。

(三)开发特色旅游纪念品,旅游线路设计与民俗节庆结合,创建民间游艺品牌

开发独特的且能满足游客心理需求的旅游纪念品,也是游艺民俗开发者必须要注意的一个重要问题。开发时应寻找与该旅游纪念品有关的工艺形式与内容,对民间的手工工具、器具、乐舞道具等用品进行专题研究,对手工艺的原材料、加工工艺、技术内涵、技艺口诀进行归纳整理,根据就材加工、量材为用的原则开发旅游纪念品。对剪纸、刺绣、雕刻、竹编等手工制作工艺,除了资料的收集与整理,还要对其造物思想、价值尺度、文化内涵、审美理想、加工技艺等科学价值和人文思想进行理论总结,建立传统手工文化档案和资料库,为文化建设和民间工艺品的开发与应用提供一定的理论参照。民间特色工艺品有很高的开发价值,如剪纸、布艺、面塑、木雕、砖雕等,都可以发展成为新的小型产业。

游艺民俗活动具有鲜明的娱乐性质,对旅游者而言,不但有强烈的观赏吸引力,而且还会产生参与的欲望。因此,开发利用游艺民俗旅游资源,首先,要设计科学的旅游线路,并在游赏线路中增添游艺民俗节目。如三峡民族风情漂流线,除漂流、观赏古龙峡两岸的自然风光外,为增加旅游趣味,还专门开设了土家巴山舞、山歌对唱、民乐吹打等节目,取得了较好的效果。其次,旅游线路设计应与当地的民俗节日或专门的游艺民俗旅游节结合。因为这种节日是游艺民俗的集中展示,可以让游客大饱眼福。如素有"灯彩之乡"之称的浙江海宁硖石,在每年的正月十三至十八日举办灯节,迎灯队伍多至上千人。从上海、杭州等附近地方赶来观灯旅游的人多达十余万,堪称盛况。可见,将传统的游艺民俗活动化为新颖的旅游活动内容,能吸引更多的游客,促进当地经济社会的发展。

创建品牌是民间活动和民间工艺参与市场竞争的有力手段与必然要求。我国虽有丰富的游艺民俗旅游资源,但各地缺乏像河南浚县正月古庙会、傣族的泼水节、彝族的火把节那样叫得响的品牌。因此,应根据当地游艺民俗旅游资源情况,有计划、有目的地打造具有代表性的民俗活动品牌和民间手工艺品牌,可打造或形成特色明显、个性独特的系列品牌。

(四)游艺活动与商贸活动结合

现代旅游是"食、住、行、游、购、娱"乃至经、贸、商相结合、相配套的综合系统。游艺民俗旅游是一项文化性很强的经营管理活动,在市场经济日益发达的今天,许多旅游者常常把观赏民俗活动与从事经贸活动结合起来,做到一箭双雕。我国民族众多,民俗各异。如西藏的雪顿节、云南的泼水节、四川的火把节、内蒙古的那达慕大会、河南浚县古庙会等,都各具民族特色,这些对异国他乡的旅游者具有强烈的吸引力,许多地区正是以这些游艺民俗活动为吸引物,积极开展经贸洽谈与商品展销,收到了良好的经济效益和社会效益。河南浚县正月古庙会贯穿于每年的整个农历正月,有传统游艺形式,如舞狮、高跷、秧歌、旱船、竹马、龙灯等,高峰日客流量曾超过 20 万人次,民间工艺品的销售收入也高得令人惊叹。所以,必须把游艺民俗活动与经贸结合起来,真正做到"文艺搭台,经济唱戏,旅游开花,贸易结果"。

本章小结

游艺民俗是民俗中生动、具有感染力和吸引力的民俗。其表现形式有口头文学、民间艺术、民间游戏娱乐等，内容丰富，涵盖很广，既可展示中华民族的价值取向和精神风貌，表现人们的社会认知、实践经验、道德观念、人生理想和审美情趣，又可调动人们参与的积极性和主动性，天然地具有旅游开发利用价值。在开发过程中保护是关键，使之不断被"生产"，才能成为永葆生命活力的旅游资源。

思考与练习

1. 简述游艺民俗的内涵和特点。
2. 简述游艺民俗的功能。
3. 民间口头文学有哪些主要类型？
4. 民间歌舞的主要类型有哪些？各有何特点？
5. 民间游戏可划分几类，为什么？
6. 简述民间杂艺的表现手法。
7. 简述民间工艺美术的主要类型。
8. 我国的民间雕塑主要有哪些种类？
9. 民间剪纸从用途看大致可分为几类？
10. 简述民间玩具的作用。
11. 中国传统手工艺术的编织技法有哪些种类？
12. 游艺民俗开发过程中如何处理保护与利用的关系？

同步自测

案例分析

木偶戏进校园 非遗之花绽心间

广东木偶戏：适应市场不断自我革新 留住年轻"传承者"需社会各方支持

艺人手上的"生命"：木偶戏，你支持它的发展吗？

本章德育总结

游艺民俗是一种以消遣休闲、调剂身心为主要目的，满足劳动大众的精神需求而进行的文化创造，本身就蕴含着丰富的道德伦理、世界观、人生观、价值观等，具有隐性的思想道德内涵。在我国各种各样的民俗中，游艺民俗是最生动、最有感染力和吸引力的民俗文化事象，是人民群众思想情感的真实表达。游艺民俗既可丰富人们的精神需求，表现人们的社会认知、道德观念、实践经验、人生心理和审美情趣，又可展现不同地域的价值取向和精神风貌，加深人们对所在地域的文化认同感和归属感。

游艺民俗作为中华民族发展历程的"活化石"，体现了各民族劳动大众对生活的看法和理解，蕴含了对宇宙万物的认识和思考。通过节日、祭祀、婚丧仪式等场合对游艺民俗的不断重复和演练，在潜移默化中对各族劳动大众建立积极向上的人生观和价值观，起到了较好的引导作用。休闲娱乐是人们生活中不可或缺的重要内容，也是游艺民俗的重要功能。现有的休闲资源很大一部分就来源于游艺民俗，尤其是民间文学、民间音乐舞蹈、民间竞技、民间游戏等，都是各历史时期劳动大众娱乐放松和调剂生活，处于良好生活状态和精神状态不可或缺的内容。尤其是像抢花炮、赛龙舟、拔河等需要集体协作的娱乐活动，需要齐心协力、讲究整体配合，容易激起个人的团队意识，通过这些活动促进了人与人的社会交往，增强了群体的向心力和凝聚力，有利于社会的和谐发展。同时，针对当前不文明或不健康的休闲娱乐习惯给予利弊分析，提高学生们的鉴别能力，因势利导正确的休闲娱乐观，提升休闲生活的品位和品质，升华同学们的价值观和人生观。

第九章
民俗旅游开发

学习导引

在旅游业飞速发展的今天,世界各国各地区都很重视民俗旅游开发,利用传统民俗旅游资源的价值,开发民俗旅游资源的综合潜力,建立民俗旅游点,设计民俗旅游线,规划民俗旅游区,把民俗文化旅游资源成功地转化为民俗旅游产品,使其具有较高吸引力的景观功能,如深圳中国民俗文化村、香港九龙荔园等。通过本章的学习,让我们去寻找民俗旅游开发的原则、程序、模式。

学习重点

通过本章学习,重点掌握以下知识要点:
1. 民俗旅游开发的概况
2. 民俗旅游开发的原则与程序
3. 民俗旅游开发的模式
4. 民俗旅游开发进程中存在的问题及其解决对策

德育目标

1. 通过对民俗旅游开发的学习,明确旅游业发展的出发点与落脚点——"人民对美好生活的向往,就是我们的奋斗目标",揭示新时代我国社会主要矛盾转化背景下,旅游领域中人民群众日益增长的旅游美好生活需要和不平衡不充分的旅游发展之间的社会矛盾。

2. 通过民俗旅游开发的学习,培养同学们作为文旅人身上的责任与担当,树立和践行"绿水青山就是金山银山"的理念,接好中华优秀传统文化传承与发扬的接力棒。

第一节　民俗旅游开发概述

民俗旅游开发是指根据社会经济文化发展趋势的要求，在旅游规划的基础上，为了完善旅游系统的结构功能，使潜在的民俗旅游资源变为现实的旅游资源，从而进一步地发挥和提高民俗旅游资源的吸引力与竞争力所进行的一系列总体规划部署和建设活动等诸行为的总和。民俗旅游开发既能把数量巨大的文化资源的存量激活，丰富旅游供给，又能使中华五千多年的优秀传统文化得到传承与发展，为培育社会主义核心价值观和民族凝聚力提供助推力。

一、民俗旅游开发的历程

在我国旅游开发的历史进程中，自然旅游资源和历史文化旅游资源开发得较早，并且一直作为我国旅游基础工作的主体受到广泛的重视，而民俗旅游的开发则相对滞后。根据社会发展进程，可将中国民俗旅游开发大体上划分为五个阶段。

(1)1949年—1978年是我国民俗旅游开发的萌芽阶段。这一时期，我国的旅游活动多属于外事接待工作，主要以接待外国访问团体、外国友人、华侨、港澳台同胞为主。为满足他们对我国历史文化、民情风俗的了解需求，政府有关部门曾有意识地开发一些民俗旅游项目，如杂技、相声、少数民族歌舞等供观赏。不过，那时的民俗旅游资源开发仅是我国外事接待工作的一种点缀和补充。

(2)1979年—1989年是我国民俗旅游开发的起步阶段。以深圳锦绣中华建成开园为转折标志。这一时期民俗旅游开发的特点是：民俗的旅游价值开始受到重视，民俗活动在旅游中基本是零星开发利用，规模一般不大，利用民俗文化资源开发民俗旅游只局限在少数地区。

(3)1990年—1995年是我国民俗旅游开发的快速发展阶段。从1992年开始，国家旅游局(现文化和旅游部，下同)开始有组织有计划地策划了多届主题旅游年活动(详见表9-1)，各地旅游局及旅行社纷纷响应国家旅游局的号召，各自都推出了独具魅力的专题旅游，大大促进了我国民俗旅游的发展进程。1995年，国家旅游局隆重推出"民俗风情游"，把民俗旅游作为一个主题提出，正式打出民俗的旗号，这意味着旅游界对民俗旅游的开发也进入一个新的层次。这一阶段的特点是：民俗旅游景点建设步伐大大加快，民俗旅游活动遍及全国，游客的民俗旅游需求旺盛，民俗旅游开发从单一向多样化发展，从观赏型向参与型发展。

(4)1996年—2005年是我国民俗旅游开发的深化与逐渐成熟阶段。民俗旅游作为一种独立的旅游形式，已经与自然观光旅游、历史文化旅游形成三足鼎立之势。从我国旅游业这几个旅游主题的选择就能看出，民俗旅游在我国旅游业发展中的价值与地位。2002年，我国旅游的主题是"民间艺术游"，2003年是"烹饪王国游"，2004年是"百姓生活游"，这些旅游主题虽然没有明确指出是民俗旅游，但民间艺术、烹饪、百姓生活也属于民俗旅游的范畴。从1995年"民俗风情游"到2002年"民间艺术游",从笼统的"民俗风情"概念到具体的"民间艺术",说明中国民俗旅游的开发正走向深入与成熟。民俗旅游不仅是云南、广西、西藏等少数民族地区发展旅游的重头戏,而且在其他少数民族文化色彩不太明显的地区,旅游部门也千方百计地挖掘当地民俗文化资源,对地域文化中富有特色的民俗资源进行研究开发,或重新恢复一些民俗活动,或对一些旧民俗重新赋予新的时代内涵,或根据社会发展形成一些新民俗活动等。这一时期的主要特点是民俗旅游在产品开发、市场营销等各方面都深入发展。

(5)2006年至今,民俗旅游开发呈现多元化发展趋势。在这一阶段,首先,非物质文化遗产的保护受到了全社会范围内的高度关注。非物质文化遗产得到的高度关注,对于保护民俗旅游资源有着重要作用。其次,民间资本的注入为民俗旅游开发带来了新鲜血液。再次,网络媒体技术的飞速发展,使民俗旅游信息渠道建设更为广阔和自由。尤其是党的十八大以来,文旅融合走向纵深,体制机制日益完善,文化因旅游更具活力,旅游因文化更有魅力,旅游扶贫优势突显,关联带动成效显著。在深入挖掘中华优秀传统文化蕴含的思想观念、人文精神、道德规范,结合时代要求继承创新,让中华文化展现出永久魅力和时代风采过程中,民俗旅游开发不断以蓬勃向上的姿态展现新作为。

总结几十年的发展历程,我国民俗旅游开发可以概括为以下几个方面:规模从小到大,内容从单一向多样化、复合型发展,地域上从少数民族聚居区向全国范围扩展,形式上从单纯观光向参与、体验发展,游客从以境外为主到国内外游客并重发展,层次上从初级水平向专业化水平发展。

表9-1 1992年至2021年中国旅游主题年名称、宣传口号

年份	主题年名称	宣传口号
1992	友好观光游	游中国,交朋友
1993	山水风光游	锦绣河山遍中华,名山圣水任君游
1994	文物古迹游	五千年的风采,伴你中国之旅;游东方文物的圣殿:中国
1995	民族风情游	中国:56个民族的家;众多的民族,各异的风情
1996	休闲度假游	96中国:崭新的度假天地
1997	中国旅游年	12亿人喜迎97中国旅游年;游中国:全新的感受
1998	华夏城乡游	现代城乡,多彩生活
1999	生态环境游	返璞归真,怡然自得
2000	神州世纪游	文明古国,世纪风采
2001	体育健身游	中国——新世纪、新感受
2002	民间艺术游	民间艺术,华夏瑰宝
2003	烹饪王国游	游历中华胜境,品尝天堂美食
2004	百姓生活游	游览名山大川、名胜古迹,体验百姓生活、民风民俗
2005	红色旅游年	红色旅游
2006	中国乡村旅游	新农村、新旅游、新体验、新风尚

续表

年份	主题年名称	宣传口号
2007	和谐城乡游	魅力乡村、活力城市、和谐中国
2008	2008中国奥运旅游年	北京奥运、相约中国
2009	中国生态旅游年	走进绿色旅游、感受生态文明
2010	中国世博旅游年	相约世博,精彩中国
2011	2011中华文化游	游中华,品文化
2012	中国欢乐健康游	爱旅游,爱生活
2013	2013中国海洋旅游年	美丽中国,海洋之旅
2014	美丽中国之旅——2014智慧旅游年	美丽中国,智慧旅游;智慧旅游,让生活更精彩;新科技,旅游新体验
2015	美丽中国——2015丝绸之路旅游年	游丝绸之路,品美丽中国;新丝路、新旅游、新体验
2016	美丽中国——2016丝绸之路旅游年	漫漫丝绸路,悠悠中国行;游丝绸之路,品美丽中国;神奇丝绸路,美丽中国梦
2017	5.19中国旅游日	旅游让生活更幸福
2018	美丽中国——2018全域旅游年	新时代、新旅游、新获得;全域旅游,全新追求
2019	2019年"中国旅游日"主题:"文旅融合 美好生活"	文旅融合 美好生活
2020	2020年"中国旅游日"主题:"爱生活 爱旅游"	爱生活 爱旅游
2021	2021年"中国旅游日"主题:"绿色发展 美好生活"	绿色发展 美好生活

资料来源:据相关资料整理(备注:自2019年开始没有公布中国旅游主题年名称、宣传口号,以中国旅游日主题代替)

二、民俗旅游开发的内容

民俗旅游开发属专项旅游(或特色旅游)开发,因而在开发的内容上,既要照顾面,又应强调专,民俗旅游开发的内容丰富而广泛。

(一)民俗旅游景观的开发

民俗旅游景观的开发是民俗旅游开发的中心工作,是旅游地形成接待力的基础。由于民俗旅游资源多种多样,各地的开发范围、开发规模、开发重点、开发条件不同,民俗旅游景观开发的方式也有较大差异。按民俗的内容来分,民俗旅游景观的开发途径很多,常见的有:服饰景观开发、饮食文化景观开发、民居景观开发、交通景观开发、商贸民俗景观开发、节日庆典开发、歌舞景观开发、体育游戏景观开发、信仰景观开发、民俗商品景观开发,以及喜庆(包括育儿礼、婚礼、寿礼)、家族、社团、农耕、渔猎、手工业等民俗景观开发。

(二)民俗旅游地的旅游基础设施开发

民俗旅游地的旅游基础设施开发具体体现为民俗旅游的交通开发,包括交通工具、交通线路、游览线路等。现代旅游强调旅游交通要安全、快捷、灵活、舒适,按照该要求,民俗旅游地交通一定要做到"进得来、出得去,散得开"。影响旅游基础设施的因素很多,主要包括以下几个。

(1)客源地与民俗旅游地的时空距离。
(2)客源地到民俗旅游地的交通状况。
(3)民俗旅游地内的道路交通状况。
(4)运输工具的数量和环境承载力。
(5)客源市场的流向、数量。

我们进行开发时,需要认真分析这些因素。目前,我国的民俗旅游开发主要分布在东北、西北、西南等少数民族地区,这些地区自然条件差、交通设施落后、提高旅游基础设施建设的任务比较艰巨。

(三)民俗旅游地的旅游服务设施开发

旅游服务设施是指旅游者在民俗旅游地游赏期间必须使用的设施,主要包括旅游饭店、宾馆、招待所、旅游饮食服务设施、交通工具停靠站场、旅游商店、旅游娱乐场所等。旅游服务设施的开发可以从三个方面入手。

(1)民俗化,即服务设施要融入当地的民俗文化,从而满足旅游者的心理需要。
(2)服务设施的风格应与民俗旅游地的自然、文化环境协调。
(3)服务设施的规模要科学论证,与中长期的旅游需求相适应。

(四)民俗旅游地的人力资源开发

民俗旅游地的人力资源是宝贵的资源,只有人,才能使民俗景观、旅游设施发挥效用,形成接待能力。人力资源开发的范围非常广泛,既包括导游人员、住宿接待人员、其他方面的服务人员,还包括民俗旅游景观的主要载体——普通民众。为什么范围这么广呢?这主要是由民俗旅游及民俗旅游资源的特点决定的,也就是说,几乎民俗旅游地的所有人员都是人力资源开发的对象。人力资源开发的内容、形式可以多种多样,一般有讲座、培训班、外派学习等形式,以提高民俗旅游有关人员的文化素养、专业技能、敬业精神为目标。

(五)民俗旅游图书资料的开发

民俗是一种生活文化,体现在旅游景观上是可以观看,体现在文字上是可以阅读。对旅游者来说,到民俗旅游地去观赏民俗,是了解、领略该地民俗风情的主要途径,若再加上阅读民俗旅游地的图书资料,更可以帮助他们理解民俗的意蕴,助长游兴,丰富旅游生活。目前,有关民俗旅游图书资料的开发,各地都较重视,出版的书不少,如济南出版社出版的"齐鲁民俗丛书"等。

三、民俗旅游开发的特点

民俗旅游开发作为旅游开发的形式之一,在借鉴其他旅游开发形式的经验基础之上,也兼有自身的特点,表现在以下几点。

(一)坚持"原则性"

民俗旅游资源开发是一项复杂的基础性工作,这里所说的"原则性"包含着两个层面的内容:一是遵行民俗旅游开发的一些基本原则,如特色性原则、保护性原则、参与性原则等;二是民俗旅游资源的开发者要深入实际,"入乡随俗",尊重各地的风土人情。

(二)坚持"文化性"

民俗旅游开发一方面能给旅游地带来经济效益,同时也是展示当地文化的机会。开发不是为开发而开发,而是要上升到宣传民俗文化的高度,让世界各地的游客感悟中华民俗文化的意蕴;开发不是盲目地开发,而是要摒弃愚昧、落后成分,把文明、优秀的民俗文化介绍给游客。

(三)不受地域限制

不同的旅游资源开发不同程度地受到地域限制,如自然类旅游资源,不可能移动,只能在资源地开发。而民俗旅游资源开发除了就地开发之外,还可以突破地缘制约,仿制开发,如深圳的"中华民俗文化村"、昆明的"云南民族村"等。

(四)大众参与性

民俗旅游开发是将人们所掌握及人们言行所表现的民俗旅游资源转为民俗项目和产品。旅游地当地的人们本身就是旅游产品的一个重要吸引物,如"土家婚礼"这一旅游项目,由哭嫁、过礼、戴花酒、开脸、背新娘、迎亲、拜堂、坐床、闹洞房、回门等组成,主角是新娘、新郎,配角则很多,有双方父母、亲戚,还有村寨要好的兄弟姐妹等。如果表演中出现不配合、投入不够,或者干脆中途退出等情况,则会影响质量,甚至导致项目失败。因此,民俗旅游资源开发必须由专业人员与当地人们共同参与才能完成,甚至可以说,人们的参与是影响民俗旅游资源开发成败的关键因素。

第二节 民俗旅游开发的原则与程序

民俗旅游资源开发是一项非常周密细致的科学工作,对它的重要性人们已形成共识。为使我国富饶的民俗旅游资源发挥应有的旅游效用,并最终为国民经济的发展和人民的物质、精神文化需求的增长贡献力量,对民俗旅游资源实施开发除了积极参与、高度重视以外,还须进行一番理性思考,以避免或少走弯路。

一、民俗旅游资源开发的原则

对民俗旅游开发的理性思考之一就是研究按什么样的原则来开发民俗旅游资源,实现民俗旅游资源的价值最大化。针对我国的国情和民俗旅游资源的开发现状,在对开发民俗旅游所达共识的基础上,民俗旅游开发时应当遵循以下一些基本原则。

(一)保护与开发相结合

开发是民俗旅游资源的产品化,它的根本目的是为民俗旅游服务,为当地发展经济、改善人民生活服务,为民俗的继承与发展服务。但开发的另一面,又存在着不加珍惜、无妥善保护,甚至在受到外来文化强烈冲击的背景下进行破坏性、掠夺性开发的现象。例如,部分少数民族地区,把清代建的鼓楼、风雨桥拆下卖掉,以钢筋混凝土的砖房和拱桥取而代之。因此,抢救和保护民俗旅游资源的任务迫在眉睫。保护,就是对民俗旅游资源进行维护、修缮、抢救,防止被同化或消亡。民俗旅游资源开发的保护第一原则有两个方面的含义:一是对民俗旅游资源的保护,二是对民俗生存空间的保护。世界上许多国家都把保护旅游资源及其生存环境看作旅游发达兴旺的生命线。所以,在开发民俗旅游资源时,必须以保护为前提,把保护工作放在首位,贯彻始终。没有保护的开发是掠夺性、破坏性的开发,即使已开发了,也不会长久。

保护是绝对的,开发是相对的。要做到开发与保护相结合,当然不是很容易。一方面,应解决一个认识问题。可通过广泛宣传其必要性,克服这方面的一些错误观念,使开发与保护并重,成为开发者的自觉行为。另一方面,发挥规划作用,尽可能地减少开发所带来的负面效应。尤其在经济发展相对滞后的民族地区,一定要处理好保护、开发的关系。既立足当前,又兼顾长远,把保护、开发有机地统一起来,防止盲目开发、粗放管理、急功近利、涸泽而渔。这就要求在民俗旅游资源开发时,一定要树立科学的开发观,一定要高瞻远瞩,一定不能急功近利而盲目地甚至破坏性地开发。

(二)与时俱进,力求创新

民俗旅游要取得实质性的进展,还必须在不断开发旅游资源的基础上与时俱进、开拓创新。创新原则运用到民俗旅游开发中主要表现在思维创新、方式创新和科技创新三个方面。

1. 思维创新

思维创新是一切创新的前提,民俗旅游业的发展必须从思想上打破常规,大胆创新。首先,打破旅游淡季无所作为的思维,把开发的目光盯住旅游淡季,依据民俗旅游的特点,设计一些新颖独特的旅游项目,通过加大宣传力度,吸引游客前来旅游。其次,要树立整体思维,打破民俗旅游开发的常规项目,树立民俗旅游动态开发的思路,提高游客全面参与的可能性与必要性。既要开发物质类民俗旅游资源,也要开发非物质类民俗旅游资源;既要开发有形类民俗旅游资源,又要开发无形类民俗旅游资源;既要开发具体的民俗旅游资源,又要开发抽象的民俗旅游资源,等等。例如,可以多设计一些动态民俗旅游项目,让游客参与其中真正感受民俗旅游的乐趣。在一些景点,可设计规划"美食一条街",使游客游览之余尽可能品尝当地独特的风味小吃;也可以推出"民间歌谣大比拼"活动等,让游客亲身体验此类活动的乐趣。

2. 方式创新

民俗旅游资源丰富多样,不仅种类多、数量大,而且各具明显特色。这种优势使各地民俗旅游的开发可以创新多种方式,表现在旅游资源的开发方式、旅游路线设计方式、旅游内容安排方式上,比如在旅游开发投资方面,可以采取国家、集体、个人单独投资开发或共同投资开发的方式,使民俗文化旅游资源尽可能转化为经济资源。

3. 科技创新

民俗旅游在大多数人看来,也许没有多少高科技的内容,但科技创新仍应是民俗旅游开发的应有之义。一方面,民俗旅游资源本身的科技含量开发,如民俗资源中的古村镇、古建筑都包含着不少科技成分,这种科技成分的挖掘不仅可使旅游者了解我国古代人民的科技智慧,也可促成我们对中国古代科技的借鉴、吸收和传承。另一方面,可运用现代科技手段(如声光电)表现或再现我国古代的民俗事象,这对于游客了解和理解古代民俗的内涵,增加游客的兴趣,促进民俗旅游的发展都具有重要意义。

(三)凸显游客中心、参与体验

民俗旅游的主体为游客,民俗旅游资源开发理应以游客为中心,按游客的需求开发适销对路的民俗旅游产品。根据现代旅游心理学的研究,旅游者的旅游心理虽然复杂多样,但最基本还是求似、求异、求古、求体验等心理。在开发时,应当充分利用游客的这些心理,开发近似、特异、拟古、体验的资源,增加民俗旅游产品的魅力。民俗旅游最大的优势就是旅游者能亲身体验民风民俗,参与民俗活动,从而感受其浓郁的人情味、乡土味、文化味,令人回味无穷。

旅游心理学认为,两种知觉对象假如相似,容易为人们所接受,这就是"求似"心理。旅游者到目的地旅游,看到似曾相识的民俗事象,就会自觉不自觉地同自身联系起来,产生一种亲切感,有一种"宾至如归"的感觉。这对侨居海外异域的华人及寓居他乡的人来说,往往会由此激发起强烈的归属感、民族感、乡土感和思乡情。对于这类游客,开发的民俗事象与他们脑中的固有民俗越接近越好,以充分满足"寻根求源"的欲望。至于"求异",旅游活动的本质就是一种"求异"的欣赏活动,这对海外游客来说特别重要,他们往往猎奇、求新心理强烈。对这类旅游者,民俗旅游资源开发要在新、异方面多思考,开发出具有诱发旅游者猎奇心理的民俗事象。当然,在追新求异时,一定不能违反民族政策,不能搞伪民俗。"求古"或"求旧"是游客的另一种心理需求。现在的人们生活在现代文化的氛围中,对历史都有一种怀念心理,对越古旧的东西越喜爱。对这样的游客,民俗旅游资源开发应尽量体现历史特色,保持原貌,民俗事象开发以古拙为宜。关于"求体验"心理,"体验"是指参与各种活动获得的一种心理满足,如参加探险活动等,均属体验的方式。随着现代旅游的发展,"走马观花"已不能完全满足旅游者的需要,他们渴望参与到项目活动中去,亲自去体验旅游项目带给他们的乐趣。民俗旅游资源的一个主要特点是群体性与参与性。民俗项目中,绝大部分活动都可以让游客参与其中,通过亲自体验与感受,领悟中国民俗的文化内涵和特有韵味。所以,在开发民俗旅游时,应以游客的"体验"要求为导向,注重项目的可参与性,应多开发一些能让游客试一试、尝一尝、跳一跳、玩一玩等置身民俗氛围中的民俗项目。例如,北京2020年推出的地坛庙会、龙潭庙会、大观园红楼庙会等都是遵循这一原则开发的成功范例。

(四)深挖人脉地脉文脉,突出独特性

对民俗旅游资源开发而言,独特性原则就是指利用"人无我有,人有我优"的资源优势,开发出独具个性的乡土性、古朴性、平中见奇的民俗旅游项目。这种独特个性,不外乎三方面内容:民族特色、地方特色和历史特色。

1. 民族特色

民俗是民族的民俗,民俗自然有民族特色。我国民族数量之多,分布地域之广,举世罕见。每一个民族都有自己的特色民俗。就节日民俗而言,土家族有社巴节,仫佬族有后生节,汉族有春节、元宵节、清明节、重阳节,等等。据统计,汉族节日约有500个,少数民族民间节日有1200多个,节日数量之多,在世界上也首屈一指。这正是我国民俗文化享誉世界,发展民俗旅游的优势所在。坚持民族特色,突出民族个性,是开发民俗旅游资源的方向。只有这样,我们才能在激烈的市场竞争中取胜。

2. 地方特色

我国幅员辽阔,各地的自然条件纷繁复杂,不同的地理环境、经济背景孕育着不同的风俗习惯。"一方水土养一方人""十里不同风,百里不同俗"是对我国民俗区域性差异的准确概括。比如地方戏剧,由于各地文化不同、方言各异,我国地方戏剧种类就很多,安徽有黄梅戏、徽剧,浙江有越剧,上海有沪剧,江苏有淮剧、锡剧,四川有川剧,湖南有花鼓戏,河南有豫剧,陕西有秦腔,等等,它们的风格大不相同。民俗的区域差异构成了民俗的地方特色,这种特征也正是民俗旅游的生命所在。开发中抓住了这种特征,也就发挥了地方优势。

3. 历史特色

就历史特色而言,民俗还具有传统性和古朴性特点。我国是世界四大文明古国之一,有悠久的历史、灿烂的文化。民俗是历史文化的积淀,体现了文化传统,且不同的时代,民俗也有自己的特点。所以,开发民俗旅游资源还要做好"突出民俗历史特色"这篇文章,尽可能地保持民俗的历史原貌,挖掘历史上的民俗,丰富民俗景观。海外游客到中国来,不是为了看高楼大厦,而是为了观览反映中国历史文化特色的四合院、竹楼、土楼等民俗。

总之,民俗旅游不能千篇一律,大同小异,其开发应遵循特色性原则。可以说,特色性原则是民俗旅游景观焕发感召力的基础,是民俗旅游活动永葆生命力的灵魂。

(五)文化统率旅游开发

人类生存的环境有自然环境、社会环境和文化环境,其中文化环境是各群体以自己的方式创造的,它从一开始就受到文化习俗的再塑和重塑,同时也使人类旅游行为获得更深层次的内涵,促使旅游与文化在深度和广度上进一步结合。旅游与文化的有机联系及其作用机制,使得现代旅游产业中的文化意识具有比经济意识更深刻和更全面的意义。所以,旅游开发者和经营者必须要树立文化统率旅游开发的意识,把旅游业视为一项文化性很强的事业进行经营。特别是随着旅游业的深度开发,以文化旅游为内涵

的旅游活动将会超越以观光为特点的旅游活动。近年来,我国许多旅游区(点)和企业,都在源源不断地向旅游活动注入文化内涵,其中有的已初步形成了文化游乐产业。即使是以自然观赏为主的旅游点,融入文化旅游内涵,也将取得纯自然风景无法取代的社会效应。

民俗旅游本身就是一种文化旅游,其魅力就在于民俗旅游项目所体现的深厚文化内涵。因此,开发民俗旅游资源必须遵循文化统率旅游开发的原则。开发者应有较强的文化意识,对民俗文化有较全面的了解,对民俗文化与民俗旅游的重要性有充分的认识;开发者应当从多学科、多角度等来研究民俗文化,深挖民俗内涵,丰富民俗旅游项目的文化意蕴;民俗旅游项目还要创造和实现一种文化氛围,让旅游者无论是观赏民居、歌舞表演,或品尝风味小吃,还是参与工艺制作、游戏活动,都感觉到是在享受文化;项目开发不仅要具有民俗的"形",而且还要有民俗的"神",也就是"神""形"合一,把民俗文化的精华完整地表现出来。

当前,有些地方对文化统率民俗旅游开发的原则还认识不足,只把民俗视为一本万利的"摇钱树"而进行盲目建设,结果造成民俗旅游资源不同程度地被破坏,以及民俗旅游项目的文化低品位,难免会出现"门前冷落鞍马稀"的现象。这种现象必须及时加以纠正,否则会影响民俗旅游开发工作的健康发展。

(六)多样性与专题性相结合

多样性和专题性是既对立又统一的两个方面,结合得好,多样性不仅不会冲淡专题性,而且还能起到衬托专题性的效果;专题性也能丰富多样性,使多样性既有广度又有深度。

民俗旅游资源开发的多样性,源于旅游者的多样性及他们需求的纷繁性。现代旅游者的成分多样,上至政府官员,下到企业职员、教师、学生、工人、农民、医生等,无不是旅游活动的积极参加者。由于他们的职业、阶层、年龄、民族、国籍、文化素质等方面的不同,旅游者对民俗旅游项目的需求必定五花八门,有的喜爱观赏民居,有的爱好歌舞,有的热衷游戏,有的喜好民间曲艺,有的好尝风味饮食。即使是同一类的旅游者,也因个人喜好不同,对旅游项目的需求也有差异。例如,知识类的旅游者,有喜欢音乐的,就对民间音乐、戏剧特别感兴趣;有好热闹的,就会倾心于歌舞、游戏活动,等等。即使是同一位旅游者,在不同的时间段里,对民俗旅游产品的选择也是不同的。因此,民俗旅游资源的开发应针对游客需求的多样性,走多样化开发的道路,不仅有观光消遣型的,还要有参与型、娱乐型、考察型,等等。当然,这里的多样性包括了两个层次的内容:一是民俗产品丰富、多样,类型不单一;二是民俗产品与其他自然、历史文化景观的多形式组合。

专题性是指为满足某类旅游者的需求,或旅游者的某一方面需求而实施的专项开发。专题性开发的最大优点为:主题鲜明,独特性突出,容易在旅游者中引起共鸣。因而,专题性民俗事象的旅游价值较大,能给游客留下深刻的印象,招徕更多的回头客。例如,山东潍坊市的国际风筝节就是专题性民俗活动开发较成功的案例。

二、民俗旅游开发的程序

民俗旅游开发是一项复杂的系统工程,涉及面广,工作量大,质量要求高,任务十分艰巨。因此,既不能一哄而起、仓促上马,也不可以毫无头绪地、杂乱无章地蛮干,必须有一定的步骤和程序。

(一)建立开发机构和遴选人员组织班子

开发民俗旅游资源既是旅游地的一件大事,也是当地官员的一项重要政事。抓组织落实,建立一个高效的、具有领导素质、文化素质和办事能力的工作班子,是民俗旅游资源开发工作的第一步。由于民俗旅游资源开发的决策性、综合性、协调性、技术性、客观性涉及社会的方方面面,所以,开发机构的建立必须在旅游地党委和政府的直接领导、支持下进行,组成人员包括党政主要领导、有关部门(如交通、邮电、电力、环保、文化等)领导和专家以及旅游学界、民俗学界的学者。只有通过通力合作,发挥各方面的积极性,民俗旅游资源开发才有组织上的保证。开发机构的主要职责是:协调社会方方面面的关系;对民俗项目开发进行决策;聘请专家进行民俗项目设计、建设,并予以监督;负责民俗项目中参与人员的培训与业务学习。

(二)开发的可行性研究

开发的可行性研究是民俗旅游资源开发的一项重要前期工作。进行这项研究的目的,是为开发规划提供可靠的客观依据,为避免因论证不足而造成投资决策失误。也就是说,有了充分的可行性论证,开发的成功便会更有把握。可行性研究是针对民俗旅游资源开发而实施的,它主要包括以下内容。

1. 民俗旅游资源的调查

要把民俗旅游资源开发成民俗旅游产品(景观),首先要对资源情况进行普查,摸清家底。这是民俗旅游资源开发的基础,没有它,开发无从着手。普查的内容涉及民俗的类型、具体表现、民俗的区域分布、民俗的利用状况及其存在的问题,等等。凡是属于民俗范畴的各种事象,都在普查之列。

普查的方法多种多样,主要有两种。一是"田野作业法",又称直接观察法、实地调查法,即调查者走出办公室,深入民间社会,对民俗事象做细致的调查。田野作业法收集的是现实社会中传承的民俗资料,系有关民俗的第一手资料。二为文献检索法,收集文献资料中有关当地的民俗资料,这是调查民俗历史资料的常用方法。记载民俗现象的文献资料很多,如正史、地方志、游记、笔记、诗文、小说、神话传说等都是搜罗民俗资料较主要的文献。而民俗资料的汇编,如山东大学中文系编的《山东方志民俗资料汇编》、江西省志编辑室编的《江西地方志风俗志文辑录》、丁世良和赵放主编的《中国地方志民俗资料汇编》等,都为我们做民俗旅游资源调查带来了很大的便利。

普查的方式也很多,常见的有以下几种。首先是观察调查。调查者通过照相、摄像和感官,系统地、全面地记录民俗事象的全貌和民俗活动的全过程。其次是座谈访问,在直接观察调查的基础上,调查者走访民众,或召开座谈会,按事先所列的"调查提纲",逐一进行调查,并详细记录。最后是发放调查表。调查者拟就项目精要、内容明了的调查表格,分发给民众,让他们填写。

民俗旅游资源普查对开发的重要性是不言而喻的,所以普查一定要严肃认真,并注意综合调查与专题调查相结合、个别访问与座谈会相结合、文字记录与影像记录相结合。

2. 相关情况调查

民俗旅游资源开发是一个系统工程,除民俗旅游资源本身外,还涉及交通、旅游设施、环境等众多方面。所以,在做可行性论证时还须对有关方面进行一番调查。

(1)区位条件。民俗旅游资源地所处的地理位置是影响民俗旅游景观开发的一个重要因素,资源地是否靠近中心城市成了衡量或评定资源地区位条件好坏的主要标准。靠近大中城市的民俗资源地,因距客源地近、交通便利,潜在的客源多,民俗旅游景观开发的成功概率大,反之则少。

(2)交通条件。交通是民俗旅游资源地可进入性的首要条件。凡交通便捷,则可进入性强,游客愿意来旅游。相反,即使民俗旅游资源丰富,游客也不便前来。

(3)旅游设施条件。这里主要指接待设施,能供游客食、宿的设施。

(4)经济状况。这里主要指资源地的经济状况,包括各行各业情况、居民生活水平、经济收入等。凡对开发有一定影响的,都应作为调查的内容之一。

(5)其他旅游资源。民俗旅游资源仅仅只是旅游资源的一个重要方面,做单一开发当然可以,如果有其他旅游资源相辅,则景观效果更佳,吸引力更强。

3. 客源市场调查

游客是民俗旅游的主体,游客的多少和游客需求类型如何等,直接影响民俗旅游的开发规模、类型和形式,客源市场是民俗旅游资源开发的导向。所以,在可行性研究时必须调查、分析客源市场的规模与结构等。

(1)游客来源。即调查游客与潜在游客的来源地情况,如客源地分布、客源地与民俗旅游资源地的距离、资源地对客源地的影响力等。

(2)客源类型。游客是总群体,由于他们的成分、结构复杂,对民俗旅游景观的需要各不相同。弄清游客的类型,无疑有助于民俗旅游资源开发类型的决策。

(3)市场规模。市场大小决定着民俗旅游景观开发规模和开发的序列。市场规模又同资源地的区位条件、可进入性、民俗旅游资源的吸引力、客源地经济水平密切相关,调查应当从多角度着手,不能孤立地看数字。

(4)游客消费水平。应基于客源地的总体经济水平,调查游客在旅游时的消费情况,及潜在客源的旅游消费意向,以及游客的旅游消费时段。

4. 同类民俗旅游地的情况调查

同类民俗旅游地之间既有相互借鉴,又有互相竞争分流客源的关系。民俗旅游资源开发必须考虑资源地周围一定距离内的同类旅游地的情况。同类民俗旅游地的情况调查包括以下内容。

其一,同类旅游地的综合调查评估。

其二,两地的资源特点比较。

其三,彼此间是互补还是替代。

5. 撰写可行性论证报告

论证报告的总要求是:立论要客观,论证严密,富有逻辑性,条理简明清晰,观点和资料统一。报告应含有以下主要内容:民俗旅游资源的类型、分布,民俗旅游资源的价值分析及资源的开发潜力;客源市场的现状,客源市场的需求态势分析、预测,以及市场开拓的方向;民俗旅游资源地的社会经济与环境承载力分析,它应包括开发者的实力分析、交通条件评估、旅游设施评估、法规政策评估、民众参与性评估、民俗旅游中介体评估等。

可行性分析在以上三方面分析基础上,评估现有的民俗旅游景观能否满足目前的市场需求,能否满足未来市场的需求,资源能否为日益扩大的市场提供新的供给,确认开发的经济效益可行性和环境效益可行性。经分析论证,具有开发潜力的,论证报告还应提出初步的开发方案,就开发量、投资与收益、资金的筹措等拟出设想,以供民俗旅游资源开发领导机构参考。

知识关联

旅游项目开发可行性研究的产生与发展

(三)制定民俗旅游开发规划

旅游资源通过调查、评价做出开发可行性论证后,就要着手根据旅游资源开发的原则和市场的最新动态,以及当地开发旅游的基本条件,进行旅游资源开发方案设计,即确定该区域旅游开发的总体规划。总体规划包括以下八个方面。

(1)规划的指导思想与基本原则。
(2)民俗旅游资源及有关因子的总体评价。
(3)规划范围及功能区的划分,规划建设的分期计划。
(4)环境容量分析与预测。
(5)近期开发的项目和投资预算。
(6)近期建设项目的实施方案。
(7)资金筹措方法与管理。
(8)环境保护的措施。

通过合理科学的规划,既有助于确定民俗旅游开发类型、数量、地点和时间,同时又能为旅游地带来良好的经济、环境、富裕、交流四个方面的效应。

(四)具体实施计划

旅游资源开发设计的总体方案制定并通过评审之后,旅游资源的开发进入实质性开发过程。进入开发阶段最重要的是制定好实施开发的具体计划,并严格按计划有步骤地进行开发。具体内容包括以下七个方面。

(1)确定开发范围和目标。
(2)根据已有资料,提出项目的模式、土地使用要求等。
(3)制定建筑总体规划。
(4)资金来源及财务预算。
(5)进行项目具体设计,画出施工图纸。
(6)投标及施工。
(7)反馈与评估。

第三节　民俗旅游开发的模式

民俗旅游由于其资源的民族特色和地方特色性，其资源开发的模式和其他旅游资源开发相比有其独特性，目前，学术界对民俗旅游资源的开发模式比较认同的主要有三种，即静态开发、动态开发、立体网络式开发。

一、静态开发

民俗旅游资源的静态开发是指把民俗作为给旅游者观赏和审美的对象，以及为他们提供旅游便利的条件而进行的旅游开发活动。它主要有两种具体的开发模式，即民俗观赏开发与民俗商品开发。

（一）民俗观赏开发

民俗观赏开发是指把民俗作为给旅游者观赏和审美的对象而进行的旅游开发活动。大量的民俗资源具有观赏和审美的价值，可以开发成有吸引力的旅游产品。其中，物化形式的民俗和社会活动民俗，是观赏开发的主要资源，如服饰、民居、菜肴、交通设施、宗教建筑以及庙会、戏曲、歌舞、杂技等。操作性的开发形式，主要有民俗博物馆、民俗文化村、民俗文化公园、民族村寨、民俗表演等。例如，江苏无锡的吴文化公园，主要展示了吴地的民俗风情和历史文化；苏州民俗博物馆，主要以实物介绍苏州婚俗；南京的十里秦淮，形成了以夫子庙为中心的明清江南街市景观和秦淮河风情景观；广东阳江举办的阳江风筝会，展示了中国南方地区风筝的独特魅力；深圳中国民俗文化村，则荟萃了中国各民族的民俗文化。诸如此类的民俗旅游项目，具有非常高的观赏和审美的价值，它们既可以为旅游者集中观赏各类民俗提供机会，满足他们的审美需要；又因为其深厚的历史文化积淀，可以让旅游者开阔视野，增长知识。

（二）民俗商品开发

民俗商品开发是指依托民俗旅游资源开发民俗旅游商品的开发活动。在民俗旅游资源中，有很多是可以开发成旅游商品的。这一类旅游商品，集使用价值、纪念意义、文化内涵、审美功能于一身，往往使旅游者回味悠长，经久不忘。能够进行旅游商品开发的民俗旅游资源，主要有土特产、工艺品、日用品、风味食品、民间美术、文房四宝、服饰、书画等。例如，各地的风味小吃、各种模型、文物复制品、彩塑、微雕、挂件、剪纸、瓷器（见图9-1）、陶器、年画、铁画、刀具、蜡染、刺绣（见图9-2）、印花布、景泰蓝、戏曲脸谱等民俗旅游商品，林林总总，它们以浓郁的民族风情、地方特色、乡土气息，令海内外的游客大开眼界，爱不释手。绝大多数的游客，都会购买各种旅游商品，尤其是民俗旅游商品，既可以作为自己旅游的纪念品，也可以作为日常生活的用具和装饰品，又可以馈赠亲朋好友，为自己和他人增添生活的乐趣。因此，旅游从业者一向重视民俗旅游商品的开发，并把它视为增加旅游收入的重要手段。

图 9-1　景德镇瓷器

图 9-2　苏州刺绣

二、动态开发

民俗旅游资源的动态开发是指旅游从业者用民俗构建旅游活动的空间,让旅游者参与民俗旅游产品和民俗旅游商品的生产过程的一种开发活动。它主要有三种具体的开发模式,即民俗体验参与式民俗活动开发、民俗服务开发和与时俱进式开发。

(一)民俗活动开发

民俗活动开发是指把传统的民俗活动作为开发对象,让旅游者参与其中,完成旅游过程的一种开发活动。民俗活动开发贯彻了现代旅游最重要的原则——参与原则,为旅游者在观赏、审美的同时提供了参与的机会,从而多侧面、多渠道地体验民俗旅游产品和商品的价值,获得更加丰富的旅游收获,给旅游者留下深刻的印象,提高他们的旅游满意度。例如,上海崇明的前卫村开发农家乐旅游,让旅游者住农家房,吃农家饭,干农家活,玩乡村游戏,赏田园风光。新疆吐鲁番的葡萄节,旅游者可以采摘葡萄,品尝瓜果,观赏或参与民族歌舞。在内蒙古的民俗旅游中,旅游者可以骑马射箭,住蒙古包,制奶制品,参加篝火晚会,纵情起舞,放声高歌。黑龙江同江街津口赫哲族聚居区,创办了民族游乐场,提供赫哲族传统体育游戏项目,供旅游者参与体验,如狗拉雪橇、快马子船、掷木轮、叉鱼、射箭、滑踏板、滑爬犁,等等,让旅游者在游戏竞技中,获得民俗旅游的快乐。诸如此类的**民俗旅游产品**越来越多,几乎遍及华夏大地的民俗旅游区,受到了国内外旅游者的极大欢迎。

(二)民俗服务开发

民俗服务开发是指按照民族或地域的传统礼仪、游艺、社交、商业等民俗活动的规程,为游客提供旅游服务。民俗服务可以让游客随时随地体验一个民族或地域的民俗

凉山彝族传统火把节

风情,在直观亲切地感知中获得更加丰富的民俗旅游乐趣。而且,民俗服务与其他的民俗旅游产品和民俗旅游商品相结合,可以营造更加真实的民俗旅游氛围,为旅游者观赏、参与、体验民俗旅游提供更好的舞台。例如,在江南小镇旅游中,船娘穿着传统服饰,唱着田歌,为旅游者提供水上旅游服务;云南大理推出了三道茶迎宾仪式;贵州凯里摆起了苗族的迎宾酒;北京推出了京剧茶座、清宫仿膳服务、宫廷服饰展演,陕西西安推出了梦回大唐的表演;开封和杭州的仿古旅游中,服务人员穿起了宋代服饰,并按两宋时期的民俗,为旅游者服务,等等,都让旅游者印象深刻,津津乐道。民俗服务开发是把传统文化与现代商业相结合,凸显旅游服务文化内涵,弱化旅游服务商业色彩,增加旅游服务人情味的重要途径。

(三)与时俱进式开发

民俗本身具有变异性特征,经常处于发展变化之中;民俗旅游市场也随着时代的变迁而不断变化。与时俱进式开发就是根据民俗和旅游市场的变化进行民俗资源开发,不断调整民俗旅游产品和民俗旅游商品的形式、内容、类型,等等。民俗旅游资源的与时俱进式开发,主要体现在两个方面。第一,在开发形式上,不断探索适应民俗旅游资源特征和民俗旅游市场需求的新形式。例如,大多数民俗博物馆采用静态展示的形式,来开发民俗旅游产品,旅游者兴趣不大,收获不多。但是,如果把静态展示、动态展示和旅游者的参与结合在一起,就可以让旅游者兴趣盎然,旅游收获大增,如日本国立民族学博物馆、英国的乔维克海盗中心、我国山西临汾丁村民俗博物馆,等等。第二,在开发内容上,不断调整民俗旅游产品和民俗旅游商品的形式、内容与类型。例如,随时注意调整观赏式和参与式民俗旅游产品的比例,改变民俗旅游服务的内容和形式,在原有民俗旅游活动中补充新鲜元素,开发新的民俗旅游资源,等等。

三、立体网络式开发

民俗旅游资源的立体网络式开发是指对多种民俗进行多景点、多层次、多形式的开发活动。它主要有四种具体的开发模式,即开辟民俗旅游线路、建立民俗旅游区、多层次与多形式开发、与其他旅游资源联合开发。

(一)开辟民俗旅游线路

开辟民俗旅游线路是指在民俗旅游景点开发的基础上,组织在内容与形式方面存在明显差异的旅游景点,形成民俗旅游产品与民俗旅游商品错位互补的**旅游线路**。例如,京杭大运河江南段进行了跨省区合作,开辟了著名的大运河民俗旅游线路,其中两岸风情、水利设施、古典游船、皇帝游踪等,深受旅游者好评。早在1986年,山东潍坊就推出了"千里民俗旅游线"。这条旅游线路以潍坊为轴心,途经青州、临朐、安丘、高密、昌邑、寒亭六地,有24个民俗景点、6处民俗博物展览、3处民俗文化村,全程700多千米。旅游者可以观赏风筝博物馆、木版年画陈列馆和民俗博物馆,看年画、泥塑、剪纸"三绝",吃朝天锅、全羊宴、金丝面、青州银瓜等地方风味和特产,荡秋千、坐花轿、住农家、吃农食、干农活,等等,早已蜚声海内外。开辟民俗旅游线路,一般围绕民俗旅游中

文旅部发布12条全国非遗主题旅游线路

心景点,跨地区合作,将各民俗旅游景点串联成线,就像看一部故事情节有始有终、跌宕起伏的精彩戏剧一样,让旅游者留恋其中。

(二)建立民俗旅游区

建立民俗旅游区是指选择既有丰富而集中的民俗旅游资源,又有比较丰富的自然风光和历史文化旅游资源的地区,科学规划,整体开发,建设对旅游者有较大吸引力的民俗旅游区。例如,安徽省黄山市的徽州区,依托古徽州府首县——歙县的古城及乡村,尝试进行民俗旅游区开发,取得了很好的旅游效益。歙县是一座历史悠久的文化古城,著名的新安理学、新安朴学、新安画派、新安医学、徽派建筑、徽派版画、徽派盆景、徽菜、徽剧、徽商,等等,都与它有千丝万缕的联系,素有"东南邹鲁""文物之邦"的美誉。同时,歙县历史上还产生了一大批文化名人、清流显宦、商业巨子,其思想和功业如群星璀璨,光耀青史。徽州区民俗旅游资源丰富多彩,具有无与伦比的文化价值和旅游价值。黄山市与徽州区因地制宜,大力开发民俗旅游资源,并结合自然风光和历史文化旅游资源的开发,建成了一个让国内外旅游者倾心向往的民俗旅游区。

(三)多层次与多形式开发

民俗旅游资源的多层次与多形式开发是指逐次挖掘民俗旅游资源的内涵,并采用多种旅游开发模式,开发民俗旅游资源。首先,民俗旅游资源的内涵有观念、行为到物化形式三个层次。民俗旅游资源开发,要由表及里,逐层开发。其次,民俗旅游资源的开发模式多种多样,要根据实际情况,综合利用多种开发模式进行旅游开发。具体的开发形式包括:其一,开发物化形式的民俗旅游资源,例如,开发民居等物化形式的观赏类民俗旅游产品和民俗旅游商品;其二,开发民俗活动,例如,开发傣族的泼水节等民间节庆活动,为旅游者提供参与的机会;其三,宣扬传统美德等观念民俗,例如,忠、孝、节、义等传统美德;其四,综合利用多种开发模式进行旅游开发。这样,既有静态开发和动态开发,又有其他开发形式。

(四)与其他旅游资源联合开发

与其他旅游资源联合开发是指把民俗旅游资源与其他旅游资源进行有机结合的综合开发。现代旅游者追求一次旅游活动能够满足多种旅游需要,希望以最小的代价实现自己的旅游目标。因此,在民俗旅游资源开发中,要注意整合其他旅游资源,以最小的旅游空间,最大限度地满足旅游者的需求。不同类型旅游资源的有机结合,主要是对自然风光、历史文化与民俗等旅游资源进行联合开发,无疑可以大大提高旅游区的吸引力。例如,江苏省无锡市堰桥的吴文化公园,以一村四馆一点——古吴村、人文馆、风土馆、艺术馆、近代经济发展史馆、宗教文化点为核心,集水乡风光、历史文化与民俗风情于一体,增加了旅游资源的类型,拓展了旅游范围,丰富了旅游产品和旅游商品的历史文化内涵,提高了旅游吸引力,使其成为江苏旅游的热点景区。

第四节　民俗旅游开发存在的问题及解决对策

我国现代旅游业40多年的发展历程中,民俗旅游资源的开发遍及中华大地,也取得了令世人瞩目的成就,但因起步晚、经验不足,以及认识、开发、管理上的偏差,仍存有各种各样的误区和不少亟待解决的问题,妨碍了民俗旅游业的可持续发展。

一、民俗旅游开发中存在的问题

目前,我国民俗旅游的开发中存在着一些问题,具有普遍性和多样性,主要表现在以下几点。

(一)民俗开发过度商业化

民俗商业化是把欣赏民俗变为消费民俗,把乡土味十足且未经过任何修饰、雕饰的民俗融入一些现代的表演技术,作为商品展示给人们。将民俗文化商业化并非必然产生对文化遗产的破坏,在一定程度上还有助于提高传统民俗文化的知名度。但过度的商业化对民俗文化遗产的破坏是不可忽视的。有些地方过度看重眼前利益,什么能赚钱就做什么。民俗过度商业化改变了民俗的要素,民俗由权威象征的民族文化变成商业化生存权利。民俗的作用发生了根本性质的变化,民俗中的一部分经过异文化群体的利益选择,被物质化和商品化,成为一种失去灵气的品牌产品或概念。

例如,"抛绣球"等活动的内涵变了,过去表达男女间的情谊,现在变成了老少皆宜的全民娱乐活动。游客纷至沓来,商人闻歌而至,在带来就业机会与旅游收入的同时,让原本淳朴的民俗蜕变为商业化的旅游表演,其生命力也会随着市场的疲软而失去生命力。传统民俗的商业化倾向,将会破坏中国几千年来流传下来的民俗文化精神内涵,原汁原味的独特文化一旦丢失,将会贻害无穷。

(二)民俗开发庸俗化

民俗旅游开发本应尊重民俗,弘扬民俗文化的精髓,但个别地方却在民俗旅游资源开发中,不去尽力展现民俗的真善美,而是刻意追求民俗的原始、落后和愚昧,把质朴高尚的民俗庸俗化。

其一,篡改传统民俗的内容,进行商业化设计,骗取旅游者的金钱。其二,封建迷信沉渣泛起,误导旅游者。

(三)民俗开发同质化

我国幅员辽阔,素有"十里不同风,百里不同俗"的说法。各地区的人们在世代传承和沿袭的基础上形成了本地别具特色的风俗。我国又是一个多民族的国家,各民族在繁衍生息的过程中又形成了本民族特色鲜明的民俗。这些不同的特色表现在居住、服饰、生产、交通、婚姻、节日、礼仪、饮食等日常生活方面,它们是中国传统文化的基础和重要组成部分。正是由于民俗旅游存在地方特色和民族特色,民俗旅游的开发才成为旅游资源开发的灵魂,具有独特性和不可替代性。

可是,一些地方为了打造民俗旅游村,要求民宅外墙统一色调,将临街的村民住宅外墙或喷漆或换砖。以"统一着装"的方式迎接游客;一些地域特征相近的地方,民俗旅游存在严重的同质化现象。一些地方的民俗游盲目仿效和追随他人,缺少自己当地的鲜明特色,表现在旅游项目上相同,饮食口感上相同,旅游商品一样。如果民俗被开发成"千俗一面""千村一面""千城一面",随处可见,那么这样的民俗游吸引我们的还剩什么?失去了原汁原味,离开了乡土气息的民俗旅游还能走多远?

(四)民俗开发虚假化

民俗应该是当地群众世代相袭的风俗。它展示的应该是当地居民生活的真实写照。但是在实际中,却有一些地方为了经济利益,对传统民俗文化内涵不加了解地片面对待,主观解释,人为制造所谓的"民俗"。包括:一是开发者为了开发而从底层没有根据、不加考虑地制造出"伪民俗";二是为了迎合旅游者品味,在原有的民俗基础上编造一些民俗,主要表现在一些神话故事,或是一些节庆的来历解释,等等;三是为了迎合某些旅游者猎奇的心理和低级趣味,有意夸大民俗中的一些成分。这些现象的出现将会让后人很难了解文化遗产的真正含义,使传统的民俗文化失去原有的风采和传承意义,严重地影响了当地的旅游形象,也无形中伤害了游客的心,对当地旅游可持续发展也造成了不良的后果。

(五)利益分配和协调机制不合理

1. 景区与社区之间的利益分配不合理

民俗旅游收入分配一般分为开发商、管理部门、民俗地社区三部分。目前的分配机制的缺点在于给开发商的份额过多,导致社区从中得到的太少,平均到每个居民手中更少。分配机制不合理,社区居民与开发商之间的矛盾冲突不断,会使当地居民对旅游业的发展持反感情绪甚至反对态度,不利于民俗旅游业的发展。

知识活页

2. 社区居民之间的利益协调机制不合理

发展旅游业的过程中,一部分社区居民可能会参与旅游分工,如通过制售纪念品、参与景点服务工作等方式,从旅游业中受益。而一部分居民则因为知识、技能等原因,不能从旅游业的发展中获取利益,从而导致旅游收入不均现象的发生,有悖于发展民俗旅游的初衷。

白鹿原民俗文化村为何快速消亡

以上问题是在民俗旅游资源开发过程中存在的主要问题,此外还存在一些其他的问题。当然,只要我们正视这些问题与不足,认真研究、细心矫正,就一定能把我国民俗旅游资源的开发推向新的高度。

二、解决对策

民俗旅游的发展在促进旅游地经济、文化发展的同时,也对旅游地的民俗风情、传统文化等人文资源带来种种消极的影响。因此,旅游地在开发利用这些资源的同时,应积极采取防范措施和相应对策,努力减少或最大限度地限制上述的消极影响,使旅游地这些具有特色的资源得以长期的使用。

(一)加强宣传,注重引导

政府各级部门应该对当地的民俗保护负责,特别是对破坏当地民俗的现象要及时加以制止。比如,在一些古镇、古民居、古村落出现的私搭乱建现象要采取一定的强有力措施,因为这些古镇、古民居、古村落也是当地民俗的一部分,它们是历史文化的容器,是物质文化遗产和非物质文化遗产的综合体,有着相当重要的精神价值,保留它们的原始风貌,就是传承我们民族的独特文化、民族基因和民族身份。政府部门可以通过各种渠道加强对当地居民的宣传引导工作,逐步提高当地民众的保护意识,增强人们对民俗风情的感情,培养他们的保护民俗旅游资源的责任感,让他们自觉地来保护民俗旅游资源。政府要大力促进当地居民的参与,唯有如此,我们才能更好地再现古代久远的民间艺术、独特的饮食文化、特色的地域节庆活动,也才能保持住原汁原味民俗。

(二)谨慎开发,合理利用

各地旅游部门在对待当地民俗资源开发问题上要始终坚持谨慎的态度,要摸清家底。对当地民间民俗文化进行一次彻底的排查。在此基础上,弄清哪些是可以开发的;哪些是应当严格禁止开发的;哪些是要讲究方式方法才能开发的。在抢救和保护中,要始终贯穿"简单而非简陋,民俗却不粗俗"这一主线,力求展现其简单而精巧的建筑、悠远而古朴的风俗、厚重而传统的民风。

(三)健全制度,有章可循

加强民俗方面的规章制度建设是切实保护民俗的必然要求,也是促进我国旅游业发展的重要保障。但遗憾的是,我国现行法律、法规中还没有关于原生态文化方面的规定,也没有现成的法律保护体系。保护和关注文化遗产,不属于纯粹的市场利益问题或者一种狭隘的民族主义保护,而是肩负着传承传播民族、民俗优秀文化的一种历史任务。作为智慧与文明并进的中华民族,我们应该结合我国原生态文化现状,借鉴国外原生态文化保护工作做得较好的国家的一些经验,尽快出台一部相关的法律,使我国对民俗、民风的保护有章可循、有法可依,做好文化遗产的保护与开发工作。

(四)建立合理的利益分配体系,促进景区与社区和谐发展

1.建立科学合理的分配体系

在民俗旅游开发的过程中,要转变思想,更新观念,充分认识社区参与的必要性和重要性,要让社区居民也能够参与进来,使开发符合民意,避免通过行政手段强制开发。在旅游收益分配的问题上,也应由经营者、管理者和社区居民代表协商,制定分配比例。应该特别注意的是:在分配给社区居民的份额中,不仅要体现居民的显性劳动、服务成本,还应该包含一些在民俗开发中所承担的资源、环境等隐性成本。对一些因发展旅游业而产生的暂时无法避免的消极影响,如居民活动范围受限、区域性通货膨胀、物价上涨、供水供电紧张、道路交通拥挤等问题,应考虑给予一定的经济补偿,使居民认识到旅

游业的发展与自己的利益紧密相关,他们就会对旅游开发持比较赞同的态度。

2.建立科学的利益协调机制

在发展民俗旅游过程中,因为知识、技能、信息等原因造成的不同居民之间的收入差异,加之在旅游服务活动中的激烈竞争,很可能导致社区居民之间的人际关系紧张,有时还会演变为居民之间的冲突,甚至引发极端事件。这些都不利于景区和社区的发展。这就要求必须建立科学的利益协调机制,通过组织参加劳动培训等途径,提高居民的整体素质和旅游参与能力,力求每个符合条件的居民都有参与旅游业分工的机会。对于那些自主创业尚有困难的居民,应该在资金、信息等方面提供一定的扶持。对居民在旅游活动中的收益,可以按不同的数额划定相应的比例,来提取一定的公共基金。基金的一部分可以用来设立旅游发展和民俗保护基金,另一部分则可以用来修建一些公益设施,如居民活动室、阅览室、健身场、幼儿园等。这样,既有利于民俗旅游业的持续发展,又能使全体居民从多角度感受到发展旅游业带来的回报。除此之外,还应该在社区内营造浓厚文化氛围,提倡建立和谐的人际关系。

总而言之,民俗旅游资源开发是一项非常严肃的科学实践与产业经济活动,而且涉及的内容纷繁复杂,稍有不慎,就可能造成严重的问题,产生不良的政治、经济、文化及社会影响。因此,只有尊重民俗,因地制宜,科学规划,合理开发,走精品化道路,才可能实现预期的开发目标,推进旅游业的发展。

本章小结

本章内容从阐述我国民俗旅游开发的历程着手,先后分析与探讨了我国民俗旅游开发的基本原则、具体方法、开发模式,以及我国民俗旅游开发进程中存在的问题,并就这些问题的解决提出一些具体的对策。总而言之,我们学习本章的主要目的就是要在系统、全面掌握本书相关知识的基础上,在确保民俗旅游可持续发展的前提下,在通盘考虑经济效益、社会效益、文化效益协调统一的基础上,掌握创新民俗旅游资源保护与开发的方法和举措,最大限度地实现民俗资源优势向经济优势转化。

 思考与练习

1. 民俗旅游开发中如何体现特色性?
2. 简述民俗旅游开发的历程。
3. 当前民俗旅游开发的对象与内容应该是什么?
4. 民俗旅游资源开发的原则有哪些?应怎样理解?
5. 列举民俗旅游开发的模式并比较各自的优缺点。
6. 民俗博物馆如何才能适应体验旅游的需要?
7. 民俗旅游资源开发进程中存在哪些问题?如何解决这些问题?

深圳中国民俗文化村

本章德育总结

党的十九大报告明确提出：建设生态文明是中华民族永续发展的千年大计。民俗旅游的开发要以旅游为手段、文化为灵魂，树立和践行绿水青山就是金山银山的理念，坚持节约资源和保护环境的基本国策，通过智力投入满足人民不断变化的物质和精神生活的需求，通过发展民俗旅游业助力中华文明的挖掘和传承，提高国民素质，提升国家软实力。

中华优秀传统文化的保护、传承与发展，需要全社会的共同参与，旅游业作为以文化为灵魂、以文化为资源的现代服务业，以其展示手段灵活、方式多样、传播面广、易于接受等特点，必将在中华优秀传统文化的保护与传承、创造性转化与创新性发展，以及增强民族文化自觉与文化自信中发挥重要作用。

本课程阅读推荐

1.《文化论》

作者：[英]马凌诺斯基著，费孝通等译

本书是马凌诺斯基的功能主义理论的比较全面和系统的总结。他的学术思想，尤其是关于实地调查的方法论，对西方人类学和民族学产生了重大影响。

2.《民俗文化与民俗生活》

作者：高丙中

本书是高丙中先生熔铸民俗学一百多年的思想资料撰写的一部理论民俗学专著。评述了民俗学基本理论的历史发展逻辑，阐明了其学术思想，回答了本学科的重大理论问题。

3.《中国民俗地理》

作者：高曾伟

本书比较系统地论述了民俗地理学的基本理论，从地理学、历史学的角度阐述了我国居住、饮食、服饰、农业生产、交通、婚姻家庭、民间信仰等民俗的形成和发展，主要类型与地理环境的关系，分布规律及中国民俗地理分区。

4.《生态民俗学》

作者：江帆

本书从民俗学的视角，考察生态环境对人类文化的制约与影响，在人类行为与活动的深广背景上探索人类与生态环境的双向性关系，论述了民俗生成的生态性本原，对民俗事象进行生态特征剖析。

5.《中国民俗旅游》(新编)

作者：巴兆祥

本书把民俗与旅游科学地融为一体。力求避免泛论民俗文化本身偏重于民俗学的议题，着重从指导实践入手，以浓重的笔墨对民俗旅游及其资源开发进行多角度的科学论析。

6.《民俗旅游学概论》

作者：梁福兴，吴忠军

本书有选择性地把民俗学、民族学、文化人类学和旅游管理学等交叉学科的关键性理论知识紧密地结合在一起，精选了大量经典时新的案例穿插其间，既强调对民俗旅游学系统理论知识进行深入浅出地阐释和讲解，又将这些阐释和讲解灵活自如地运用于民俗旅游的资源调查、景区开发、项目规划、经营管理等具体的实践操作之中，突出了系统知识传授和经验技术指导。

7.《民俗旅游学》

作者：邱扶东

本书跳出了"民俗＋旅游"的框架，以民俗旅游为研究对象，把民俗作为旅游资源，面向旅游市场，系统探讨民俗旅游的规划、开发和管理。

8.《中国民俗通志·交通志》

作者：赵宇共

本书是一部中国交通民俗的志书。从中国交通的物质民俗、社会民俗、精神民俗、语言民俗等层面进行记述。这种记述建立在中国交通民俗已有的田野调查和文献资料基础之上，并以清末民国以来的交通民俗事象为主要内容。资料真实可靠、文笔简洁流畅、叙述清楚明白、结构合理、图文并茂。

参考文献
References

[1] 巴兆祥.中国民俗旅游(新编)[M].福州:福建人民出版社,2006.
[2] 陆慧.中国民俗旅游[M].北京:科学出版社,2009.
[3] 周作明.中国民俗旅游学新论[M].北京:旅游教育出版社,2011.
[4] 钟敬文.民俗学概论[M].上海:上海文艺出版社,1998.
[5] 林正秋.中国旅游与民俗文化[M].杭州:浙江人民出版社,2000.
[6] 吴忠军.民俗文化与民俗旅游[M].南宁:广西民族出版社,2001.
[7] 赵建峡,李乐民.中外民俗[M].郑州:郑州大学出版社,2006.
[8] 张世满.旅游与中外民俗[M].天津:南开大学出版社,2002.
[9] 李乐民.河南旅游民俗文化[M].北京:中国旅游出版社,2008.
[10] 邓永进,薛群慧,赵伯乐.民俗风情旅游[M].昆明:云南大学出版社,2001.
[11] 邱扶东.民俗旅游学[M].上海:立信会计出版社,2006.
[12] 杜莉,姚辉.中国饮食文化[M].北京:旅游教育出版社,2009.
[13] 徐万邦.中国少数民族工艺[M].北京:中国画报出版社,2004.
[14] 乌丙安.民俗学原理[M].沈阳:辽宁教育出版社,2001年.
[15] 丹增.中国少数民族节日[M].北京:中国画报出版社,2004.
[16] 姜若恩,张国杰.中外民族民俗[M].北京:旅游教育出版社,2004.
[17] 陶立璠.民俗学[M].北京:学苑出版社,2003.
[18] 江帆.生态民俗学[M].哈尔滨:黑龙江人民出版社,2003.
[19] 倪钟之.中国民俗通志·演艺志[M].济南:山东教育出版社,2005.
[20] 高丙中.民俗文化与民俗生活[M].北京:中国社会科学出版社,1994.
[21] 祁春英.中国少数民族婚俗[M].北京:中国画报出版社,2004.
[22] 易风.中国少数民族建筑[M].北京:中国画报出版社,2004.
[23] 韦荣慧.中国少数民族服饰[M].北京:中国画报出版社,2004.
[24] 博巴.中国少数民族饮食[M].北京:中国画报出版社,2004.
[25] 中华文明史话编委会.服饰史话[M].北京:中国大百科全书出版社,2008.
[26] 吴忠军.中外民俗与礼仪[M].大连:东北财经大学出版社,2007.
[27] 李少林.中国建筑史[M].呼和浩特:内蒙古人民出版社,2006.

[28] 戴华刚.民居建筑[M].北京:中国文联出版社,2008.
[29] 王军云.中国民居与民俗[M].北京:中国华侨出版社,2007.
[30] 刘丽芳.中国民居文化[M].北京:时事出版社,2010.
[31] 蔡凤书.追寻远古的呼唤——百年考古学历程[M].济南:齐鲁书社,2003.
[32] 冯骥才.手下留情·现代都市文化的忧患[M].上海:学林出版社,2000.
[33] 黄淑娉,龚佩华.文化人类学理论方法研究[M].广州:广东高等教育出版社,1998.
[34] 刘晓华.吴山越水的民俗与旅游[M].北京:旅游教育出版社,1998.
[35] 王炽文,孙之龙.黄土高原的民俗与旅游[M].北京:旅游教育出版社,1996.
[36] 山曼.齐鲁之邦的民俗与旅游[M].北京:旅游教育出版社,1995.
[37] 汪立珍.鄂温克族宗教信仰与文化[M].北京:中央民族大学出版社,2002.
[38] 张凤琴.中国民间剪纸技法[M].北京:中国劳动社会保障出版社,2009.
[39] 张广智,高有鹏.中原民俗丛书·民间百神[M].郑州:海燕出版社,1997.
[40] 徐赣丽.民俗旅游与民族文化变迁——桂北壮瑶三村考察[M].北京:民族出版社,2006.
[41] 金泽.中国民间信仰[M].杭州:浙江教育出版社,1995.
[42] [英]鲍伊.宗教人类学导论[M].北京:中国人民大学出版社,2004.
[43] 郑土有.中国民俗通志·信仰志[M].济南:山东教育出版社,2005.
[44] 赵宇共.中国民俗通志·交通志[M].济南:山东教育出版社,2005.
[45] 张勃,荣新.中国民俗通志·节日志[M].济南:山东教育出版社,2007.
[46] 万建中.中国民俗通志·生养志[M].济南:山东教育出版社,2005.
[47] 薛麦喜.黄河文化丛书·民俗卷[M].西安:陕西人民出版社,2001.
[48] 李乔.行业神崇拜——中国民众造神史研究[M].北京:北京出版社,2003.
[49] 程金龙.新时期旅游目的地开发与管理[M].北京:科学出版社,2016.
[50] 李天翼.西江模式——西江千户苗寨景区十年发展报告(2008~2018)[M].北京:社会科学文献出版社,2018.
[51] 吴自牧.梦粱录[M].北京:中国商业出版社,1982.
[52] 张保华.云南民族文化概论[M].北京:中国社会科学出版社,2005.
[53] 钟敬文.民间文学概论[M].2版.北京:高等教育出版社,2010.
[54] 吴超.中国民歌[M].2版.杭州:浙江教育出版社,1995.
[55] 马学良.中国谚语集成·宁夏卷[M].北京:中国民间文艺出版社,1990.
[56] 王宏凯.中国游艺史话[M].北京:中国国际广播出版社,2020.
[57] 潘仕梅,秦琴.旅游资源规划与开发[M].广州:广东旅游出版社,2019.
[58] 杜广巍.旅游项目可行性研究[M].北京:中国华侨出版社,2018.
[59] 李琳.北京奥运会开幕式的民俗文化解读[J].长江大学学报(社会科学版),2009(4):106-108.
[60] 丁健,彭华.民族旅游开发的影响因素分析[J].经济地理,2002,(1):101~104.
[61] 余鸣.云南少数民族服饰资源的开发[J].中央民族大学学报(哲学社会科学版),2001(5):125-127.

[62] 吴国琴.我国民族服饰旅游资源开发[J].信阳师范学院学报(自然科学版),2003(1):121-124.

[63] 孙天胜,李颖.民间信仰资源旅游开发问题研究[J].民间文化论坛,2006(3):82-86.

[64] 王书会,邱扶东.反思民俗旅游资源的开发[J].探索与争鸣,2006(11):43-45.

[65] 郑岩.关于民族地区民俗旅游资源开发的几点思考[J].黑龙江民族丛刊,2007(1):66-70.

[66] 周智修,薛晨,阮浩耕.中华茶文化的精神内核探析——以茶礼、茶俗、茶艺、茶事艺文为例[J].茶叶科学,2021(2):272-284.

[67] 罗雪珍.客家婚俗文化在厦门思明区爱情主题公园中的设计研究[D].咸阳:西北农林科技大学,2020.

教学支持说明

普通高等学校"十四五"规划旅游管理类精品教材系华中科技大学出版社"十四五"规划重点教材。

为了改善教学效果,提高教材的使用效率,满足高校授课教师的教学需求,本套教材备有与纸质教材配套的教学课件(PPT电子教案)和拓展资源(案例库、习题库视频等)。

为保证本教学课件及相关教学资料仅为教材使用者所得,我们将向使用本套教材的高校授课教师免费赠送教学课件或者相关教学资料,烦请授课教师通过电话、邮件或加入旅游专家俱乐部QQ群等方式与我们联系,获取"电子资源申请表"文档并认真准确填写后发给我们,我们的联系方式如下:

地址:湖北省武汉市东湖新技术开发区华工科技园华工园六路

邮编:430223

电话:027-81321911

传真:027-81321917

E-mail:lyzjjlb@163.com

旅游专家俱乐部QQ群号:758712998

旅游专家俱乐部QQ群二维码:

群名称:旅游专家俱乐部5群
群　号:758712998

电子资源申请表

填表时间：_____年___月___日

1. 以下内容请教师按实际情况写，★为必填项。
2. 相关内容可以酌情调整提交。

★姓名		★性别	□男 □女	出生年月		★职务	
						★职称	□教授 □副教授 □讲师 □助教
★学校				★院/系			
★教研室				★专业			
★办公电话			家庭电话			★移动电话	
★E-mail（请填写清晰）						★QQ号/微信号	
★联系地址						★邮编	

★现在主授课程情况	学生人数	教材所属出版社	教材满意度
课程一			□满意 □一般 □不满意
课程二			□满意 □一般 □不满意
课程三			□满意 □一般 □不满意
其他			□满意 □一般 □不满意

教材出版信息						
方向一		□准备写	□写作中	□已成稿	□已出版待修订	□有讲义
方向二		□准备写	□写作中	□已成稿	□已出版待修订	□有讲义
方向三		□准备写	□写作中	□已成稿	□已出版待修订	□有讲义

请教师认真填写表格下列内容，提供索取课件配套教材的相关信息，我社根据每位教师填表信息的完整性、授课情况与索取课件的相关性，以及教材使用的情况赠送教材的配套课件及相关教学资源。

ISBN（书号）	书名	作者	索取课件简要说明	学生人数（如选作教材）
			□教学 □参考	
			□教学 □参考	

★您对与课件配套的纸质教材的意见和建议，希望提供哪些配套教学资源：